新时代高校
"三全育人"理论研究
与实践创新丛书

XIN SHIDAI
GAOXIAO
SAN-QUAN YUREN
LILUN YANJIU
YU SHIJIAN CHUANGXIN
CONGSHU

主　编　石宏伟

副主编　廖志凌　刘雁玲　宋书琴

新时代高校管理育人

理论与实践

江苏大学出版社
JIANGSU UNIVERSITY PRESS

镇江

图书在版编目(CIP)数据

新时代高校管理育人理论与实践 / 石宏伟主编. —
镇江：江苏大学出版社，2021.4
（新时代高校"三全育人"理论研究与实践创新 /
李洪波主编）
ISBN 978-7-5684-1598-9

Ⅰ．①新… Ⅱ．①石… Ⅲ．①高校管理－研究－中国
Ⅳ．①G647

中国版本图书馆 CIP 数据核字(2021)第 061478 号

新时代高校管理育人理论与实践
Xin Shidai Gaoxiao Guanli Yuren Lilun yu Shijian

主　　编/石宏伟
责任编辑/米小鸽
出版发行/江苏大学出版社
地　　址/江苏省镇江市梦溪园巷 30 号(邮编：212003)
电　　话/0511-84446464(传真)
网　　址/http://press.ujs.edu.cn
排　　版/镇江市江东印刷有限责任公司
印　　刷/江苏凤凰数码印务有限公司
开　　本/710 mm×1 000 mm　1/16
印　　张/21.5
字　　数/367 千字
版　　次/2021 年 4 月第 1 版
印　　次/2021 年 4 月第 1 次印刷
书　　号/ISBN 978-7-5684-1598-9
定　　价/88.00 元

如有印装质量问题请与本社营销部联系(电话:0511-84440882)

总　序

习近平总书记强调，高校立身之本在于立德树人。党的十八大以来，习近平总书记对教育事业特别是培养社会主义建设者和接班人工作高度重视，多次强调"要坚持把立德树人作为中心环节，把思想政治工作贯穿教育教学全过程，实现全程育人、全方位育人，努力开创我国高等教育事业发展新局面""要把立德树人的成效作为检验学校一切工作的根本标准""要把立德树人内化到大学建设和管理各领域、各方面、各环节，做到以树人为核心，以立德为根本"等等。习近平总书记的重要论述为进一步开创新时代高校思想政治工作新局面指明了方向。2017年12月，教育部印发《高校思想政治工作质量提升工程实施纲要》，强调要充分发挥课程、科研、实践、文化、网络、心理、管理、服务、资助、组织方面工作的育人能力，构建"十大"育人体系，大力提升高校思想政治工作质量。2020年4月，教育部等八部门联合印发《关于加快构建高校思想政治工作体系的意见》，强调要健全立德树人体制机制，加快构建目标明确、内容完善、标准健全、运行科学、保障有力、成效显著的高校思想政治工作体系。

江苏大学历来重视思想政治工作，紧扣立德树人根本任务，按照"贴近实际、贴近学生、贴近生活"的要求，逐步构建形成了"全员化参与、全过程教育、全方位引导、全媒体跟进"的"四全"学生成长成才服务引导体系。学校多次荣获"江苏省高校思想政治工作先进集体"，学校思想政治工作经验入选教育部《高校德育成果文库》，教育部《加强和改进大学生思想政治教育工作简报》6次刊发学校经验做法，2016年12月8日全国高校思政工作会议结束当天，专题刊发《江苏大学以实施思想政治教育质量提升工程为抓手加强大学生思想政治教育》。2019年1月，学校获批为教育部"三全育人"综合改革试点高校。

以试点建设为契机，江苏大学认真贯彻落实党中央的决策部署和江苏省委、教育部的工作要求，以立德树人为根本，以强农兴农为己任，积极推进"三全育人"综合改革，健全"三全育人"体制机制。以"十大"育人体系为载体和依托，充分整合全校育人力量，着力构建育人机制"大协同"、思政教育"全贯通"、育人要素"强融合"的"大思政"格局，一体化构建内容完善、标准先进、运行科学、保障有力、成效显著的"三全育人"工作体系，打造"知农爱农、工中有农、以工支农、强农兴农"育人特色，形成了育人的江苏大学模式和经验。

为总结"三全育人"综合改革的经验，江苏大学组织编写了"新时代高校'三全育人'理论研究与实践创新"系列丛书。本套丛书共11本，包括1本"三全育人"总论和10本"十大"育人专题论著，主要介绍了"三全育人"及课程育人、科研育人、实践育人、文化育人、网络育人、心理育人、管理育人、服务育人、资助育人、组织育人的基本理论和江苏大学的具体实践。总论以高校"三全育人"及其实践探索为对象，围绕如何在新时代开展"三全育人"工作，践行立德树人的根本使命展开论述，从理论和实践两个层面全面阐述了"三全育人"的理论逻辑与实践路径。10本专题论著分别围绕"十大"育人体系的理论与实践展开论述，力图呈现江苏大学在习近平新时代中国特色社会主义思想指导下，大力推进"三全育人"工作，全面落实立德树人根本任务方面的理论依据、实践探索和方案启示。

沐浴新的阳光，播种新的希望。随着中国特色社会主义进入新时代，我国高等教育也进入新的发展阶段。新时代高等教育面临着新形势、新任务，那就是要适应建设高等教育强国需要，适应高校思想政治工作质量提升需要，着力健全和完善全员全过程全方位育人格局，大力培养能够担当民族复兴大任的时代新人。发展没有终点，改革永无止境，实践不会终结。站在新的起点上，我们要始终坚持以习近平新时代中国特色社会主义思想为指导，增强"四个意识"，坚定"四个自信"，做到"两个维护"，坚定不移地全面贯彻党的教育方针，始终坚持社会主义办学方向，坚守为党育人、为国育才的初心，改革创新，奋发进取，以坚如磐石的信心、只争朝夕的干劲、坚忍不拔的毅力，立足新发展阶段，贯彻新发展理念，服务构建新发展格局，推动"三全育人"综合改革不断走向深入，在育人工作中创造出无愧于新时代的新业绩，努力创造"三全育人"的江苏大学实践、江苏大学经验。

期望本套丛书能为我国高等教育深化"三全育人"改革、落实立德树人根本任务、推进高质量发展贡献绵薄之力，为兄弟院校提供些许借鉴，不胜欣慰。

2021. 4. 19

前　言

　　2017 年 2 月 27 日，中共中央、国务院印发了《关于加强和改进新形势下高校思想政治工作的意见》，提出坚持全员全过程全方位育人（以下简称"三全育人"）。高校要把立德树人作为根本任务，融入思想道德教育、文化知识教育、社会实践教育各环节，把思想政治工作贯穿教育教学全过程，把思想价值引领贯穿教育教学全过程和各环节，形成教书育人、科研育人、实践育人、管理育人、服务育人、文化育人、组织育人长效机制。

　　2017 年 12 月，中共教育部党组印发的《高校思想政治工作质量提升工作实施纲要》详细规划了课程育人、科研育人、实践育人、文化育人、网络育人、心理育人、管理育人、服务育人、资助育人、组织育人"十大"育人体系的实施内容、载体、路径和方法，为各高校进一步提升高校思想政治工作质量，构建一体化育人模式提供了有力指引。

　　管理工作是高校工作的重要组成部分，是维护正常教育教学秩序、维护校园安全稳定、促进学生全面发展的基础性工作，责无旁贷地担负着立德树人的神圣使命，必须紧紧围绕着根本任务，坚持管理与教育相结合，让"管理"直接服务于"育人"目标。在新形势下，如何将"立德树人"理念融入管理育人工作中，已经成为高等教育管理者的必答题。

　　本书围绕管理育人这一主题，根据马克思主义基本理论，分析了管理育人的内涵和意义，探讨了新时代高校管理育人的功能、要素、原则，对新时代高校管理育人的主体、客体、内容进行了界定，分析了新时代高校管理育人的目标、方法、路径、过程等问题，并从管理育人体制机制创新的角度提出了对策建议。

　　本书是江苏大学"三全育人"的理论成果，总体构思和整体框架由石宏伟完成。本书的编写是集体合作的结果，具体分工如下：导言、第一章、第二章、第三章由廖志凌、胡晶执笔，第四章、第十三章由宋书琴、王艺琳执笔，第五章、第六章由刘雁玲、吴琳华执笔，第七章、第八章由刘雁玲、黄继衡执笔，第九章、第十章由宋书琴、朱敏执笔，第十一章、第十二章由宋书琴、许慧琳执笔。

感谢编写组全体成员，感谢江苏大学出版社，感谢长期以来关心、支持、帮助我们的人们。

由于编写时间仓促，编者水平有限，本书中难免存在这样或那样的问题与不足，敬请读者批评、指正。

石宏伟

2021 年 3 月 31 日

目　录

导　言

习近平总书记指出："高校立身之本在于立德树人。只有培养出一流人才的高校，才能够成为世界一流大学。"① 高校的育人工作是一项极其复杂的系统工程，是一个包含教书育人、管理育人、服务育人、环境育人等协调统一的体系，需要高校中的各个层面、各个环节，以及各部门发挥育人作用。《高校思想政治工作质量提升工程实施纲要》中系统地归纳为"十大"育人体系，包含课程、科研、实践、文化、网络、心理、管理、服务、资助、组织"十大"育人体系。党和国家高度重视"十大"育人体系建设，党的十九届四中全会明确提出要求：加强和改进学校思想政治教育，建立全员、全程、全方位育人体制机制。管理育人作为"三全育人"体系的重要内容，其深入发展是加快推进教育改革和发展的时代要求，是适应国家经济社会发展、办好人民满意教育的需要。其工作机制建设对于有效引导高校学生的思想和行为，提高思想政治工作质量具有重要意义。

本书立意于全面落实立德树人根本任务的理论思考，基于新中国高等教育史的宏观视角，围绕管理育人的构建，以新思想、新理念为指引，守正创新，深入探讨管理育人机制的理论依据、时代特色、内涵特征、基本内容和基本方法，梳理这些年来高校管理育人的具体行动和工作举措，检视管理育人实践的成功经验和不足，总结升华典型案例，最终呈现给读者融通性的成果，为建构严谨、科学、合理的管理育人体系提供学理依据，促进思想政治教育理论创新和实践开展，推进高校思想政治工作向纵深发展，为高等教育"三全育人"综合改革提供可借鉴、可操作的范例。

---

① 新华社. 习近平在全国高校思想政治工作会议上强调：把思想政治工作贯穿教育教学全过程 开创我国高等教育事业发展新局面［N］. 人民日报，2016－12－09.

第一节　研究的背景和意义

一、研究背景

（一）时代背景：贯彻落实高等教育立德树人根本任务

"立德树人"是办好中国特色社会主义大学的立身之本，是中国特色社会主义教育事业的根本任务，是培养德智体美全面发展的社会主义建设者和接班人的本质要求。在 2015 年 1 月中共中央办公厅、国务院办公厅印发的《关于进一步加强和改进新形势下高校宣传思想工作的意见》强调指出：要立足学生全面发展，努力构建素质教育模式，形成教育教学、实践教育、科研教育、管理服务的长效机制，全面落实立德树人根本任务①。党的十九大报告进一步指出："要全面贯彻党的教育方针，落实立德树人根本任务……培养德智体美全面发展的社会主义建设者和接班人。"② 这就为我们做好新形势下高校思想政治工作提供了基本遵循。当前，全面落实"立德树人"根本任务，积极探索"立德树人"的实施路径，努力架构"立德树人"的有效机制，切实提高"立德树人"的育人成效，是我国高等教育躲不过、绕不开的时代考卷。

管理工作是高校工作的重要组成部分，是维护正常教育教学秩序、维护校园安全稳定、促进学生全面发展的基础性工作，责无旁贷地担负着立德树人的神圣使命，必须紧紧围绕着根本任务，坚持管理与教育相结合，让"管理"直接服务于"育人"目标。在新形势下，如何将"立德树人"理念融入管理育人工作，已经成为高等教育管理者的必答题。

（二）社会背景：加速推进高校治理能力现代化

教育，是在培养未来的人才。在经济全球化、贸易自由化推动下，教育国际化已成为一种全球性趋势，大学逐渐从经济体制下依附于政府的"象牙塔"发展成现代社会的"轴心机构"，使得大学职能不断完善并被赋予新的内涵，

---

① 中共中央办公厅，国务院办公厅．关于进一步加强和改进新形势下高校宣传思想工作的意见 [EB/OL]．2015 - 01 - 19．http://www.gov.cn/xinwen/2015 - 01/19/content_2806397.htm.

② 本书编写组．党的十九大报告学习辅导百问 [M]．北京：党建读物出版社，学习出版社，2017.

对高校的治理也提出新的挑战。2019年11月党的十九届四中全会审议通过的《中共中央关于坚持和完善中国特色社会主义制度、推进国家治理体系和治理能力现代化若干重大问题的决定》指出，坚持和完善中国特色社会主义制度、推进国家治理体系和治理能力现代化，是全党的一项重大战略任务①。在此背景下，高等教育改革是国家全方位深入改革的重要领域，大学治理体系和治理能力现代化的程度和深度，在一定程度上是国家治理体系和治理能力的重要表现，也是国家高等教育领域综合实力的体现，更反映了知识全球化对大学治理的时代要求。

那么，作为现代大学制度重要内容的大学内部管理体系的建设便显得尤为重要，它既是高等教育深入改革的重要内容，更是实现国家治理体系和治理能力现代化总目标的必然要求。高校管理作为社会管理的一个特殊领域，必须改变传统行政控制型管理理念和运行模式，建立适应高校发展需要的管理机制和教育机制，这已经成为教育领域亟须解决的重要课题。

（三）现实背景：全面深化"三全育人"综合改革

2016年12月，习近平总书记在召开的全国高校思想政治工作会议上强调，高校思想政治工作关系高校"培养什么样的人""如何培养人"及"为谁培养人"这个根本问题。要坚持把立德树人作为中心环节，把思想政治工作贯穿教育教学全过程，实现全程育人、全方位育人，努力开创我国高等教育事业发展新局面②。随后，2017年2月，中共中央、国务院印发了《关于加强和改进新形势下高校思想政治工作的意见》，明确指出新时期加强和改进高校思想政治工作的原则之一："坚持全员全过程全方位育人。把思想价值引领贯穿教育教学全过程和各环节，形成教书育人、科研育人、实践育人、管理育人、服务育人、文化育人、组织育人长效机制。"③ 基于此，"三全育人"成为新时期我国高校思想政治教育的重要依据和载体，"三全育人"建设成为新时期加强和改进新形势下高校思想政治工作、全面落实立德树人根本任务的战略举措。2017

---

① 中共中央关于坚持和完善中国特色社会主义制度 推进国家治理体系和治理能力现代化若干重大问题的决定（2019年10月31日中国共产党第十九届中央委员会第四次全体会议通过）［N］．人民日报，2019－11－06．

② 习近平在全国高校思想政治工作会议上强调：把思想政治工作贯穿教育教学全过程 开创我国高等教育事业发展新局面［N］．人民日报，2016－12－09．

③ 中共中央，国务院．关于加强和改进新形势下高校思想政治工作的意见［A］．2017－02－27．

年 12 月，教育部党组印发《高校思想政治工作质量提升工程实施纲要》，提出高校要构建"全员全过程全方位"一体化育人格局的要求，其中包括课程育人、科研育人、实践育人、文化育人、网络育人、心理育人、管理育人、服务育人、资助育人、组织育人"十大"育人体系，明确提出，要切实构建"管理育人质量提升体系"①，强调要把规范管理的严格要求和春风化雨、润物无声的教育方式结合起来，强化科学管理对道德涵育的保障功能，大力营造治理有方、管理到位、风清气正的育人环境。

2018 年 5 月，教育部推出了《"三全育人"综合改革试点工作建设要求和管理办法（试行)》，启动"三全育人"综合改革试点。2018 年、2019 年分两批共遴选产生 8 个"三全育人"综合改革试点区、25 个"三全育人"综合改革试点高校、92 个"三全育人"综合改革试点院（系）。试点单位纷纷开展了各具特色的管理育人实践，积累了丰富的经验，取得了丰硕的成果。但也应看到，各高校管理育人实践尚处在各自摸索阶段，同时社会环境不断发生新变化，教育事业不断取得新发展，学生群体不断展现新特征，这些都对管理育人提出了新的挑战。因此，构建管理育人机制，对新时代高校管理育人的内涵、机理、困境等开展系统研究，是高校实施"三全育人"的题中应有之义。

（四）理论背景：管理育人质量提升的理论呼唤

为了给实现"两个一百年"奋斗目标和中华民族伟大复兴的中国梦提供强有力支撑，国家从战略全局出发，提出了建设世界一流大学和一流学科的重大战略决策。"双一流"建设方案的推出，标志着我国高等教育改革发展进入了一个崭新的历史阶段，从高等教育大国到高等教育强国，将是一个历史性的跨越。从此，中国的"双一流"建设将更加重视学生培养的质量。管理育人是党的教育方针在高校管理工作中的具体体现，坚持管理育人是创造高校育人氛围，强化育人环境，实现高校育人目标的重要环节，最终目的是促进学生全面发展，为社会主义现代化建设培养出合格的建设者和可靠的接班人。学校管理是高校其他工作得以运行和发展的支撑，世界一流大学和一流学科的建设必须有超一流的学校管理作为强有力的支撑，这是建设一流大学和一流学科的必要条件。

---

① 中共教育部党组. 高校思想政治工作质量提升工程实施纲要 [Z]. 教党〔2017〕62 号.

理念是实践的先导，指导理念不同，实践取向也不同。一方面，虽然对于高校管理机制的研究已经屡见不鲜，但是从育人角度对高校管理展开的研究还是相对偏少，且现有的研究主要集中在高校学生事务管理和后勤管理上，研究过于泛化，不够系统化。结合新时期高等教育主体、客体、介体、载体、环体等的特点，重新审视高校管理育人，从学生全面发展的角度出发探索管理育人机制是高校管理的必然选择。另一方面，我国高校管理关于实践转化方面的研究较为薄弱，尚有研究和深入思考的空间。突出表现为：在管理育人机制的考察上向度较为单一，视角略显狭窄，对管理育人内涵的认识相对模糊，经常把"育人"狭隘甚至错误地理解为"思想政治教育"；操作路径尚不够清晰，注重对管理的顶层设计研究，而对育人对象则缺少应有的关注；管理育人效果的机制保障研究存在着主体与客体、落实与口头、多数与少数、深层与表象的落差，与社会发展变化、大学生成长成才的现实要求相去甚远。随着我国高校育人管理实践不断向前推进，亟须对基于育人的高校管理理论进行深入的研究。

（五）历史背景：高校管理机制存在固有顽疾

在长期市场经济建设的大背景下，人们的价值取向偏功利化，成功的标准财富化现象严重。高校作为大社会系统中的一个基本单元，这些市场经济中的负面元素不可避免地蔓延到大众化时代的"象牙塔"里，渗透至高等学校管理工作的各个方面、具体层面。为此，高校管理也变得追求效益最大化，工作中讲究批量化生产，管理中奉行"稳定压倒一切"的原则，管理方式行政僵化，忽视鲜活个体的内心感受及其应有的权利保护，管理伦理遮蔽，理念虚化、内容虚化、渠道虚化和评价虚化现象普遍存在，价值取向功利化严重地消解着高校管理育人的效能。

出于对传统科层制行政管理路径的依赖，我国高校管理的行政化特征显著，难以摆脱行政化的影响。作为讲究人文、奉行理性、崇尚科学和探究学问的场所，大学在行政化管理阴影的笼罩下逐渐丧失了其本身应有的"自由、独立、批判"精神，不仅表现在学术自治的弱化，组织机构的庞大臃肿，还表现在高校管理工作的具体实践中，高校管理工作越来越朝着技术化和工具化方向发展，与"人是目的"的人性追求相偏离，与助学成长的育人理念相违背，与生命观照的育人工作性质相抵触。于是乎，我们会发现，高校管理者有时被社会大众指责为"工作失范"和"情感冷淡"的人，在处理学生与自身利益方面可能出现"多元冲突"即"效率"与"公平"冲突、"人治"与"法治"冲突、"情感"与"原则"冲突。面对可塑性强、思维活跃的大学生，科层制式的行政化管理已经显得苍白无力，若强制性地实施科层制式的行政化管理，只会削弱当代高校管理的育人职能。这对于具备生命观照意蕴的高校管理而言，不能带来真正的管理效能。长久以来，高校管理虽然看似秩序井然，实则危机潜伏，缺乏活力。行政化笼罩下的高校学生管理实践急需完善和创新管理育人机制。

因此，在当前高校管理的"育人不充足"和"治理不到位"的现实困境下，对市场经济作用下的传统的行政化管理范式进行改良和变革，重新认识高校管理职能，构建高校管理育人机制，既符合后大众化时代高等教育发展的要求，又符合高校管理"育人"的本质要求，更符合高校学生群体特征的要求，是当代高校管理改革的总体要求和整体诉求。

二、 研究意义

管理机制指的是管理系统的结构及其运行机理，是管理工作发展的客观存在。管理育人机制是一种具象的管理实践形式，是对管理育人行为内在本质与规律的揭示，是决定管理育人功效的核心问题。目前对于管理育人的理论支撑、工作着力点和实现路径的研究尚不深入，对高校管理育人理论认识上的误区和实践上的不到位已经成为制约高校提高高等教育质量和人才培养质量的瓶颈。因此，对新时代高校管理育人的内涵、困境与对策进行深入探讨，既有深刻的理论意义，更有现实的实践意义。

（一）理论意义

1. 拓宽理论研究视野

目前研究成果呈现出聚焦点分散、模式单一、理论纵深不够等特点，缺少从全局宏观的角度对管理育人进行的系统深入的研究。管理育人作为高校育人体系的内容之一，管理育人机制作为加强和改进高校思想政治教育工作的重要内容之一，是一项涉及教学、科研、后勤、人事、财务、信息、制度等方面的系统性工程，需要利用多样的研究视域去拓展内容的广度和深度。本研究致力于立体地对管理育人系统进行全面的研究，充分借鉴和运用现代科学中政治学、管理学、教育学和社会学最新理论创新成果。这一尝试与探索将有助于交叉学科的发展，可以开拓研究的系统范式新视野，提供新的分析框架，开展横向和纵向的比较，静态要素和动态过程的分析，为研究提供重要的理论和实践参考价值。

2. 推进理论研究转向

目前，理论研究更多倾向于对策策略、方法路径的一般性探讨，缺少在学理和实证层面深度的理论研究且多重复性的研究成果，理论深度不够。本研究从管理的维度、育人的向度，在理论上对管理育人的内涵定位、价值属性、功能机理等进行了充分的论证；并注重对高校管理育人现状的同类、同期的调查，围绕管理的每个环节，深入探讨高校育人过程中出现的新问题、新矛盾、新情况，增强理论研究的科学性和准确性，进一步澄清高校管理者的疑问和困惑，破除高校管理体制的积弊，让高校管理育人工作"实起来""活起来"，推动理论研究方向的转型和创新。

3. 拓展理论研究深度

管理育人机制的构建是全方位、深领域、多维度对立德树人根本任务落实的过程。目前理论研究围绕立德树人，理论研究成果十分丰富，所涉及的角度、层次也较为多元。但管理育人的研究却呈现出滞后性、碎片化、同质化，难以适应高等教育发展。理论发展的现代性趋势是建立在高度分化与融合、相互区别而又重叠的多学科知识领域，就要善于打破传统的研究场景，实现对研究领域的翻转、扩充，表现出传统和现代两个研究维度的完美融合。因此，本研究把学界和社会颇为关注的管理与教育两大学科结合起来，进一步细化管理育人研究范畴，丰富理论研究的分析视角，深化并拓展隐性思想政治教育的研究；通过对管理育人机制的理论探讨、历史考察及路径设计等相关研究，使其体系更趋整体化、系统化，有利于进一步完善高校管理体系，有助于丰富高等教育管理学的理论；从整体与部分的辩证关系来说，这既是对大学生思想政治教育机制本身的研究，也涉及高校管理育人的本质、特点、规律和职责，无疑将从整体上加强大学生思想政治教育理论建设，有助于从更深层次领悟习近平新时代中国特色社会主义思想的核心要义和理论内涵。

（二）实践意义

1. 为高校管理育人实践创新提供借鉴

当前，许多高校在管理育人工作中仍沿用过去陈旧、刻板的管理模式，管理育人方式比较单一，管理职能部门存在各自为政的情况，管理主客体对管理育人感到陌生，甚至产生误解，导致育人效能偏低，与新的形势不相契合，与立德树人的大学使命格格不入。本研究追述管理的基本教育属性，对管理育人进行一种回归性的本源探究，打破认知偏见和思维定式，拨开层层面纱，理清管理育人的基本管理特性和模式，整合管理育人的思想政治教育功能和属性，从整体上实现管理育人的理论和实践的建构结合，揭示出当代高校管理职能、管理部门、管理工作人员与学生的应有关系，使其呈现出原有真实面目。有助于实现管理育人理念科学化、内容条理化、方法现代化、载体丰满化、评价合理化，为解决当前管理育人过程中出现的瓶颈问题，提供管理主体维度及管理功能维度的完善措施和方法，为高等教育育人机制的理论与实践创新提供智慧支持，促进高校管理育人模式的科学化、高效化。

2. 为高校思想政治教育质量提升提供助力

管理育人机制研究与大学生具体实践具有密切的联系，致力于为提升新时代大学生的全面素质提供指引，对管理育人机制的研究是从现实层面强化大学生思想政治教育运行的合理性、科学性，能够增强大学生思想政治教育感染力、针对性和实效性。本研究从理清高校管理育人的边界入手，聚焦管理育人机制构建相关的高校各部门、各人员、各要素，进一步梳理并完善高校管理的现存系统，为新时代高校管理育人机制建设提供基本的图式和深入细致的整体运行框架。因此，有利于实现研究成果与高校实际的结合，可明显提高思想政治教育的实际效应。不但有助于高校在教学、管理、服务等方面切实满足学生的各方面需求，全面提高高校整体水平，也能促进教育工作者素质的提升，并运用这些研究成果推动大学生思想政治教育的良性发展。从战略意义上讲，进行该研究有助于提高大学生的思想道德素质和高校管理实践能力，促进大学生成长为社会主义现代化事业的合格建设者和可靠接班人。

3. 为推进高校治理能力现代化提供支撑

治理现代化是当前我国深化改革的重要目标，党的十九大报告明确提出"不断推进国家治理体系和治理能力现代化"目标要求，突出了它在社会公共事务管理和处理社会关系中的重要地位。大学治理现代化是国家治理现代化的重要组成部分，对于深化高等教育改革，办好中国特色社会主义大学有着极为重要的意义。大学治理与大学管理有着本质的不同，从"管理"到"治理"，一字之差凸现了理念的升华、方式的转型。在大学治理现代化这一背景下，管理育人作为大学治理体系的重要组成部分，也被赋予了新的内涵，亟须建构与之相符合、具有可行性的管理育人机制。本研究以推进大学治理现代化为目标，将管理育人纳入高校内部治理结构来考量，以管理育人机制的内涵、价值取向、功能、要素、原则、路径等为研究重点，创新育人机制，增强育人意识，增强管理效能，进一步激发管理育人工作的统筹协调作用和创新活力，建立全员育人的组织机制，实现全员育人各个环节之间的相互协调，推动管理育人工作呈现全方位、多层次的格局，进一步推动管理育人工作向纵深发展，为高校进一步做好育人工作提供强有力的保障。

第二节　国内外研究综述

一、 国外研究现状

由于各国在思想文化、政治生态和社会制度上存在较大的差异，国外高校并没有"管理育人"的概念，但与"管理育人"有异曲同工之处。国外高校发挥其相应功能的管理机制主要体现在学生事务管理和对学生的德育教育上，即高校"学生事务管理"（student affairs）或"学生服务"（student services），与"管理育人"拥有较多的研究交叉领域，具备一定意义上的共同覆盖性，故以"student affairs administration（学生事务管理）"为关键词，在 Google Scholar、EBSCO 和 JSTOR 进行检索，发现国外对此领域的理论研究和实践探讨的相关材料非常丰厚。因此，梳理国外高校学生事务管理、德育教育研究对于深入开展本研究具有较强的借鉴意义。

（一）关于高校学生事务管理的研究

目前，国外关于高校学生事务管理的研究比较成熟，其中以美国的研究最为全面、系统。美国作为高等教育强国，在其 200 多年的发展历程中，在高校学生事务管理方面进行了认真持续的探索，积累了丰富的经验。美国在这一领域的研究主要体现为一系列协会和组织报告。1937 年，美国教育委员会发布了《学生人事工作宣言》，对学生事务的各个方面进行了解释和说明，促使美国高校同意并且确立了文化学习的概念，同时也要求教师帮助学生尽可能地发展，激发他们的内在潜能，为国家和社会做出贡献。在该宣言中，还提出了一个更重要的观点：要把学生看作一个完整的独立的学生①。这意味着学生观的转变，从只关注学生智力的观点转变为注重智力、情感、品德及社会关系等全面发展的观点。1972年，美国学者布朗出版了自己的专著《明日高等教育的发展——回归学术》，该书是美国大学人事协会（ACPA）实施的"明日高等教育工程"的成果之一。在他的专著中，布朗对高校行政人员及学生事务管理人员提出了要求，要求他们重新思考教育目标的设定，关注学生的成长与发展。同时，该书还对所实施的工程的目的进行了详细的阐述。最后，这本书也对学生事务开展了详细的研究，对学生事务的各方面进行了新的界定。美国全国学生事务管理人员协会（NASPA）于1987年发表了《学生事务观点》报告。该报告包含三方面的内容：首先，梳理了美国学生事务管理的发展历程，总结了影响美国学生事务管理发展的理论类型及其内容；其次，明确了学生事务管理的职责及地位，并对学生事务管理的发展提出了一些指导意见；最后，通过调查和系统研究，为学生事务管理引入了新的核心价值和理念，以促进高校学生事务管理的长足发展。1997年，美国大学人事协会（ACPA）和美国全国学生事务管理人员协会（NASPA）发表了《优质学生事务实践原则》报告。该报告详细阐述了学生事务管理的原则及理论依据，并且以言简意赅的语言概括了相应的原则。具体包括三个方面：第一，要为学生营造一个良好的、积极的学习气氛；第二，充分发挥学生事务的咨询功能，使学生与学校之间形成良好的、积极的互动关系；第三，为学生营造一个有支持系统和包容系统的校园环境。2001年，美国校园活动标准改进委员会（CAS）对学生活动发表了看法，指出："学生活动是校园活动的重要组成部分，学生活动的内容应是多元化的，其最终目标应是提升学生在校园内的全面的体验。"② 同时，它还要求学校扩大学生活动的范围，从校园扩大到社会，以此深化在校学生对社会的认知，增强学生的社会适应能力。

关于美国学生事务管理的研究论文和著作，包括《为学生事务注入灵魂：组织理论和模型》（Infusing soul into student affairs：organizational theory and models）、《从学生发展的视角看加利福尼亚大学》（A student development

---

① 美国国家教育委员会. 学生人事工作宣言［D］. 1937.

② 李辉. 高校学生事务管理研究综述［J］. 管理观察，2014（8）.

perspective at the university of California，Berkeley）、《在学生事务实践监督中学习》（Learning through supervised practice in student affairs）、《利用娱乐媒体将学生事务教学与实践和学生发展理论相结合》（Using Entertainment Media to inform student affairs teaching and practice related to student development theory）、《是谁在推动学生事务前景的改变》（Who is driving the changing landscape in student affairs?）、《应用理论和研究提高学生事务实践：最近的一些事例》（Using theory and research to improve student affairs practice：some current examples）、《全球视角下塑造学生事务领导者》（Shaping student affairs leadership through Global Perspectives）、《学生事务专业人士多元文化能力的报告：理解意识，知识和技能》（Student affairs professional's self-report of Multicultural competence：Understanding awareness，knowledge，and skills）、《从事42年学生事务工作的个人的一点看法》（One personal reflections after 42 years in student affairs），这些文献促使我们对美国高校的学生事务管理有一个更全面、更深入的认识。

美国高校学生事务管理的发展从无到有，从幼稚到成熟，从定位模糊到定位清晰，先后经历了形成阶段、发展阶段、成熟阶段和最新发展阶段四个阶段。在这一发展过程中，学生事务管理模式经历了从"替代父母制"到"学生人事工作"、由"学生服务"到"学生发展"再到"学生学习和发展"的演变过程，学生事务管理工作逐渐专业化、学术化，其职能由单一转变为多样化，人员由兼职转变为职业化，学生事务与学术事务管理之间的关系则经历了由合到分，再到协作与融合发展的过程。美国高校学生事务管理发展的历史，也是美国高校学生事务管理根本宗旨、理念、具体使命和角色定位等深刻变化的过程。

综合来看，美国高校的学生事务管理呈现出如下几个方面特点：学生事务管理工作模式多样化，学生事务管理法制化，学生事务管理人性化，学生事务管理专业化，以及学生事务管理隐性意识形态化。可以看出，国外相关理论研究和实践探讨的资料十分丰厚，从而为本研究的可行性论证和深入开展提供了丰富的资源。

（二）关于高校德育的研究

习近平总书记多次强调，思政工作要树立世界眼光。他在2016年12月召开的全国高校思政工作会议上指出，要教育引导学生正确认识国际比较，客观看待外部世界①。在 2018 年 9 月 10 日召开的全国教育大会上，习总书记强调，新时代的社会主义建设者和接班人，要有国际视野和全球眼光②。在 2019 年 3 月 18 日召开的学校思政课教师座谈会上，习总书记强调，思政课教师要有国际视野，通过纵横比较把道理讲清楚③。因此，研究和合理借鉴西方国家高校德育教育的经验，对于破解瓶颈难题，推动新时代高校立德树人具有重要的现实意义。现就以美国、英国、法国、日本四国高校育人为例进行梳理。由于受不同国家国情及高等教育体系的发展特点的影响，不同国家德育的侧重点也不尽相同，都展现出不同的特征。

1. 美国高校的育人工作

美国高校育人工作的主体主要是教学机构、学生事务管理机构、心理咨询机构、教会及广大教师。教育机构注重培养美国人的"国民精神"，高校则主要通过通识教育来开展育人工作。美国通识教育主要关注点是让学生成为一个负责任的人和公民，目的在于培养自由社会中健全的公民和个人，对于受教育者来说是塑造心智，培育与功利和职业无关的价值。作为育人主渠道的方式，美国通识课程与我国思想政治理论课有异曲同工之处。美国的学生事务管理机构类似于国内高校所设置的学工部（处），该机构主要对大学生进行日常管理并提供服务，通过咨询等方式对大学生进行爱国主义教育、政治观教育及宗教知识教育，以此来达到传播和维护资本主义价值体系的目的。与国内高校一般将心理咨询中心作为学工部（处）的一个下设部门相比，美国高校的心理咨询机构作为一个独立部门而存在更具科学性和专业性。在办学理念方面，美国高校强调大学中的全体教师及行政人员都肩负着帮助并促进大学生在专业知识与技能和思想道德上的全面发展的责任。美国高校的育人经验，为管理育人研究提供了参考与借鉴。

2. 英国高校的育人工作

英国高校的育人工作则通过设置专门的道德课程，将本国优秀的文化传统

---

① 习近平在全国高校思想政治工作会议上强调：把思想政治工作贯穿教育教学全过程 开创我国高等教育事业发展新局面 [N]. 人民日报，2016 – 12 – 09.

② 习近平. 在全国教育大会上强调：坚持中国特色社会主义教育发展道路 培养德智体美劳全面发展的社会主义建设者和接班人 [N]. 人民日报，2018 – 09 – 11.

③ 习近平主持召开学校思想政治理论课座谈会强调：用新时代中国特色社会主义思想铸魂育人 贯彻党的教育方针落实立德树人根本任务 [N]. 人民日报，2019 – 03 – 19.

和道德传统传递给学生，并通过教师的以身作则、言传身教来引导学生树立道德责任感和敬业精神，进而将道德理论与道德实践相结合，使学生形成正确的道德观念，这与我国高校所设置的思想政治理论课暗合。英国高校特别重视隐性思想政治教育，通过课堂教学渗透、校园文化熏陶、学生事务引领、社会活动锻炼等方式，广泛深入地开展隐性道德教育，并呈现出内容阶级性、过程情感性、途径多样性、方法生活性等特点，这与我国"三全育人"理念中全过程、全方位育人的理念相呼应。此外，英国大学在教育机构和各学科教学中注重社会科学与自然科学的有机结合，这也与我国的"课程思政"相暗合。14世纪发源于英国牛津大学的本科生"导师制"也是英国高校育人工作的一大特色和传统，身为导师，需要品德、学问并举，去培养大学生的品性，指导学生的学业，关心并帮助学生解决学术问题、心理问题和品德问题，导师的工作内容涉及学生事务和学术事务等多方面的工作，我国本科生导师制的实施亦受其启发。

3. 法国高校的育人工作

法国高校育人工作的管理则与我国有着更高的相似性。法国的育人工作由国家直接干预，实行由中央至地方的多级管理。中央的教育管理机构是教育部，地方的教育管理机构按学区划分，设学区总长，教育督导机构有全国、学区和省几个不同的级别。法国教育部统管全国的思想政治教育工作，制定统一的标准，设置课程年限、大纲，规定教材甚至参考资料，任何人都不得更改。法国颁布《教育指导法案》，并成立"教育高级委员会"负责统一领导协调青少年的公民教育工作和社会参与工作，强调政府、社会、家庭、学校在青少年教育过程中的齐抓共管，这也与我国"三全育人"中的全员育人不谋而合。

4. 日本高校的育人工作

日本高校的育人工作中，按照地区自愿组织起来的家长教师协会是加强家庭与学校联系、强化育人效果的重要手段，会长由家长担任，老师自愿参加，会员需要缴纳会费。青少年辅导中心一般设在社区，另外还有由各地警署设立的防范协会来防止青少年的不良、暴力等违法行为。在高校主要由教师来进行育人工作，设道德科主任，通过加强与各年级主任的联系来收集信息供有关教师参考，加强育人工作的针对性和有效性。日本高校育人工作的家校合作及社区参与的做法也值得我们借鉴。

综上所述，无论是什么政体的国家，都十分注重对大学生的思想道德教育。西方高校尤为注重将德育融入课程、管理、环境等各个方面，以引导学生树立符合国家价值理念的思想观念为目标，关注学生主体、注重现实生活、创设道德情境、关注教师素质、强调道德实践、强调道德生活化等，这些有益经验值得我们深入思考和借鉴。

二、 国内研究现状

（一）国内管理育人研究的整体状况

目前学界关于高校思想政治工作的相关研究十分丰富，无论是学术著作、硕博学位论文还是学术期刊都有丰富的理论成果，但全面、系统、深入地以管理育人机制为研究的重点和落脚点的研究仍旧方兴未艾。

在中国知网和国家图书馆书目检索网站以"管理育人"为主题和关键词进行检索，可查到期刊论文 539 余篇，硕博论文 4 篇，著作 1 部，研究成果自2018 年底《高校思想政治工作质量提升工程实施纲要》颁布以来逐渐丰富，其中 2018 年、2019 年论文发表数分别为 33、33 篇，是之前每年的 2 倍。

由此可见，20 世纪 90 年代中后期是正式且广泛研究管理育人的时间起点；2016 年以后管理育人研究相对逐渐增多，但年均研究数量基本持平。同时，从时段上可以透视出两个信息：一是从时间逻辑演进上，应该说管理育人研究与"三育人""五育人""七育人""十育人"的提出和发展是同步的；二是研究深度上，管理育人研究是伴随着 2004 年十六号文件的发布、2015 年底高校思想政治工作会议的召开等高校思想政治教育发展而发展的，较好地呈现出高校思想政治教育现代化、科学化、规范化、实效化发展的趋势。

（二）国内管理育人研究的主体视角

从现有研究成果来看，众多学者从高校管理育人的相关理论和现实问题切入展开深入研究。研究成果总体上可以分为管理育人理论研究、管理育人现状研究两类。其中，理论问题研究主要围绕其内涵、功能、内容等展开；现状研究主要研究问题挑战、价值取向、对策路径和工作机制。具体内容如下：

1. 高校管理育人的理论研究

高校管理育人的内涵研究。从现有的成果看，对于管理育人的内涵目前尚未有权威的注解，大多是学者根据相关文件的精神，结合相关理论和自身理解所给出的描述性定义。理论界具有代表性的定义主要有以下几种：刘建军（2017）① 依据全国高校思想政治工作会议内容，指出"管理育人"，就是通过学校管理工作，在学校管理的过程中达到育人育德的目标。陈超（2016）② 在立德树人视域下阐述管理育人的内涵，强调管理育人的目的呼应了立德树人内涵实质，管理育人的功能与立德树人具有同向性。敬坤（2015）③ 从广义和狭义两方面界定管理育人理念。广义的管理育人是指学校通过管理部门和全体教职员工围绕立德树人的根本任务，对管理者和管理对象所进行的管理活动，并通过这些活动提高管理者和管理对象的政治、思想、道德、心理、法律素质的总和。广义的管理育人，其管理对象不仅包括学生，也包括学校的全部教职员工。狭义的管理育人则是指学校依据法律规定和规章制度，围绕立德树人的根本任务，将德育渗透于学校各项管理工作的全过程，对学生进行政治、思想、道德、心理、法律等方面的教育活动的总和。学者阮显政、钟晓砺（2012）④ 认为，管理育人指管理人员在承担学校的管理和服务工作过程中对受教育者实施的一系列有目的、有计划、有组织的管理行为，从而对受教育者的知识、品质及行为习惯等综合素质所起的育人作用。胡荣山（2012）⑤ 认为，管理育人就是把管理同教育结合起来，在教育中有管理，在管理中有教育，强调管理过程中所发挥的育人功能。上述关于管理育人的定义因为选择的参照系不同，是存在差异的，但它们为后续研究的展开提供了重要借鉴。值得指出的是，管理育人体系这一关联性概念学界目前无人涉猎。

高校管理育人的功能研究。为加快高校人才培养模式的创新，提升人才培养质量，必须进一步明确管理育人的地位和功用。目前，学界关于这方面的研究还处在破题阶段。如：刘洁（2012）⑥ 认为："管理育人是高校培养教育人的重要工作和环节，是教育学的一条重要原理。"还有的学者认为管理育人是"指管理者在执行规章制度，开展管理活动的过程中，对人们进行思想政治教育，培养人们良好的思想作风和道德行为的方法。管理育人就是把管理同教育

① 刘建军. 论高校思想政治工作的育人格局 [J]. 思想理论教育，2017 (3).
② 陈超. 立德树人视域下管理育人的内涵厘定与实践路径 [J]. 思想理论教育导刊，2016 (3).
③ 敬坤. 大学生日常生活管理育人研究 [D]. 武汉：武汉大学，2015：48－57.
④ 阮显政，钟晓砺. 对高校管理育人工作的认识 [J]. 重庆与世界，2012，29 (6).
⑤ 胡荣山. 高等学校实施管理育人的再思考 [J]. 中国成人教育，2012 (17).
⑥ 刘洁. 高校管理育人的途径探析 [J]. 思想理论教育导刊，2012 (8).

结合起来，在教育中有管理，在管理中有教育"①。这种观念认为，管理的育人功能只能在管理过程中发挥作用，强调了育人与管理过程的同时性。王增祥（1994）② 认为，管理育人"使管理者与被管理者通过管理过程在思想、作风、道德品质诸方面得到提高和发展，尤其是对学生来说，这一作用更加重要"。他认为管理育人的外在表现是管理者的角色行为，主要是管理行为，但教育功能实际上渗透在其中，在许多方面对管理对象的思想道德状况产生立体的影响。尽管上述地位和功用研究涉及知行关系、育人载体、教育方法、思维方式等多个方面，但学者对这一课题研究仍显重视不够，有待深入研究。

高校管理育人的内容特点研究。管理育人是新时代高校育人的有效途径，对于提高高等教育人才培养质量，实现中华民族伟大复兴中国梦具有重大意义，在推进高校管理育人工作过程中应明晰其内容特点。主要成果有：李凌（2019）③ 认为，新时代高职院校牢固树立管理育人理念、创新工作理路，管理育人工作呈现出人文化、专业化、多元化的特点，并依据 2017 年中共中央、国务院办公厅印发的《关于深化教育体制机制改革的意见》，指出新时代的高职院校管理育人的内容包括制度建设、业务管理、服务管理、人员管理。李丽昆（2019）④ 基于对高校院系管理工作的研究，阐述高校院系管理育人动态过程中的主体、客体和介体。涂图（2018）⑤ 以高校学生工作管理与服务联合育人路径为分析对象，以中南大学和北京师范大学学生工作模式为例，提出管理思想育人、管理过程育人、管理方法育人。上述研究成果对管理育人诸多内容的分析浅尝辄止，仅有的观点缺乏学理性分析，显得有些单薄。

2. 高校管理育人的现状研究

高校管理育人的问题困境研究。为科学、准确地观察、解释和分析高校"管理育人"实践，就必须以问题为导向，找到准确的立足点和切入点。王杨

① 国家教委思想政治工作司，组编. 思想政治教育方法论［M］. 北京：高等教育出版社，1992：260.

② 王增祥. 立体教育［M］. 北京：开明出版社，1994：279.

③ 李凌. 新时代高职院校管理育人的实践价值［J］. 学校党建与思想教育，2019（24）.

④ 李丽昆. 高校院系管理育人路径探析［J］. 科教导刊，2019（3）.

⑤ 涂图. 高校学生工作管理与服务联合育人路径研究［J］. 教育现代化，2018（46）.

（2019）①、董世坤（2019）②、陈超（2016）等多数学者都提出管理育人在价值、制度、方式、功能、队伍等方面还存在一些瓶颈问题亟待解决。问题集中表现为管理育人的价值认识不到位、管理制度不健全、管理方式不灵活、管理功能不充分、管理资源整合不够、管理队伍参差不齐、评价机制不科学、管理水平有差距等。金昕（2016）③、李进付（2018）④ 等学者都指出亟须探索和提出适应新形势、新要求的高校管理育人新路径和新举措。

高校管理育人的价值取向研究。高校管理育人已经成为一种具有明显价值取向的教育理念，目前，就高校管理育人价值进行探讨的研究成果还很少，从价值视角进行专题研究的更是寥寥。如：刘洁（2012）、赵丽娟（2016）⑤ 认为，高校学生事务管理应当从科学主义与人文主义结合的角度出发，实现学生事务的科学人文管理。梁浩（2016）、王英杰（2016）⑥ 基于学生主体的视角，指出高校学生管理制度具有科学与人文价值契合、法治与德治方式融合、教育与管理方法结合、他管与自控过程共合的价值向度。受中华优秀传统文化的启示，张烨（2019）⑦ 提出高校教育管理的本质是治人，前提是"人性"，方式是"法治"，关键是"择人"，组织原则是"人伦"，最终目标是"安人"。帅斌（2018）⑧ 在管理育人视域下，对新版《普通高等学校学生管理规定》的价值取向进行论述，提出立德树人是根本，以生为本是核心，公平正义是法治取向，诚信守法是道德取向，知行合一是实践取向。

（三）高校管理育人的问题与对策研究

高校管理育人的问题困境研究。王承凡、李凤春、巴特（2013）⑨ 认为高校管理育人工作具有以下方面的问题：一是管理人员服务意识和敬业精神淡薄

---

① 王杨. 加强高校管理育人面临的挑战与对策 [J]. 思想理论教育，2019 (12).

② 董世坤. 观念·制度·文化：高校管理育人再思考 [J]. 江苏高教，2019 (7).

③ 金昕. 关于思想政治教育融入高校学生事务管理的思考 [J]. 思想理论教育，2016 (12).

④ 李进付. 依法治教背景下高校学生管理体制改革与创新 [J]. 思想理论教育，2018 (3).

⑤ 赵丽娟. 高校教育管理的价值取向与人性基础 [J]. 中国市场，2016 (27).

⑥ 梁浩，王英杰. 高校学生管理制度的价值取向、主体缺位与救济之道——基于学生主体的视角 [J]. 现代教育管理，2016 (2).

⑦ 张烨. 高校"家文化"育人管理模式研究 [J]. 法制与社会，2019 (31).

⑧ 帅斌. 管理育人的价值取向——对新版《普通高等学校学生管理规定》的价值解读 [J]. 思想教育研究，2018 (5).

⑨ 王承凡，李凤春，巴特. 高校管理育人面临的主要问题及其对策研究 [J]. 高教研究与实践，2013，32 (2).

直接影响着管理育人功能的充分发挥；二是管理育人实效受制于管理人员的专业技术和管理经验水平，在现实实践中，管理人员的水平相对较低，直接影响着管理育人实效的质量。学者陈超文（2017）① 认为我国高校目前存在的问题表现在以下方面：一是管理功利性太强而忽视管理育人；二是因评价指标局限而轻视管理育人；三是管理与教学、科研二元对立导致管理育人功能弱化；四是绩效管理量化不利于鼓励全员育人；五是制度建设观念滞后制约管理育人。黄帅、宋开春（2011）② 指出高校管理育人工作存在以下几个问题：一方面，管理者的管理意识与思想失衡、综合素质水平偏低是制约高校管理育人效能的主要因素；另一方面，管理机制缺乏科学系统性，导致管理与育人分离开来。

高校管理育人的问题成因分析。关于管理育人问题形成的原因，王杨（2019）、刘洁（2012）、陈志平（2009）③、谢红武（2002）④ 等众多学者都是夹杂在问题中一并展开论述的。分析方法采用理论思辨和实证演绎的均有，但分析出的成因却是比较一致，大致为：管理育人未得到高度重视、管理与育人相分离、管理队伍素质落后、管理体制行政化严重、管理合力尚未形成等。

高校管理育人的路径对策研究。针对高校管理育人机制中存在的问题，研究者提出了具体的举措和实现路径。重要观点如：敬坤（2015）用管理的手段来挖掘和规范日常生活的育人价值。涂图（2018）提出高校学生工作管理与服务联合育人的路径；闫玉（2018）、黄佳（2018）⑤、宁先圣（2020）⑥ 提出在立德树人视域下建立管理育人的协同联动模式；吴楠、王维国（2020）⑦ 提出以新发展理念引领高校管理育人。要做好高校管理育人工作，王杨（2019）提出要从优化制度、革新方式、加强协同、评估考核、加强师德建设等方面着手。董世坤（2019）主张要树立全员、全方位、全过程的育人理念，健全"学

① 陈超文. 目前高校管理育人存在的问题及应对机制［J］. 云梦学刊，2017，38（5）.

② 黄帅，宋开春. 浅谈新形势下高校管理育人工作存在的问题以及对策［J］. 剑南文学（经典教苑），2011（12）.

③ 陈志平. 高等院校管理育人问题［J］. 内蒙古财经学院学报（综合版），2009，7（4）.

④ 谢红武. 高校管理育人初探［J］. 宜春学院学报，2002（10）.

⑤ 闫玉，黄佳. 协同效应下高校思想政治教育联动模式［J］. 思想理论教育导刊，2018（7）.

⑥ 宁先圣. 立德树人视域下的高校学生管理工作与思想政治教育协同发展研究［J］. 系统科学学报，2020，28（4）.

⑦ 吴楠，王维国. 新发展理念引领新时代高校思想政治工作分析［J］. 河北科技大学学报（社会科学版），2020，20（1）.

生为本"的育人机制，营造"以文化人"的育人环境。陈超（2016）提出立德树人视域下，通过树立管理育人新的价值理念、发挥制度文化在管理育人中的引导作用、营造适于人成长的校园人文环境来实现管理育人。

高校管理育人机制的研究。管理育人要得以贯彻，关键在于建立科学合理的长效机制。学界不少学者把建设管理育人长效机制作为研究视域开展研究。如现有文献资料显示，学者以不同的理论为支撑开展高校管理育人的机制研究。宁先圣（2020）、侯振远（2018）① 等通过对协同理论概念的阐释及对协同理论与管理育人工作的契合性的分析，提出可以在协同理论视域的框架内，通过明确边界、强化序参量和设定规则，探索建立健全高校管理协同育人工作机制，从而提升高校管理育人工作的科学化水平，确保育人工作取得实效和长效。张可卿（2019）② 利用系统思维考察高校管理育人机制，重视管理育人系统的整体优化；李璟（2018）③、赵成威（2018）④ 以治理理论为依托，提出构建治理现代化视域下高校管理育人机制；王东强（2013）⑤ 根据生态学的原则，将生态学的思维和方法引入高校思想政治教育，提出要构建高校管理育人的生态合力。

值得一提的是，一些学者积极拓宽研究视野，选定国外高校管理教育为研究视角，对研究工作做了必要的补充，很有意义。如杨柳群（2019）⑥、刘长海（2015）⑦ 等系统地梳理了国外高校学生事务管理育人理念的演进，总结了国外高校管理育人的基本经验，深入剖析了国外高校管理育人经验对我国思想政治教育的启示，主张我国高校应进一步加强对管理育人价值的认识，坚持多元性与导向性相结合原则，努力使管理育人制度化、规范化、专业化，推动高校管理育人取得新成效。

---

① 侯振远. 基于协同育人的高校教育管理改革 [J]. 中国成人教育, 2018 (7).
② 张可卿. 系统思维下的高校思想政治教育管理机制研究 [D]. 上海：华东师范大学, 2019.
③ 李璟. 治理现代化视域下高校管理育人的实践路径 [J]. 继续教育研究, 2018 (12).
④ 赵成威. 大学治理现代化视域下内部治理体系建构研究 [D]. 西安：长安大学, 2018.
⑤ 王东强. 生态学视域下高校思想政治教育主体研究 [D]. 成都：西南财经大学, 2013.
⑥ 杨柳群. 美国常春藤大学学生事务管理研究 [D]. 长沙：湖南师范大学, 2019.
⑦ 刘长海. 学生管理育人本位的复归：美国学生惩戒研究最新进展及其启示 [J]. 比较教育研究, 2015, 37 (11).

三、 管理育人的综合评析

纵观国内外学界对管理育人这一领域的研究，可以发现，研究成果颇丰，形式多样，内容丰富，提出了许多具有建设性的意见。然而，从已有研究来看，尽管研究数量较多却层次质量不高，研究内容虽广却不深入，管理机制痼疾难除。不足之处主要体现在：

第一，研究视角与研究领域方面有待扩展。目前学术界对于高校管理育人的理论研究视角主要有哲学价值论视角、唯物史观视角、社会学研究视角，实践研究视角主要有体制机制构建视角、制度管理视角、协同创新视角等。这些领域的研究取得了一定的研究成果，还应该加强三个维度的研究。一是在历史维度层面，系统梳理高校管理育人的历史，从历史的维度研究我党对于高校人才培养政策的变迁，以及方法与路径的演变，为新时代高校管理育人的实践提供有益参考。二是在学科交叉维度层面。从教育学、心理学等相关学科进行多角度多层次的综合研究，充分借鉴与发挥各学科的优势，为高校管理育人提供新的思路，同时搭建学术研究的平台。三是在实践维度层面。管理育人作为落实立德树人根本任务的重要举措，最终指向实践问题。需要高校在进一步深化高校管理育人的理论研究的基础上，高度重视实践结合的问题，在方法论的理论基础之上，进一步深化高校管理育人与具体实践的有效协同。

第二，研究深度有待进一步深化。如前所述，当前学界从不同的研究视角对高校管理育人进行了研究，每一种研究视角都在一定程度上深化了我们对于高校管理育人的认知与把握。但若要深层次、全方位推进高校管理育人的整体发展，还需要在研究深度、宽度、高度上进一步拓展潜在的研究空间。例如：从其本质出发对高校管理育人内涵进行提炼，加强高校管理育人的比较研究；通过历史性梳理总结当前高校管理育人路径选择，整体性把握高校管理育人的发展脉络。此外，还应当综合运用各种理论、多样研究视角、实践资源，借鉴国外的相关经验，并对古今有益于高校管理育人的理念进行批判性继承与创新性发展，拓展高校管理育人机制构建的研究思路。

第三，研究实效性亟待提升。管理育人机制包括学校的教学单位、管理部门、业务单位和附属单位等多个部门，涉及学校内部的人、财、物等各种资源，各个要素都必须形成紧密的协作关系才能保证育人效果的不断提升。一方面，管理育人的协同性研究不足。当前的对策研究一般从对策上提出高校要构建全员全过程全方位的育人体系，从主体、内容、方法、载体等层面提出了相应的对策，并提出了构建激励机制、导向机制等驱动机制来保障高校管理育人的顺畅运行。但从实际内容上看，理念研究多，而实操性不足，专项问题研究多，而协同性不足，策略性内容研究多，而过程性研究不足。这些问题共同造成了高校管理育人的实效性有待提升。另一方面，管理育人的实证性、系统性、针对性研究有待提升。目前我国具有普通高等学历教育资格的高校有 2800余所，由于学校之间在办学层次、办学水平、隶属关系、办学体制等方面的不同，高校在育人目标上就有了不同的类别。那么在管理育人的过程中，对于学生的培养也应该有差异，如果都按照一种方式进行统一无差异的教育，会导致高校管理育人研究缺乏针对性、丰富性。因此，高校管理育人的研究既是理论问题，同时也是实践问题，只有将高校管理育人的理论研究与实证研究紧密结合起来，才能推动高校管理育人的研究向着更深层次发展。

第三节　研究方法和创新

一、　研究方法

（一）文献研究法

文献研究法，是指根据课题的研究目的，调查、搜集和整理前人与当代研究成果和文献资料，从而全面地、正确地理解和掌握所要研究问题的现状和趋势的方法。本研究立足于学界现有的相关研究成果，查阅相关期刊论文、著作及党和国家的思想政治教育政策、法规、文件等资料，对国内外的研究有一个较为全面系统的认识，发掘出选题产生和发展的背景、原因、本质，把握研究现状和研究进程，确定研究思路和研究方向，进而以理论为支撑、以学理为辅证开展研究。

（二）系统分析法

系统分析法，是以待解决的问题为系统，对系统要素进行综合分析，着眼于整体与部分、整体与层次、整体与结构、结构与功能、整体与环境等的相互联系和相互作用，求得优化的整体目标的现代科学方法。本研究作为在高校范围内开展的有目的、有计划、有组织的教育实践活动，对育人机制的研究本就内蕴于系统思维之中。因此，本方法帮助笔者站在系统的高度去分析、去探寻，由表及里、由点及面、从理论论证到案例分析地加以研究，构建全面、科学、有效的管理育人机制，避免研究视角的平面化与碎片化。

（三）跨学科交叉研究法

跨学科研究法，是指运用多学科的理论、方法和成果从整体上对某一课题进行综合研究的方法。这是近来科学方法讨论的热点之一。本研究以马克思主义理论为指导思想，采用跨学科、多视角整合研究的方法，充分借鉴和运用管理学、思想政治教育、高等教育学、系统学、心理学等学科的相关研究理论和知识体系，体现了跨学科研究的方法交叉、理论借鉴、问题拉动及文化交融，提高研究成果的科学性和有效性，进一步推进高校管理育人机制的创新研究，完善高校一体化育人体系。跨学科研究既能把握管理育人研究中带有共性和规律性的东西，又能在学科交融中实现管理育人研究的深入和提升。

（四）案例研究法

案例研究法，是指把实际工作中出现的问题和具体的解决方案作为案例，进行研究分析并总结经验，提供一种问题解决的模型，便于可复制的套用。案例研究按照分析手段可以分为探索性研究、描述性研究和解释性研究。本研究以多案例的"描述性"研究为主，以探索性和解释性案例为辅。在案例的选择上遵循三个方面的标准：一是案例具有典型性的特征；二是案例能够反映我国高校管理育人的价值取向；三是案例尽可能涵盖不同情况下的特殊性。本研究的案例主要来源于部分高校在管理育人方面的具体经验做法，力争反映典型的高校管理育人机制，兼顾案例的区分度。本方法为本研究提供第一手的实证依据，即可总结借鉴的经验。

（五）嵌入法

嵌入法，是指两个不同系统相互融合、相互作用，在介入层面上进一步深化，并通过系统内的各因素相互适应使新系统趋于稳定的过程。主要体现在不仅仅是方法层面的固化介入，更重要的是注重理念植入和传递，从制度、政策、模式等方面拓展嵌入的路径。这种多层面的嵌入，能够更好地发挥社会工作的功能性，更容易形成有效机制，成果也较为稳定，有利于经验推广。本研究选取嵌入性理论为分析工具，变被动为主动，使管理育人要素机能发挥的具体过程得以真实地显现出来，管理育人机制的人文性内涵被寓于机制的科学性之中，管理与育人结合得更深入，有利于形成一个有着严密逻辑关系的有机整体。

二、 研究创新

（一）研究问题的突破

本研究将交叉学科应用于思想政治教育的传统育人实践之中进行创新尝试。管理育人是一个系统性的动态变化的过程，它涉及理论发展和实践演进两方面的内容，应在理论创新和实践培育中综合互动进行。因而，本研究将思想政治教育协同创新的基础理论研究作为理论起点，以期从理论的高度对管理育人机制进行系统的梳理。同时，本研究整理和总结了管理育人研究与实践现状，对消解管理育人效能的各种障碍给予了有力的回应，有助于提供全面完善的制度设计、灵活多样的实施措施和具体可行的参考方案，最终推动高校管理育人真正落到实处。

（二）研究视角的独特

本研究将管理育人机制看成一个社会有机体，力求从机制要素、机制结构、机制运行过程中挖掘出系统论与人性论的统一之处。为此，本研究对管理育人机制的多元性、协调性、规范性、开放性、日常性等角度进行了全面而又深入的剖析，从而使管理育人机制的科学性挖掘出了丰富的人文内涵，这就不同于以往思想政治教育机制常采用的结构功能主义思维范式。本研究也尝试对管理育人机制概念进行重新界定，在一定程度上弥补机制概念研究在人本位视角上的匮乏。

（三）研究内容的系统

本研究采用宏观和微观相结合的论证层次，不仅在思想政治教育和管理学的宏观理论的基础上，对管理育人机制的具体结构与运行角度给予系统把握，而且在研究完善管理育人机制微观建设上，按照努力把机制研究落到实处的理念进行具体研究。笔者结合多年在高校教学管理一线的工作经历，对管理育人机制的理论形态、实践形态、制度形态进行全面剖析，有效地防止了机制问题研究"假、大、空"，在归纳形成研究框架的基础上进行内容的演绎和外推，以期实现理论的升华和实践的理性化。

（四）研究价值的探寻

本研究坚持回归教育的本源性，探寻管理育人的元价值，合理发掘其现实价值与历史价值、人类价值与社会价值。以改变对以往育人机制体系认识片面化、表面化、简单化等问题为切入点，以问题为导向，推进高校管理部门的去行政化，匡正高校管理人员育人的缺位、错位、越位问题，提出管理育人机制不仅仅只是一种具体的思想政治教育途径，还是贯穿于人才培养过程整体之中的基本原则和教育理念。

第一章　新时代高校管理育人的概述

　　管理育人是高校育人工程的重要组成部分，对于培养社会主义建设者和接班人发挥着重要作用。德国教育家赫尔巴特在《普通教育学》中指出："如果不坚强而温和地抓住管理的缰绳，任何功课的教育都是不可能的。"① 任何制度的构建都需要有科学的理论为支撑。研究管理育人机制构建与运行，毫无疑问需要与之相应的理论为依据。本章力图厘清高校管理育人的基本理论问题，分析高校管理育人机制的内涵特点、现实意义，梳理我国管理育人思想的历史演进脉络，阐释高校管理育人的理论依据和价值取向，旨在为高校管理育人机制的深入研究奠定坚实的理论基础。

第一节　管理育人的内涵特点

一、　管理育人的内涵

　　"管理育人"是一个复合概念，要正确理解它的含义，给它下恰当的定义，必须较为准确地理解和把握"管理"和"育人"这两个独立概念。

　　（一）科学把握管理的性质

　　从汉字字义的角度来看，"管"是一个多义字。据《新华字典》，"管"有负责、管理的意思。《康熙字典》记载：总理其事曰管。《史记·李斯列传》：（赵高）以刀笔之文进入秦宫，管事二十余年②。可见，"管"的古义包括了现代社会"管理"的含义。

---

① ［德］赫尔巴特. 赫尔巴特文集（共6册）［M］. 李其龙，郭官义，等译. 杭州：浙江教育出版社，2002.
② 杨钟贤，郝志达. 全校全注全译全评史记：第四卷［M］. 天津：天津古籍出版社，1997.

"管理"，自具有秩序的人类社会产生便应运而生，从蛮荒时代原始的耕种和狩猎到现代社会发达的自动化和信息化，管理都无处不在地扮演着重要的角色，以有形无形的方式推动着人类的发展和进步。自20世纪初以来，西方形成了多种研究学派，推动管理学的理论体系不断完善，不同学派对管理的界定也各不相同（见表1-1）。

表1-1　不同管理学派对管理的代表性定义

学派类别	管理的定义
科学管理学派	管理就是效率。
管理过程学派	管理就是由计划、组织、指挥、协调和控制等职能为要素组成的活动过程。
行为科学学派	管理就是对人的管理。
决策理论学派	管理就是决策，决策贯彻管理的全过程。
管理科学学派	管理就是用数学模式与程序来表示计划、组织、控制、决策等合乎逻辑的程序，求出最优的解答以达到组织的目标。
系统论学派	管理就是根据一个系统所固有的客观规律，施加影响于这个系统，从而使这个系统呈现一种新状态的过程。

我国管理学界学者对于管理也有着独特的见解，学者周三多认为，管理是组织中的如下活动或过程：通过信息获取、决策、计划、组织、领导、控制和创新等职能的发挥来分配、协调包括人力资源在内的一切可以调用的资源，以实现单独的个人无法实现的目标[①]。可见，学界对于"管理"的定义虽不完全相同，但是均认为"管理"是通过实施计划、组织、领导、协调、控制等职能推动一定的群体实现既定的目标。

综合管理的定义可知，管理包含五方面含义：第一，管理以实现预期目标为基本目的，一切管理活动都是按照既定目标进行计划、组织。第二，管理本身是一个过程。在一项管理活动中，必然包含着管理主体和管理客体。一般认为管理主体主要是指管理人员，而管理客体却可能是人，也可能是物，具有不确定性。管理的主体和客体达到了统一，才算是成功完成了管理过程。第三，管理是一种手段或方法。管理最终原义就是追求效绩（效果和效率）。只有掌握了正确的管理手段和方法，才能达到管理的目标。第四，管理是一个整合性

---

① 周三多. 管理学［M］. 北京：高等教育出版社，2010.

的系统。管理需要以一定的社会组织为依托，在这个系统中不但包含管理的五大功能，即：计划、人事、组织、领导和控制，而且这五大功能各自所发挥的作用相互交织融合以后又能产生新的合力，以推动管理活动的进行和完成。第五，管理以协调为本质特征，为完成管理目标，管理需要协调组织内成员的关系、完成组织内资源的调配、协调组织内外的关系。

（二）准确认识育人的本质

在现代汉语词典中，由"育"所组成的词汇有很多，如：德育、智育、体育、教育、养育等。对于"育"人们达成的共识是普遍把它理解为培养或教育。当"育人"作为一个概念出现的时候，人们通常把它理解为一种教育人的活动或者过程。育人从字面上看就是培养人、塑造人、改造人的意思；从育人的对象上来说，包括自我教育与教育他人。从其内涵上，它包含了三个层面的意思：一是为谁育人；二是育什么样的人；三是通过什么途径育人。而这三个问题又是辩证统一、不可分割的。为谁育人，决定了育人的目的和要求，也就决定了育什么样的人的性质和特点或者是人才标准，同时也就决定育人的理念和方式方法。"育什么样的人"和"通过什么途径育人"从根本上说，是在为"为谁育人"服务。在阶级社会里，无论社会怎么发展，育人都具有鲜明的阶级性，都是为统治阶级服务的，它不是单纯地提升人的素质、促进人的发展，而是着力于培养统治阶级的接班人，为了服务于和满足于自身统治的需要。以马克思主义为指导思想的社会主义不同于阶级社会，它旨在消灭阶级，没有阶级差别和阶级斗争，对人的培养不是为少数人服务，而是为广大人民群众服务，是以人为中心、以人的自由全面发展为目的。马克思在《共产党宣言》里指出："代替那存在着阶级和阶级对立的资产阶级旧社会的，将是这样一个联合体，在那里，每个人的自由发展是一切人的自由发展的条件。"[1] 我们所说的"育人"，就是以培养社会主义合格建设者和可靠接班人为根本任务，通过思想政治教育确保人才培养的正确方向，不断提高学生思想水平、政治觉悟、道德品质、文化素养。

（三）管理育人内涵的实质

1. 管理必然育人

管理科学认为，管理具有自然属性与社会属性两种性质。所谓自然属性，

---

① ［德］马克思，恩格斯. 共产党宣言［M］. 北京：人民出版社，2018：41.

指由劳动产生的、反映社会协作过程本身要求的一系列科学方法的总结，这种一系列的科学方法具有普遍性，即管理具备计划、组织、协调、决策、控制及创新等基本职能；所谓社会属性，是指管理受生产关系和经济基础的影响与制约，具有阶级的社会局限性。管理学的经典定义将管理视为人类文化活动的一种，文化内在本质天生就有教育意义，广义上的管理就具有天然的教育本色，这正是由管理的属性所决定的。

管理育人是管理和育人的结合，是学校管理工作者的双重职责，其"管理"属于教育管理。教育管理和物质生产管理是不完全相同的，教育是一种特殊形态的生产，它的劳动对象是人。教育管理是人—人—人。教育管理中的物又转化为育人的工具，为育人服务。教育的产品就是教育者（这里可以包括第一线的教师和第二线的管理服务人员）的劳动不断转化为学生的品德、智慧和才能。高校管理的过程，按照管理学的基本观点应当划分为如下三个阶段：第一，计划阶段，管理是从计划出发的。管理育人的计划过程就是将育人目标具体分解和安排的过程，是对具体的各项内容的分项规划。第二，管理执行实施阶段，将计划付诸实施，在现实中推进管理目标的过程。第三，控制反馈阶段。保证管理计划的实施沿着既定的目标方向，并及时调整不适和偏差，收集阶段性的成果反馈作为评价和调适的指标。每个职能模块都与教育功能密不可分，管理的整个过程从本质上说就是一个育人的过程。因此，当管理和学校教育结合起来的时候，它就具有了普遍的社会性和教育性，是高校培育素质全面、身心健康的社会主义合格建设者和接班人，实现培养目标的重要手段和途径，推动学校实现人才培养、科学研究、社会服务、文化传承创新四大功能的重要保证，又是推动高校学生思想政治教育工作的重要内容。

2. 管理必须育人

新中国成立初期，我们党明确提出了"教书育人"的口号。教书主要指的是传授专业知识，育人主要指的是对学生进行思想政治教育，两者相互配合，同向同行，不可分割。改革开放以来，党和国家越来越重视教书育人的作用，强调教书与育人的统一。1985 年 9 月 10 日，时任国家主席李先念致信我国第一个教师节庆祝大会，指出："共产主义事业的接班人，要靠你们培育。他们的思想品德，要靠你们去塑造；他们对人类文明继承和发展的能力，要靠你们去培养……各族教师同志们，你们肩负光荣的历史重任。希望你们不断地提高自己的思想政治水平和文化业务水平，具有高尚的品德、渊博的知识，掌握教育教学工作规律，教书育人，为人师表，为祖国的社会主义教育事业做出更大的贡献。"① 1991 年，时任中共中央政治局委员、国务委员兼国家教委主任李铁映在全国高等学校教书育人座谈会上指出："我们的教育工作要把德育放在首位，强调教书育人，就是要教育学生确立马克思主义的立场、观点、方法，帮助他们坚定正确的方向，成为又红又专的社会主义现代化建设人才。"② 1994 年 6 月，时任中共中央总书记江泽民在全国教育工作会议上讲话指出："各级各类学校都要全面贯彻党的教育方针，坚持社会主义办学方向，努力培养德智体全面发展'四有'新人……"③ 这一切都说明，"育人"是我国各级各类学校的根本任务，重点是指对学生进行思想政治教育，引领学生树立正确的世界观、人生观、价值观，不断提升思想政治素质和道德素质。

管理和育人是一对矛盾不可分割的两个侧面，它们水乳交融地统一在整个教育过程中。现代教育虽然有了飞跃的发展，教学、管理、后勤有了分工，但管理育人的特性并无改变，管理育人的职能越来越重要。可以这样说，离开育人去管理，管理就会失去目标和方向，离开管理去育人，育人工作没有客观条件做保证，犹如过河没有桥和船就无法抵达彼岸一样，其目的也难以实现。

3. 管理必能育人

第一，管理思想育人。管理思想主要是指在管理过程中对于各种关系的认知，是一系列概念的知识体系。对于高校管理者来说，在日常管理育人工作中要善于发现各种现象和情况，对于出现的问题应当有效识别并进行认真分析，找出解决问题的方法并善于总结规律，从矛盾的特殊性中总结出普遍规律，然后通过实践研究提升自身管理能力。

第二，管理过程育人。管理过程通常是指我们所说的计划、人事或者控制等各个方面内容。管理者在教育管理过程中应当做到知人善任，结合教育对象的个性特点做好教育引导，这关系到最终育人目的，也是育人环境中非常重要的一个部分。在进行管理过程中，管理者需要设置一个工作目标，不断优化流程，做好过程管控，提高管理效率。

---

① 李先念. 李先念文选［M］. 北京：人民出版社，1989.

② 李铁映. 中国教育改革发展探索——李铁映论教育［M］. 北京：人民教育出版社，2014.

③ 江泽民. 江泽民文选：第二卷［M］. 北京：人民出版社，2006.

第三，管理方法育人。管理者在日常工作中应当重视机制研究，通过灵活驾驭各种运行机制做好管理工作。例如，充分发挥激励机制和约束机制，调动管理对象的积极性，使得思想政治活动具有良好的规范性。

综上所述，管理育人是高校的管理部门及其相关工作人员以育人为目的，进行有计划、组织、领导、协调的管理行为，全方面引导和影响广大师生，使既定目标能够顺利实现的过程。管理育人的内涵可以从广义和狭义两个方面把握。从广义上来讲，管理育人是一种充满教育意蕴的行为，其要在培养学生德、智、体、美、劳各方面过程中，通过学习生活中潜移默化的影响，形成一个全方位育人的整体系统。从狭义上讲，管理育人是指教育管理者通过行之有效的措施，借助各种教育资源，对学生的思想行为等加以显性或者隐性的积极影响，以达到育人目的。

二、 管理育人的特点

高校育人往往是通过管理育人、教书育人和服务育人来实现的，这三者在育人的性质、功能、目标上来说是一致的，但在育人的途径、范围和力度上是不相同的，其中，管理育人的特殊性主要表现在以下几个方面：

（一）育人途径的特殊

从育人途径来看，教书育人的途径主要是通过教师在教学过程中的行动，即教师所讲授的教学内容来"传道、授业、解惑"，通过教师自身的素质、修养、举止等来启迪和感染学生的。服务育人是在服务过程中通过服务者的态度、服务质量和敬业精神来影响教育学生的，而管理育人主要是通过管理过程来实现育人目的的。在管理过程中，不仅管理者的素质、形象影响到育人，更重要的是通过管理制度的健全，管理措施的得当，来实现育人的目的。因此，管理制度的健全、管理措施的得当是实现高校管理育人目的的最基本、最重要途径。

（二）育人方式的特殊

从育人的方式来看，教书育人是指教师密切结合教学内容来做育人工作。其特征是理论性和思想性极强。随着教学内容的变化和学生思想水平的提高，育人的功能不断地增强、拓展，使受教育者朝着全面发展的方向努力。服务育人的育人方式是借助于服务过程中具体的、直观的服务态度、服务质量表现出来的。而管理育人是以管理制度、管理条例及管理措施为载体，对学生的行为举止有直接的、现实的指导性和约束性。其育人方式不仅具有经常性、规范性和平等性，而且将思想和行为规范统一，将理想的树立和操行的修养统一，并且可制定出量化管理细则，因此，体现出高校管理育人的具体性和可操作性。

（三）育人范围的特殊

从育人作用的范围来看，教书育人的对象范围是学生，就单个教师而言，其育人作用和范围是有限的。服务育人的对象也是学生，其范围和局限性也是明显的。而管理为整体运转的支撑，它不随管理者变化而变化。管理制度具有全局性和稳定性，管理的范围不仅是全体学生，而且包括管理人员自身、教师和其他职工，并且它还涉及党团组织、教学、科研、教务、行政、后勤等各个部门。因此，管理育人的范围更广，对作用功能的平衡性要求更强。同时，管理的地位和作用决定了管理育人对引导和推动教育育人、服务育人的不断发展起着重要的作用。

（四）育人力度的特殊

从育人的作用力度看，管理育人的作用力度同教书育人、服务育人相比较，更具有强制性。由于管理的地位和作用，它对引导和推动教育育人、服务育人的不断发展起着重要的作用。如果说教书育人和服务育人对学生的教育重在熏陶感染，那么，管理育人对学生的教育则重在规范、约束。

由此可见，管理育人在高校人才培养工作中发挥着不可替代的作用，特别是随着我国高校招生规模的不断扩大，高校生源的知识水平参差不齐，要培养出社会所需的人才，高校的管理工作显得尤为重要。而管理的承担者肩负着重任，要做好这项工作，管理工作者应明白自己"既是管理者，又是被管理者"的双重角色。管理者应先管理好自己，并用自己的示范活动和表率作用影响师生员工，借助和依靠他们的知识、智慧与才干，这样就能形成合力，收到良好的育人效果。

第二节　管理育人的现实意义

任何研究首先都需要植根于对现实问题的观照，并且要具有指向现实价值的意义。研究高校管理育人的现实意义，旨在真正实现理论与实践的有机结合，实现高校人才培养"理论"与"实践"教育的双轮驱动，以期实现教育管理从知识本位回归到行动本位，从工具理性回归到价值理性，从空泛化回归到现实化，为高校管理育人机制的研究提供客观依据。

一、宏观层面

（一）管理育人促进高等教育改革和发展

随着社会主义市场经济的建立和发展，人才市场机制和利益驱动机制被引入高校，教育观念也随之发生了变化；办学思路的拓宽，职教、成教、自考、社会再教育等教育事业飞速发展，教育体系发生了变革；招生"并轨"，分配就业制度改革，促进教育改革全面推进。根据我国教育发展的经验和教育与社会接轨的要求，只有通过科学管理，强化育人意识，才能进一步促进高等教育改革的深化，建立具有中国特色的社会主义教育体系，适应当今社会的变化和经济文化的发展，使育人质量能适应经济发展的速度。

（二）管理育人促进大学良好校风学风的形成

学校校风是教师和学生的教学精神、学习精神、管理风格和思想品质的总和。校风代表着一个学校的精神面貌，标志着育人环境的优劣，反映着学校的育人质量，体现着学校师生员工的道德风尚。良好的校风具有一种强大的凝聚力和约束力，对师生员工产生着经常性的、潜移默化的影响。学风是校风的重要内容之一，学风是校风的集中体现，良好的学风是一种强大的精神力量，更是促进人才培养的重要条件。要树立良好的校风学风，只有每一个管理者都严格要求自我，以身作则，加强管理育人工作，促进竞争和激励机制的完善，才能形成良好的校风和学风。

（三）管理育人促进高等教育质量的提高

高校招生实行"并轨"以后，大学生毕业进入人才市场，双向选择就业，不仅使高校之间面临生存和发展的竞争，也使大学生面临学历与素质的竞争。学生对择校提出了更高的要求，迫使学校之间展开竞争，努力改善育人条件，增强育人力量，树立面向社会、积极适应市场的方向，提高教育质量和人才培养质量。高等学校面对激烈的竞争，只有加强管理，不断完善教育机制，改善教育环境，加强教育队伍，才能提高教育质量，才可能完成为社会培养高素质合格人才的任务。因此，管理育人是提高教育教学质量、人才培养质量的重要保证。

二、 微观层面

(一) 因赋予育人的使命而提升了管理在高校中的地位

高校是教育的场所，育人是高校最重要的使命。发展要求管理，管理为了发展，加强管理工作是高校工作的应有之意和长远之计，也是现代大学制度建设的一个重要方面。世界高等教育发展的经验已经表明，高等学校要办出水平，办出特色，成为一流大学，就必须高度重视管理工作。

近年来，部分高校存在着重教学科研、轻管理的现象，管理工作被看成主要依靠日常琐碎工作中积累的经验和常规来开展工作、人人都能做的事情。高校中形成了这样一种认识倾向：管理者没有对大学生进行直接的知识传授，没有"教书"，也就谈不上"育人"，管理工作也就发挥不了育人功效。特别是党群管理工作经常处于"说起来重要，用起来忽视"的尴尬境地。

管理育人将育人的使命赋予高校的管理活动，把管理摆在学校工作的突出位置，从而提升了管理在高校中的地位，进而也提升了高校管理人员在高校中的使命感和存在感。管理育人拓展管理的内容范围，不仅在一定程度上能够使管理者和被管理者达成共识、协调立场、平衡关系，形成统一的意志和步调，使各种资源得到最佳配置，从而发挥最大效益，而且能够促进管理者深入了解教育对象，更新管理观念，遵循管理道德，改进管理态度，提高管理质量，增强管理效能，为管理工作塑造一个良好的形象。

(二) 因管理成为桥梁与纽带而加强了高校内部的协同

长期以来，我国高等教育体制存在较浓厚的行政化色彩，究其原因主要在于我国高等教育的体制渊源，高校作为政府主办的公共机构，受国家教育主管部门领导与指导，不可否认的是在某种程度上"政府将大学作为其延伸部门"。因此这种行政化的管理体系具有明显的封闭性，缺乏灵活性，具体表现在高校各部门、各学院缺乏有效的沟通交流，由于对彼此岗位工作不够了解，理解和包容性弱，在需要配合协调共同处理事务的时候，自然就容易站在自己的角度去评定对方的工作。在工作中，一些行政管理人员只看到局部的具体事务，缺乏全局的观念，不能以全局的视角看待工作中出现的问题。这些都严重影响了部门之间的工作关系，在一定程度上遮蔽了学校全员育人、全过程育人和全方位育人的视野，消解了学校整体育人的合力。

　　管理育人则打通了高校内部传统的管理、教学与科研的壁垒，"管理"消除了烦冗的组织结构，缩短了信息传递链，优化了信息沟通渠道，加快信息沟通速度，保证信息的准确和充分，使高校内部达成有效沟通；"育人"则统一了高校内部各个部门共同的价值观念的使命与目标，促使学校教职工对学校管理宗旨、指导思想、道德观念等诸多方面的认识逐步达到一致，同时增加了他们之间的共同语言和信任。打破了高校内部条块分割的状态，将多部门拉到了同一条战线上，加深了部门间的内在联系，对所有要素进行优势互补与整合，能够有效发挥协同育人合力，获得协同增益，创建出"人人是育人工作者、处处是育人工作阵地、事事是育人工作内容"的工作环境，推动高等教育立德树人重要使命的实现。

　　（三）因直接和全面育人而成为管理者职业幸福的依托

　　幸福是人生的终极目标。教育，是指引人们掌握获得幸福的方法。一项教育活动的发生，总是由教育者和被教育者组成的，因此，教育指向幸福既要指向受教育者的幸福，也要指向教育者的幸福。亚里士多德认为："幸福的人（即'好人'）就是将人的功能发挥至完善境界者，幸福即'优秀地'实现人的功能。"① 从这个角度出发，高校管理者的幸福感即是管理者在从事育人工作过程中生发的角色满意度和认同感。高校管理人员的幸福感，不仅关系到自身的幸福工作体验的永久持续性，更关系到其管理对象即高校教师的教书育人成效及学生的自我管理和服务的质量。

　　高校的根本任务是培育德智体美劳全面发展的高素质人才。好的人才，既是教出来的，也是管出来的。管理育人因直接承担育人的任务，并负责统筹推进育人工作而进一步加深了高校管理人员与师生的联系，为教育者搭建了通往幸福的平台。直接影响表现为管理者以其"润物细无声"的大智慧去感染教师的情绪，让学生感受到教育管理者在为人处世上的人格魅力，带动学生的自我管理和服务能力的提升；间接影响则为通过管理活动，为师生提供更为优质的管理服务，使其管理成果惠及师生，激励和促进广大师生去"自我实现"，"实现自我"。在这些过程中，管理育人也帮助管理者自我成长、自我超越乃至自我蜕变，带动管理者提高专业化水平，实现职业理想和个人价值。

---

① 亚里士多德. 尼各马科伦理学［M］. 北京：中国人民大学出版社，2003：13－16.

可见，管理育人不是为管理而管理，管理是手段，育人是目的。其管理的价值要通过教育目标达到育人效果而体现出来，职业价值理性与工具理性得到统一，教育管理者在管理育人的同时完善自我，使个人幸福与集体幸福有效统一，实现真正的职业幸福。正如马克思所言，"人只有为同时代人的完美，为他们的幸福而工作，自己才能达到完美。如果一个人只为自己劳动，他也许能够成为著名的学者、伟大的哲人、卓越的诗人，然而他永远不能成为完美的、真正伟大的人物"①。

第三节　管理育人的历史演变

英国历史学家哈罗德·珀金曾经说过："真正的历史学并不是一味按照年代顺序挖掘整理史实材料的一门学科，而是一门解决问题的学科，它向现实（或一度是现实的）世界提出种种问题，并努力探寻问题的答案。"② 同时，他又认为虽然历史研究"没有水晶球可作预言，没有魔镜可供占卜，但它在这一领域也能为他人提供有益的东西：如果你想要知道你要去哪儿，它帮助你了解你曾经去过哪儿"③。任何一种事物都具有流变的过程，只有分析一个事物的历史演变过程，方可把握其精髓。高校管理育人也是如此，要探讨高校管理育人机制，就应该将我们的目光投射到历史的深处，本研究通过"回头看"和"左右看"的方式，梳理管理育人体系、管理育人实践的演变脉络，来把握高校管理育人的演变发展和演进逻辑。

一、　管理育人体系的历史嬗变

（一）"三育人"的提出与发展

党的十九大报告强调要落实立德树人的根本任务，给高校思想政治教育指明了最新的发展方向。管理育人作为高校思想政治教育的一部分，也越来越受到重视。早在新中国成立初期，在中国教育工会第一次代表大会上，首次提出

---

① 中共中央马克思恩格斯列宁斯大林著作编译局. 马克思恩格斯全集：第 40 卷 [M]. 北京：人民出版社，1982.
② 王承绪，徐辉，等. 高等教育新论 [M]. 杭州：浙江教育出版社，1988.
③ 王承绪，徐辉，等. 高等教育新论 [M]. 杭州：浙江教育出版社，1988.

了"教书育人、管理育人、服务育人"三育人的口号①。1994 年,《关于进一步加强和改进学校德育工作的若干意见》颁布,指出"学校各项管理工作、服务工作也要明确育人职责,管理育人,服务育人"②。2004 年,《关于进一步加强和改进大学生思想政治教育的意见》明确提出了"高校要形成教书育人、管理育人和服务育人的良好氛围和工作格局"③。高校教育的关键是人才的培养,大学所有的课程和活动开设都是围绕育人这个主题开展的。"三育人"的本质是一种全面育人的理念,高校教师、干部和职工都要把自己的本职工作与育人相结合,注重提升教学质量、管理水平、服务能力,以高效率的办事能力和严谨的工作作风感染每一位学生,要使学生不仅在课堂上学会如何做人,也要在校园中感受到被教育的氛围。同时,高校要重视育人为本、德教为先的理念,发挥学生的主体作用,引导学生全面发展。

(二) 从"三育人"到"五育人"的拓展

随着国际形势的变化和我国对外开放程度的深入,高校思想政治教育工作也面临许多新情况和突出问题,在增强思想政治教育的实效性上,许多专家学者进行了大量的理论研究,高校的教育工作者也进行了不少实践探索,但是大多集中在"三育人"方面,随后在研究和实践领域又提出了"环境育人"的观点。2012 年 1 月,教育部、中宣部、文化部、团中央等七部委又联合发文《关于进一步加强高校实践育人工作的若干意见》(教思政〔2012〕1 号),"实践育人"又被提到了应有的高度。"五育人"是在以往"三育人"的基础上增加了实践育人和环境育人,使高校"育人"工作更加全面,形成五位一体的格局,有利于进一步提升育人效果。高校"五育人"工作的重点和核心是学生的思想政治教育,要把加强学生的思想政治和道德品质贯穿在学校的一切工作之中,形成全员育人、全程育人、全方位育人格局,增强育人的综合效能,帮助学生解决思想、学习、生活,以及成才、就业等实际问题,全面关心学生的健康成长,促进学生全面发展。

(三) 从"五育人"到"七育人"的突破

党的十八大以来,以习近平同志为核心的党中央高度重视高校思想政治工

---

① 中国教育工会全国委员会. 教苑荟萃 [M]. 长沙:湖南人民出版社,1987.
② 中共中央关于进一步加强和改进学校德育工作的若干意见 [R]. 1994 - 08 - 31.
③ 中共中央,国务院. 关于进一步加强和改进大学生思想政治教育的意见 [A]. 2004 - 08 - 26.

作，做出一系列重大决策和部署，先后在全国宣传思想工作会议、文艺工作座谈会、全国党校工作会议、网络安全和信息化工作座谈会、哲学社会科学工作座谈会、全国高校思想政治工作会议、第十次文代会、第九次作代会等会议上发表重要讲话，党的十八届三中、四中、五中、六中全会都对高校思想政治工作改革发展做出部署。随着国内国际形势深刻变化，不同思想文化交流交融交锋，社会思潮多元多样多变。改革开放和社会主义市场经济的深入推进，互联网等新的传播渠道的迅速发展，使高校思想政治工作面临许多新情况新任务新课题。高校肩负着人才培养、科学研究、社会服务、文化传承创新、国际交流合作的重要使命，从高校的职责和使命出发，加强和改进高校思想政治工作，事关办什么样的大学、怎样办大学的根本问题，事关党对高校的领导，事关中国特色社会主义事业后继有人，是一项重大的政治任务和战略工程。为此，在2017 年 2 月，中共中央、国务院印发了《关于加强和改进新形势下高校思想政治工作的意见》，指出："坚持全员全过程全方位育人。把思想价值引领贯穿教育教学全过程和各环节，形成教书育人、科研育人、实践育人、管理育人、服务育人、文化育人、组织育人长效机制。"① 把"七育人"长效机制作为破解思想政治工作难题和推动思想政治工作实践创新的重要抓手，推进立体化育人体系的建立。

（四）从"七育人"到"十育人"的跨越

党的十九大深刻回答了新时代坚持和发展中国特色社会主义的一系列重大理论和实践问题，确立了习近平新时代中国特色社会主义思想，描绘了决胜全面建成小康社会、夺取新时代中国特色社会主义伟大胜利的宏伟蓝图，为党和国家事业的发展进一步指明了前进方向。党的十九大强调，建设教育强国是实现中华民族伟大复兴中国梦的基础工程，必须把教育放在优先位置，办好人民满意的教育，号召广大青年在实现中国梦的生动实践中放飞青春梦想，在为人民利益的不懈奋斗中书写人生华章②。这些重要论述和战略部署，为新时代高校思想政治工作指明了前进方向、提供了根本遵循。为认真学习贯彻党的十九大精神，进一步把贯彻落实全国高校思想政治工作会议和《中共中央国务院关

---

① 中共中央，国务院. 关于加强和改进新形势下高校思想政治工作的意见［A］. 2017 - 02 - 27.

② 本书编写组. 党的十九大报告学习辅导百问［M］. 北京：党建读物出版社，学习出版社，2017.

于加强和改进新形势下高校思想政治工作的意见》精神引向深入，大力提升高校思想政治工作质量，2017 年 12 月，教育部召开新闻发布会介绍《高校思想政治工作质量提升工程实施纲要》，在核心内容部分详细规划了"十育人"体系的实施内容、载体、路径和方法，有极强的育人功能，目的是要培养出德智体美劳全面发展的社会主义建设者和接班人。

二、 管理育人实践的历史变迁

管理育人理念不是亘古就有的传统思想，也不是从国外吸收借鉴的思想，而是我国政治、经济及教育发展到一定阶段而产生的与我国国情相适应的特有的教育理念。管理育人内容也不是一成不变的，而是根据国家和社会的发展对高等教育的内在需求才成为高等教育政策的重要着力点，管理育人的内容始终处于变动不居的状态之中。因此，我们追溯管理育人的历史发展轨迹，就不能忽视我国政治经济及教育文化这个大背景。

（一）初步萌芽期（1949—1966 年）

通过考察，我们发现，管理育人这个理念在新中国成立初期就有了初步萌芽。那时，国家百废待兴，新中国的建设对人才的需求可谓是非常迫切，以毛泽东为核心的党的第一代中央领导集体意识到教育的重要性和迫切性，对中国的旧教育制度进行了改革，确立新中国成立初期"民族的、科学的、大众的文化教育"地位。1950 年 8 月 2 日至 11 日，中国教育工会第一次全国代表大会在北京召开，在与会代表的倡议下，提出了"教书育人，管理育人，服务育人"的口号①。这个口号的提出，是对教育改革的一次历史性的超越，也是对教育模式探索的一种新的尝试。在新中国成立初期，正是以这种教育口号为导向，培养了一大批参与国家建设的栋梁之材。1957 年，毛泽东就在《关于正确处理人民内部矛盾的问题》中指出："思想政治工作，各个部门都要负责任。共产党应该管，共青团应该管，政府主管部门应该管，学校的校长教师更应该管。"② 这里实际上是管理育人思想的萌芽。

---

① 中国教育工会全国委员会. 教苑荟萃 [M]. 长沙：湖南人民出版社，1987.
② 毛泽东. 毛泽东文集：第七卷 [M]. 北京：人民出版社，1999.

（二）曲折幻灭期（1966—1977 年）

20 世纪六七十年代，由于国家建设进入了曲折迷惘期，我国的教育事业也陷入了动荡和混乱之中，这一时期的教育事业基本处于停滞状态。

（三）复苏探索期（1978—1998 年）

党的十一届三中全会之后，以邓小平同志为首的党的领导人进行拨乱反正，正本清源，重新确立了实事求是的思想路线，教育界又重新提出和恢复了之前的教育原则和理念，如教书育人等。到了 80 年代中后期，教育战线又逐步形成了"教书育人，管理育人，服务育人"的共识。1994 年 7 月《国务院〈关于教育改革和发展纲要〉的实施意见》中就提出了"要加强德育队伍建设，不断提高队伍素质，同时，要从政策和制度上保证教书育人、管理育人、服务育人的落实"①，为我国高校管理育人机制的构建指明了方向；1994 年 8 月《中共中央关于进一步加强和改进学校德育工作的若干意见》明确提出："要完善德育工作管理体制，要把德育贯穿在教育的全过程，落实在教学、管理、后勤服务的各个环节上。"② 1996 年 10 月，即在党的十四届六中全会后，为了深化"三育人"活动，大力推进教师队伍建设和精神文明建设，中国教育工会四届七次常委会决定，在全国开展以加强师德建设为中心的"树师表形象，创文明校风，为实现跨世纪宏伟目标做贡献"的活动，使得"三育人"活动向新的深度和广度发展。1998 年评出了全国十大"师德标兵"，对教育战线精神文明建设起到良好的推动作用。

（四）蓬勃发展期（1999—2003 年）

1999 年中共中央、国务院颁布了《关于深化教育改革全面推进素质教育的决定》，这是从社会主义现代化建设全局和战略的高度，对我国面向新世纪的教育改革和发展做出的重要部署。时任国家主席江泽民在开幕式上发表重要讲话，提出"要以培养学生的创新精神和实践能力为重点，努力造就有理想、有道德、有文化、有纪律的，德育、智育、体育、美育等全面发展的社会主义事业建设者和接班人"③。《关于深化教育改革全面推进素质教育的决定》的颁布实施，可以说是我国教育发展史上一个划时代的里程碑。它不仅对我国的教育

---

① 欧少亭. 教育政策法规文件汇编：第 1 卷 [M]. 延吉：延边人民出版社，2001：766 - 770.

② 中共中央关于进一步加强和改进学校德育工作的若干意见 [N]. 光明日报，1994 - 08 - 31.

③ 江泽民. 江泽民文选：第二卷 [M]. 北京：人民出版社，2006.

目标提出了新的方向，即从应试教育转向素质教育，同时也对我国的教育模式提出了新的要求。

（五）成熟完善期（2004—2012年）

在2004年上半年，中央16号文件《中共中央国务院关于进一步加强和改进大学生思想政治教育的意见》颁布，提出了加强和改进大学生思想政治教育的六条基本原则，即坚持读书与育人相结合，坚持教育和自我教育相结合，坚持政治理论教育与社会实践相结合，坚持解决思想问题与解决实际问题相结合，坚持教育与管理相结合，坚持继承优良传统和改进创新相结合①。从中央16号文件提出的六个基本原则中我们可以看到，坚持教育与管理相结合亦即"管理育人"已经作为一条基本的原则纳入了《关于进一步加强和改进大学生思想政治教育的意见》，并对"管理育人"提出了更高的要求和更严格的规范。2005年1月17日，胡锦涛同志在全国加强和改进大学生思想政治教育工作会议上明确指出了"加强和改进大学生思想政治教育是一项涉及方方面面的系统工程""各高校要努力形成党委统一领导，党政群团齐抓共管，全体教职员工全员育人、全方位育人、全过程育人的工作机制"②。这是党中央第一次在会议上明确提出"三全育人"的口号，尽管这种理念早就达成了共识。2005年教育部重新修订颁布了《普通高等学校学生管理规定》，确立了高等教育"以学生为本"的管理和服务新理念等。这些文件精神都体现了高校学生管理要以"人本化""个性化"为原则和精神，要求各高校不断探索和构建高校学生管理工作新模式。

进入21世纪后，我国颁布了具有里程碑地位的《国家中长期教育改革和发展规划纲要（2010—2020年）》，其中将德育赋予了关乎"国运兴衰"的更高地位。为贯彻落实这一纲要，教育部又于2012年印发了《高等教育专题规划》，其中将"坚持育人为本"列为提高人才培养质量的首要任务，强调坚持把促进学生健康成长作为高等学校一切工作的出发点和落脚点，把促进人的全面发展和适应社会需要作为衡量人才培养水平的根本标准，培养信念执着、品

---

① 中共中央国务院关于深化教育改革全面推进素质教育的决定［N］. 中国教育报, 1999 - 06 - 17 (1).

② 胡锦涛. 在全国加强和改进大学生思想政治教育工作会议上的讲话［N］. 人民日报, 2015 - 01 - 19.

德优良、知识丰富、本领过硬的高素质专门人才和拔尖创新人才。牢固确立育人为本、德育为先、能力为重、全面发展的育人观。其中提到高校各项工作都要紧密围绕人才培养，该规划还提出应坚持全员育人、全过程育人、全方位育人，把大学生思想政治教育渗透于高等学校的各个方面①。

（六）深化改革期（2012 年至今）

2012 年 11 月党的十八大报告明确提出"把立德树人作为教育的根本任务"，这一重要的理论创新为新形势下加强和改进高校学生管理工作指明了努力方向，提出了新的要求。2015 年 1 月中共中央办公厅、国务院办公厅印发《关于进一步加强和改进新形势下高校宣传思想工作的意见》，强调指出要立足学生全面发展，努力构建全员全过程全方位育人格局，形成教书育人、实践育人、科研育人、管理育人、服务育人长效机制，全面落实立德树人根本任务②。坚持教育与管理相结合，把思想政治教育融入学校管理之中，是加强和改进大学生思想政治教育的基本原则和重要任务。2016 年 12 月习近平总书记在全国高校思想政治工作会议上强调，高校思想政治工作关系高校"培养什么样的人""如何培养人""为谁培养人"这个根本问题。要坚持把立德树人作为中心环节，把思想政治工作贯穿教育教学全过程，实现全程育人、全方位育人，努力开创我国高等教育事业发展新局面③。随后，2017 年 2 月，中共中央、国务院印发了《关于加强和改进新形势下高校思想政治工作的意见》，明确指出新时期加强和改进高校思想政治工作的原则之一："坚持全员全过程全方位育人。把思想价值引领贯穿教育教学全过程和各环节，形成教书育人、科研育人、实践育人、管理育人、服务育人、文化育人、组织育人长效机制。"④ 基于此，"三全育人"成为新时期我国高校思政教育的重要依据和载体。"三全育人"建设成为新时期加强和改进新形势下高校思想政治工作、全面落实立德树人根本任务的战略举措。于是，2017 年 12 月教育部党组印发《高校思想政治工作质量提升工程实施纲要》，提出高校要构建"全员全过程全方位"一体化

---

① 中华人民共和国教育部. 高等教育专题规划 [EB/OL]. http://www.people.com.cn.

② 新华网. 中共中央办公厅、国务院办公厅印发《关于进一步加强和改进新形势下高校宣传思想工作的意见》[EB/OL]. http://news.xinhuanet.com/politics/2015 - 01/19/c_1114051345.htm.

③ 习近平在全国高校思想政治工作会议上强调：把思想政治工作贯穿教育教学全过程 开创我国高等教育事业发展新局面 [N]. 人民日报，2016 - 12 - 09.

④ 中共中央，国务院. 关于加强和改进新形势下高校思想政治工作的意见 [A]. 2017 - 02 - 27.

育人格局的要求，其中包括课程育人、科研育人、实践育人、文化育人、网络育人、心理育人、管理育人、服务育人、资助育人、组织育人"十大"育人体系①，明确提出，要切实构建"管理育人质量提升体系"，强调要把规范管理的严格要求和春风化雨、润物无声的教育方式结合起来，强化科学管理对道德涵育的保障功能，大力营造治理有方、管理到位、风清气正的育人环境。

2018 年 5 月，教育部推出了《"三全育人"综合改革试点工作建设要求和管理办法（试行）》，启动"三全育人"综合改革试点，截至目前，分两批共遴选产生 8 个"三全育人"综合改革试点区、25 个"三全育人"综合改革试点高校、92 个"三全育人"综合改革试点院（系）。试点高校纷纷开展了各具特色的管理育人实践，积累了丰富的经验，取得了丰硕的成果。

第四节　管理育人的理论探析

高校管理育人是一项系统工程，无论在理念的确立、活动的开展还是育人机制的构建方面都需要有科学的理论为支撑。其理论基础可以从四方面来阐释，即以马克思主义关于人的全面发展理论、思想政治教育理论、系统论和管理学理论作为研究的理论依据。

一、 马克思主义关于人的全面发展理论

（一）马克思主义关于人的全面发展理论的阐释

实现人的自由全面发展，是马克思主义追求的根本价值目标。马克思主义关于人的全面而自由发展理论中，全面发展指人的体力和智力的发展、才能和志趣的发展与社会关系的发展，自由发展则是指人的各方面需要的自由实现和各方面能力的自由发展。自由发展是更高层次的发展，是以全面发展为基础的，是人作为主体的自觉、自愿、自主的发展，是人的自我实现。马克思强调，"人们创造性的实践活动的最终目的就是为了实现人的价值，满足人的需要"②。马克思始终把实现个体的全面而自由发展视为人类解放和发展的前提与

---

① 中共教育部党组. 高校思想政治工作质量提升工程实施纲要 [Z]. 教党〔2017〕62 号.
② 马克思恩格斯全集：第 3 卷 [M]. 北京：人民出版社，2012：724.

目标。人类整体的全面而自由发展，是以每个个体的全面而自由发展为基础和条件的，所以，全人类的解放，也是每个个体的解放。"一个人的发展取决于和他直接或间接进行交往的其他一切人的发展。"① 由此可见，整体是个体发展的环境和条件，个体只有在整体中才能获得全面而自由的发展。

（二）马克思主义关于人的全面发展理论为管理育人提供哲学根据

马克思主义关于人的全面发展理论是社会主义的价值目标，也是思想政治工作的价值目标，是党和国家确定教育方针和教育目标的重要理论依据。管理育人的内容在这一理论的引领下不断丰富与发展。第一，目标引领。高校管理育人的最终目的就是要在一系列管理服务工作中，落实立德树人的根本任务，助力于实现人才培养的目标，人的自由而全面的发展就是高等教育的意义所在。特别是高校大学生正处于价值观形成的关键时期，更需要在科学理论的引领下，提升自己的政治素养和综合能力。第二，内容引领。人的全面发展理论强调，人的发展不仅包括物质需要的满足，而且包括精神需要的满足、人文素质的提高。管理育人正是要在日常教育管理中，于潜移默化间提高受教育者的综合素质。党的教育方针和思想政治规律、人才的成长规律也表明，高校思想政治工作必须与受教育者的发展相结合，理应遵循受教育者的发展规律与特点，进行科学合理、有序有效的育人工作。另外，还要根据人的发展特点，引导受教育者学会自我教育和自我管理，保障受教育者自我发展与教育引导相互促进，真正将社会发展所要求的知识储备、价值观念、政治观点、道德规范内化为素质要求，外化为自觉行动，最终实现全面而自由的发展。马克思主义关于人的全面发展理论为高校管理育人机制提供了哲学根据。

二、 思想政治教育理论

（一）思想政治教育学的理论阐释

对高校管理育人的研究当然离不开思想政治教育学的理论支撑与方法指导。管理育人与思想政治教育两者之间是紧密联系的，管理育人是高校思想政治教育的组成部分，可以说高校管理育人工作的开展，无论是理论指导还是实践探索都是依托于思想政治教育学原理与思想政治教育方法论的。

---

① 马克思恩格斯选集：第 3 卷 [M]．北京：人民出版社，2012：729．

1. 思想政治教育学原理

所谓原理，就是基本的、具有普遍意义的道理。思想政治教育学原理，是思想政治教育基本的、具有普遍意义的理论。思想政治教育学原理是思想政治教育理论体系的主体，在思想政治教育学科理论体系中占据核心地位。陈万柏与张耀灿主编的《思想政治教育学原理》（北京：高等教育出版社，2015 年版），对思想政治教育学的研究对象、学科体系、形成与发展、研究方法与意义，思想政治教育学的理论基础和知识借鉴，思想政治教育的本质、地位、功能，思想政治教育目的和任务，思想政治教育的环境及其优化，思想政治教育过程及其规律，思想政治教育者与教育对象，思想政治教育内容、原则、方法、艺术、载体，思想政治教育原理都做出了深入的分析与研究，对高校管理育人的理论研究具有核心的支撑作用。

2. 思想政治教育方法论

根据郑永廷主编的《思想政治教育方法论》（北京：高等教育出版社，2010 年版），思想政治教育的方法论是以马克思列宁主义、毛泽东思想和中国特色社会主义理论体系为指导，根据当代社会发展与人的全面发展的实际与需要，按照世界观与方法论相统一的原则研究发展而来的。包含：思想政治教育方法论的基本概念、研究对象、理论基础、知识借鉴、功能与特点、体系结构；思想政治教育的历史发展；思想政治教育的继承与改革；思想政治教育信息的获取方法；思想政治教育信息的分析方法；思想政治教育的决策方法；思想政治教育的基本途径与方法；思想政治教育的一般方法；思想政治教育载体与隐性教育方法；网络思想政治教育方法；思想政治教育的特殊方法；思想政治教育的综合方法；思想政治教育的反馈调节方法；思想政治教育的检测评估方法；思想政治教育的研究方法；思想政治教育工作者修养提高方法。可以说，思想政治教育方法论为管理育人的开展提供了全面而又具体的实践指导与依据。

（二）思想政治教育学为管理育人提供实践遵循

"思想政治教育学就是关于思想政治教育发展规律的学科。"[1] 思想政治教育过程是教育者施加教育影响和受教育者接受教育影响的双向过程。受教育者

---

[1] 孙其昂. 思想政治教育学前沿研究［M］. 北京：人民出版社，2013.

在接受教育影响的过程中，会自主地选择、消化、吸收，将教育者的教育要求转化为自己的思想品德。高校管理育人作用的发挥也主要体现在管理实践当中，而管理育人不论是渗透在高校日常行政管理中，还是渗透在教育教学前的各项准备、计划方案的制订、后期的总结深化或与管理相关的相对独立的其他形式的教育活动中，都具有一定的规律性。管理育人目标要通过管理过程来实现，其中的育人机理蕴含在这些过程当中，构建运行机制也要符合育人过程规律。管理育人本质上是对大学生进行思想政治教育的过程。因此，思想政治教育理论对于管理育人机理和运行机制的研究具有重要借鉴作用。

三、 系统论理论

（一）系统论的理论阐释

系统论是"以系统为研究对象，从整体出发来研究系统整体和组成系统整体各要素的相互关系，从本质上说明其结构、功能、行为和动态，以把握系统整体，达到最优的目标"①。系统论的研究方法立足于从要素、结构和功能的相互联系与制约中分析系统各要素的功能，从而有意识、有目的地使系统内各要素达到最佳建构和配置，以求形成功能最优的整体效应。系统管理理论的主要代表学者是美国管理学家卡斯特、罗森茨韦克及约翰逊等，他们在1963年发表了经典著作《系统理论与管理》。根据卡斯特等管理学家的主张，系统管理理论主要内容包括系统哲学、系统管理和系统分析三个方面。

第一，系统哲学。即系统观。它认为系统是一个有目的性的组织或综合的整体，这种组织或整体强调各个组成部分之间的联系。系统是在一定的环境中生存的，并与环境进行物质、能量和信息的交换。在这个系统中，任何给定的管理形态都可看成由其要素构成的有机整体。在这些要素的相互关系中，人是主体，其他要素则是被动的，管理人员需要保持各要素之间的相对稳定，并保持一定的连续性，以便适应情况的变化。

第二，系统管理。系统管理是一种管理方式，它把组织作为一个系统来设计和管理，使组织的各个组成部分、各种资源按照系统的要求运行。系统管理重视目标、重视整体，强调整个系统的最优化而不是分系统的最优化；重视责

---

① 郑传坤. 现代管理学原理 [M]. 北京：法律出版社，2012.

任，强调任务的明确及任务的完成能够被衡量；重视人，强调人的重要作用。系统管理主要应用于分系统的协调，系统从整体实效最优的观点出发，强调各组成部分之间的相互关系，协调组织内部的各种活动一体化。

第三，系统分析。系统分析是解决管理问题或决策的方法和技术。它包括认识问题，确定有关的变量，分析和综合各种因素，并确定一个最优的解决方法或行动方案。它认为组织是一个开放的系统，同外部环境条件（如社会技术水平、法律制度等）相互作用，并不断地自我调节以适应外部环境的变化，组织内外是一个相互联系的动态过程，组织的系统管理就是把各种资源结合起来，使之成为达到一定目标的整体系统。

（二）系统论为管理育人提供科学思维

高校管理育人是一种全方位、多渠道、多因素共同作用的生动、形象、丰富、真切的德育，要发挥好管理育人的教育作用，必须从高校管理和育人的整体出发，运用系统科学的理论和方法来指导高校管理育人。高校管理育人工作也是一个动态的、多因素组合的复杂系统，在这一系统中各要素相互联系、相互制约、相互作用。用系统论的方法指导高校管理育人机制建设，一是可以发挥每一个组织要素的作用，使目标与价值、社会心理、组织结构、管理分系统、管理技术等要素都能适应时代的需要，适应高校高质量发展的需要；二是可以实现管理育人的整体性、系统性和协同性，在突出重点与整体推进中取得以点带面的成效，激发出所有管理部门和管理者的积极性，形成育人合力，从而保证实现系统整体的最优化，有效促进管理育人系统整体功能的优化和作用的充分发挥，有助于管理育人运行机制的建立，从而获得最佳的育人效果。

四、 管理学理论

（一）管理学的理论阐释

管理学是一门综合性的交叉学科，是系统研究管理活动的基本规律和一般方法的科学。在社会组织中，管理学的主要用途是为了实现预期的目标，以人为中心而进行协调活动。对于高校思想政治工作系统来说，为了提高其实效性，要调动、协调其中所有的子系统产生合力，需要管理学的一般理论指导和方法运用。管理学的研究目的，就是在组织或系统的现有条件下，通过合理地组织和配置人、财、物等相关因素，提高生产力水平。它包含三个层次的内涵：首先，管理是一种有意识、有目的的活动，并且服从、服务于组织目标；其次，管理是一个连续进行、实现组织目标的过程，就是管理者执行计划、组织、领导、控制等职能的过程；最后，管理活动是在一定的环境中进行的，在开放的条件下，任何组织都处于千变万化的环境之中，复杂的环境成为决定组织生存与发展的重要因素。

管理的基本职能包含计划、组织、领导和控制。计划工作主要表现为确立目标及实现目标所必须经历的过程和步骤，例如：建立目标，规划战略，制订能够协调、调动各方资源的具体实践方案等。组织工作是为了有效实现计划目标而在组织中进行部门划分、权利分配和工作协调的过程。它是计划工作的自然延伸，包括组织结构的设计、组织关系的确立、人员的配置及组织的变革等。领导工作就是管理者利用职权和威信施展影响，指导和激励各类人员努力去实现目标的过程。领导职能有两个要点：一是努力做好组织的工作；二是努力满足组织成员的个人需要。控制工作包括确立控制目标、衡量实际业绩、进行差异分析、采取纠偏措施等。它是管理活动中的一个不可忽视的职能。上述四大职能是相互联系、相互制约的，只有统一协调这四个职能，使之形成前后关联、连续一致的管理活动整体过程，才能保证管理工作的顺利进行和组织目标的实现。

（二）管理学为管理育人提供方法论指导

高校的管理工作是学校管理中最为重要的构成要素，也是高校开展教学、科研和行政工作的根本保障。高校的管理工作涉及众多方面，不仅包含教学工作的安排，还包括科研和行政工作的日常管理等。但是由于长期实行被动式的管理，高校在管理观念上难免存在一定的不足，导致管理人员对教学科研工作重视不够，甚至形成了教学管理差、乱、慢等现象，无法满足现代化教学管理的需求，出现科研工作积极性不高和行政工作效率低下的问题。所以，为了提升高校管理的质量与效率，在高校管理工作中结合管理学理论是有效的措施之一。这样一来，不仅能够提升高校管理的质量，而且能够为高校寻找到一套适合自己的管理措施，对提升自己的管理水平、创建适合当代高校的管理模式、深化管理研究都有着非常重要的方法论意义。

第五节　管理育人的价值取向

"价值"是客体内在的属性、功能等对主体的需要所具有的积极作用或有用性。"取向"，就是选取或选择的趋向或倾向性。价值取向，指的是一定的主体把某种价值作为行动的准则和追求的方向，或者说是人们所持有并在意识和行为中表现出来的价值倾向。价值取向的突出作用是决定、支配主体的价值选择，影响着主体自身、主体间关系。任何组织的管理、变革或创新，都有与之相适应的观念、理念、价值体系和价值取向。所谓管理育人的价值取向，指管理育人主体对管理育人的价值判断和在价值判断基础上根据自身需求来进行教育选择时所表现出来的一种价值倾向性。学校的管理实践告诉我们，管理能够产生积极的育人效应，但管理也可能使教育进入误区。因此，探讨和研究管理育人的价值取向问题，对于推动管理育人理论的创新发展和促进管理育人实践沿着正确的方向前进，具有重要的意义。

一、立德树人

（一）立德树人是管理育人的目标价值取向

党的十八大报告提出："把立德树人作为教育的根本任务，培养德智体美全面发展的社会主义建设者和接班人。"[①] 党的十八大以来，习近平总书记围绕坚持立德树人这一教育的根本任务，作出一系列重要论述。党的十九大报告进一步强调"要全面贯彻党的育方针，落实立德树人根本任务"。从这一战略部署的历史意义上来看，这一部署是在教育领域对实现"两个一百年"奋斗目标、实现中华民族伟大复兴的中国梦的重大部署，要求必须通过立德树人，把立德树人贯彻落实到教育事业发展的各领域、各方面、各环节，这样才能把我国真正建设成为教育强国。2018 年 5 月 2 日，习近平总书记在北京大学师生座谈会上强调："'才者，德之资也；德者，才之帅也。'人才培养一定是育人和育才相统一的过程，而育人是本。人无德不立，育人的根本在于立德。这是人

---

① 胡锦涛. 坚定不移沿着中国特色社会主义道路前进　为全面建成小康社会而奋斗——在中国共产党第十八次全国代表大会上的报告 [N]. 人民日报，2012 – 11 – 18 (1).

才培养的辩证法。"① 习总书记进一步指出："要把立德树人的成效作为检验学校一切工作的根本标准，真正做到以文化人、以德育人，不断提高学生思想水平、政治觉悟、道德品质、文化素养，做到明大德、守公德、严私德。要把立德树人内化到大学建设和管理各领域、各方面、各环节，做到以树人为核心，以立德为根本。"② 将"立德树人"作为衡量高校一切工作的根本标尺，并提出了"以树人为核心、以立德为根本"的新时代中国特色社会主义教育原则，提出了"明大德、守公德、严私德"的明确要求，进一步确立了立德树人的核心地位。

由此可以推及高校教育管理与立德树人工作的联系，也就是为新形势下的管理育人赋予新的概念：学生管理部门、教学管理部门、相关行政管理部门等管理组织及人员围绕立德树人这一根本任务，通过管理者的角色行为，更是对被管理者施加影响，使之趋向于学校德育目标的过程，为学生的健康成长服务，为国家建设发展服务，成为实现"立德""树人"目的不可或缺的重要组成部分。2018 年 9 月 10 日，习近平总书记在全国教育大会上强调坚持立德树人，培养德智体美劳全面发展的社会主义建设者和接班人，提出了"六个下功夫"，即"在坚定理想信念上下功夫、在厚植爱国主义情怀上下功夫、在加强品德修养上下功夫、在增长知识见识上下功夫、在培养奋斗精神上下功夫、在增强综合素质上下功夫"③。"六个下功夫"作为新时代立德树人的最新论断，进一步廓清了高校对于立德树人的认识，明晰了高校立德树人所应努力的方向。

（二）立德树人取向下管理育人的实践向度

1. 坚持党建引领

2017 年，中共中央、国务院印发了《关于加强和改进新形势下高校思想政治工作的意见》，对办什么样的大学、怎样办大学、培养什么样的人、如何培养人、为谁培养人等根本问题进行了把关定向，并明确提出了"坚持全员、全过程、全方位育人"的要求。其中，强化管理育人是落实坚持"全

① 习近平在北京大学师生座谈会上的讲话 [N]．人民日报，2018 - 05 - 03 (2)．
② 习近平在北京大学师生座谈会上的讲话 [N]．人民日报，2018 - 05 - 03 (2)．
③ 习近平在全国教育大会上强调：坚持中国特色社会主义教育发展道路　培养德智体美劳全面发展的社会主义建设者和接班人 [N]．人民日报，2018 - 09 - 11．

员、全过程、全方位育人"要求的重要举措。管理育人，基础在"管理"，核心在"育"，目标在于实现"育人"目的。这就是要求学校充分整合管理的措施，推动学校的各项管理工作紧紧围绕"育"的要求，齐头并进、互相协同，最终达到"育人"的目的。管理育人是一个系统工程，实施管理育人工程，落实管理育人目标，不仅要把握好中国特色社会主义的育人方向，而且要统筹各方面的力量，发挥好各方面管理队伍的作用，努力形成齐抓共管的良好局面。这就需要学校各级党组织加强对管理育人工作的统一领导，坚持党建引领。

2. 强化顶层设计

2018 年 5 月，习近平总书记在北京大学师生座谈会上指出："要把立德树人内化到大学建设和管理各领域、各方面、各环节，做到以树人为核心，以立德为根本。"① 这不仅明确大学的根本任务，而且高度概括办学治校的基本规律。立德树人落到实处，从实操层面看，关键依靠教师的言传身教，但从全局高度来看，高校管理既是基础，也是导向性因素，处于重要地位。由于管理贯穿于办学治校全过程和各领域，从管理理念到机制，从管理队伍素质到活动本身，乃至管理文化等，都深度融入育人体系，影响甚至制约着高校各项职能的发挥，因此，从顶层设计的视角审视管理工作，对于有效促进育人体系功能的整体发挥，以及更好地达到人才培养目标和加快"双一流"建设具有重要现实意义。

3. 完善机制体制

立德树人如何有效融入和落实到思想教育、道德培养、知识学习与社会实践等所有教育环节，并促进学生成长乃至终身发展，需要从顶层设计这个维度重构育人模式。一是围绕育人目标构建责任体系，完善育人工作"责任链条"，构建由校党委统一领导、职能部门分工负责、院系党政具体落实、全员协同参与的责任体系。二是坚持问题导向、改革思维和创新理念，找准育人薄弱环节，按"三全育人"要求，剖析问题产生根源，制订从根本上解决问题，加强内涵式发展的整体方案。三是创新育人制度机制，重点在育人主体同频共振、育人元素同向发力、育人平台协同联动、课程育人协同互补、科学管理与文化

---

① 习近平在北京大学师生座谈会上的讲话 ［N］. 人民日报，2018－05－03（2）.

管理相得益彰等方面一体推进，探索拓展多维度、全方位协同育人路径，实现思想政治教育创新发展。四是强化检查考核和问责问效，构建"过程监督—日常检查—动态监督—跟踪考核—阶段总结—全面评价—鼓励优秀—责任追究—倒逼落实"的管理体系，确保育人责任落地生根、开花结果。

二、 以人为本

（一） 以人为本是管理育人的实践价值取向

"以人为本"思想无论在我国还是在西方都有深刻理论根源。我国历史上，"人"和"民"很多时候是通用、连用的，关于"人本"的说法最早见于《管子·霸言》，"夫霸王之所始也，以人为本。本理则国固，本乱则国危"，说的是国王要成就霸业，须以人民为根本。《尚书·五子之歌》中说"民惟邦本，本固邦宁"，孟子也说"仁者爱人，民为贵，君为轻，社稷次之"，这些都是我国古代朴素的人本思想。

近现代意义上的人本思想源自费尔巴哈的人本主义哲学，是重要的哲学理念。它要求把人的利益作为一切工作的出发点和归宿，不断满足人的多方面需求和促进人的全面发展，它体现了马克思主义的基本观点。马克思说过，未来的社会是以"每个人的全面而自由的发展为基本原则的社会形式"①，其中就蕴含着以人为本的思想。高校"以人为本"的管理理念是以"人的发展"为教育的理论基础，为教育立论的出发点，为审视、评价教育的方法论。高校坚持以人为本，即要围绕"育人以学生为本，办学以教师为本"的中心任务，不断提高管理水平，实现高校管理的科学化、规范化和高效化。

（二） 以人为本取向下的管理育人实践向度

1. 改革传统弊端

随着时代的发展与进步，高校面临着不断出现的新问题，传统的育人方法亟待改进和提升。因此，高校的发展必须和时代的发展相适应，引进先进的管理育人经验与方法，探索出一条适合当今社会需要的管理育人发展之路。在高校管理育人方面，应充分考虑个人的特殊性和差异性，做到因人而异，具体问题具体分析，只有消除传统管理模式中存在的弊端，把先进的企

---

① 朱海风，景中强. 以人为本与党的执政理念重构 [J]. 理论探讨，2007，135（2）：104－109.

业管理经验与学校的具体实际结合起来，才能走出一条新的适合高校发展的管理育人之路。

2. 强化信息建设

随着互联网技术的飞速发展，现代信息技术在高校管理育人中发挥着越来越重要的作用。高校的信息化建设可以为高校的管理育人工作提供便利的条件，使高校的教育更贴近学生的实际。当前高校管理育人发展的一个重要方向是促进高校的信息化建设，使其更加符合高校管理育人的发展要求，不断提高管理的水平和质量。高校加快信息化建设的步伐，可以使高校的管理育人不受时间和空间的限制，更加快速和准确地传递与接收学校各种管理信息，及时反馈学校在管理育人方面的欠缺，更有效地获取来自学生的建议，从而大大提高学校的管理效率，不断完善高校的内部管理制度。

3. 提高培养质量

内涵式发展是高等教育的时代主题，教学质量是高校内涵发展的生命线。2018 年 6 月，教育部部长陈宝生在新时代全国高等学校本科教育工作会议上提出"核心竞争力和教学质量要首先在本科显现"等八个"首先"的工作要求。这充分表明教育部作为教育主管部门，继 2011 年实施"高等学校本科教学质量与教学改革工程"之后，将提高教学质量作为新时代高等教育发展的核心任务和重点工程，推进"四个回归"。

高校要围绕人才培养这个根本任务，以加强质量标准建设为着力点，将核心放在提高教学质量上来，特别是要抓好本科教学质量的提高。高校教学质量首先是学生发展质量，即学生在整个学习历程中所学的东西，以及学生的态度和道德。因此，"人"是工作的核心，学生是质量的中心，提升质量的基本取向就是培养具有自主发展能力、身心持续健康成长的学生。这种将人作为发展的根本目的的育人理念，就是以人为本思想在高校管理中充分运用的体现。在教育中强调以人为本，就是要把人的发展及其价值的实现置于教育的核心地位，强调尊重人、理解人、爱护人、发展人，注重挖掘人的自身禀赋及其潜能。这就要求高校管理者把为学生未来奠基、为学生发展服务作为提高教学质量管理水平的价值追求，将提高学生的生存和发展能力，促进学生的健康发展与人格完善作为高校管理的目标。

三、 科学人文

（一）科学人文是管理育人制度建设的价值取向

科学人文主义的价值取向综合了科学主义的价值取向和人文主义的价值取向，它强调在运用科学的观念进行高校教育管理的同时，也要注重人文主义的培养。科学人文主义的价值取向背后的人性基础是心理学家埃德加的"复杂人"人性假设。它认为人既不只是"经济人"，也不只是"社会人"，这两种人性基础的假设都过于单一化和简单化，人的动机是复杂的，并且会在不同时期、不同地点发生变化，人的需求层次也会随着时间和地点的不同而发生变化。同时，不同的人可以用不同的方式实现自己的目标，如果组织与个人的目标方向一致，个人的潜力就会得到最大的发挥。

高校管理制度作为一种规范，旨在维护高校教学与生活的正常秩序，让教师能够更好地"教"、学生能够更好地"学"，为实现高校的教育教学目标而服务。作为一种制度，其规范师生的教学学习行为与人际交往活动，直接赋予师生一种思维观念，保障师生的身心健康，而且要体现管理的科学性与规律性，具备管理的一般要素，具有监督性与约束性，并能够进行应用与操作，在管理师生活动中能够发挥一定的强制效力。同时，高校管理制度具有一定的特殊性，其核心价值取向在于育人，规范师生的日常工作学习与生活行为，更好地把握师生未来的发展方向，这便需要与高校人才培养规律和师生身心发展规律相结合，充分保障师生的发展权益，从顶层设计人性化的管理制度，即对师生受教育者的角色与地位给予充分的肯定，通过良好制度环境的营造体现师生自身的价值。因此，高校管理制度首先应是科学价值与人文价值的有机统一，将管理的普遍性与高校管理的特殊性有机结合，在遵循管理制度一般特征的基础上，体现对师生的人文关怀，这是高校管理制度最基本的价值取向。

（二）科学人文取向下的管理育人实践向度

1. 坚持依法治校

依法治校不仅是高校践行依法治国理念的题中应有之义，而且是深化教育体制改革、适应教育发展新形势的必然要求。自 2012 年 11 月教育部印发《全面推进依法治校实施纲要》以来，管理育人制度的变革在依法治校理念的指引下层层推进。随着法治理念的深入人心，处于高校管理之下的大学生群体权利意识日益增强，我国高校管理育人中存在的问题也愈加得到重视。因此，顺应时代变革、尽快提高高校管理育人的水平，成为我国高校目前亟须面对与解决的重要问题，而这一问题的解决离不开依法治校的推行与贯彻落实。强化依法治校不仅是落实依法治国方略的具体实践，而且是高校提高管理育人水平的必然要求。一方面，高校通过开展依法治校相关工作，规范高校管理秩序，完善高校内的治理体系，加快高校管理体系现代化进程；另一方面，高校通过强化依法治校，提升了管理水平，进而反哺育人工作，使管理育人更上一个新台阶。

2. 培育育人生态

学校一代代师生长期形成的价值取向、精神风貌、制度规范和行为习惯，对规范管理行为、实现管理目标和提升管理效益有独特的功能。一是在精神文化方面，确立人本管理理念，关心民主管理，促进师生双向互动、和谐共处，实现科学管理与民主管理相结合。二是在制度文化方面，健全人文关怀制度，关心民生建设，健全正向激励机制和科学考核体系，激发改革热情和创新精神。三是行为文化方面，突出德行统一、规范管理，以优良师德师风带动学生良好习惯的养成，以严谨务实高效的管理和服务推进良好校风的发展，以丰富多彩的文化活动营造师生爱校荣校的氛围，激发师生不懈奋斗追梦圆梦的蓬勃之气。四是在物质文化层面，创设以文化人的环境，既注重环境营造和条件改善，又加强网络管理和文化建设，发挥环境所蕴含的教育作用。通过以上四方面同步推进，建设具有亲和力、凝聚力、创造力的人文生态环境。

3. 完善治理体系

十八届三中全会提出，推进国家治理体系和治理能力现代化，形成系统完备、科学规范、运行有效的治理体系是改革的重要目标。国家的治理体系是有机的、协调的、动态的和整体的制度运行系统，高校系统作为国家治理体系的子系统也不例外，因为教育领域的高校治理是国家治理体系的重要组成部分。完善高校治理体系既是促进国家治理体系与治理能力现代化的重要途径，又有利于管理育人的教育理念在高校体系中具体落实。因此，新时代高校要基于国情校情，充分学习先进的管理经验，以管理育人的理念创新、完善现有的治理体系，将管理育人的总体原则不断贯彻到高校治理的各项工作中。

四、 以德为先

(一) 以德为先是管理育人队伍建设的价值取向

"以德为先"是借助中国传统儒家思想来实现人性化管理的理念，可以理解为贯穿"德性"管理的思想，将道德的感染和塑造作为管理者选拔培育的主要实现途径，通过提升管理者道德修养来影响组织的效能和成员的行为，用道德的内在力量代替外在的刚性约束力，达到组织成员认同组织的最佳状态。随着中国儒家哲学的复兴和人性化管理的兴起，"以德为先"的理念受到了越来越多的人的认同，这一理念注重对成员的道德感染和熏陶，从心性塑造方面来实现高效的管理。

2019年中共中央、国务院印发《中国教育现代化2035》，将"更加注重以德为先"作为中国教育现代化的第一条基本理念。习近平总书记关于教师队伍建设一系列论述的核心之一，就是突出教师立德树人的职责，强调教师队伍建设必须坚持师德为先。习近平总书记2018年在全国教育大会上指出："人民教师无上光荣，每个教师都要珍惜这份光荣，爱惜这份职业，严格要求自己，不断完善自己。做老师就要执着于教书育人，有热爱教育的定力、淡泊名利的坚守。"①显然，以德为先的思想必须成为新时代高等学校发展的重要理念之一。

(二) 以德为先价值取向下管理育人的实践向度

1. 强化师德师风建设

高等学校不仅是科技创新的重要阵地，也是社会文明与进步的重要力量；建设良好的师德师风，是每所高等学校发展的重要任务之一，也是高校服务社会的一个方面。师德师风不只是教师个人行为，也不只是学校内部行为，而是具有广泛社会影响力的重要因素。高等院校尤其是"双一流"高校，必须将师德师风建设纳入学校发展规划体系之中，将师德师风作为学校发展、学科建设和教师管理的优先事项之一。

2. 完善考核评价机制

高校必须树立正确的政绩观与发展观。当前，高校必须改变科研至上、论

---

① 习近平在全国教育大会上强调：坚持中国特色社会主义教育发展道路 培养德智体美劳全面发展的社会主义建设者和接班人 [N]. 人民日报, 2018-09-11.

文至上、数量至上的教师管理观与评价观，把破除"五唯"落实到实际行动中，将师德师风作为学校教育改革与发展的重要方面，将人才培养作为学校发展的中心任务，实现教师以德修身、以德立学、以德施教、以德育德，从而使高等学校的育人责任真正成为高校发展的优先事项和中心任务。

3. 加强干部队伍建设

毛泽东同志说过："政治路线确定之后，干部就是决定的因素。"① 提升管理育人的实效，关键在于建设一支能力素质过硬、具体业务精湛的管理队伍。加强管理育人的队伍建设，必须在作风引领、素质引领、典型引领等方面下功夫。一是要按照"信念坚定、为民服务、勤政务实、敢于担当、清正廉洁"②的好干部标准，按照"敢于负责、勇于担当、善于作为、实绩突出"③ 的选人用人导向，严格遵照《党政领导干部选拔任用工作条例》和《高等学校领导人员管理暂行办法》的要求，切实加强学校管理干部的选配和培训工作，努力建设一支政治立场坚定、素质高、能力强的干部队伍。二是要贯彻落实习近平总书记关于加强干部作风建设的重要讲话精神，切实加强高校领导干部的作风建设，坚决杜绝形式主义、官僚主义、享乐主义和奢靡之风。当前，要重点防范形式主义、官僚主义的新变种，进一步强化密切联系群众、实事求是的工作作风，改善学校的机关作风和师德师风。三是要突出典型示范的带动作用，适时开展管理育人先进典型的选树活动。相关党组织要结合实际开展创先争优活动，以先进带后进，不断优化管理育人的环境。

---

① 毛泽东. 毛泽东选集：第二卷 [M]. 北京：人民出版社，1991：526.

② 习近平在全国组织工作会议上的重要讲话 [N]. 人民日报，2013-06-30.

③ 中办印发《关于进一步激励广大干部新时代新担当新作为的意见》[N]. 人民日报，2018-05-21.

第二章　新时代高校管理育人的功能

高校管理育人工作是其他各项育人工作得以顺利开展的基础和保障，是新时代高校育人工作的重要内容，对立德树人具有重要作用。加强对管理育人工作的分析，积极把握管理育人的功能，是抓好高校管理工作，增强育人工作实效的现实要求。功能与职能问题是高等教育理论中的基本问题，关于这个问题的探讨一直没有间断。分析新时代高校管理育人的功能，首先要阐明新时代高校管理育人的体系和职能。澄清和理顺工作体系、工作职能与功能之间的关系，对于揭示管理育人发展规律，推进"三全育人"发展具有十分重要的意义。

第一节　管理育人的工作体系

高校开展管理工作若想取得理想的育人效果，关键在于管理人员要在日常工作中有意识地融入教育引导的手段，这需要经过高校详细规划，通过制度建设对管理人员的行为进行详细指导，以建立高校育人的长效管理机制，保证管理育人工作效果。因而，要做好高校管理育人工作，落实立德树人这一根本任务，就必须深入剖析管理育人的工作体系。管理育人的工作体系主要有三级管理工作体系和"三圈层"管理育人体系。

一、　三级管理工作体系

我国多数高校的管理分为学校和学院两级，相应地，高校管理育人工作可划为校、院、系（教研室）三层。其中，校级党政机关是高校管理育人工作体系的最顶层，也是高校管理育人工作体系的第一层次，负责从整体上统筹校内各项管理工作，对其他被管理者进行教育引导；学院党政管理部门是二级管理体系的核心，是高校管理育人工作体系的第二层次，主要负责学院管理工作的组织展开；系或教研室管理人员是高校管理育人工作体系的基层，也是第三层次，主要工作为根据学校、学院的工作要求和管理部署，对学生开展具体、细致的思想政治教育工作，实施相应的教学、文化活动，在思想上、学习上、生活上引导学生。三个管理层分工、责任各有不同，各管理层根据自己的职能开展管理工作，齐抓共管，努力实现立德树人的工作目标。

二、 "三圈层" 管理育人体系

根据管理部门的职能和性质及其与学生工作的关联，将管理部门划分为三个圈层。第一圈层为核心层，是与学生密切接触、负责学生事务的相关部门。第二圈层为外围层，是与学生直接接触较少、为学生工作提供保障、发挥辅助作用的相关部门。第三圈层为相关层，是与学生几乎没有直接接触，为学校除学生管理之外的工作提供保障和服务的相关部门。

（一）核心层

核心层的部门是与学生直接接触的部门，包括教务管理系统和学生管理系统两大部分。该圈层管理育人功能的实现具有直接性的特点，主要具有与学生的沟通、协调、导向和养成的功能。统筹全校管理育人工作、突出育人的深度是该圈层工作的中心。该圈层主要育人职责为：设计学校管理育人工作内容体系，推动全校管理育人工作体制机制建设；牵头制定各圈层育人工作具体职责和要求；用社会主义核心价值观引领学生成长成才，对学生开展思想政治教育；科学制定并有效执行学生管理和教学管理各项制度；为学生提供直接服务，畅通与学生的沟通渠道，及时解决学生的问题，营造良好的育人环境；管理人员个人直接参与学生的教育、指导工作等。

（二）外围层

外围层包括学校办公室、组织部、宣传部、统战部、科研处、人事处、保卫处、后勤处、信息中心等职能部门。该圈层管理育人具有间接性和渗透性的特点，与学生和学生事务有关联，但又不似核心层那么直接和密切，主要实现服务、规范和监督的职能。凸显育人的广度是该圈层工作的中心。该圈层主要育人职责为：围绕学校育人目标，研究本职工作与育人的内在关联，为育人工作顺利开展奠定基础；在本职工作中为学生提供精细化、个性化服务；用社会主义核心价值观引领学生成长成才，在本职工作中对学生渗透思想政治教育；通过参与校园文化建设及其他方式，搭建高品位、多元化的育人平台，营造良好的育人环境；通过对教职员工的管理和服务，为育人工作的顺利开展提供保障；鼓励管理人员直接与学生开展一对一交流，在学生行为规范、品德修养等方面增加影响，从学生的反馈中捕捉各类需求和舆情，及时做出反应，促进学校管理水平提升。

（三）相关层

相关层包括统战部、纪委、监察审计处、离退休人员工作处、工会等部门。相关层的管理育人工作内容与外围层相似，但相关层更具间接性和全方位性，是全员育人大系统的保障，主要实现结合和渗透的职能。笔者通过调查发现，因与学生及学生工作的距离最远，相关层的育人意识普遍淡薄。因此，尤应注重对该圈层管理人员"育人理念"的培养。该圈层主要育人职责为：围绕学校育人目标，研究本职工作与育人的内在关联，为育人工作全面推进提供有效保障；立足本职，提升管理与服务水平，确保学校各项工作健康有序进行；增强育人意识，充分尊重和理解学生，在本职工作中以高度负责的态度、良好的思想道德品质和人格魅力影响学生；密切联系师生，经常开展调研，畅通沟通渠道；以多种形式营造良好和谐的育人环境；鼓励本圈层以部门或个人为单位，加强与学生的互动与交流，直接参与学生的教育和指导工作。

"三圈层"育人体系是一个三层次的一体化模型体系，各个圈层之间相互关联、相互作用，共同组成管理育人的统一整体。核心层是"三圈层"体系的中心，这个"中心"包括两层意思：其一，核心层是学校管理育人工作的中心，负责管理育人制度体系的顶层设计，三个圈层工作标准、工作职责和工作要求的制定，在管理育人工作中发挥统领的作用；其二，核心层是管理育人实践的中心，是进行直接育人、深入开展育人活动的中心圈层。外围层是"三圈层"体系的中坚力量，其部门数量最多，在学校管理工作中分量较重，是育人政策的积极实践者和育人工作的重要推进者。相关层是"三圈层"体系的重要保障和必要补充，是育人政策的践行者，也是育人环境的保障者，其育人效果的实现将带动整个管理育人工作质量的提升。

第二节 管理育人的基本职能

功能与职能是一对既相互区别又紧密联系的概念。我们通常说某个产品的功能齐全而不能说其职能齐全，履行政府职能也不能说成履行政府功能。在教育研究领域，由于在功能与职能的概念界定、研究视角及逻辑层次等方面存在着差异，因而对教育功能与职能问题的认识存在着颇多争议，也存在着功能与职能混淆使用的现象。

二者英文的意思基本相同，中文却不一样。"职能"是社会科学中经常运用的一个概念，如经济学中的"货币职能"、政治学中的"政党职能"、行政学中的"政府职能"等，作为"在社会分工中特有的专门职责"，具有"应然"的限定。至于功能，则是系统科学的概念，其中的"功"即为"功效""功用"之意，带有价值上的评判及"实然"效果。在系统科学中，功能反映系统与外部环境的关系，因此功能往往比职能更宽泛。也就是说，职能是由自然属性决定的，功能是通过自身职能所发挥的效能，由社会属性决定，且往往实际"功能"总会超出"职能"所限的范围，是"职能"属性的社会效能延伸。因此，深入了解"管理育人"的功能，必须先对其职能也有一个清晰的认识。

职能是指人、事物、机构在特定体制中所应有的作用。人的职能是指一定职位的人完成其职务的能力；事物的职能一般等同于事物的功能；机构的职能一般包括机构所承担的职权、作用等内容①。高校管理育人职能是指高校依照法律规定对事务进行管理时应承担的职责和具有的功能。它是高校管理的基本职责，是高校管理本质的具体表现。高校管理育人的基本职能如下：一是按照高校教育教学工作的客观规律，合理地组织履行人才培养、科学研究、服务社会及文化传承的职能；二是按照社会主义思想政治工作科学化的规律，协调好学校上下左右、师生员工之间的关系，调动全员积极性的职能。高校管理育人活动的复杂性决定了其具体管理职能是多样的，诸如计划、组织、人事、领导、控制、决策等，而这些职能又随着高等教育和管理活动的发展而处于不断

---

① 任佳伟. 高校德育管理的内涵及其职能 [J]. 教书育人, 2010 (21).

演变之中。

一、 计划职能

"凡事预则立，不预则废。"我国这句古语深刻地揭示了计划在工作中的重要性。一般来说，管理的计划职能是一种预测未来、设立目标、决定政策，选择方案的连续过程，以期能够经济地使用现有资源，有效地把握未来发展，获得最大的组织管理效绩。如此，就要求管理者在总结过去、把握现在的基础上，合理地预测未来，根据分析的结果和现实的条件设立组织的未来目标，并确定达到目标的一系列方针和政策，最后形成一个完整的管理计划。在管理育人过程中，计划职能的意义主要体现在以下几方面：第一，计划职能体现着管理育人的方向。因为管理育人是一个动态过程，就要求估计形势，制定措施来应对不确定的未来，只有方向明确，才能动员和组织各种管理资源去共同努力奋斗。第二，计划职能是其他职能的基础。只有制订了计划，才会产生与该计划相应的组织、人事、领导和控制。所以，计划职能是执行其他职能的前提和基础。因此，我们认为，计划职能是管理育人的先决要素。

高校管理计划是高校育人决策的组织落实过程，育人计划通过将组织在一定时期内的活动任务分解给组织的每个部门、环节和个人，从而不仅为这些部门、环节和个人在该时期的工作提供了具体的依据，而且为决策目标的实现提供了保证。高校管理育人计划的内容包括以下几个方面：第一，提出做什么（What），明确高校育人的目标与内容。第二，说明为什么做（Why），这也是阐述完成事情的原因。为了充分调动高校工作者的工作热情与激情，更好地实现高校育人目标，必须明确制订计划的原因和目的。第三，指出由谁去做（Who），即明确实施计划的有关部门和具体工作人员。第四，指出在何地做（Where），即明确计划实施的地点或场所，了解计划实施所处的环境。第五，指出什么时候去做（When），规定了计划开始和完成的时间，并且明确实施计划时的时间分配，以便更充分地运用学校的育人资源。第六，指出怎么样去做（How），明确了计划实施的方式和手段。管理育人的计划是指引高校育人活动的蓝图，在高校管理中具有重要意义。

二、 组织职能

从管理学的角度讲，"组织"一词具有两种不同的含义。一是作为一个实体，组织是为了达到自身的目标而结合在一起的具有正式关系的一群人；二是组织是一个过程，主要指人们为了达到目标而创建组织结构，为适应环境的变化而维持和变革组织结构，并使组织结构发挥作用的过程。管理育人的组织职能其实也就是根据育人计划所设定的目标，将管理育人的相关人员和部门按照一定的结构和权责组织起来，对育人过程中的各种要素进行科学合理的配置整合，从而形成一个系统的管理活动的过程。对于高校管理育人而言，就是把管理的各种要素科学合理地组织起来，形成一个有机的整体，确保育人活动协调有序地进行，从而提高育人活动的质量。由此可见，组织是管理育人的一个重要职能。

高校管理的组织职责包括以下几个方面：一是设计高校育人的组织结构。当育人目标确定以后，管理者首先应对为实现育人目标而制定的各种工作内容进行分类，把联系密切或者性质相似的工作加以合并，并成立相应的工作部门，然后要根据具体的管理幅度来确定育人的纵向管理层次，最终形成一个完整并且丰富的系统。二是分权和授权，当确定了育人组织结构形式以后，就要根据具体要求进行适度的分权和正确的授权。分权意味着把育人管理的职权由高层管理者委派给不同的层次和各个部门，所以一定要讲求适度。授权就是把权力委任给各个管理层和各个部门的过程。处理好组织中的分权与授权，有利于组织系统内部的协同工作。三是组建育人队伍。在科学设计育人组织并分权和授权的基础上，还应该适当配备教育人员，包括人员的选拔、培训、考核、任命、奖惩以及对其行为的激励等。四是育人活动的组织与实施。是指高校管理者为了实现育人目标，在决策、计划的基础上充分调动各种管理资源，做好协调和保障工作，开展丰富多样的高校育人活动。高校管理组织职能是高校管理育人决策和计划得以执行的根本，也是高校管理者对高校育人进行有效控制的前提，它能大大提高育人资源的使用效率。高校育人的目标并非依靠少数人或者零散的力量就可以实现，必须有一个有效的组织来创造良好的工作环境，使系统中的每个人都能为完成共同的目标而努力工作，所以说，组织是实现高校育人目标的基础。

三、 人事职能

如果将组织比喻为人体的话，那么人事就好比人体的器官和细胞。在确定一个组织的结构以后，怎样制定出一套科学合理的人事制度就显得至关重要了。一个组织需要多少和怎样的管理人员不仅取决于组织的规模，也取决于人员结构的复杂程度、扩大规模的计划及管理人才流动的状况。高校管理育人的人事职能就是将育人活动中可能的管理育人主体按照各自的特点，合理有效地安排到既定的管理组织中去，使得每一个个体都在自己的位置上发挥最大的作用，从而保证整个组织按照先前的育人计划健康有序地运行。所以说，人事职能是管理育人的基本职能。

四、 领导职能

领导在管理育人活动中居于主导地位，发挥着关键性的作用。一般来说，"领导"有两种含义：一是领导是领导者和领导团体或集体；二是领导是能力和责任。领导在任何形式的组织中都不可或缺，不存在无组织的领导，也不存在无领导的组织。在管理育人过程中，领导功能在某种程度上其实就是计划、组织、人事、控制和决策五大职能的集合。这是因为，领导对于计划的制订、组织的协调、人事的调整、过程的控制和目标的抉择都起着相当大的作用。正如美国现代管理之父德鲁克（Peter P. Drucker）所说的那样，"以学校来说，第一流的优秀教师，会不会奉承校长，肯不肯在教务会议上安静而不咆哮，那有什么关系呢？校长之所以应聘为校长，本在于使第一流教师或学生能够教学有效。所以，即使其他方面有所不快，那手中'不快'也是最便宜的'代价'"[1]。可以说，领导职能是管理育人的主要职能。只有在管理育人活动中保持一个健康长效的领导机制，才能使得育人工作顺利开展和育人目标有效实现。

高校管理育人是通过对组织的资源进行配置和使用来实现育人的，因此，必须通过实施管理育人的领导职能，才能使这些资源运作起来。高校管理育人

---

① ［美］彼得·德鲁克. 卓有成效的管理者［M］. 许是祥译. 北京：机械工业出版社，2009：22－23.

的领导是为了达到既定的育人目标，运用一定的管理手段和方法对管理对象施加影响，从而指挥、协调、激励管理对象的过程。高校管理育人能否发挥预期的作用，在一定程度上取决于高校管理育人领导者和管理者的自身素质。领导是指挥、带领、引导和鼓励下属为实现既定目标而努力的过程。所以说，领导者必须拥有影响追随者的能力或力量，取得被领导者的认可，这既需要组织赋予其责任范围内的支配力量也就是权力，也需要领导者个人所具有的影响力也就是威望。高校管理领导者在领导过程中，首先需要有清醒的头脑、宽广的胸怀，能够高瞻远瞩、运筹帷幄，能给组织成员指明组织活动的目标和达到目标的途径；其次要能够协调好组织成员之间的关系，创造和谐的工作氛围，让全体组织成员劲往一处使，为共同的目标努力；再次要能为组织成员提供发展的空间。因此，提高管理育人领导者与管理者的自身素质非常重要。

育人队伍管理是高校领导的核心，事关整个高校育人工作。育人队伍是管理育人工作的组织者和实施者，是增强育人工作有效性的关键。建设一支结构合理、政治坚定、业务精湛、专兼结合的高素质的管理育人队伍，是构建高校管理育人机制的关键，是完成教育任务、实现组织目标的基本保证。

五、 控制职能

法约尔（Henri Fayol）曾经对控制做了一个比较清楚的描述——"控制就是核实所发生的每一件事是否符合所规定的计划、所发布的指示以及所确定的原则。其目的就是要指出计划实施过程中的缺点和错误，以便加以纠正和防止重犯。控制在每件事、每个人、每个行动上都起作用。"① 在管理育人的活动中，由于各种条件、环境不同，以及主客体处于一个不断发生变化的动态过程，控制就显得必不可少了。一般情况下，我们通过确定标准、衡量效绩、采取措施三个基本步骤来实现控制功能。只有确立好了标准，才能衡量实际的进展情况是否与计划目标一致，如果存在偏差，就必须采取补救措施来修正偏差和失误。控制功能的三个步骤是一个相互联系的有机整体。没有标准，就失去了衡量的依据，修正也就无从谈起；不衡量效绩，就不会知道哪儿出现了偏差

---

① ［法］法约尔. 工业管理与一般管理［M］. 周安华，等译. 北京：中国社会科学出版社，1998：5-6.

和失误，也就无法采取相应的措施；缺少了补救改正的措施，整个控制过程将成为毫无意义的活动。因此，只有当这三个步骤科学合理地运转才能使控制功能发挥最大的作用，保证管理育人活动取得理想化的效绩。所以说，控制职能是管理育人的保证职能。

高校管理育人的控制职责包括以下几个方面：一是确定标准。标准是人们检查和衡量工作及其结果的规范，制定标准是进行控制的基础。高校管理育人实施控制，首先就要根据既定的计划的要求和控制对象的客观情况来确定控制的标准。具体地说，控制标准就是要制定出对师生的自身素质和高校育人效果进行检查与衡量的指标及其体系。二是衡量绩效。衡量绩效就是高校管理者根据预定标准对高校育人实际工作的成效和进度进行检查、衡量与比较，获得并掌握高校管理育人具体工作与计划目标之间的偏差及其严重程度的信息，并进行具体分析。三是纠正偏差。管理者利用科学的方法，依据客观的标准，对高校管理育人工作绩效进行衡量，可以发现计划具体执行中出现的偏差。纠正偏差就是在此基础上分析高校管理育人偏差产生的原因，并且制定实施有效的纠正措施。

高校管理育人控制就是依据高校育人计划的要求，设立衡量高校管理育人绩效的标准，然后把具体高校管理育人工作结果和预定的标准相比较，来确定育人过程中出现的偏差及其严重程度，并对这个偏差进行纠正，以确保组织资源的有效利用和组织目标的圆满实现。高校管理育人控制是高校育人组织机构健康运转的重要条件，也是实现育人计划目标的有力保障。

六、 决策职能

决策是管理的一项基本职能，主体是管理者。它是管理者识别并解决问题的过程，或者管理者利用机会的过程。高校管理育人决策包含以下过程：一是诊断问题。首先必须要求决策者发现高校管理育人中存在的问题，知道在哪里需要改进，知道实际情况与预期状况的差异，并提示管理者潜在的机会或者问题的存在。二是明确目标。在发现问题的基础上，管理者需要确立所要解决的问题和达到的目标，目标体现的是组织想要获得的结果，所以说明确目标是高校管理育人决策中最基本也最首要的职责。三是拟订方案。一旦思想政治教育的目标被正确地识别出来，高校管理者就要提出达到目标和解决问题的各种方案。这一步骤既需要结合上级精神和自身实际，也需要发挥创造力和想象力，在大量研究和分析相关数据与信息的基础上搞好科学预测，而且要提出尽量多的方案。四是筛选方案。这个步骤是评估所拟订的各种方案的价值或恰当性，并选择最满意的方案。由于最好的选择通常是建立在仔细判断的基础上的，所以管理者必须仔细考察所掌握的全部事实，并确信自己已获得足够的信息。五是执行方案。选定方案之后，紧接着要对选定的方案组织实施。六是评估效果。将方案实际的执行效果与管理者最初所设立的目标进行对比就是对方案执行效果的评估，检查是否有偏差和不足，并及时收集反馈信息，进而确保决策目标的实现。

第三节　管理育人的具体功能

在汉语词典中，对"功能"一词的解释是对一项事情或方法具有某一方面的促进作用。管理工作如何在提高院校人才培养质量中有所建树，发挥应有的作用？一个重要的突破口和着力点就是要在强化管理工作育人功能上下功夫。所谓管理育人功能，是指高校管理工作要以服务和保障教学为中心、以人才培养为己任，紧紧围绕人才培养目标来谋划、创新和发展，通过观念更新、模式创新、制度完善、资源整合等多种途径，创造有利于加速人才生成的良好内部环境，提供有利于推动人才全面进步的广阔实践平台。

一、　管理方向的导向功能

导向功能，指运用启发、动员、教育、监督、批评等方式，把人们的思想和行为引导到符合社会发展要求的正确方向上来。也有人称之为导航功能，包括对经济的导航、对思想道德和科学文化教育的导航、对理想信念的导航、对人们行为的导航等。高校的管理模式对师生的教育起着至关重要的导向作用，从高校的管理模式就可以看出一个高校把思想政治工作放在什么高度。这种导向一方面是通过课程的安排和思想政治教育活动的规划等直接形式来体现，另一方面是通过潜移默化来引导和调节成员的行为与心理。良好的管理模式会把师生引导到正确的方向上来，使他们树立正确的世界观、人生观、价值观，进一步明确教书育人、学习奋斗的目的与意义，积极适应社会发展的新要求。

二、 管理行为的约束功能

管理行为的约束功能指管理育人对高校师生的道德行为起着重要的约束作用。高校为了办学目标制定了各项规章制度，发布各项管理措施，实施各种管理行为来约束师生的行为，建立和维持一种正常的学校秩序，在此基础上，把规章制度转化并内化为师生自觉的行为规范和习惯，真正提高师生自身的思想意识与品德修养。另外，高校的运行机制体现一个大学的精神，这种精神文化对师生的行为有很好的约束作用。

三、 管理队伍的教育功能

教育功能，指管理育人队伍对师生良好品质的形成具有潜移默化的教育功能。管理人员并不是通过课堂的形式对学生进行教育，是通过在日常的管理工作中展现出来的那种高素质文化精神对师生的思想产生影响。管理人员在与师生的接触过程中，无论是工作作风、服务态度、办事效率、自身的修养素质，还是办公环境的整洁程度，都直接体现着高校的管理水平，它对师生的工作、学习、生活起到了潜移默化的教育影响作用，使师生感受到学校的文化和管理人员的敬业精神，帮助师生养成严谨的治学态度和形成正确的人生观、价值观，这就是学校管理所蕴含的育人功能，不需要过多的言语教育，通过管理人员的言传身教来起到示范作用。

四、 管理制度的保障功能

保障功能，指的是正确的育人方向需要规章制度来保障。邓小平同志曾说："制度好可以使坏人无法任意横行，制度不好可以使好人无法充分做好事，甚至会走向反面。"① 党的十八届四中全会指出，"良法是善治之前提"②。立良法是促发展、助善治的基础。纵观古今中外，良好制度是民族振兴、人民幸福的重要保障。对大学而言，构建良好的制度，不仅可以维持教学秩序、维护师

---

① 邓小平. 邓小平文选：第二卷 [M]. 北京：人民出版社，1994.
② 胡锦涛. 坚定不移沿着中国特色社会主义道路前进　为全面建成小康社会而奋斗——在中国共产党第十八次代表大会上的报告 [J]. 求是，2012 (22)：3 – 25.

生利益，更重要的是其传递研究学问的准则，传播为人处世的规范，使蕴含着大学之道的各项规章，在规约行为、培养习惯的同时，塑造品格、陶冶情操、培育风气。所以，我国高等教育要实现长远有效的发展，办出特色、办出水平、办出成绩，不仅要有高等教育法律法规做保障，也需要各高校不断完善办学章程及各种规章制度，规章制度建设对立德树人目标的实现具有重要的保障功能。

五、 管理措施的规范功能

规范功能，指高校管理育人不仅保障学校办学和育人方向不跑偏，而且对育人的措施具有规范功能。管理育人的主体定期查找学校育人方面存在的问题，分析其原因，并及时提出改进意见，确保各项育人措施规范实施，执行到位，取得实效。高校各管理部门、各级管理干部既是高校管理工作的主体，又是管理育人的主体。他们的管理工作，一方面是贯彻落实上级制定的路线、方针、政策，另一方面是落实学校的各项管理制度，确保育人工作规范开展。

2017年12月，中共教育部党组印发了《高校思想政治工作质量提升工程实施纲要》，提出了"十大"育人体系。除管理育人之外的九大育人，从广义的角度看，都是管理的具体措施，都是管理育人在不同领域的具体体现，都是对相应育人内容提出规范的要求。《高校思想政治工作质量提升工程实施纲要》提出，管理育人的关键是要做好以下几个方面的工作："完善教育法律法规体系，加快制（修）订教育规章，保障师生员工合法权益。健全依法治校、管理育人制度体系，结合大学章程、校规校纪、自律公约修订完善，研究梳理高校各管理岗位的育人元素，编制岗位说明书，明确管理育人的内容和路径，丰富完善不同岗位、不同群体公约体系，引导师生培育自觉、强化自律。加强干部队伍管理，按照社会主义政治家、教育家要求和好干部标准，选好配强各级领导干部和领导班子，制定管理干部培训五年规划，提高各类管理干部育人能力。加强教师队伍管理，严把教师聘用、人才引进政治考核关，依法依规加大对各类违反师德和学术不端行为查处力度，及时纠正不良倾向和问题。加强经费使用管理，科学编制经费预算，确保教育经费投入的育人导向。强化保障功能，健全依法治校评价指标体系，深入开展依法治校创建活动。把育人功能发挥纳入管理岗位考核评价范围，作为评奖评优条件。培育一批'管理育人示范岗'，引导管理干部用良好的管理模式和管理行为影响和培养学生。"① 这些内容都是进一步规范育人工作的有效措施。因此，高校管理育人工作具有育人措施的规范功能。

六、 管理文化的陶冶功能

陶冶功能，指的是管理工作不仅是一种工作措施，而且是一种工作理念、工作制度，从这个角度来看，高校的管理工作也是一种管理文化，文化具有陶冶功能。发挥高校管理工作的育人作用，与高校管理的文化陶冶功能是分不开的，管理文化分别体现在物质文化、精神文化、制度文化、行为文化等方面。这些文化具有隐性的教育、陶冶作用，能够通过潜移默化的教化、激励和引导，对大学生的思想进行改变，从而达到育人的效果。

七、 管理方式的激励功能

激励功能，指有效的管理可以激发管理对象的动机，鼓励其行为，形成其动力。管理学理论告诉我们，激励是指对个体的期望行为进行鼓励；激励功能，就是运用多种手段，充分调动人们的积极性和创造性，为社会主义现代化事业提供强大的精神动力。在高校中，师生的行为有可能导致学校公共利益或其他主体合法的利益增加，从而使学校目标实现程度增加或工作效率提高，这种行为就是"期望行为"。在学校，学校个体或群体有可能会产生这种"期望行为"，而高校管理对学校个体或群体的这种"期望行为"是鼓励的。这种鼓励通过提供一种激励机制来进行，这就是高校管理育人激励功能的发挥。

八、 管理部门的整合功能

整合功能，指的是高校管理部门具有的统筹协调高校内部资源，优化资源配置的功能。当前我国一般规模相当的综合性高校，机构设置几乎都按照党群

---

① 中共教育部党组. 高校思想政治工作质量提升工程实施纲要［Z］. 教党〔2017〕62 号.

机构、行政机构、直属机构来划分。通常党群机构下设党委办公室、组织部、宣传部、统战部、保卫部、人武部、纪委、工会、团委等；行政机构下设校长办公室、人事处、财务处、基建处、科技处、实验室与设备管理处、教务处、研究生处（院）、学生处、审计处、监察处、保卫处、保密处等；直属机构一般包括图书馆、档案馆（校史馆）、信息中心、电教中心、后勤集团、校医院、出版社、校办产业集团等。而高校管理部门是综合行政部门，是沟通、联络和协调领导各方的桥梁与纽带，协调工作是管理部门的一项基本工作。

在大学教育综合改革和"双一流"建设过程中，大学内部治理日趋复杂化，外部资源争夺也更加激烈。例如：政府从高校的控制者、管理者向服务者、监督者、合作者转变；推进管、办、评分离，调动诸多社会组织参与高等教育治理，推进专门评估机构与有关组织进行发展评估；等等。在此情况下，高校管理部门应当强化整合意识，增强整合功能，积极协调与统筹高校内外诸多资源，推动学校整体发展。

第四节　管理育人功能的转化

管理育人的一般过程是：学校教育的总目标—学校教育的具体目标—教育工作实施计划—教育行为—教育效应。

一、　管理转化为育人是具体的

管理转化为育人的具体转化过程，其内容的外延在逐步缩小，而内涵逐步丰富。也就是说，在管理转化为育人功能过程中，其工作内容一步比一步具体、深入。因此，只有决策而没有可行的实施计划，或只有计划而不认真实施，是达不到育人目的的。管理规律告诉我们，微观管理是宏观管理的基础，宏观管理是微观管理的指南，宏观与微观管理密切结合才能实现管理育人的预期效应。

二、　管理转化为育人是有序的

国家的教育方针是制定学校教育目标的指针，学校的教育目标是制订学校教育计划的根据，学校的教育计划是学校教育实践、教育行为的依据，学校的教育实践、教育行为最后要落实到育人的效果上，育人的效果是国家教育方针、学校教育的具体目标、教育计划、教育行为实践所追求的最后"产品"。管理转化为育人的过程中，各个环节必须有序运转，既不能颠倒，也不能简化，更不能跨越。

三、 管理转化为育人是有条件的

高校的任何管理活动都会对学生产生影响，但是产生良好教育效应的管理，每一过程的转化都必须具备充分的条件。例如将国家的教育总目标转化为高校教育的具体目标，首先要掌握党和政府颁布的有关教育政策、法规，弄清总目标与具体目标的关系，明确不同类型、不同层次学校学制、领导体制、管理体制，正确分析学校领导群体、教师群体的素质和学生素质，以及学校办学条件等。在此基础上，确定高校具体的教育目标，设计实施这一目标的方案，再请有关教育行政领导、教育专家进行科学性、可行性的论证，最后进行决策。

将宏观形态转化为中观或微观形态，是一种创造性的活动，是学校领导者管理学校的基本功，没有这种基本功，管理过程的转化是不可能的。作为一所学校，不能用党和国家制定的教育总目标代替不同学校的教育目标，而不同学校的教育目标也不能代替教育总目标。由此可以看出，管理转化为育人的过程是有条件的。

第五节　管理育人功能的特征

高校管理育人与其他育人方式不同，管理工作与育人紧密相连，育人寓于管理之中，管理之于育人具有日常性和渗透性。高校管理育人功能的发挥具有立德树人性、整体优化性、过程渗透性、内容精细化、双重效应性和全员参与性的特点。

一、 立德树人性

在全国高校思想政治工作会议上，习近平总书记指出："高校立身之本在于立德树人。只有培养出一流人才的高校，才能够成为世界一流大学。"① 管理育人的目的呼应了立德树人内涵实质。立德树人的思想内涵实质就是解决"立何德、如何立德、树什么人、怎样树人"的问题，也就是人才培养问题，目的就是对大学生进行道德观塑造和加强主流意识形态教育与认同，立社会主义之德，树社会主义事业的建设者和接班人。《中华人民共和国高等教育法》第三十一条规定："高等学校应当以培养人才为中心，开展教学、科学研究和社会服务，保证教育教学质量达到国家规定的标准。"② 学校所有教职员工的工作，必须为培养人才服务。管理育人，实际上就是管理者通过管理活动对人的思想道德与行为规范产生一定影响，围绕育人的预期目标，构建以服务学生成长成才为中心的学生教育管理服务体系。

二、 整体优化性

大学生的培养和教育有其系统性与整体性。这就要求高校对学生开展管理育人工作时，要统筹考量，全面设计，采取有效的措施，促使学生形成秩序化的生活和学习模式，这是遵循整体性原则、实现育人效果的基础要求。高校开展管理育人工作需要根据学生的生活方式和认知能力等进行教育，在某些价值理念的灌输方面需要遵循稳定性和衔接性原则。例如，对于大一新生，很多高校会对其进行道德教育，在生活方面提供指导，让新生尽快适应大学生活，短时间里可以取得显著的育人成绩；而对于大二、大三和大四阶段的学生，对他们的关注便有所减少，使学生在遇到问题时得不到有效指导，导致之前的育人成果渐渐消失。这种现象便是没有遵循管理育人工作的稳定性和衔接性原则造成的。从方法上而言，不同年级的学生管理育人的方式可能有所差异，但是其基本价值观念和道德要求应该是相同的。除此之外，管理育人的整体优化性对管理主体有严格的要求，学校的校长、任课教师、各部门的管理人员等都属于管理育人的主体，都负有不可推卸的责任，都应该拥有先进的思想和良好的行为，给大学生起示范作用，为大学生的成长成才提供积极向上的环境。

---

① 习近平在全国高校思想政治工作会议上强调：把思想政治工作贯穿教育教学全过程　开创我国高等教育事业发展新局面 [N]. 人民日报, 2016 - 12 - 09.

② 第九届全国人民代表大会常务委员会. 中华人民共和国高等教育法 [S]. 1998 - 08 - 29.

三、 过程渗透性

管理育人是一项具有动态性、连续性的活动，且是一项无法推翻重新来过的工作，它对于已经形成的错误行为和发生的不良结果无法修改，这就需要管理者在管理中必须高度重视。对于高校的管理育人而言，与学生其他方面的教育，如所设置的德育课程对比，一般不具备标准化考核的教学目标，这与很多学者对搬砖块式的德育模式的否定相符合。管理育人的过程是循序渐进的，很少会对学生的思想行为做出太多硬性要求，而是侧重于以潜移默化的方式与手段，将道德、政治、法纪等知识渗入学生日常生活中，逐步提升学生内在的道德素质，规范学生的言行举止。

四、 内容精细化

高校管理育人包括间接管理育人与直接管理育人。所谓间接管理育人，是指管理工作者通过执行严格的学校管理制度，营造严谨、规范的育人环境和秩序，以管理的成果为中介达到育人的目的。所谓直接管理育人，是指管理工作者在与师生的直接接触中以自身优良的思想政治品德和人格魅力影响师生，运用管理过程直接达到育人的目的。管理育人工作既包括直接管理育人的严肃性，也需要发挥间接育人的渗透性，两者兼而有之。因此，管理育人工作的展开，关涉的内容具体而层次复杂，不仅需要调整育人的基本理念，还要克服现有管理育人做法的流弊，更需要重新设计管理方案，协调多个管理职能部门共同配合，管理头绪较多，工作量巨大。既要发挥间接管理的无意识引导作用，又要通过直接管理营造德化的自为生活环境，将不经意的隐性暗示和显性教育引导在尊重人本的基础上充分结合，规避无人化管理的误区，在管理的连续进程中渐进式地培养既能传承我国传统文化又具备现代创新意识的有用之才。

五、 双重效应性

思想政治工作是研究人的思想变化规律的一门综合性应用科学。所谓思想政治工作规律，就是按照人的思想、行为变化的特点和规律进行思想政治工作的必然遵循。这里提到的双重效应，是指管理育人中既有管理的约束效应，又有结合管理过程进行思想政治教育的教育效应。

高校管理育人工作，要根据高校办学总目标和管理总目标的要求，建立一套完整的管理制度，以规范和约束校内师生的行为。在管理过程中，管理者结合其管理过程，在严格执行各项管理制度的同时，根据高校实际情况，进行深入的宣传和教育，以提高校内师生的思想认识和道德素质，使其认识和体验管理制度的实际意义，将制度约束内化，变成行为主体的自我约束，从而消除对管理制度的阻力，实现管理目标，这也是管理育人所体现出的教育效应。单纯的制度约束，实际上是一种外在约束，它只能从表面上规范人的行为，不能深入人的头脑和心里。因此，在管理工作中应把约束和教育有机结合起来，充分发挥管理育人的双重效应，确保高校教育的有效性。

六、 全员参与性

习近平总书记在全国高校思想政治工作会议上指出："要坚持把立德树人作为中心环节，把思想政治工作贯穿教育教学全过程，实现全程育人、全方位育人，努力开创我国高等教育事业发展新局面。"① 明确要求新时代高校管理育人必须全过程融入思想政治工作，要实现这一目的，全体管理育人主客体都必须积极主动地参与管理育人的工作。

管理育人的全员参与性为全体教职员工赋予了育人职责，管理育人工作在以学生为中心的前提下，安排校内岗位人员承担着不同的工作职责，并建立相应管理机制，实现育人力量整合，以达成全员育人的目标。高校的管理工作从本质上说就是育人的管理，高等院校中的所有学生是一个集体，在这个集体中每个成员都有着自身的特性和作用，彼此推动，彼此影响。学生通过不同的渠道，接触老师或者各类管理人员，后者的行为会对学生产生直接或间接的影响。通过高校管理，以合理的方式将教职员工组织在一起，形成一个具有一定向心力的集体，赋予每个成员任务和使命，增强每个人对集体的归属感和忠诚度，形成"1 + 1 > 2"的效果。在高校里，全体工作人员要从各个方面进行育人工作，这些工作的开展，要求所有教职员工以身作则、积极参与，高校要通

---

① 习近平在全国高校思想政治工作会议上强调：把思想政治工作贯穿教育教学全过程 开创我国高等教育事业发展新局面 [N]. 人民日报，2016 – 12 – 09.

过管理将所有教职员工的主观能动性调动起来，形成强大的合力。

第六节　管理育人功能的保障

要发挥好管理育人的功能，还需要做好各项管理保障工作。一要建立和完善高校管理育人的领导体制；二要建立和完善高校管理育人的工作机制；三要建立和完善高校管理育人的保障机制；四要建立和完善高校管理育人的评估机制。

一、 建立和完善高校管理育人的领导体制

高校管理育人的领导体制对整个高校管理育人系统产生全局性的重大影响，它直接关系到高校管理育人的有效实施，关系到高校管理育人功能和目标的实现。加强和改进高校管理育人工作，关键在于建立和完善管理育人的领导体制。

（一）建立科学合理的管理育人领导体系

要以高校党委为中心，坚持高校党委对高校思想政治教育的统一领导。党委领导要担负起领导责任，亲自抓好高校管理育人工作。校长作为高校行政的负责人，也应该根据党委的管理育人决策，做好决策的计划部署和组织实施工作，全面负责高校管理育人的工作开展。高校的相关部门和基层党组织也要加强联系、密切配合，努力形成齐抓共管的高校管理育人的良好局面，要充分调动各有关部门的积极性、主动性、创造性，共同参与到高校管理育人的实践中来，凝聚各个部门的力量，形成合力，共同营造高校管理育人的良好局面。

（二）改进高校管理育人的领导方式

领导方式的改进对于强化高校管理育人具有重要意义，只有与时俱进，结合新的时代条件，不断增强领导方式的时代性和有效性，促使领导方式创新，才能更好地实现高校管理育人的领导。要把纵向领导和横向配合结合起来，形成上下一心、左右配合的高效领导方式，不仅要抓好自上而下的纵向领导，加强上下级之间的联系，强化统一领导，还要引导各个相关的部门努力配合、强化沟通与联系，调动相关部门的积极性，形成全员育人的良好格局；要把显性领导和隐性领导结合起来，高校管理育人是做人的工作，它的客体对象是活生

生的人，要实现高校管理育人高效，就要特别注意合理运用好显性领导，既树立领导权威，又展现领导爱心，还要善于运用隐性领导，运用各种大众媒介，潜移默化、循循善诱、春风化雨，实现高校管理育人的高效。

（三）提升高校管理育人的领导水平

高校管理育人的领导水平高低，直接影响到高校管理育人目标和功能的实现。因此，高校党委作为高校管理育人的领导者，要不断加强自身的执政能力建设，深刻总结过去高校管理育人领导的经验和教训，结合新的时代要求，不断提升自身的执政能力，应对高校管理育人的新局面、新情况、新问题；要不断深化对高校管理育人规律的研究和认识，时代在发展，社会在进步，高校管理育人也处在不断变化之中。面对这种新形势，要提高高校管理育人的领导水平，就必须深入研究、准确把握高校管理育人的客观规律。只有正确把握高校管理育人的客观规律，才能真正把高校管理育人工作做到实处；要大胆借鉴国内外高校管理育人的成功经验，他山之石，可以攻玉，要不断开阔视野，悉心学习国内外高校思想政治教育的成功经验，大胆借鉴和汲取这些成功经验，结合自身的实际情况，加以改造利用。

二、 建立和完善高校管理育人的工作机制

所谓机制，指的是一套结构化的规则，是有机体的构造、功能和相互关系，泛指一个工作系统的整体或部分之间相互作用的过程与方式，如激励机制、制约机制、保障机制等。机制管理是指契约管理、人性管理和效能管理，其目标是尊重人性规律，激发人的潜力，人尽其才，物尽其用。机制先于管理，科学规范的管理，需要从机制、制度设计层面入手。

高校管理育人工作机制的建立是一项事关管理育人规范化、科学化、高效化的大事，建立高效合理的工作机制，能够为高校管理育人工作的顺利开展、目标实现、效率提升提供重要保障。强化高校管理育人系统的管理，必须建立一套完整的高校管理育人工作机制，以规范各个要素之间的关系，使各个要素能够各司其职，发挥各自活力，相互合作、密切配合。

（一）建立和完善管理育人的日常工作制度

高校管理是一项事务性工作，通过日常的工作开展育人，完成高校管理育人的阶段性工作，进而完成整个高校管理育人工作。高校管理育人的效果体现

在高校管理育人的日常点滴工作之中，只有扎实做好这些日常工作，才能把党的高校思想政治教育抓好抓实。因此，各级各类高校要高度重视高校管理育人日常工作制度的建立和完善，把日常工作纳入体制化、规范化的管理工作，积极主动地构建科学的、合理的、人性化的日常工作制度，保障日常工作的正常开展，保障高校管理育人的有序运行。

（二）明确各主体管理育人的目标和职责

管理育人的目标是高校管理的核心和灵魂，建立和完善高校管理育人的工作机制就是为了实现其目标。高校管理育人的目标是一个具有层次性的目标体系，是由总目标逐层分解出的目标体系，顺利开展高校管理育人工作，需要管理主体和教育主体明确自身的目标和职责。要根据总体目标，形成目标体系，制订目标体系的实施计划，把子目标和相应计划分配到各个相关部门及相关责任人，使高校管理育人的管理主体、教育主体明确自身的具体目标和职责；要建立目标责任制，实行目标管理模式，建立阶段性目标，建立责任分担体系，以目标为动力，以责任为压力，推动高校管理育人工作的健康有序开展，造就高校育人工作事事有人管、件件抓落实的良好工作局面。

三、建立和完善高校管理育人的保障机制

管理是一种规范化的程序和过程，追求对管理对象进行强制性规范和约束，强调结果和成效；而育人是一种润物无声、细致入微的心灵激荡、精神体验和情感交流。管理是保障，育人是目的，育人目标需要通过管理行为来实现，而育人目标的良好实现又对管理起促进提升作用。人本管理是二者的融合体现，是管理育人的精髓所在，是新形势下加强和改进高校思想政治工作的有力抓手。以教师为本，以学生为本，以育人为本是管理育人的根本原则。为此，应从管理的角度，遵循育人规律，建立起全员育人、全过程育人和全方位育人的保障机制。

（一）决策保障机制

决策的运行机制是管理工作的关键环节。现代大学决策保障机制的标志性成果就是大学章程的制订和实施，大学章程赋予党委会、校长办公会、党代会、教代会、学代会等会议法定的决策权力。大学章程明确师生员工是学校办学的主体，理应在学校管理决策中发挥积极性和创造性。要在决策中建立师生

参与、表达、反馈机制，畅通发言、评议渠道，以大多数师生答不答应、满不满意为标准。作为管理中最重要的决策环节，若能充分尊重和反映广大师生的意愿，这本身就是一种极为高明的育人手段。因为师生受到尊重和重视，各项决策民主而科学，就会激发师生的活力，增强其主动性和创造力，积累正能量，促进包括育人目标在内的各项事业愿景目标顺利实现。

（二）制度保障机制

"规章制度是高校管理育人的依据，也是大学生和教职员工必须遵守的行为准则。高校规章制度与其他行政法规一样，具有强制性的规范力量，如果没有规章制度或规章制度不完善，必然导致行动不一致，目标分散，难以实现育人目标。"① 高校的管理制度建设应该形成一种从制订、实施、反馈再到修订的机制来确保制度的科学性和系统性。一是全校一盘棋，避免政出多门，以致形成交叉区或空白区的"九龙治水"或"几不管"现象。二是管理制度应强调其阶段性和动态性，顺应新的形势和要求，以便做出及时的调整和完善。三是要把制度及其执行工作的评价体现到育人成效上，看师生满意不满意及是否有利于师生的成长需要。四是各项管理规章制度从起草到完善要符合程序性和合法性要求，而不是部门少数几个人拟定，领导签字认可就予以颁布实施。五是大力加强管理规章制度的宣传，使之深入人心，起到提前预防、提醒、引导和激励的作用，而不是只重奖或罚的结果，而不重其过程控制和管理。比如学籍管理是涉及学生成才的重要管理制度，更是很好的育人手段。严格考场纪律，杜绝考试舞弊，是对学生诚信和自律的极好养成教育。

（三）文化保障机制

校园文化包含环境文化和行为文化。环境文化一方面是指把学校各种物质设施，包括教学楼、实验室、图书馆、学生食堂、学生宿舍、办公室、道路、体育场馆等管理得井井有条，既整洁干净又公平共享；另一方面是指把学校视觉识别系统、人文景观设置、网站页面与内容等各种形象表现形式管理得精致规范，以反映学校的历史、人文底蕴和审美品格，有效地增强全校师生员工的向心力、归属感和认同感。行为文化主要是指高校教育者将管理育人升华为爱心育人。每一位教职员工要像对待自己的孩子一样对待学生，以饱满的爱心来

---

① 陈超文. 目前高校管理育人存在的问题及应对机制［J］. 云梦学刊，2017，38（5）.

做学生的良师益友。

（四）队伍保障机制

包括学校领导和二级单位负责人在内的领导层是关键少数，他们的思想观念、道德素质、学术水平和管理能力都是榜样，在全校起着典型示范作用。他们在管理中起着决策的关键作用，所以必须牢固掌握党的教育方针，围绕育人目标，结合学校实际情况，深入师生群体，熟悉师生的所思所想所需所难，并能熟练运用各种管理技术和方法使管理工作既接地气又有实效。广大教职员工包括专任教师、思政队伍、教辅人员、行政管理人员、工勤人员等，是学校管理的主体，他们与广大师生朝夕相处，直接参与师生日常工作、学习、生活的方方面面，也在师生课内课外、校内校外的各种学习实践活动中成为管理者、引导人。充分发挥群团组织的自主性，不仅能使师生积极参与学校的各项管理工作，变被动接受管理为主动参与管理，增强广大师生的主人翁意识和责任意识，还能使管理者始终能听到师生对管理工作的意见，看到师生对管理工作的态度，变高高在上的管理为细致入微的关心服务，使管理工作真正做到以师生为本。包括家长、校友、社会公众在内的校外育人队伍，与校内育人队伍形成补充，通过内外协同，实现管理育人的目标。

以上四个方面的力量可以通过管理的职能进行组织、动员和协调，把单个人或组织的力量整合起来，发挥整体的育人功能，围绕育人目标，分担育人职责，团结合作，全员参与，有效地实施管理活动，形成良好的育人合力。

（五）信息保障机制

习近平总书记在全国高校思想政治工作会议上强调："高校要运用新媒体新技术使工作活起来，推动思想政治工作传统优势同信息技术高度融合，增强时代感和吸引力。"① 目前大多数高校在进行信息化智慧校园建设，高校的管理行为依托信息技术发生巨大变革，管理育人的网络阵地越来越重要，管理育人方式手段也越来越丰富。高校育人工作不得不面对的现实是，在网络信息面前，如何有效管理师生的上网行为和时间，争取网络育人工作的主动权，利用校园网络资源进行有针对性的引导与组织显得非常重要和必要。

---

① 习近平在全国高校思想政治工作会议上强调：把思想政治工作贯穿教育教学全过程　开创我国高等教育事业发展新局面［N］. 人民日报，2016－12－09.

四、 建立和完善高校管理育人的评估机制

评判高校管理育人工作及其实际效果，加强和改进高校管理育人工作，提升高校管理育人的实效，都需要建立和完善高校管理育人的评估机制。高校管理育人的评估机制的建立和完善，是高校管理育人走向规范化、科学化、现代化的必然选择。建立和完善管理育人的评估机制，要做好以下几项工作：

（一）建立科学的高校管理育人制度

当下，我国的高校管理育人机制不够科学，不够完善；评估的方法、手段不多，缺乏可操作性；评估的实际效果不大，深受形式主义的影响，评估走过场多。为了强化高校管理育人的评估，实现管理育人工作的高效运行，必须建立科学的高校管理育人评估机制。建立科学的评估制度的关键在于确立切实可行的高校管理育人评估指标体系，要根据高校思想政治教育的总目标，制定高校管理各项工作、各个阶段、各个部门、各个层次的分目标，建立科学的指标体系，实行目标责任制，以目标的实现作为评估的主要依据。要坚持全面、客观、公平、公开的评估原则，严格评估程序及其标准，创新评估工作的方式方法，建立科学的高校管理育人评估制度。

（二）把评估制度纳入管理育人的全过程

建立对高校管理育人的各个要素、阶段、过程乃至全过程的全面评估，这样，既能够掌握高校管理育人的即时动态，又能够及时发现高校管理育人运行过程中存在的问题，还能够检验高校管理育人评估制度实施过程中的效果，使既有的评估制度不断完善，如此循环往复，才能实现高校管理育人评估制度的规范化、科学化。

综上所述，高校管理是一项系统工程，强化高校管理功能的发挥，从根本上说，在于建立和完善高校管理育人领导体制，在于建立高校管理育人的长效机制。高校管理育人机制建设具有根本性、全局性、战略性意义，是一项长期的工作。

第三章　新时代高校管理育人的要素

　　管理育人是指学校通过管理，来达到育人之目的。它是在教育问题已成为我国当今经济发展的战略重点之一和管理科学日益发展的新形势下，所开辟的有利于培养和造就德才兼备的建设人才的一条新途径。要素是管理育人发挥应有的功能或效果所必不可少的元素或条件，它们是管理育人理论研究和实践操作的基础。因此，研究管理育人的要素，不仅能够帮助我们对每一个要素进行准确的理解，更能够帮助我们对管理育人体系运作过程有一个更清晰的认识，在教育过程中更好地把握各个要素间的关系，从而达到提高育人效能的目的。概括说来，影响管理育人效果的要素可归结为五个方面：育人意识、育人环境、育人措施、育人形象和育人本领。

第一节　育人意识

一、　育人意识的界定

　　意识性是管理育人对于主体的主观要求。意识是管理者关于育人的自觉和明晰的认识，它包括管理者对于自身在整个管理育人过程中所具有的主体地位、主导性作用和所担负的具体使命，以及自身主体性活动对于社会、学校、教育对象所具有的现实与长远意义的全面而深刻的认知。

　　高校管理人员应该不断强化育人意识。育人意识是管理者自觉进行管理育人活动的重要动力，它推动主体在管理育人过程中充分发挥主观能动性，从而促使管理育人目标的有效实现。育人意识也是管理育人主体不断提升自身素质的重要动力，使主体能够适应高等教育发展中不断出现的新情况、新问题。高校管理人员的育人意识决定其思想境界、工作状态和精神面貌，深刻影响管理工作的质量，进而影响办学治校水平和管理育人的成效。

二、 育人意识的价值

在新时期加强和改进大学生思想政治教育是一项重大而紧迫的战略任务，高校教职员工都负有对大学生进行思想政治教育的重要职责，要努力"形成教书育人、管理育人、服务育人的良好氛围和工作格局"①。当前，各高校都高度重视管理育人工作，把管理育人作为培养合格建设者和可靠接班人的重要途径，从规范管理、评比表彰、奖励惩处等方面都做了很多工作，但也还存在育人意识不强等不足。一方面，高等教育快速发展带来的市场经济功利化和实用化影响，导致高校一定程度上存在以科学研究为中心，而不是以学生为中心的现象。另一方面，部分管理者认为自己的管理工作与学生直接接触较少，没有直接教育和引导大学生成长成才的责任，大学生思想政治教育仅仅只是专职辅导员、副书记的工作职责，相对而言自己没有加强大学生思想政治教育的职责和权限。《中华人民共和国高等教育法》明确规定："高等学校应当以培养人才为中心"②，这就表明教育的根本任务就是立德树人，高校的所有教师、管理干部、后勤保障人员，虽然职务和分工不同，但都在育人过程中扮演着不同的角色，都肩负着培养高层次优秀人才的使命和责任。因此，要提升管理育人的实效，首先就要提高全校教职员工管理育人的意识，要求管理者能够主动地利用各种管理时机，适时对学生的思想观念与品德养成施加积极影响与教育，在全校范围内形成一个育人合力，营造一个良好的育人环境。

三、 育人意识的构成

（一）责任意识

习近平总书记曾多次谈到"责任"，他指出："决胜全面建成小康社会的伟大进军，每一个中国人都有自己的责任。"③ 从高等教育大国向高等教育强国迈进，是新时代高校的历史使命。新使命要有新担当、新作为。作为国家高等教

---

① 赵建华. 关于加强高校管理育人工作的几点思考 [J]. 思想理论教育导刊，2011 (2).
② 第九届全国人民代表大会常务委员会. 中华人民共和国高等教育法 [S]. 1998 – 08 – 29.
③ 习近平. 在全国政协新年茶话会上的讲话 [N]. 人民日报，2016 – 01 – 01.

育战略的承接者、推动者，高校改革发展稳定的组织者、实施者，高校管理人员需要担当起自身的责任，增强责任意识，将干事创业的热情转化为履职尽责的实际行动，在各项管理和服务工作中较好地完成任务并实现人生价值。

责任意识通常是指人能自觉意识到自身的角色，清楚自己在社会活动中应该担负的职责，并落实到具体行动中。这种心理特点、自我意识不是与生俱来的，而是靠后天的教育修为和社会影响得来的。责任意识体现着职业操守，既是能力，也是美德。责任意识淡薄者缺乏工作热情和正确态度，常表现为应付了事，只想个人得失，不顾集体利益。反之，责任意识强烈者，总是真抓实干、担当作为，不惧困难、奋勇争先。其实发生在我们身边的责任事故，其结果之严重、教训之惨痛，无一不说明责任意识的重要意义。所以，有人说责任是推进工作的"牛鼻子"，培养强烈的责任意识是提高管理效能的重要工作。

（二）尊重意识

《现代汉语词典》对"尊重"的释义是"尊敬或重视"。所谓"尊重"，词典一般解释为对人或物的重视态度和方式。所谓的"尊重意识"，是指在教育尤其是德育实践领域，教育工作者在以尊重为核心的基础上所产生的合规、合人性及合价值的思想观念，即尊重教育规律，尊重生命成长的规律，尊重人格人性，尊重教育者、受教育者的劳动成果。核心是"以人为本"，目的是通过尊重受教育者、尊重个性而激励创新，从而达到德育教育的目的。

孟子曰："仁者爱人，有礼者敬人；爱人者人恒爱之，敬人者人恒敬之。"[1] 教育是培养人的社会实践活动，尊重是教育的起点和终点，前提和基础。按照马斯洛的需要层次理论，尊重是较高层次的需要，是一种修养，是个人品德、素质的重要集成，是一种潜意识行为。管理者是否有尊重意识、尊重意识的强弱都直接影响着其言谈举止、行为处事和育人效果。

（三）学习意识

学习意识是指人清醒地认识自我的学习目的或学习的社会意义，自觉学习，自主学习。具备学习意识的人，会随着时代的发展，不间断地学习，不间断地更新自己的知识结构，使自己成为一个终身学习的人。邓小平同志曾经说过"学习是前进的基础"[2]，这告诉我们，学习对一个人人生发展的极端重要

---

① 焦循撰，沈文倬点校. 孟子正义［M］. 北京：中华书局，1987.
② 邓小平. 邓小平文选：第二卷［M］. 北京：人民出版社，2010：255.

性，也深刻地点明了现代高校管理者强化学习意识的重要意义。

高校管理工作是一种"通才式"的职业，它要求管理工作者有较全面的知识结构和较强的工作能力。高校管理工作的特点及性质决定了从事管理工作的人员必须做到教学、管理、研究三位一体。高校管理工作者扮演着多重角色，他们既是教师，又是干部；既要担负起教育、管理的职能，也要担负起研究的职能；既要掌握教育的一般规律，更要掌握管理自身的规律。高校管理工作者是教学者、研究者，同时也是师生行为的表率。管理工作带有多学科性质，它涉及教育学、心理学、文学、社会学等领域。概言之，作为高校管理工作者必须具有多方面的素质。因此，作为一名合格的高校管理者，无论身处哪个岗位，都必须强化学习意识，践行终身学习的理念，提高自身管理素质，提升育人能力，步入职业化、专业化发展轨道，最终从一名"管理新手"成长为一名"管理专家"。

四、 育人意识提升的难点

（一）管理育人的政策研究尚需深入

高校对管理育人的政策研究不够。中共中央、国务院印发《关于加强和改进新形势下高校思想政治工作的意见》后，虽然大多数高校采取适当的方式组织了学习，但是学习不够深入、不够到位。有的学校只是在党委中心组进行了传达学习，没有结合实际进行研究部署，没有制定适合学校的工作方案。有的学校虽然制定了"三全育人"的工作方案，但在管理育人方面目标不够明确，措施不够具体，不少学校还是停留在原来的认识水平上，没有把管理育人的理念真正融入大脑、融入工作方案、融入管理的具体实践，管理育人的意识有待增强。

（二）管理育人的价值尚需充分认识

高校管理部门及管理人员因为没有直接承担人才培养工作，加之长期以来管理者自身对育人理念的认识模糊，单纯认为育人仅仅是教师或从事思想政治教育工作者的事，因而对管理育人关注不够、研究不透、投入不大，管理育人效果不佳。尽管这种情形近几年已经有了明显的改观，但对高校管理规律与育人规律之间有机结合的独特价值依然存在轻视、漠视、无视的现象，从而导致了管理上的短期行为、经验主义和功利主义等问题的存在，背离了高校管理工作的目标和宗旨。高校育人工作是一项复杂的系统工程，必须努力构建全员、全过程、全方位育人格局；管理育人是高校人才培养工作的重要组成部分。因此，我们必须站在提高高等教育质量和人才培养质量的高度充分认识管理育人的独特价值。

（三）管理育人的合力尚需努力构建

作为高校育人工作重要组成部分的管理育人，既与教书育人、服务育人、实践育人等工作紧密相连、密不可分，又与它们互为补充、互相促进。各高校也都在积极探索构建"三全育人"模式，努力形成管理育人的合力。但从现实看，这一育人模式还未完全落地，突出表现在：第一，社会大环境与校园小环境的育人合力尚未形成。随着市场经济的发展及国际化、信息化进程的深入推进，管理育人工作既受到了严峻的挑战，也面临难得的机遇，高校要充分利用一切可以利用的资源达到育人效果的最优化，而部分高校尚未实现学校与社会、课内与课外的有机联动。第二，高校内部各部门的育人合力尚未形成。一些教职工错误地认为，学生思想政治教育工作与本部门、本人无关；有些教师未将传授知识与价值引领结合起来，习惯性地将学生学习不认真、不遵守纪律、成绩不理想的责任全部归于辅导员教育管理不善。这些造成了"都管又都不管"的育人局面，导致管理育人流于形式，未能落到实处。第三，教职员工与学生之间的育人合力尚未形成。学生既是育人的对象，更是育人的主体。做好管理育人工作的前提是研究学生、了解学生并充分发挥学生的主人翁精神和自我管理、自我教育、自我服务的作用。但部分教职员工仅仅将学生视为管理的对象，也无暇走进学生的心灵深处，造成了师生关系的紧张和对立，育人工作自然收效甚微。

第二节　育人环境

一、育人环境的界定

育人环境指的是实施管理育人的空间条件。环境是一个涵盖多个层面、包含多种因素的综合体，在管理育人过程中，那些与客体管理教育活动有关，并对其产生影响的环境因素都是管理育人环境。育人环境既包括物质环境因素，如学校地理环境、校舍布局、图书馆、实训楼、运动场、食堂、宿舍等，又包括精神因素，如校风、学风、教风、学术氛围、舆论氛围等，两者相辅相成，缺一不可。

"人创造环境，同样，环境也创造人"①，环境是管理育人中一个非常重要的影响因素。自古以来，环境的影响就得到人们广泛的重视。《论语》中留下"性相近，习相远"② 的古话，流传千古；《墨子》一书中写道："染于苍则苍，染于黄则黄，所入者变，其责亦变"③，可见环境与人的思想和行为有着密切的联系。管理育人活动也不能脱离一定的客观环境，因此想要提升管理育人效果，就要优化管理育人环境系统。

二、 育人环境的价值

育人环境是影响受教育者的思想品德认识形成和发展的外在因素，对受教育者的思想品德的形成和发展具有重要的作用。积极的、健康向上的社会环境可以促进人产生崇高的社会情感和共鸣，消极的、低俗的环境不利于个体的思想品德发展，可能导致个体误入歧途。例如，个体游览祖国的大好河山的过程中，惊叹于祖国的宏伟壮阔，易产生昂扬向上的爱国主义情怀；当一个社会不道德、不文明行为盛行时，个体就可能会盲目跟从，产生不良的道德认识与行为。因此，社会上应发扬社会环境中的积极因素，使人们在美好和谐的社会环境中形成良好的道德品质。同时环境对人的思想品德的引导具有潜移默化和无形感染的作用。教育环境对人的影响与传统的说教不同，是一种隐性的、无形的感染教育，一定的社会风气、社会氛围和文化传统对个体的影响都是耳目渲染、无声无息地对人们进行熏陶。

教育环境还具有一定的约束和规范性。当个体处于特定的教育环境之中时，会受到一定的社会规范和传统道德的制约，这些社会规范和传统道德的作用区别于法律的强制作用，是人们长期经验的结果，如果发挥得当，有利于传承社会传统美德，约束人们的行为。管理育人环境与人的思想品德形成和发展息息相关，每个个体都处于特定的管理环境之中，所受到的影响也是潜移默化、深远持久的，同时，教育的环境也不是一成不变的，而是动态变化的，因

---

① 马克思恩格斯选集：第 1 卷 [M]. 北京：人民出版社，1995：2.
② 吴高飞. 孔子传 [M]. 北京：中国人事出版社，2000.
③ 蔡尚思. 十家论墨 [M]. 上海：上海人民出版社，2008.

此，管理者应与时俱进，根据社会发展的实际情况不断调整管理育人的内容与方式方法，以适应时代要求。

三、 育人环境的构成

育人环境是社会系统中的子系统，由各种社会要素构成并与社会关系具有高度一致性。该系统的内容来源于社会，并受到社会的规定和制约。社会环境有广义和狭义之分，广义的社会环境是一定历史时期的社会经济、政治和文化等诸多宏观因素的总和，狭义的社会环境仅指人类生活的直接环境，如家庭环境、学校环境等微观因素。社会环境系统由宏观环境和微观环境等子系统组成。宏观环境系统主要由经济环境、政治环境和文化环境构成，学校环境、家庭环境是微观环境系统的主要构成要素。在现代社会，网络环境也成为开展管理育人的新平台。网络虚拟环境从广义上理解，可以包括整个虚拟的现实世界。也就是说，网络虚拟环境不仅仅是指网络资源与网络工具发生作用的地点，还包括一些非物理形态的环境氛围，比如学习氛围、人际关系等。网络环境正以其独特的魅力吸引广大师生的注意力，并在无形之中影响高校师生的思想观念、价值取向及行为方式。

（一）社会环境

社会环境主要指社会宏观环境，是指能够对思想政治教育活动及全体成员产生影响的国内环境和国际环境。在高校管理育人的社会环境中，经济环境、政治环境及文化环境是最主要的三个环境因素。

经济环境关系到经济制度和经济状况，如社会主义市场经济制度、经济发展速度、物质丰富程度及人民生活状况等。经济环境是高校育人的物质基础，在很大程度上决定着高等教育的发展水平，并为高校管理育人提供物质技术条件。

政治环境包括政治制度及政治状况，如人民代表大会制度等政治制度，政局稳定情况、法治建设情况、公民参政情况及言论自由度等。社会的政治制度是上层建筑的核心，一个国家政权的性质、政治制度和政治准则等是大学生形成政治观的外在重要因素，现实的政治发展态势更是直接影响着高校管理育人活动的实施。

文化环境包含物质文化环境及精神文化环境，它可以把围绕高校管理育人的物质文化环境和精神文化环境融合在一起，营造一种浓厚的教育氛围，让管理育人主客体时时刻刻都在接受文化的熏陶，从而对高校管理育人思想观念和行为方式产生潜移默化的影响。

社会环境的好坏直接影响着高校管理育人乃至思想政治教育的效果。特别是高校大学生还处在成长阶段，大多未形成稳定的世界观、人生观和价值观，容易对外界的新鲜事物产生好奇心，但是缺乏辨别是非的能力，因此要想提高管理育人的效果，就必须重视社会环境的优化和建设。

（二）网络环境

随着科学技术的迅猛发展，以通信和计算机为代表的信息革命正在改变着人们的思想观念和生活方式，高校师生是受网络环境影响程度最深、范围最广的群体。网络环境原本是渗透在社会环境、学校环境及家庭环境之中的，但信息网络技术的发展催生着一个新的人类生存的空间。网络环境逐渐变成一个独立于自然环境、社会环境之外的可以囊括整个现实世界的虚拟世界，网络环境对高校思想政治教育的重要性已逐渐突显出来，对当代高校师生的思想观念、价值取向、思维方式、行为模式等方面都产生了深远影响。

网络文化作为一种新兴的大众文化，在推动社会进步的同时，也在或多或少地影响和改变着大学生的行为准则、思维模式和求知途径，给大学生价值观带来不小的冲击。虽然从总体上看，当代大学生价值观呈现出健康向上的趋势，但是又有着新的时代特点，即价值观的多样化、多层次化。这种日趋复杂的德育现状迫切要求加强价值观引导以提高德育实效性。

（三）学校环境

学校环境作为管理育人的主要平台，是管理育人过程中不可或缺的一个重要因素。学校环境既为管理育人提供了外部条件，又是高校师生思想政治品德发展的客观基础。学校内部的一切事物是管理育人环境的重要组成部分，学校的周边环境对于师生思想品德的影响也不容小觑。学校环境主要有四大构成要素：学校物质环境、学校制度环境、学校文化环境、学校精神环境。这四者各自作用并且相互配合，共同构成学校的管理育人环境。

第一，校园物质环境是教职员工进行教学、科研、学习、生活、文化活动等必要的物质条件的总和，包括校园的整体规划、校园自然环境、校园建筑、绿化美化布局及校园文化设施等。这些物质环境既是管理主客体生存发展的基本条件，又是大学校园精神环境中各种因素的载体。

第二，学校制度环境主要是指高校在管理育人过程中缔结的社会关系及用于调控这些关系的教育管理体系和规范体系。一方面它可以影响广大师生对学校的认可程度，另一方面这些规章制度的制定理念及其所体现出来的精神，将严重影响师生的精神面貌与日常行为习惯，对优良教风、校风的形成有重要影响。

第三，大学校园的文化环境主要是指围绕校园的文化氛围，包括教学工作、科研活动、课外活动及通过这些活动逐步形成的科学文化氛围，其中，校风环境、人际关系状况及校园文化活动环境对师生思想品德的形成和发展起着重要作用。优良的校风会促使大学内部形成一种心理和舆论环境，从而影响师生的言谈举止，实现无形中的教育。人际关系除了包括合作关系、竞争关系之外，还包含友情关系。众所周知，良好的合作关系将会促进个人潜能的发挥，从而实现共赢。竞争关系既可以调动人的积极性，又会加重人的挫败感。因此，要将竞争控制在有序的环境中及合适的范围内。友情关系包含了大学中出现的同学关系、团队关系、恋人关系及室友关系等。建立这些关系并维持一份和谐的友情，对于个人来讲，既可以给人安全感，又可以避免出现心理障碍。校园文化活动是师生锻炼自己实践能力、团队合作能力及沟通能力的极佳平台。积极向上的校园文化活动既可以拓展师生的课外知识，增进交流，促进互相学习，又能加强团结协作能力，提升思想道德素质。

第四，校园精神环境是学校在长期发展的过程中逐步形成，为全校师生所认同，并带有本校特色的群体意识和共同追求。良好的校园精神环境并不是依靠奢华的校园建筑及唯美的校园景观堆砌的，而是根植于学校历史的，带有学校特色的，具有长久生命力的价值认同。

学校环境时时刻刻存在于广大师生的周围，通过物质环境、制度环境、文化环境及精神环境等因素，悄无声息地影响着师生的思想和行为。和谐的校园环境会促使师生树立积极向上的健康心态，培养遵纪守法意识，提升思想道德素质。

（四）家庭环境

家庭环境指的是受教育者家庭的情况，包括家庭的经济状况、家庭的家教家风，以及家庭成员的知识文化水平、思想道德状况等。家庭作为社会生活的基本单位，是最先对人实施教育和影响的地方，父母也是子女人生中的第一任老师。中华民族自古以来就重视家庭。习近平总书记要求"广大家庭都要重言传、重身教，教知识、育品德，身体力行、耳濡目染，帮助孩子扣好人生的第一粒扣子，迈好人生的第一个台阶"①。"无论时代如何变化，无论经济社会如何发展，对一个社会来说，家庭的生活依托都不可替代，家庭的社会功能都不可替代，家庭的文明作用都不可替代。无论过去、现在还是将来，绝大多数人都生活在家庭之中。家庭是我们人生中的第一所学校，家庭环境给我们带来影响也是最直接、最深刻、最持久的"②，家长的言传身教与一言一行，甚至整个家族的家教、家风，都注入受教育者的头脑之中，对受教育者起到示范的作用。

四、 育人环境优化的挑战

在人类社会发展历程中，环境与人之间自始至终存在着互相影响、互相制约的关系，国内外诸多教育学家很早就认识到环境重要的不可替代的育人功效，同时，环境育人是把双刃剑，不良的、消极的环境也会给育人工作带来很多阻力。

（一）信息时代文化思潮产生的不良影响

马克思指出："整个所谓世界历史不过是人通过人的劳动而诞生的过程，是自然界对人来说生成的过程。"③ 对一个人而言，其成长就是改造环境、适应环境的过程。21 世纪是一个充满机遇与挑战的世纪。科技、文化信息以光波的速度在全世界范围传递，世界格局走向多元化，各国的文化、知识、科技杂糅成无法分辨的影响成分，相互碰撞、相互争夺使各国文化趋于同质化、均质化，民族传统和民族特色逐渐消失。同样，中国作为一个有着五千多年文化历史积淀的国家，许多优秀的道德价值观念都受到极大挑战，优秀传统文化正在逐渐遗失。在此背景下，由于政治观念、社会性质、经济发展存在着巨大的差异，中国成为西方资本主义国家挑衅和打压的主要对象，它们企图通过"自由、民主、人权、博爱"的幌子达到"隐形侵略"的目的，极力削弱大学生对

---

① 习近平在会见第一届全国文明家庭代表时的讲话[EB/OL]. http://www.xinhuanet.com/politics/2016－12－15/c_1120127183.htm.

② 习近平在2015年春节团拜会上的讲话 [N]. 人民日报，2015－02－18.

③ ［德］马克思. 1844 年经济学哲学手稿 [M]. 北京：人民出版社，2014：103.

祖国的民族意识和爱国热情，让腐化学生内心的个人主义、享乐主义、拜金主义、奢靡之风吞噬他们原本正确的思想道德意识和价值选择。

（二）市场经济快速发展带来的负面效应

虽然，快速发展的社会主义市场经济使人们的物质文化生活水平得到了极大的提高，人们的经济收入翻了几番，生活条件得到巨大改善，人们在和平、富足的生活环境里，开始追求精神层面需求的满足，思想观念开始摆脱封闭的禁区，展现出自信、平等、开放、积极的精神状态。但市场经济是一把"双刃剑"，既能带来积极影响也会产生负面效应。由于目前我国尚处于社会主义初级阶段，社会结构的转型、社会资源和利益分配的调整，贫富差距的变大，都给人们的思想观念和价值取向带来了巨大的变化。这种不良反应也会波及高校教育环节。例如：高校育人计划过于贴合市场经济需求，对素质教育重视不够；一味扩大招生，师资队伍建设和配套管理却未跟上；校园环境混乱，难以满足学生学习、生活需求；等等。一些来自经济利益的诱惑严重阻碍了大学生的健康成长与学校德育环境的有效施展。

（三）网络信息文化带来的双向冲击

据中国互联网络信息中心（CNNIC）的报告显示：截至2020年3月，中国网民规模为9.04亿，较2018年底新增网民7508万，互联网普及率达64.5%，较2018年底提升4.9个百分点。青少年尤其是在校大学生成了网络使用者中最活跃的群体。现阶段人们获取资讯信息的手段已经基本被网络垄断，虽然网络信息有容量大、信息广、包容性强、便捷快速、即时新颖等优点，但是信息存在的价值导向问题却为青年学生的思想政治教育带来了极大的挑战。

虽然网络的兴盛为大学生自主学习和人际交往提供了丰富的资源，使他们更加贴近社会、更加了解社会，但另一方面，网络信息的多元、网络沟通的交互和内容传递的同时也影响着青年学生正确的价值判断。例如，目前网络流行的短视频交际平台——抖音，它成为时下年轻人最为追捧的新的媒介传播方式。在这个平台上，我们可以发现，一些为了博取点击流量、获得经济利益的不法分子做出了许多触犯人们道德底线的行为，而这些行为却被许多年轻人津津乐道、积极效仿，模糊着他们分辨是非的能力，消磨着他们的意志信念，导致大学生使用网络的不稳定，给高校德育的主导性、实效性带来了无形的障碍。

第三节　育人措施

一、　育人措施的界定

措施是管理育人主体与客体相互联系、相互作用的中介因素。措施是管理学的名词，通常是指针对问题的解决办法、方式、方案、途径，管理是保障，育人是目的，措施是媒介。管理育人外在表现为管理措施，育人功能和价值融于其中，通过多种维度、多种方式的管理措施对育人客体的思想政治和道德状况施加影响。基于此，本研究将育人措施界定为，高校管理人员对学生在思想境界、政治素质和道德水平方面施加影响，使之趋向于高校办学和育人目标的方法。

管理措施是开展管理育人的实践环节，是整个管理育人的关键，管理育人的艺术实质上是管理者在对高校管理育人规律正确认识的基础上，解决受教育者共性与个性问题的方式方法。不同高校存在历史传统、办学定位、发展目标、教育理念、人才培养模式、办学环境条件等校情的差异以及生源质量的不同，导致不同类型高校在育人的目标追求、管理的具体方式等方面有明显的差异，这势必要求高校充分根据自身的特点和利用各种资源优势，实行针对性、个性化的管理育人。不同管理部门也需要根据部门职责开展针对性、个性化的管理育人。因此，只有恰当运用育人措施，才能取得显著的育人效果。

二、　育人措施的价值

管理育人必须克服常规管理的僵化、片面和局限性，把握并不断丰富管理的艺术性，以前瞻性与创新性思维突破新难题，这样才能适应学生的发展需要，促进学生的成长。管理育人的艺术形式是管理者在对高校管理育人规律正确认识的基础上，解决学生共性与个性问题的方式方法和载体途径。革新管理育人方式方法，拓展管理育人载体途径，需要立足校情。同时，革新管理育人方式方法，拓展管理育人载体，途径，需要立足生情，"一把钥匙开一把锁"，在深入了解并认真研究学生的生理发展规律、代际特点、内在需求、现实表现和思想动态的基础上，把管理育人工作融入每个教育对象的培养之中，使管理育人工作符合学生的最大利益和内在要求，做到管理育人态度"有爱"，管理育人方法"有备"，管理育人效果"有益"，并在管理育人全过程中意识到细节的完备性。这是因为，学生常常从细节中接受教育，也常常在细节中展示自己的思想品德。

三、 育人措施的构成

管理育人是一项范围广、内容多的复杂工程，管理这样一项需要长抓不懈的工程，必须依靠科学合理的管理方法。毛泽东同志曾经形象地比喻道："我们的任务是过河，但是没有桥或没有船就不能过。不解决桥和船的问题，过河就是一句空话。不解决方法问题，任务也只是瞎说一顿。"①

（一）协同管理

全员、全过程、全方位育人格局的形成和构建能够形成一股强大的合力，从而有力保障管理育人工作的有效开展，这有赖于高校内部协同、校内外协同、师生之间的协同。高校的管理在本质上是"育人的管理"，从育人的目标出发，实施科学管理是学校管理的根本特点，管理的职能就是动员和组织全体教职员工行动起来，把单个人的力量组织起来，发挥出整体的育人功能。高校有不同的部门和岗位，不同的部门承担着不同的职能，管理部门要把育人的要求融入工作岗位的责任范围中，并且将职务与责任统一起来，运作流程化、精细化、信息化，建立各部门之间，教书与育人之间，教学、管理与服务之间相融合的新型管理育人机制体制，切实把管理育人融于一切日常工作中。大力增强广大教职员工育人意识，增强管理育人的自觉性、积极性和主动性，增强管理育人的责任感、光荣感和使命感，紧紧围绕经济社会发展需要，主动回应社会关切，结合高校办学特色和实际，加大对联合培养机制的探索力度，积极推进"校际合作、校地合作、校企合作"，搭建实践育人平台，实现人才培养、社会需求与就业的良性互动。努力探索全方位、多形式育人手段和方法，由此推进管理育人工作的进一步深化，为学校育人根本目标的实现奠定良好的基础。

---

① 毛泽东. 毛泽东选集：第一卷 ［M］. 北京：人民出版社，1991：134.

（二）民主管理

民主是管理的核心，民主管理强调尊重、信任与接纳，强调参与、沟通与合作，强调公平竞争、共同分享成果。只有尊重、信任、接纳各方信息，照顾全体利益，高校管理才能避免个人偏私和感情用事，实现公平正义和利益均衡。只有建立在广泛参与、充分沟通、通力合作基础上的决策，才能实现公平正义，避免利益失衡，实现和谐发展。高校的民主管理程度越高，和谐程度就越高，发展就越快。因此，高校民主管理要建立健全参与机制，构建师生参与平台，疏通沟通的渠道，发挥师生员工参与民主管理和民主决策的积极性。首先，校务要公开。将学校各项政策、行政工作情况、各项决议内容、财务工作及其他重要事项及时全面地公布于众，鼓励师生员工参与讨论，保证政策透明、施政公开。其次，要吸收学校各层次的代表参与学校管理，学校重大政策的出台和重要的人事任免之前广泛征求师生意见。最后，要做到公平、公正、公开，强化民主监督，在干部管理、招生就业、物资采购等各项工作运行中，强化民主监督，防止违法违纪行为的发生，切实维护学校利益和师生员工的合法权益。

（三）柔性管理

"柔性管理"是相对于"刚性管理"提出来的。"刚性管理"以规章制度为中心，用制度约束管理对象。而"柔性管理"则以人为中心，实行的是人性化管理。当代高校师生自我意识强，个性化特征突出。为此采用强制性的教育往往事与愿违，相对"柔性"的管理行为更容易被人们所接受。欧美等发达国家较早地推行了以竞争为主要特征的市场经济，在发展过程中相应地逐步形成了"柔性"的管理行为，欧美发达国家的发展实际很好地展现了"柔性"的管理行为的积极意义，因为这一方式本身就属于人本管理的状态。人本管理的主要思想是重视情感性管理，倡导民主管理，塑造组织文化等。这种管理模式主张在对人的教育和管理中的柔性化，主张在组织体系中展现人本意识。

（四）系统管理

管理育人体系是一个开放包容的大系统，其中涵盖了管理育人主体、客体、介体、环体等组成部分，这些组成部分有机地组合在一起。究其原因，要取决于我国改革开放形成的社会基础条件，取决于高校管理自身的发展要求，取决于日益社会化的个体思想政治品德现状。在当前日益多元化的教育传播的媒介作用下，学校教育与社会教育的紧密关系日益明显，管理育人系统中千姿百态的组合也产生了不胜枚举的效果。为此，通过系统性管理能够有效地应对合理性结构、适应性环境、协调性整体、稳定性运行和先进性技术，最终融合一切管理力量，可以逐步强化和完善管理育人工作。

（五）创新管理

创新是人类社会发展永不枯竭的动力，是人类文明进步的本质特征，是促进生产力质的飞跃的强大力量。知识经济的兴起，特别是国家实施自主创新的战略需求，要求高校必须将创新作为学校发展的驱动力。高校作为知识创新和人才培养的重要基地，要始终把创新特别是自主创新作为推进学校发展的战略基点，作为提升学校竞争力的首要选择，作为学校领导肩负的第一责任。因此，高校管理必将是创新的管理。要坚持创新为魂，着力从管理角度推进理念创新、体制创新和机制创新，激发各方创新活力，大力营造创新氛围，实现管理创新。

（六）目标管理

目标管理，就是管理目标，也就是依据目标进行的管理。它是德鲁克所发明的最重要、最有影响的概念，并已成为当代管理体系的重要组成部分。德鲁克认为，任何企业必须形成一个真正的整体。它的基本内容包括为企业做出贡献、优良的工作标准、自我管理和成事在人这四个方面。高校管理育人的目标管理是指学校管理者引导学校各机构的全体成员共同确定学校工作目标及其体系，并以目标为指针，明确各自的管理育人责任和发挥各方面的主动性，检查和评估目标完成状况的组织活动。学校根据自身发展的需要制定近期、中期和远期的目标，依据目标来制订具体的行动计划并付诸实践，在实践完成时用目标的实现程度来评估工作的效果。

（七）自我管理

马克思主义在关于人的本质学说中提出："人的本质在其现实性上是一切社会关系的总和。"[1] 由于人是社会的人，有意识、能思维，因而实践主体是生活在一定社会关系中的、从事社会实践活动的、具有主观能动性的现实的人。

---

[1] 马克思恩格斯选集：第1卷 [M]. 北京：人民出版社，1995：14.

高校管理育人在实际工作中要强调"情、理、行",即动之以情,晓之以理,导之以行。要充分发挥育人对象的主观能动性,通过深入细致的思想政治工作去启发疏导他们,使他们增强自我约束、自我管理、自我调节、自我完善的能力,养成自律、自强、自尊、自爱、自信的品格,不断分析自己、提高自己、完善自己,最终达到"内化""外化"的转变结果。

(八)激励管理

激励是为了取得某种结果的动力和努力。美国学者勒波夫(M. Leboeuf)认为:"世界上最伟大的管理:受到奖励的事会做得很好。"① 在高校管理育人工作中,应该注意运用将精神激励和物质激励相结合的方法。这里并不是要求管理者在任何情况下都平均地采用这两种方法,精神激励与物质激励相结合是指给予表扬的同时可以附带一些物质的奖励,而在给予物质奖励的时候也应当让接受者产生心理上的成就感和自豪感,使精神激励和物质激励产生双重的激励效果。当一个人认为实现某个目标是无足轻重的或反而不利时,效果为零或负数;同样,期望值为零或负数时就不会激励一个人去实现目标。所以,在管理育人的实际工作中,只运用精神激励,育人效果就会大打折扣;反之,单纯的物质激励也替代不了精神上的激励。

四、 育人措施创新的局限

(一)管理育人的方式尚需不断创新

管理育人既要符合规律性,也要讲究科学的方法和技巧,从这个意义上说,管理育人是一门科学,也是一种艺术;而管理育人要真正产生良好的效果也必须依赖具体的载体,必须讲究方式方法,因而需要我们去实践、去创新。全球化的国际环境、复杂化的国内环境、信息化的生活环境日益深刻地影响着高等教育的发展和学生的思想行为,进而对管理育人方式和载体创新提出了新的要求;同时,学生群体的新特征,如思想多元化、个性多变化、需求多样化、背景多层化等也对管理育人方式和载体创新提出了新的要求。而现行的管理育人方式和载体尚不能完全适应上述新变化,管理育人实践既缺乏科学性也缺乏艺术性,更缺乏民主性和个性化。

___

① [美]勒波夫. 神奇的管理——奖励 [M]. 北京:军事科学出版社,1990.

（二）管理育人的效果尚需科学评估

管理育人需要有强大的动力源，有了动力才能确保管理育人工作的落实。从管理学上看，严格考核就是最好的动力源。管理学通常将管理分成业务管理和行为管理。业务管理侧重于对各种资源的管理，如基建、财务等的管理。而行为管理则侧重于对内部成员工作态度、思想觉悟等一系列因素的管理。管理育人也应当从业务管理和行为管理两方面做出具体明确的考虑。从高校的实际情况看，对于教育教学设施、图书馆、体育场地及办学生均经费等都有明确要求，也常常作为重点予以检查。但对管理中的育人行为没有明确的评价指标，导致考核难度大，未能把管理育人的职责履行与政治荣誉、经济利益、职务升降等挂起钩来。虽然有些高校已经建立起管理育人考核评估制度，但面临着如何强化制度的贯彻落实以实现预期目的问题，客观上导致管理育人架在空中、浮在面上，没有落实到行动上。

（三）管理育人的制度尚需精心设计

管理育人的核心在制度，管理育人最本质的要求就是以管理制度育人，制度本身可以体现育人的要求，同时也是育人的保障。然而，我国高校传统的管理思路主要是定位于为了管而管，以确保学生不出现问题为基本前提，在这一管理思路的指引下，管理制度缺少了人性的温度、德育的深度和育人的高度。管理制度与育人要求相背离，如高校颁布了学生违纪处理的规定，但对犯错误学生采取简单处理了之的做法，而忽视了坚持教育为主的原则。这些都提醒我们管理育人的制度设计必须从具有深刻的育人内涵、明确的育人目标等多种维度全面思考、精心设计，方能确保学生形成遵守规章制度的自觉性，确保高校坚持正确的办学方向，实现办学效益和办学目标。

第四节　育人形象

一、育人形象的界定

育人形象是管理育人对主体的魅力要求。形象管理是管理学中一个开始逐渐受到关注的领域。管理者形象通常指的是管理者给人的一种视觉或感觉形象，这一视觉形象或感觉形象由许多因素构成：管理者言行举止、地位、外表等。当然，还有隐藏在这些外在形象背后的管理者的内在因素，如性格、修养、经历、学识等。简单来说，育人形象就是领导者因他给其他人的印象而产生的对他的看法，是容颜外表和内在品质的外在展现。

俄国教育家乌申斯基曾说："在教育工作中，一切都应以教师的人格为依据，因为教育力量只能从人格的活的源泉中产生出来，任何规章制度都不能代替教师的人格作用。"① 形象产生吸引力、向心力进而转化为管理能力。管理者的形象管理实质就是一种柔性的管理，是对教育管理中粗暴行为的摒弃，是让管理变得更为高效和长久的有效手段。孔子说："其身正，不令而行；其身不正，虽令不从。"② 管理者的工作态度、工作作风、言行举止等会对师生产生很大的影响。因而，高校管理者充分塑造和发挥自己的良好形象，强化吸引力是提升部门管理水平、保障学校工作得到有效落实的重要基础和有效方式。

二、 育人形象的价值

组织形象理论认为，"任何一个领导人的形象都可以说是双重的。一方面其形象是他本人的体现，另一方面其形象是他所领导的组织的象征，并且后者往往比前者重要，前者往往为后者所吸引"。高校领导人的形象管理不仅对其个人的领导来说是重要的，而且对学校形象、学校品牌或学校声誉也是非常重要的，而学校的形象、品牌和声誉则是学校独一无二的资源，是一笔巨大的无形资产。

在学校育人工作中，管理者自身的道德认识能力与践行能力最为重要，教育者素质的高低直接影响到管理育人的成效大小。2014 年 9 月 9 日，在第 30 个教师节来临之际，习近平总书记到北京师范大学考察，号召全国广大教师做"有理想信念、有道德情操、有扎实知识、有仁爱之心"的"四有"好老师，这对高校管理者的管理育人工作也提出了新的要求。

高校管理者要按照"四有"标准，把培养学生当作事业来做，把关爱学生当作使命来完成，真正做到一切为了学生、为了学生的一切、为了一切学生。高校应通过加强社会主义核心价值观的宣传，坚定管理者的理想信念，增强其

---

① 王军莉. 寓教于乐　潜移默化：高校美育实施路径研究 [M]. 北京：九州出版社，2018：84.
② 吴高飞. 孔子传 [M]. 北京：中国人事出版社，2000.

工作本领，激发其创造才能；通过树立楷模，典型引领，进一步强化师德教育，力行师德规范，引导管理者言传身教、率先垂范，自觉践行"师德为先"；通过不断优化高校内部治理，开展教职员工行为规范教育，使广大教职员工树立服务意识，发扬无私奉献的精神，爱岗敬业、团结协作、恪尽职守，形成教师知识能力素质不断提高的机制。

三、 育人形象的构成

高校管理者的形象指的是管理者所特有的外在自然形象和内在综合形象的整体呈现，即仪容仪表形象和道德行为形象在人们心中所形成的印象总和，是高校形象的重要组成部分，有着极强的教育性和示范性。内外形象相辅相成，共同作用。内在形象是外在形象的基础，外在形象是内在形象的反映，内外形象互为补充，共同构成了高校管理者的整体形象，具体可分为以下四个方面：

首先，是道德形象，它是最基本也最重要的形象。道德作为一种特殊的社会意识形态，是人的内心世界和精神面貌的综合反映，是社会矛盾的调节开关，是催人奋进的指路明灯。高校管理者的道德形象包括品德、性格及对待岗位和师生的态度等。品德形象是人的立身之本，更是管理者的施政核心。高校管理者要言行一致，以身作则，严于律己，一心为公；要心存敬畏，公道正派，发扬民主，谨慎用权；要珍惜人格和名誉，人前人后一个样，对上对下一个样，注重小节，防微杜渐；要说老实话，做老实人，干老实事，不浮躁、不虚伪，保持高尚的师者情怀。

其次，是人格形象。人格形象是一个人在性格、气质、能力、道德品质等方面具有的吸引人的力量，一般指做人的资格和为人的品格，是对人的思想和行为进行道德评价的衡量标准。高校管理者的人格形象，是其在履职过程和人际交往活动中，能够影响和改变他人心理行为的能力。这种能力，来自于自身的知识文化修养、思想品格素质和社会阅历等方面。

再次，是才识形象，这是形象的又一重点所在。"才不大者，不能博见。"高校人才聚集，客观上要求管理者理论功底扎实，思想活跃，理念先进，头脑清晰，立场坚定，给人以"政治成熟"之感；同时要有广博的知识，要专业知识丰富，业务知识精通，对规章制度、校事校情熟记在心，给人以"经多识广"之感。可以说才识形象是高校管理者为"官"之能，为"官"之基，为

第三章 新时代高校管理育人的要素

99

"官"之要。在此基础上，才能充分履职、科学实施，团结和带领部门人员高效工作。

最后，是礼仪形象，这是形象最直观的体现。"有诸内必形诸外"，高校管理者在学校管理和部门履职过程中的主要服务对象是广大师生和社会公众，其言谈、举止和仪表等方面直接影响人们对其形成的印象和看法，进而表达出对其所在部门乃至学校的亲疏远近、喜爱憎恶。另外，高校的管理者也是学生心目中的老师。教师讲究礼仪是教师职业道德修养、风度气质的外在表征，树立良好的师表形象直接影响学生的行为习惯，影响育人的质量和效果。

四、 育人形象的定位

在高校发展的大舞台上，中层干部扮演着多重角色，能否将每重角色塑造好，又能有所区分，相得益彰，这将直接关系到学校办学质量的高低。笔者以为，新时期高校中层干部的角色是"五个统一"的有机结合，具体如下：

（一）"执行者"与"创造者"的统一

高校管理者既要作为学校办学思想的执行者，还要准确领会决策，高效组织，充分发挥主观能动性，在各自的岗位上积极发挥"创造者"的作用，使部门工作永葆活力，促进学校整体工作的稳步发展。

（二）"维护者"与"独立者"的统一

高校管理者既要自觉维护学校和领导的权威以及广大师生的权益，还要勇于做部门形象的代言人。

（三）"管理者"与"示范者"的统一

高校管理者作为学校的一级管理者，既要善于管理，"严"字当头，把握尺度，高效工作，还要勇于示范，身体力行，带好队伍。

（四）"指挥员"与"战斗员"的统一

高校管理者既要统揽全局抓重点，在部门工作中充当"指挥员"角色，还要怀着一颗强烈的事业心，不计报酬，任劳任怨，讲服务、讲奉献，当好"战斗员"的角色。

（五）"竞争者"与"合作者"的统一

高校管理者既要在各自的岗位上比干劲，赛成绩，以部门的实际工作来推动学校各项工作的全面发展，同时还要摒弃狭隘的部门利益观念，分工不分家，与其他部门精诚团结、相互补台，形成合力。

第五节　育人形象塑造的短板

一、　管理者素质参差不齐

近几年，具有硕士或博士学位的高学历人才不断充实到高校管理干部队伍中来，改善了管理干部队伍的年龄层次、学历层次和知识结构，改变了以往管理干部中存在的引进人才家属多、学校教职工的子女多、高学历管理干部少的现象。但是管理干部中还存在着以下几种问题：一是部分管理人员知识老化，观念落后，缺乏再学习新知识和吸收新理念的精神。二是管理队伍的专业化程度不高。多数管理人员非科班出身，上岗前没有经过专门学习或培训，知识结构比较单一，缺乏现代管理知识和管理经验。三是缺乏对管理干部的培养，在管理干部中"重使用、轻培养"的现象较普遍。四是管理队伍中存在"人浮于事"的情况。有些管理干部到了一定年龄，存在着"船靠码头车到站""干多干少一个样、干与不干一个样"的心态。

二、　管理者职业发展受阻

高校管理人员的可持续发展要求管理人员能上能下，但实际上高校管理普遍存在该项"缺失"：缺乏管理人员梯队建设的有关目标和政策内容，缺乏符合办学发展目标和管理人员成长规律的管理队伍建设规划，缺乏对管理人员行之有效的培养、稳定、激励性政策，缺乏有效的上升通道。在高校中，管理人员的职员职级制还未能得到全面正式的实施推行，在选拔管理人员的过程中，习惯从教学和科研管理人员中挑选，忽视选拔基层有管理经验的优秀人员。专业教师与行政管理人员长期存在二元对立的情况，导致管理人员得不到从事管理工作的事业发展满足感和成就感，导致一些优秀管理人员在职业发展过程中出现精神失落感、职业激情流失，以及事业发展满足感和成就感较低等问题，极大地降低了学校的教育功能。

三、 管理主客体的认同度偏低

育人过程是教育者把教育内容传播给教育对象，进而引发教育对象接收和做出反应的过程。如果教育对象不能在情感、认知上对教育内容产生互动性反应，没有促使教育对象把教育内容付诸实践活动，则整个教育过程就是无效的或低效的。当前，管理育人在个别情况下依然处于边缘化的境地，被看成高等教育中的政策性存在，而非基于必需的共识边缘化的境地。管理育人客体对教育价值产生疑惑，对管理育人所产生的积极作用不够重视，进而对管理育人的内容产生否定或者怀疑的态度。他们虽然也希望管理者关注自己，但却常常因角色隔阂和隐私需要，更倾向于在同辈之间展开深入交往，充分表现出了同辈全体间的凝聚力和相互吸引力。高校工作者既是青年的教育者，也应该是指挥者和示范者。但高校工作者面对"网生代"的结构转型中的变与不变，在如何适应阅读习惯的碎片化、认知的网络虚拟化、意见多元混杂性、交往去权威化等变化，建立与"00后"的友好关系，更好地回答现实问题、解决敏感话题方面，在营造育人为本文化、创新实践育人路径、搭建多样化育人平台方面相对迟缓，导致学生对管理认同度不高。

第六节　育人本领

一、 育人本领的界定

《辞海》中对"本领"的解释有："本业；原来的行业。"① 《辞源》中将"本领"解释为才能、技艺。结合《辞海》和《辞源》中对"本领"的解释，对"本领"的理解至少包括这两个方面：一是本业，原来的行业；二是能力、才能、技能等。此处对"本领"概念的界定，是基于对高校思想政治教育恐慌与本领缺失的分析研究之上提出来的。结合古代经典著作中对于"本领"的解释，笔者认为，育人本领可以理解为：在高校管理领域，培养人、塑造人的能力、技能等方面的综合，它是顺利完成一项活动所必需的条件。

---

① 辞海编辑委员会. 辞海：缩印本［M］. 上海：上海辞书出版社，1989.

对管理者的管理是管理育人工作实施队伍的建设，是管理育人工作的活力源头。管理者的管理能力对新时代高校顺应时代发展与开拓创新起着重要的决定性作用，管理者综合素质的提升是学校内部管理科学化发展的核心导引。从高校管理者的角色定位出发，管理者需要具备较高的思想站位、过硬的管理素质、较强的管理能力和对细节的把控能力，具备与岗位相匹配的综合素养，推动高校的管理向先进的、适应时代要求的方向发展，形成高效的、高水平的管理者队伍结构。"坚持教育管理队伍的专业化，从侧重专兼结合到强调专业发展，培养中国特色社会主义大学的管理人才，把思想政治教育管理队伍作为国家和高校的重要人才储备。"①

二、 育人本领的价值

现代社会管理活动不断向着科学化和技术化方向发展，各行各业的组织管理都按其发展规律逐步推进。高校管理是一门科学，管理者的职业能力和水平是提升管理育人效果，实现管理育人目标的重要保障。一方面，要建立大学生思想政治教育的专职队伍，这是高校管理育人的主力军。加强辅导员队伍建设，重视其职业化培养，使其能掌握高等教育规律，懂得学生成长特点；建立职业发展保障机制，提升管理育人的专业水平、理论素养和实践能力。另一方面，加强对其他岗位管理人员的职业能力培养。从管理职责、管理方法、管理方式、管理态度和管理技巧等多个方面，分别对不同管理岗位、不同管理层级、不同管理性质的管理人员进行分层分类教育培训，不断提升管理者的现代管理技术和水平，创造科学的育人条件和环境，使学生在德、智、体等方面都得到全面发展。

三、 育人本领的构成

（一）语言表达能力

语言是交际的工具。语言表达能力是高校管理工作者与师生之间进行沟通的一种重要手段。在管理过程中，高校管理工作者经常要给师生讲制度、提要求，甚至进行耐心细致的说服教育工作。这就要求他们必须善于宣传，激发大

---

① 冯刚. 改革开放以来高校思想政治教育发展史 [M]. 北京：人民出版社，2018.

家的积极性；善于合情合理地根据师生的心理变化、情绪波动、个性特点和思想的发展规律，进行讲理说服工作；具有扎实的理论功底和渊博的科学知识，讲究语言艺术，不断提高语言表达的能力。

（二）敏锐的观察力

观察力对人的一切生活和活动领域都是必需的。高度发达的观察力也是所有杰出的教育家共同的特点。古代教育家孔子就很注意对学生进行观察。他认为对学生要"视其所以，观其所由，察其所安"①。苏联著名教育家马卡连柯指出："要了解每个学生的生活和个性，了解他们的志向、疑虑、弱点和长处。"② 大学生的心理活动是在大脑内进行的，看不见摸不着，只能透过外显行为进行推测。因此，高校学生管理工作者要提高大学生对规章制度、管理方法的接受度，平时就要善于观察，不断提高观察问题、分析问题的能力，做到真正了解学生，理解学生的心理表现，以对症下药，有的放矢地做好说服教育工作。

（三）灵活的思辨能力

思辨能力，具体地说，就是对学生的思想、行为比较敏感，能根据学生新的特别是意外的情况，快速做出反应，及时采取恰当措施的能力。高校管理者的工作对象，是具有复杂心理活动的大学生群体，随时都可能遇到事前难以预料、必须特殊对待的问题。因此，高校管理者要做到准确、及时地解决大学生中出现的新情况、新问题，使管理方法、措施更具时代感、现实感，就必须做到信息反馈迅速及时，思维敏锐，判断准确，并要不断提高自己的思辨能力。

（四）开拓创新能力

开拓创新能力是一种综合性的能力。创新精神是个人为社会做出突出贡献的原动力，是强烈的事业心和进取心的表现。江泽民同志指出："一个不能创新的民族是一个没有希望的民族，创新是一个民族进步的灵魂，是国家兴旺发达的不竭动力。"③ 管理工作是需要有创新能力的工作，要使每个大学生的心理素质都获得良好的发展，会遇到各种各样的问题和困难。所以，高校管理工作者要注意加强调查研究，在实际工作中善于思考，勤于思考，勇于创新，不断

---

① 吴高飞. 孔子传［M］. 北京：中国人事出版社，2000.
② 吴式颖，等. 马卡连柯教育文集：上卷［M］. 北京：人民教育出版社，2005.
③ 江泽民. 论科学技术［M］. 北京：中央文献出版社，2001.

探索具有时代特征的管理工作的新思路、新方法。

（五）自我调控能力

自我调控，就是高校管理工作者要经常地、有意识地对自己的教育态度、作风和行为实行监督和调节。因为，人的心理活动是复杂多变的，每个大学生的心理发展水平是千差万别的，面对性格各异的大学生群体，管理有法，但无定法，很难找到现成的答案，对每一个个体不能有固定的模式，需要有探索精神。因此，高校管理者应该对自己的管理方法和所采取的管理措施有客观、正确的认识和评价，并针对不同的个体采取不同的管理措施，及时进行调节和控制，以提高管理工作效果。

（六）组织协调能力

这是实现决策、付诸实践的能力。作为高校管理者经常要选拔任用学生干部，组织学生开展各种各样的活动，协调系与班之间、班与班之间、师生之间、学生之间的关系。要保证有一个关系融洽的集体，使各项工作有条不紊地进行下去，取得良好的效果，必须具有较强的组织协调能力。例如：在学生干部任用上，只有做到知人善任，辨其长短，才能合理使用；在组织活动上，只有措施落实，人员分工恰当，职责明确，安排井然有序，善于监督检查，指导帮助及时，才能使活动开展得有声有色；在开展工作的过程中，只有善于把当前急迫的工作与长远的工作，主要工作与其他工作结合起来，全面安排，统筹兼顾，环环衔接，才能使整个管理工作有序运转。

四、育人本领培育的难点

（一）对管理育人队伍建设研究不足

提升管理育人工作实效，不仅需要有正确的目标定位、完善的工作机制，关键还要有一支高素质的管理干部队伍。但是，从目前了解的情况看，不少高校的党委、行政对管理育人的队伍建设研究不够，队伍建设措施乏力，无法满足提升管理育人实效的要求。一是部分高校对管理干部队伍建设特别是科级干部队伍建设缺乏整体规划，科级干部队伍配备缺乏统筹；二是有的学校科级干部定编定岗不科学，有的部门缺员，严重缺编；三是有的学校科级干部队伍老化，缺乏生机与活力；四是有的学校科级干部配备虽然充足，但是政治素质不高，业务能力不强，与管理育人的工作要求不相适应。上述问题的存在，严重影响了管理育人的效果。

（二）管理育人的机制激励效能不足

提升管理育人的实效，还必须有一套合理的激励机制。当前，不少高校虽然重视管理育人工作，但是在制度保障方面仍然有不少缺陷。主要体现在有的高校虽然制定了学校章程，但是章程对立德树人的制度设计不够明确。有的学校虽然确定了各职能部门及管理岗位的职责，但是管理育人的职责不够清晰。有的学校建立了"三全育人"工作机制，但是缺乏有效的激励机制，特别是对管理育人的激励比较少。不少管理干部缺乏管理育人的意识，管理育人的能力、水平都有待提升，而学校对管理干部的培训制度不健全，措施乏力，针对性不强。此外，学校缺乏对管理干部管理育人方面的考核评价，不少管理干部在实际工作中工作不到位，缺乏有针对性的问责措施，导致部分干部停留在传统的管理模式，不能与时俱进。

（三）管理人员自身学习动力不足

由于受到长期计划经济管理体制的影响，我国高校按照国家的行政命令来办学，彼此之间缺乏竞争，导致高校自身发展的积极性不高。高校内部各级各类管理人员对于采用新的理念、方式方法、手段技术来开展管理活动缺乏尝试，导致高校行政管理工作水平和效率较低。同时，事业单位体制使得部分高校管理人员自身缺乏内在发展动力和职业危机感，一些高校管理人员将自己定位于"国家干部"，将教师和学生看作被管理的对象，养成了官僚主义、形式主义的工作作风。一些高校管理人员对于自身的角色定位产生了偏差，缺乏主动学习、终身学习的理念和动力，对自身素质的提升缺乏主动性。

第四章　新时代高校管理育人原则

第一节　方向性原则

一、 办学方向

任何一个国家和民族教育事业的发展，其根本问题是方向、质量、效益和活力的问题①。方向性原则是教育管理的基本原则之一，是指学校管理工作必须把坚持社会主义方向作为管理教育的基本准则。管理是一种有目的的活动，管理工作必然有方向。管理成效的大小，首先取决于方向是否正确。任何管理都是为了实现一定的管理目标。管理目标是管理活动的前提，管理目标体现管理的方向。教育是培养人的社会活动，就其本质属性来说，教育必须与一定社会的政治、经济相适应，并为其服务。不论什么社会性质的高等教育，培养什么样的人都是一个根本问题，是高等教育目标的核心，它集中体现了高等教育管理的方向。

回顾新中国成立后的几十年，虽然都一直认为高等教育应该坚持正确的办学方向，但在不同时期的理解有所不同。在过去相当长一段时间里，人们认为，高等学校正确的办学方向就是指社会主义的政治方向，因为社会制度的性质决定了高等教育的性质，因而认为，方向只有一个，不是社会主义方向就是资本主义方向。改革开放以来，随着党和国家工作重点转向经济建设，人们开始认识到，社会主义是一个综合的完整的概念，包括社会主义的政治、经济、文化等各个方面，它们相互联系，不可分割，也不能互相取代。因此坚持社会

---

① 唐超群，陈清洲. 论普通高校成人教育管理的原则 [J]. 成人教育，1992 (7)：9－11.

主义方向的内涵，应该既包括为社会主义政治服务，也包括为社会主义经济、文化建设服务。要坚持四项基本原则，即坚持社会主义道路，坚持人民民主专政，坚持中国共产党的领导，坚持马列主义、毛泽东思想。贯彻全面发展的教育方针，使受教育者在德、智、体、美、劳几方面都得到发展，成为有理想、有道德、有文化、有纪律的新时代中国特色社会主义事业建设者和接班人。教育要面向现代化，面向世界，面向未来。其中，加强和改善共产党的领导是贯彻方向性原则的重要保证。坚持社会主义办学方向，一定要使学校办学过程中具体工作的方针、政策、措施同坚持社会主义办学方向一致，也就是说，政策和措施要同方针一致，方针要同方向相一致，坚持党在社会主义初级阶段的基本路线，坚持政治与业务的统一，全面贯彻德智体美劳全面发展的方针。

二、 指导思想

要坚持正确的办学指导思想，坚持全面发展观，以育人为根本，以教学为中心，以质量为生命，确保人才培养质量；正确处理好现有教育资源与现有办学规模、扩大教育资源和扩大办学规模，积极改善高等教育的办学条件[①]；高等学校一定要明确社会主义教育事业要培养什么样的人、如何培养人这个根本性问题，要认识到高校德育工作是关系到国家前途与命运的一项重要工作，按照"三个代表"要求，统一思想，真正把德育提到培养社会主义现代化建设者和接班人的高度，去造就千千万万具有高尚思想品质和良好的道德修养、掌握现代化建设所需要的各种知识的大学生。重视学生德育工作，不仅要加强学校硬件建设，优化育人环境，而且要加大力度，强化软件建设。要建立与完善一支强有力的德育工作队伍，加强队伍的组织与培养，教育工作要齐抓共管，使德育工作贯穿于教学、科研和学科建设的全过程，形成"全员育人、全方位育人"的大德育格局，努力形成党委领导、党政结合、强化行政、突出自我、强调创新、齐抓共管的德育管理运行机制。要坚持用新时代中国特色社会主义思想指导高校管理育人工作，必须坚持党对学校工作的正确领导，发挥党组织在学校工作中的政治核心作用。

---

① 吴伯锜. 普通高校成人教育管理的原则与措施 [J]. 零陵学院学报，2004 (7)：213-215.

第二节　道德性原则

道德性原则也称伦理原则，即在伦理学上被称为绝对"善"的东西。它集中体现了道德规范和要求的核心内容，是处理人与人、人与社会、社会与社会关系的最基本的道德准则，是调整人们相互关系的各种道德规范要求的最基本的出发点和指导原则。管理具有道德性质，管理活动往往要依据特定的道德原则和道德要求来进行。管理不是一种与外界隔绝的活动，因为管理人员是在特定的文化价值准则和体制内的管理组织中做出决定的。在管理中关注道德，正是管理的道德性的内在要求①。

一、领导与教师关系中的道德原则

（一）人本原则

人本原则，是指在管理中突出人的主体地位，实现以人为中心的管理精神和要求。对于高校管理者来讲，就是以教师为本，设身处地为教师考虑，想教师之所想，急教师之所急，解教师之所难，关心教师，尤其是年轻教师在生活、工作和事业发展方面的实际困难，为教师的成长和发展创造宽松的环境和空间，多一些鼓励，多一些温情。只有这样，才能真正让教师感受到如家一般的温暖，凝聚起强大的力量。

那么，在高校教育管理中，管理者应如何贯彻人本原则呢？首先，管理者必须要尊重教师的价值，维护教师的尊严。任何人都有获得尊重的需要。对教师尊重与否，是高校管理者和教师之间情感相近、心灵相通的关键。尊重教师就是要求高校管理者尊重广大教师的价值和尊严：一是要尊重他们取得一定的工作业绩的成就感；二是要尊重他们获得社会和领导承认的荣誉感和价值感；三是要尊重他们个人能力得到发挥并被任用的责任感；四是要尊重他们从所从事的教育工作中由衷产生的满足感和自豪感；五是要尊重他们不断获得个人提升和进步的上进感。对这些情感的尊重，可通过委任、授权，鼓励教师参与学

---

①　张淑琴. 浅谈高校教育管理中的道德原则［J］. 浙江工贸职业技术学院学报，2009，9（4）：70 – 74.

校决策、参与管理目标的设定等体现出来。其次，在人本原则实施的过程中，应坚持"先做人，后做事；做好人，再做事"的理念，强调"做人是第一位"的思想，以人为中心，把教师利益放在第一位，全心全意地为教师做好服务工作，以激发教师最大的工作热情，做到从人性的角度尊重人、关心人和信任人。最后，在学术管理活动方面，管理者应尽量减少对被管理者各种创造性活动的干预，尽量不用简单划一的规定牵制被管理者千差万别的学术实践，尽量减少对被管理者的一些强制性和监督性的管理，而只是为其提供一些方向性和指导性的意见与建议，以鼓励被管理者在学术上百花齐放和百家争鸣。这种人本原则还意味着管理者要勇于和敢于为被管理者创造性活动的失败承担风险和压力，为被管理者的发展提供强有力的舆论支持和环境支持。

（二）激励性原则

激励性原则是指对被管理者的管理要以表扬和鼓励为主，引导被管理者自我教育与自我管理。美国管理学家贝雷尔森和斯坦尼尔说："一切内心要争取的条件、希望、愿望、动力等都构成了对人的激励。"它是一种基本的管理方法和原则。当代管理学理论中，马斯洛的需求层次理论、弗鲁姆的期望理论、亚当斯的公平理论等都是激励理论。学校是文化单位，是知识分子群聚的社会组织。教师劳动的精神活动性质和为人师表的自我意识，使得他们特别重视自我的价值，重视个人的声誉和个人在组织中的地位，要求获得别人的尊重，也期待有良好的人际关系。特别是我国的教师受到传统文化的影响，群体性要求非常强烈，他们希望自己的工作受到肯定，也希望在组织中受到大家的尊重。在对被管理者的管理中，应将精神奖励和物质奖励相结合，以精神奖励为主，树立先进的人物、表彰先进的事迹、授予荣誉称号、建立奖励基金、晋职、提级等，都是运用激励原则的范例。运用这一原则，不仅可以激发被管理者的内在工作热情、积极进取精神和对组织的归属感与依赖感，而且可以促进管理者与被管理者的良性互动，建立和谐有序的人际关系。

二、 教师与学生关系中的道德原则

（一）关爱原则

即教师在管理活动中对学生的重视和爱护，也就是关心与爱护。教师关心学生，就是要关心学生的需求，帮助他们尽可能地满足各自的需求。教师如果关心学生、热爱学生，学生也就会关心、热爱自己的组织，具有归属感，就会心情舒畅地投入学习和工作，提高学习和工作效率。爱在人们身上普遍存在。正如马斯洛在需求层次理论中所指出的：人们在满足了生理、安全需要之后，继而产生一种爱和归属的需要。人是不能离开集体环境的，在集体中的人既需要别人爱自己，又需要自己爱别人。在高校中学生很自然地把他们与父母交往中所产生的思想感情、期望与爱的需求泛化、转移到自己的老师身上，要求老师也像父母那样关心照料、体贴爱护他们，都希望得到教师的热情关注，他们对教师有一种特殊的信赖、依恋心理。对学生来说，教师的注意、关怀，意味着了解、重视、喜爱。因此，在教育管理中，只有关爱，才能激发教师与学生之间的亲近感，有利于提高教育的质量。

（二）尊重原则

即教师对学生的价值、才能予以充分的肯定，尊重他们的人格、自尊心、个性等。由于学生在成长过程中与教师的接触最为频繁，如果教师不能使学生渴望尊重的愿望得到满足，学生就会对自己失去信心，甚至悲观失望，这样必然会影响到管理的效果。第一，在教育管理过程中，教师一定要把学生都看作与自己完全平等的人，平易近人，以诚相待。第二，教师要尊重学生的隐私。隐私包括两方面：一方面是学生的身体，另一方面是有关学生的机密信息。不尊重个人隐私，泄露学生身体或信息的秘密，会伤害学生及其家庭，也会损害师生关系。

（三）诚信原则

诚信即诚实、信用。诚实就是讲真话、办实事、做老实人，即实事求是。信用就是信守承诺、履行契约。诚信是一个具有普遍性的道德规范，是人类最基本的道德原则和行为准则。管理者必须对学生进行诚信教育，使他们做到按诚信原则来要求自己。但是管理者也应该加强自身的道德修养。因为管理者在学生心目中的地位及社会角色决定了其行为方式在很大程度上影响着学生的思想和行为，身教重于言教，"其身正，不令而行；其身不正，虽令而不从"。只有不断提高管理者的素质，倡导诚实守信的职业道德，以管理者的人格魅力去影响和带动学生，才能增强教育的说服力和感染力。

发挥教师育人职能，拓宽德育教育渠道。"德高为师，身正为范。"教师是人类灵魂的工程师，也是学生最为信赖的人，教师与学生接触也最多。所谓

"桃李不言，下自成蹊"，教师的人格魅力及为人、处世、做学问方面的优良作风等会给学生留下难忘的印象，对学生以后的成长产生重要的影响，因此教师要提高自身的道德修养，做到教书育人、为人师表，在向学生传授专业知识的同时，还应提升学生的精神境界和道德品质，要把学生德育工作当作一项制度坚持不懈地抓下去，注重教学思想性和科学性的结合。要以爱国主义教育、理想信念教育为重点，全面提高师生的思想道德素质，要研究如何把德育内容融入教育教学当中，加强学科渗透工作，要以师德建设为龙头，全面提高教师思想道德素质，发挥教师的育人作用。可以实行学长制，同时优化学生辅导员配置，提高德育工作者素质，认真研究德育新课题，解决工作中出现的新情况。在教育管理工作中，学校要深入贯彻习近平新时代中国特色社会主义思想，大力弘扬爱国主义精神，以为人民服务为核心，以集体主义为原则，以诚实守信为重点，加强社会公德、职业道德、家庭美德教育，改造价值观、人生观、世界观，大力弘扬优秀民族文化，将其作为德育教育的根基，加强学生民族精神的培养，使其具有强烈的自尊心、自信心和自豪感。

总之，以德治校、依法治校是当今高校管理的基本原则。道德兴则学校旺，高校管理者一定要把教学管理和师生思想道德教育放在重要位置，切实抓紧抓好，常抓不懈。大力提倡勤奋工作、刻苦学习、循序渐进，反对急功近利、投机取巧，严肃查处学术腐败、造假和考试作弊行为。管理者以身作则，率先垂范，以高尚的道德情操塑造自己、影响学生，学校才能有望建成和谐校园、文明校园。

第三节　整体性原则

任何管理工作都必须在整体规划下明确分工，在分工的基础上有效地综合，这就是现代管理的整分合原则。按照系统论的观点，任何事物都是由互相作用和互相依赖的若干组成部分（要素）结合而成的具有特定功能的有机整体（系统），同时这个整体又是更大系统的一个组成部分（要素、系统）。因此，高等教育作为一个系统，对其管理要有整体观念，要在整体规划下明确分工，又在分工的基础上有效地综合，以求实现整体的最佳效益。

一、 通力协作， 形成管理教育链

高校管理育人工作要求全校形成一个严密的管理系统，使全校师生员工密切配合、互相支持、通力协作、竭诚合作。不然的话，各个部门没有"全校一盘棋"的思想，单方面地强调本部门工作的重要性，在工作中不协作、不配合、不支持，互相"踢皮球""打太极拳"，就难免会出现"自吹自的号，各唱各的调"的情况，形不成全校"大合唱"的局面。这种没有合力、各自为政的管理，不可能产生较高的管理效率和效益，将直接影响到学校整体目标的实现。因此，按照系统性原则，全校各个管理部门、各个管理人员，都是学校管理队伍整体中不可缺少的一部分，应当统一思想、统一认识、统一行动，形成一个互相支持、通力协作、密切配合的"管理教育链"。

高校教育管理的整体性原则可表述为：以培养人才为中心，科学地组织各方面工作，共同有效配合以完成高等教育的根本任务。培养人才不仅要组织好教学工作，还必须有思想教育工作、师资培养工作、科学研究工作、后勤管理工作等与之配合。除了培养人才的职能以外，高校还要充分地考虑社会环境中诸因素的影响。高校教育管理的目标和内容，不是单一的教育、教学活动的管理，而是包括教育、科学研究、生产和直接为社会服务等活动的综合管理。不论是培养人才、开展科学研究还是为社会服务，都与社会大系统紧密相连，都必须与社会的经济、政治、科学文化相适应。因此，必须把高等教育管理放在整个社会环境中来考虑。

高校教育管理要以培养人才为中心，各方面工作的开展都要服从于培养人才这个首要任务。就政府对高等教育的宏观管理来说，首先是要做好培养人才的决策和宏观控制，包括人才培养的预测规划、总体规模、发展速度、结构布局等，以及通过组织、计划、协调、立法、拨款、检查评估等手段，保证培养人才的数量和质量。就高等学校的管理来说，各部门的工作都要面向学生，教学和思想教育工作要遵循人才成长的规律，科研、生产工作要与教学工作相结合，后勤工作要为教学和科研服务，不能各自为政、各行其是。

二、 要处理好教学和科学研究的关系， 相互结合促进

教学是高等学校培养人才的主要方式和基本途径。教学活动的最大特点是

效率高。马克思曾经把教学活动比作科学的再生产，他说："再生产科学所必要的劳动时间，同最初生产科学所需要的劳动时间是无法相比的，例如学生在一小时内就能学会二项式定理。"但是，不能把教学仅仅理解为课堂讲授。教学活动既包括通过课堂讲授使学生学到间接知识，也包括指导学生获取直接知识和掌握学习方法。因此，教学是传授知识、发展智力、培养能力和形成良好的思想品德的综合过程。科学研究也是培养人才的重要途径，把科学研究引入教学过程是大学教学过程的一个重要特点。科学研究能给学生创造全面发展智能的环境和条件：学生通过参加科学研究，能够有目的地、主动地学习研究任务所需要的理论知识，进行积极的思维，在实践中发展各方面的能力，培养创新精神；还能培养学生严谨的治学态度、踏实的工作作风和团结合作的精神；能更好地促进师生之间教与学两方面的信息交流，使教师对学生的了解更深入、更具体，有利于实行因材施教，更好地发挥学生的特长和主动性。开展科学研究还能够提高教师的学术水平，充实和更新教学内容，改进教学方法，不断提高教学质量。当然，在教学中给学生讲授的理论知识，并不需要也不应该要求教师都通过自己的研究实践去进行总结和积累。但是，现代科学技术的发展日新月异，知识的更新加快。高等学校的教师如果不通过开展科学研究，及时了解和掌握本门学科及相关学科的最新学术动态和发展趋向，不断提高自己的学术水平，丰富教学内容，而仅仅停留于传授现成的书本知识，那就不可能提高教学质量，更难培养出能够适应现代科学技术迅速发展和现代化建设需要的合格人才。

三、 直接为社会服务也是现代高等学校的一项重要社会职能

高等学校的培养人才、开展科学研究、为社会服务这三项职能是互相联系、相辅相成的。高校开展各种形式的社会服务，有利于加强学校与社会的联系，增进对社会需要的了解，增强主动适应经济和社会发展需要的能力；有利于高等学校的教学更好地理论联系实际，培养锻炼学生解决实际问题的能力，提高教学质量；有利于进一步发挥学校的潜力，充分调动教师职工的积极性和主动性，通过有偿服务，为学校筹集一部分资金，以弥补办学经费之不足，用于改善办学条件和师生员工的生活条件。但是，高等学校必须以培养人才为中心。衡量学校工作的根本标准是培养人才的质量和数量，绝不能只看经济收益

的多少，搞短期行为，而不顾教学质量和学术水平。因此，一定要处理好培养人才和直接为社会服务的关系。必须统筹兼顾，加强管理，对收益进行合理分配，有利于调动各方面，特别是教学第一线教师的积极性。

第四节　生本性原则

一、　生本性原则是高校思想教育管理育人的核心

高校管理育人工作的主要体现就在于以学生为本，这既是高等院校育人务必要秉承的基本原则，又是科学发展观的重要体现。众所周知，育人是教育的本质目的，尤其是高等教育的根本点和出发点都在于为社会培育出一大批优秀的高素质人才。以学生为本的理念务必要在高校的每个育人环节（教学活动、管理活动、后勤服务等）都得以体现和贯彻，这实质上是对学生的肯定与尊重，体现了先进的价值取向与教育观念。高校一切工作都是围绕人才培养的目标展开的，人才的培养引起知识和价值的创造，这些创造需要教育来引导。高校将大学生的发展导入一个开阔的环境，促使学生在轻松自在的活动中完成自我实现和自我超越。因此，高校管理育人要以学生为本，切实遵循学生身心发展规律和教育规律，培养德才兼备的新时代青年。

坚持以学生为本的育人观，就是要多尊重学生、多理解学生、多关爱学生，要采取行之有效的措施来解决好学生的各种问题，指导学生妥善地处理好健康生活、合理交友、正确择业、学习等多个方面的问题，要让教师成为学生的"贴心人"。与此同时，还要充分发挥学生的创造性与积极性，要让学生能够对关系自身的事务有一定的评议权、发言权、知情权，最大限度地提高学生的自我教育能力与自我约束能力，增强管理育人的实效。

做好高校管理育人工作，必须始终坚持以学生为中心，在尊重学生、理解学生、关爱学生中，把规范管理的严格要求和春风化雨、润物无声的教育方式结合起来，强化科学管理对道德涵育的保障功能，发挥管理环境在高校学生思想政治教育中的育人作用，把社会主义核心价值观教育融入育人全过程。在实际工作中，要加强对学生认知规律和接受特点的研究，充分发挥学生的主体作用。在学生评优、入党、推免、就业等重要环节，坚持公平、公开、公正原

则，将标准化管理与人性化管理相结合，不断拓展管理育人的新思路和新办法。针对学生在学习和生活中遇到的思想困惑，做到具体问题具体分析，坚持一把钥匙开一把锁，通过面对面交流，心贴心地帮助，提高他们的思想认识，使他们丢掉"包袱"轻装前行。

二、 坚持 "以生为本" 的原则， 提升高校管理育人质量

构建高校管理育人体系必须坚持"以生为本"的原则，"以生为本"的原则是对马克思主义关于人的全面发展理论的实际运用。马克思指出，人的全面发展指的是个人劳动能力（包括体力的和智力的）充分自由发展；是人的才能与品质的多方面发展；是人的社会关系的丰富和发展，以及个人与社会的协调发展。高校构建科学的管理育人体系，既要关注教育对象的发展，关注教育者的发展，又要推进教育者和教育对象之间和谐交往关系的形成。

遵循教育对象的成长规律，是提高管理育人工作的前提。高校管理育人工作说到底是做人的工作，如何将人的工作做到心里，把人的工作落实落小落细，这就需要学校充分认识和把握教育的对象，把握教育对象的思想和行为特点及发展需求，把握引起其思想和行为变化的原因与变化的规律，从而进行有针对性的、循序渐进的教育。高校大学生是一个思想非常活跃的群体，这个群体是伴随着我国改革开放和社会主义市场经济的深入发展成长起来的。一方面，改革开放和社会主义市场经济的深入发展，互联网等新的传播渠道的迅速发展，有力地促进了整个社会的发展进步，为当代大学生的成长提供了较好的物质生活条件，同时，也推动了大学生自立自强精神、拼搏精神、求真务实精神的形成，为大学生追求平等意识、民主意识、参与意识、效率意识营造了良好的社会氛围。另一方面，市场经济的求利性特征，"一切向钱看"、极端个人主义的负面影响，也直接或间接影响着当代大学生的人生价值取向。当代大学生是充满朝气和生机的一代，也是充满困惑和迷茫的一代。如何了解和把握大学生思想行为特征，把握不同群体的大学生的特点、表现和需求，遵循学生思想和行为发展的规律、成长的规律，增强思想政治工作的亲和力，把学生思想政治工作做到学生的心里，这对于所有的思想政治工作者来讲极具挑战性，这就要求所有思想政治工作者在工作中要尊重学生、理解学生、关心学生、关爱学生、关注学生，了解学生的思想状况和具体诉求，推动思想政治工作将大学

生的成长放在第一位，成为接地气、入人心、暖人心的工作。

三、 培育 "四有" 好老师， 是做好高校管理工作的根本

高校管理教育工作不仅要关注教育对象的发展，而且要关注教育者的发展，教育者首先要受教育。习近平总书记在全国高校思想政治工作会议上指出，既要把握学生成长的规律，也要把握教师的思想特点和发展要求，教师不仅要以丰富的学养学识影响带动学生，还要以高尚的品德教育示范学生，学高为师，身正为范，有着坚定的理想信念、高尚的道德情操、扎实的学术功底、仁爱之心的教师对学生有着较好的示范作用。高校思想政治工作是在教与学的活动过程中开展的，教师是活动的设计者和组织者。教师的素质也会对学生的健康成长产生重要影响。习近平总书记曾深情回忆："教过我的老师很多，至今我都能记得他们的样子，他们教给我知识、教给我做人的道理，让我受益无穷。""四有"好老师是学生健康成长的指导者和引路人。

构建和谐的交往关系，营造思想政治工作育人环境。思想政治工作的过程从一定意义上讲就是思想政治教育的过程，是教育者和教育对象共同推进的过程，是人与人"交往"的过程，相互作用的过程。而"交往就是'人们对人们的加工'，提高他们的'本质力量'和'种属能力'彼此作为活动主体而形成"。坚持"以生为本"优化育人体系，要求学校在思想政治工作中形成教育者和教育对象之间良好的关系，不仅要充分调动教育对象的积极性、主动性和创造性，也要充分调动教育者的积极性和主动性，既要做到"以生为本"，也要做到"以师为本"，使主体性原则贯穿整个过程；要求学校不仅要关注教育者和教育对象之间和谐关系的形成，而且应该努力形成教育者与教育者之间、教育对象与教育对象之间、学校与家庭之间、学校与社会之间和谐关系的形成。

第五节　民主性原则

一、 对人的管理是管理活动的核心

在任何管理活动中，人都处于主体地位。有效的管理，必须根据管理对象

的特点，采用能够充分调动人的积极性、自觉性、主动性的管理方式和方法，也就是要实行民主管理。

高等教育管理的民主性原则可表述为：依靠广大教职工和学生民主管理学校，动员社会力量参与高等教育管理。高校管理育人工作必须坚持党的民主集中制原则，要依靠群众，相信群众，尊重群众的首创精神，听取群众的意见和建议。为了改进学校管理工作，完善管理制度，优化管理方法，应当保证全校师生员工都有发表意见、提出建议、开展批评、进行监督的民主权利。在学校管理育人工作中，是否坚持群众路线，能否做到从群众中来、到群众中去，是决定管理是否科学合理的重要依据。依靠群众，搞"群言堂"，形成知无不言、畅所欲言的局面，才能集思广益、群策群力，达到群体优化，实现管理科学，决策民主。否则，脱离群众，不听取群众意见，关起门来搞"一言堂"，就必然限制和扼杀被管理者个性的发展和特长的发挥，影响学校教学管理工作的正常进行。

二、 对高校教育实行民主管理有特殊的重要性

就管理对象的特点来说，在高等学校，教师和学生既是管理对象，又是管理主体。教师和学生的特点，都是从事学术性很强的教学、研究或学习，是精神生产，主要靠自己独立钻研和思考、探索，只有靠内动力，也就是靠调动他们的积极性和主动性，才能完成管理目标。学校的培养目标、教育计划、教学大纲等，要靠教师去实施；教学内容、教学方法的改革，要靠教师自觉地去探索和实行。同时，也要靠激发学生的主动性去积极地配合。充分调动教师和学生的积极性，让教师和学生参与管理，这对于增强内聚力，增强对领导管理者的理解和信任，及时改进管理措施，提高管理的有效性，都有极大的好处。因此，高等学校要搞好管理，必须依靠教师发挥能动作用，还要注意听取学生的意见。

高等学校一般都设有许多专业和课程，有教学、科学研究、生产、思想教育、后勤及校内校外关系等各方面的工作，人员众多，有极大的复杂性。管理好一所大学，需要很多学问。任何一所大学甚至一个系的领导者都不可能完全懂得所设的各专业、各门课程及各方面的工作。从这一意义上说，也必须依靠调动广大教职工的积极性，集思广益，共同管理，才有可能把学校办好。在教

学、科学研究、学科建设的重大决策上一定要注意听取和尊重教师特别是教授们的意见。因为教授们在他们所从事的专业、学科领域里是专家，注意听取他们的意见，能够提高有关决策的科学性；由于教授们在学术上的权威性和在师生中的影响力，有他们参与的决策，一般更容易得到师生员工的拥护和信赖，从而有利于决策的实施；教授们的言行对学生有潜移默化的影响，让教授积极参与学校民主管理，有利于培养学生的社会责任感。许多著名的大学校长都十分重视发挥教授在办学中的作用。

就政府对高等教育的管理来说，正由于高等教育有学术性强、专业学科门类多的特点，因此要给高等学校以学术自由和必要的办学自主权，避免过多的行政干预。高等学校还有多样化的特点，这是因为社会对高等教育的需求是多样的，不同地区、不同条件和历史背景下的学校是多样的，这也要求政府处理好中央集权和地方分权的关系，特别是要使高等学校有办学自主权，以利于学校办出自己的特色，适应社会的不同需求。政府的作用是进行宏观控制和协调，为学校创造良好的环境和条件，通过财政的、政策的导向和法规的约束，引导学校更好地发展。高等教育还有社会适应性强的特点。高等教育要适应社会需要，为社会发展服务，就必须向社会开放，主动了解社会对高等教育的要求，并积极争取社会对高等教育的支持。社会需要的变化，高等教育所处的外部条件的变化，也必然导致高等教育内部管理的变化，如教育发展规模、速度的调整，结构、布局的优化等。因此，要把高等教育的发展和管理放在整个社会大系统的背景下来加以考察和认识，要吸收社会力量参与高等教育的管理，动员全社会的力量来促进高等教育的发展。

三、 由我国社会主义国家的性质决定

在普通高校教育管理中实行民主管理，是我国社会主义国家的性质所决定的，是建设具有中国特色高等教育的需要，是管理者的主动性和师生的积极性、创造性相统一规律的客观反映，也是办好高校教育的关键所在。其内容包括：（1）领导者和管理者应树立群众观点，相信和依靠教职工和学生，吸取智慧，统一意志；（2）虚心听取教职工和学生的意见，不断改进工作作风、工作方式和方法；（3）要根据教师劳动的特点，制定发挥积极性的措施，如教师工作量制度、考绩制度等；（4）要培养高校学生的主人翁精神，

引导他们关心学风、校风建设，参与班级管理及其他管理活动；（5）要有一定的组织机构和制度保证，要充分发挥学生中临时党团组织、班委会的作用，培养其共同参与的管理意识，使其把共同参与的原则落到实处，提高管理的整体效益。

第六节　多样性原则

高等教育管理的多样性原则是建立在管理目标的多样性与系统能量大小和条件差别的基础之上的。在现代管理活动中，必须在系统中建立合理的能级，使系统的各要素能够处于相应的能级中，充分发挥各自的效能，有效地实现管理目标。这是现代管理的能级原则。

一、社会对人才的要求具有多样性

由于社会所需要的人才类型是多样性的，社会对高等教育提出的任务和所能提供的条件也必然是多样的；高等学校的基础、办学条件和办学经验也会有差别。因此，任何国家的高等教育都是分层次的、多种类型的，不会只有某一个层次或某一种类型。只有这样，才能够满足社会多样性的需要。在高等学校内部，各系各单位也会因其学科或工作性质不同而有特殊的要求，它们各自的情况和条件也是有差别的。

高等教育管理的多样性原则可表述为：根据各类高等学校或学校内部各单位的任务特点和条件，分别提出切合实际的要求，采取与之相应的措施进行管理。

我国幅员广阔，各地的经济和社会发展极不平衡。我国还处在社会主义初级阶段，社会对各种专门人才的需求更是多种多样的，因此要求我国的高等教育也必须是多样化的。各种类型、各层次的教育都是社会主义建设所需要的。教育要解决脱离实际的问题，就应当按照社会的实际需要，来安排各种类型、各个层次人才的培养。这就要求高等学校各有分工，根据不同类型、不同层次人才的培养目标，明确自己的任务，努力在各自的类型或层次上办出特色，办出水平。水平高低不在于学校处于哪个层次，而在于是否能办出特色，培养出高质量的人才。美国著名教育家欧内斯特·博耶（Ernest L. Boyer）曾指出：

没有什么简单的好大学模式，一所大学与另一所大学所面临的任务和所处的环境方面肯定是大相径庭的，但是一所高质量的大学必定有一个明确的、生机勃勃的办学目标，而且这个目标不可能是满足所有人所有要求的大杂烩，它需要在众多的要求下做出选择并确定哪些是优先考虑的重点。

二、 高校办学条件和办学水平各不相同

由于历史的和其他的种种原因，高等学校的办学条件和办学水平有差别，这也是客观存在的。美国高等教育学家伯顿·克拉克（Burton R. Clark）指出："现代先进的（高等教育）系统中多样化的很重要的表现形式应是高等学校中存在的地位差别。某种适度的分级可使高等学校和各类高等教育按其被察觉到的素质获得相应的地位，并鼓励它们在此基础上进行竞争。"在我国，为了更好地推进现代化建设，国家需要办少数高水平的重点大学，培养高层次的专门人才，这类高校应承担较多的科学研究任务，既成为办教育的中心，又成为搞科研的中心。为了增强科学研究的能力，培养高质量的专门人才，国家根据同行评议、择优扶植的原则，在一部分高等学校中有计划地建设一批重点学科。《中国教育改革和发展纲要》中提出"211 工程"计划，即集中中央和地方等各方面的力量分期分批重点建设 100 所左右的大学和一批重点学科，力争有一批高等学校和学科、专业，逐步接近或达到国际一流大学的学术水平。至于大多数一般院校，虽然也应该进行科学研究和培养研究生，但其主要任务是培养本科大学生；专科学校的任务则是培养专科生。像这样分开层次，不仅是国家的需要，而且以现在国家可能投入的财力人力，也只能集中扶持少数有条件的重点大学。现代科学研究需要人才和资源的集中。如果采取把有限的人才和资金撒到所有高等学校的办法，是很难促进现代科学的发展的。关键在于确定重点院校、重点学科要经过科学的、公平的评议，能够促进有条件的院校参与竞争；处在金字塔塔尖的重点学科、重点院校要向塔底的人才开放，从而有利于促进整个高等教育质量和学术水平的提高。而且对于处在不同层次的高等学校要有合理的政策和科学的管理，使其能在各自的层次上，通过自主办学，发扬优势，办出特色。在高等学校内部对系和学科专业的管理，也要区别不同情况鼓励各自办出特色。

第七节　制度性原则

一、　建立健全管理育人制度

习近平总书记强调："高校立身之本在于立德树人。只有培养出一流人才的高校，才能够成为世界一流大学。"培养一流人才、创建一流高校，离不开一流的管理育人制度做支撑。科学的管理育人制度能够对广大师生进行积极引导，让制度更好体现关怀温度、德育深度和育人高度，持续调动广大师生的积极性、主动性、创造性。一般来说，高校的管理理念越先进、管理制度越科学，学习、工作和生活在其中的师生就拥有越多选择，越能体现多样化和包容性。高校管理者应深入挖掘和研究管理育人的内涵与规律，努力探索管理育人工作的新途径、新做法，精心设计和完善管理育人体制机制，让先进的管理制度更好地发挥作用，有效发挥高校每项工作、每个领域的育人功能，把管理育人工作做到学生心坎上，为学生成长成才创造有利条件、开辟多种路径、提供丰富资源。

二、　汇聚管理育人合力

管理育人是一项系统工程，需要多部门齐抓共管、多环节相互配合。这就要求学校不断完善中国特色现代大学制度，着力构建以大学章程为统领的现代大学制度体系，形成党委领导、校长负责、教授治学、民主管理的治理构架，不断提升学校治理体系和治理能力现代化水平。坚持和完善党委领导下的校长负责制，把党的教育方针全面贯彻到学校工作各方面。大力推进"三全育人"综合改革，将思想政治工作贯穿于学校教育管理服务全过程，引导教学科研、党政管理服务等各部门教职员工把工作重心落到切实提升育人成效上。教学科研工作者应把教书和育人结合起来，让知识传授与价值引领同频共振，守好一段渠、种好责任田，使各类课程与思想政治理论课同向同行，形成协同效应。深入研究和掌握学生成长成才规律，通过科学务实的管理手段，充分释放高校办学活力、激发办学动力、提升治理能力，教育引导学生立鸿鹄志、做奋斗者，努力成为中国特色社会主义事业的合格建设者和可靠接班人。

三、 完善各项管理规章制度

高等院校管理育人的基础实质上在于健全而又完善的管理规章制度，管理规章制度的导向性较强，也是管理育人的主要措施，教职工福利管理、后勤管理、财务管理、设备管理、科研管理、教学管理、学生管理等，无不需要规范化的规章制度来作为保障。制度育人作为管理育人的主要形式之一，其主要目的还是在于充分促进广大教职工和学生更好地理解和掌握规章制度，自觉遵守规章制度。众所周知，制度育人的作用通常只能由高校行政管理人员来传递给教职工和学生，可利用专题辩论、专题讲座、演讲比赛、知识竞赛等方式来加大规章制度的宣传力度，促使全体师生普遍遵守与严格执行。唯有如此，才能够在高校中营造出一种良好的学风、校风，才能够让制度真正发挥出管理育人的效果。

四、 打造一支强有力的人才队伍

21 世纪是知识经济时代，人才是第一生产力。新形势下推进高校管理育人工作的关键就在于切实转变管理人员的思想，提高管理人员的素质。首先，高校管理层可以通过多种途径、多种方式来加大管理育人工作的宣传力度，让全体员工都能够在内心深刻地认识到管理育人工作的重要性，力争在高校形成"人人关心管理育人工作、人人参与管理育人工作"的局面。其次，高校管理层应该率全体员工之先，来主动担当起管理育人工作的重任，还要指派专人专岗来负责管理育人工作的监督，并且在各个方面都要给予力所能及的帮助与支持。

与此同时，高校管理层应该建立公正的激励体制。一方面，高校管理层务必要建立健全监督制度、福利分配制度、薪酬管理制度等一系列制度，尤其是要对不同级别教职工在管理育人工作中的日常表现进行综合考核，最大限度地对全体员工的意见进行广泛征求，以便能够制定切实可行的奖励分配方案，既要确保能够公平、公正地发放奖励，又要确保激励机制的公正和公平。另一方面，要确实有效监督奖励分配过程与绩效考核过程，确保在管理育人工作中表现优异的教职工都可获取对应的奖励报酬。此外，为了实现专业人才培养与管理人才培养之间的良性互动，激发广大教职工的工作积极性，可将能力较强、能够真正为学生服务的教职工提拔到重要的领导岗位。

第五章　新时代高校管理育人的主体

传统观念认为，管理育人的主体是高校行政管理者，更细致地划分为辅导员、班主任、任课教师等，这是狭义上的理解。随着新时代的到来，管理育人的主体内涵也在不断发生变化。"三全育人"重心在"全"，"全员育人"就要求所有教职工都要成为"育人者"。管理育人作为"十大"育人体系的重要环节，为高校营造风清气正、管理有方的育人环境发挥了重要作用。因此在高校日常管理工作中，不仅仅是高校思政课教师发挥着育人作用，高校的任课教师、行政管理人员、后勤部门、学工队伍等都应增强自身育人意识，树立"既是管理者，又是教育者，还是服务者"的管理理念。甚至学生自身也是进行自我管理、自我监督、自我服务的主体，借助班规、社团规章制度等实现自我约束与管理。

第一节　管理者的主体对象

一、　高校任课教师

以往，我们将教师工作的功能简单地定位为"教书育人"，教师在教学工作中处于主导地位，大多数高校教师秉持的观念同样也是较常见的"分家论"，即认为对学生的管理是班主任、辅导员或者院校领导的工作，自己只需完成教学任务，但这显然与事实相悖。教师的立场、观点、情感、气质对于培养学生非智力因素、形成学生健全的道德人格具有重要的作用，教师也是管理育人工作的重要参与者。

从法的角度来看，我国《教师法》明确规定教师有"指导学生的学习和发展，评定学生的品行和学业成绩"的权利。此外，教育部出台的《高等学校课程思政建设指导纲要》也指出所有教师要承担好育人责任，科学设计、分类推进，将课程思政融入教学全过程。这些文件和法律的内容都表明教师管理的可能性。作为教学任务执行者的教师，是高校管理育人工作的首要实施者。教师的教育教学过程也就是管理的过程，课堂教学、协调师生关系、反馈教学成果等任一环节都体现了教师管理的重要性。

科学管理是行为规范的前提。高校课堂本身的教学安排、课时设计、时间限定、教学环节就极为严格，教师进行教学活动本就是一项管理工作。因此，高校教师在教学中始终扮演着管理者、育人者的角色，是管理育人的重要主体。

二、 行政管理人员

高校行政管理人员作为连接学生与任课教师的桥梁，承担着管理与服务双重职责。行政管理人员参与到管理育人的过程中，是"三全育人"的必然要求，只有处于管理育人第一线的行政岗工作人员重视起育人工作，摒弃传统的唯行政事务管理理念，才能真正发挥"三全育人"的实效。

行政管理人员主要分管师生教学安排、科研任务、党务行政、财务管理等涉及师生日常服务的各项工作。一般情况下，高校育人管理分为院校两级，学校党政管理部门主要通过统筹、协调各部门的教育教学与科研工作，加强大学生的思想政治教育。而院级层面所面临的压力更大，院级行政工作人员除了执行上一级管理任务之外，更直接面向学生群体实现管理育人，对育人工作的重视直接体现在学生行为举止方面。行政管理人员大多数是全院各项教学、实践、实习等活动的具体策划者和组织者，强化行政工作者的管理育人意识，使其在方案设计中融入思想政治教育元素能更有效地提升育人实效。由于高校行政管理人员与学生接触交流较多，因而能更充分掌握学生所思所想，设计出符合学生所需的育人方案，从而使活动方案更合理、科学。

三、 高校后勤部门

高校后勤是保障高校师生日常生活稳定有序的重要组织。后勤工作涉及面广，包括公寓管理、餐饮管理、交通运输、医疗卫生、基础水电设施管理等，内容庞杂，责任重大。高校后勤员工虽未对高校学生产生直接的思想政治教育影响，但是他们通过美化校园环境、完善各项基础设施，服务师生，在保障高校各项事务平稳运行的过程中发挥了重要的作用。后勤部门的规章制度和后勤员工的言行举止，也会对大学生的道德情操、学习生活产生潜移默化的影响。

教育过程的时空分离使高校后勤管理育人成为必然，任课教师和行政管理人员未必时刻守在学生身边，后勤管理作为补充完善了"三全育人"的队伍建设，真正做到了全员育人，不遗漏任一环节。管理育人是高校后勤改革"三服务、两育人"的重要内容，主要通过建立健全后勤管理制度，建立一支高素质的后勤管理团队，借助法律法规、舆论宣传等外力架构好后勤服务管理的"四梁八柱"，打好管理育人的基础。高校后勤部门所提供的勤工助学岗位也是对学生进行教育的重要部分，让学生通过劳动促进自身的全面发展，在对学生的管理中发挥后勤部门的育人功能。

四、 高校辅导员

高校学生辅导员是从事高校学生工作与管理工作的一支专业队伍，是开展大学生思想政治教育的骨干力量，在贯彻党的教育方针、培养德智体美劳全面发展的社会主义事业建设者和接班人的过程中发挥了重要的作用。高校辅导员是日常思想政治教育和管理工作的组织者、实施者、指导者，是工作在育人一线的思政教育工作者，具有教育、管理与服务多重属性。由于辅导员工作的特殊性，因而其与学生接触的机会较其他老师、行政人员而言更多，在学习、生活方面对学生的影响更为深远，辅导员的一言一行、价值取向更容易成为学生的参考。

在事务工作方面，由于学生的自主意识较强，因而辅导员的工作更需要科学化、规范化的管理。无论是学风建设、班级管理、评奖评优、勤工俭学，辅导员的高效管理都会对学生产生巨大影响，进而提升学生对辅导员工作的尊重与认同。在政治思想方面，辅导员更是把好关口的重要管理者。辅导员应政治敏锐、能力突出，引导学生用马克思主义眼光去认识当今中国的发展和世界形势的变化，将思想政治教育融入日常学习与生活，从而成为学生政治思想的领航者。此外，辅导员也是大学生的知心朋友，由于辅导员的年龄要求，高校辅导员更能掌握大学生的心理动态，理解大学生的兴趣爱好与理想追求，因而与大学生建立的感情常常超越普通师生的情谊，更易成为大学生的知心朋友。

五、 高校团学组织

除了高校教职工团队以外，高校团学组织也是实现管理育人的重要部门。高校团学组织是由学生组成的，由校党委领导、校团委指导的自我管理、自我教育、自我服务、自我监督的学生组织。这些组织包括学生会、团委、社联、科协、研究生会、艺术团等各个部门，通过建立一定的规章制度实现学生团体的自我管理与自我教育。

目前高校学生已进入"00后"阶段，学生个性更加多元化，需求也更为多样。团学组织的学生领导者大部分通过竞选的形式任职，在学生群体中扮演着"意见领袖"的角色，在协调学生与学生、学生与教师、学生与高校之间的关系方面起到了桥梁的作用，能够及时传递有效信息，调节各方矛盾，因此能成为老师与学生之间的润滑剂，同时能够弥补高校管理部门对学生诉求了解不及时及服务不到位的不足，利用学生组织先天的优势及时反映学生的诉求，延伸和补充高校管理工作内容。这些丰富多样的学生组织也在一定程度上促进高校管理、服务、教育等工作的改善，使得高校能精准地实现对学生的管理与服务，因此，在高校管理育人的工作中同样不能忽视团学组织这一重要的力量。

简而言之，高校全体教职工构成了管理育人的主体，学生自身也在一定程度上实现了对自身的管理与教育。高校全体教职工必须明确自身的育人职能，树立管理育人理念，将思想价值引领贯穿于教学与生活的全过程。各方主体都要依据自身岗位属性做好管理育人工作，并在育人过程中相互沟通、及时交流，形成各方沟通协商机制，共同发挥树人育人的积极作用。

第二节　管理者的基本素养

德鲁克认为：管理在不同的组织里会有一些差异。其自身的使命决定了远景。在高校中，虽然不同的主体对于学生管理育人的手段与内容有所侧重，但思想政治教育者要想履行好自身的职能，就必须具备良好的素质。一个优秀的管理者在品格素养、法律素养、职业素养、心理素养等方面的素质决定着教育的质量和水平。思政教育工作的特殊性在于教育主体必须以自身的思想和行为来感染受教育者，使教育客体内化于心、外化于行，按照社会的要求发展。因此，管理者除了需具备基本素质以外，还应具备从事高校育人工作所必需的特殊素质。

一、 政治素养

习近平总书记说："传道者自己首先要明道、信道。"① 高校环境下，管理者的基本目的是培养德智体美全面发展的社会主义建设者和接班人，政治问题是首要问题，也是原则问题，政治素质是高校思政教育者的核心素质。管理者要坚定自身政治立场，锻造过硬政治本领，始终维护党和人民的利益，弘扬社会主义先进文化，这样才能帮助学生在大是大非面前筑牢自身的思想防线，树立正确的价值观，才能指导学生成长成才。

（一）坚定的共产主义信念

共产主义信念，是人们运用马克思主义基本原理，在正确认识人类发展客观规律的基础上，对实现共产主义的坚定决心与态度。管理主体的信念是否坚定决定了高校管理育人的方向是否正确与成效高低。管理主体对中国特色社会主义的认同及管理主体自身较高的政治素养使得管理客体更容易认同中国特色社会主义制度与意识形态。管理主体要引导学生正确认识共产主义远大理想与现阶段共同理想的关系，引导学生正确认识国家命运，担负起建设祖国、振兴中华的光荣使命，引导学生只争朝夕、不负韶华、艰苦奋斗，努力掌握为祖国、为人民服务的真才实学，坚定地向共产主义迈进。

（二）坚定的政治立场

高等院校的育人团队必须坚持正确的政治立场，坚持四项基本原则，走中国特色社会主义道路。管理者通过自身在政治生活中所表现出来的优秀政治品格会让管理客体由衷地认同自身的观点、赞同政治行为，使其自觉成为中国特色社会主义坚定的拥护者和支持者。管理者通过在管理过程中自身政治人格的感召，以及在管理实践中民主精神、宽容精神、科学精神、参与精神的发挥，使被管理者更真切地体会这种现代政治意识的精髓所在，对其产生潜移默化的作用，实现育人效果。而一旦管理者的价值认知或者行为表现发生偏差，就容易在各种杂音中迷失方向，对学生的价值观产生不良影响，使学生陷入各种思

---

① 习近平谈治国理政：第二卷 [M]. 北京：外文出版社，2017：379.

潮的误区。新时代高校管理团队要把提升自身政治素养摆在首要位置，自觉用习近平新时代中国特色社会主义思想武装头脑、指导实践、推动工作，把政治素养当成核心素养来培养，保持政治定力，在课堂内外传播正能量，做学生成长道路上的政治领路人。

二、 道德素养

道德素养是一种重要的教育力量，是高校管理者开展管理育人的重要条件。习总书记曾在多个场合论述过师德师风的重要性，管理育人的主体，尤其是高校教师，更应注重自身道德素养的提升，成为社会道德的示范者。具体而言，包括以下内容：

（一） 爱岗敬业、乐于奉献

爱岗敬业、乐于奉献是最基本的职业道德，是对自身所从事事业的积极态度，是高校管理育人者实现人生价值、培育学生健康成长的最有效途径。高校教师应全身心地投入到教育教学的工作中，将思想政治教育贯穿到教育教学的全过程，其他岗位的管理者也应高度认同并热爱自己的职业，如此才能在自己的岗位上发光发热，对管理育人工作倾注热情。管理主体只有对自己的工作极端负责，乐于奉献，时刻考虑学生的需求，将学生利益放在首位，才能使教育主客体之间产生相互信任、相互理解的认同感，使教育客体对教育者发出的信息做出及时准确的反应，促进思想政治教育实效的提升。

（二） 明礼诚信、敬畏学术

"学高为师，身正为范"，教师的言行举止会对学生产生直接的影响。谦逊有礼、态度诚恳，更容易受到学生的爱戴，利于学生礼貌习惯的培养。教师良好的诚信意识是师德建设的重要内容。诚实守信是全体公民的核心价值共识，是中华民族的传统美德。肩负传道授业、培育时代新人重任的高校教师更应以身作则，率先垂范，心存诚信，知行合一。教师的职业特殊性要求教师要将诚信的意识上升到信仰的高度，将诚实守信作为立人之本和自己的行动指南。教师恪守诚信最重要的表现就是遵守学术道德，保持严谨自律的学术态度和学术精神，尊重学术，敬畏学术，努力弘扬优良的学术道德和学术风气，不因一己私利违背学术道德。教师只有明礼诚信、敬畏学术，才能引导学生学做真人、做真学问，成为学生思想道德的楷模。

（三）艰苦奋斗、清正廉洁

廉洁从教是高校教师的立身之本，高校教师要坐得住冷板凳，才能出得了真学问。只有做到谨言慎行、廉洁自律，才能让学生信服，成为学生的人格榜样，高校行政管理人员更是如此。高校行政人员、党员干部等能否廉洁从政，不仅关系到高校管理育人的实效性，更直接关系到高等教育的科学发展和服务经济社会发展作用的有效发挥。高校教职工在面对来自社会的各种诱惑时，必须严格约束自己，廉洁从教、廉洁育人、不忘初心、艰苦奋斗，以"两袖清风、一身正气"的做派坚守育人者的底线，抵御各种不良思想的影响，以高度自律和不断奉献的精神为学生树立良好的榜样，从而实现自身的育人价值。

三、 法律素养

法律素养，即职业法规素养。法治是现代社会的治理模式，是建设法治校园、和谐校园的必要条件，具有客观性、原则性。在"三全育人"过程中，法治教育是思想政治教育的重要内容，是培养社会主义法治新人的前提。高校教职工除了要树立法治思维、提高法治素养，运用法律为学生排忧解难之外，更重要的是为学生传授基础的法律知识，培养学生的法律意识、法治思维，使学生懂得维护自身的合法权利。法律素养主要包括以下三个方面。

（一）知法懂法

高校教职工除了应了解《宪法》《高等教育法》《教师法》等法律以外，还应该熟悉并掌握与自身岗位相关的法律法规，尤其是与学生利益相关的法律法规，比如《学位条例》《合同法》等。法律条例内容繁多，涉及面广，但只有教师知法懂法，提高自身的法律意识，才能以国家规定作为自己的行为准则，依法办事，在教学和生活中运用贴近学生生活的事例对学生进行潜移默化的教育，并且最大限度地对学生给予实际的帮助。比如《合同法》与大学生就业创业息息相关，关系到学生未来的发展，高校教职工只有自身具备法律功底，才能驾轻就熟，指导学生在就业时运用法律维护自身权益。高校教职工必须明确自身对学生承担的管理育人的责任，在保护学生的同时，也能有理有据地保护自己。

（二）守法用法

守法用法是高校教职工管理育人的必然要求。高校行政管理人员、教师、辅导员都拥有一定的权利，与学生评奖评优、成绩认定等密切相关。要想真正实现管理育人，高校教职工就必须遵守法律和规章制度。管理主体的作风和管理方式一定程度上影响着学生的思想和表现。如果不按原则办事、法外施恩，就会导致学生存在侥幸心理，无视法律和规章，难以形成有效的管理机制。因而，高校管理者必须要做到公平公正、守法如炬，在学生中树立遵法守法的行为示范，以实际行动带动学生主体崇德向善，遵守法律。此外，就是要懂得运用法律，让学生在实际行动中感受到法律的正义，从而达到言传身教的目的。例如学生遭遇兼职纠纷、网络诈骗等学生难以自行解决的问题时，教师运用法律武器和专业知识来帮助学生解困，就能起到很好的实践育人的效果。

（三）爱法扬法

除了要知法懂法、学法用法之外，高校管理主体更要从心里爱法，在行为上扬法，牢固树立热爱法律、弘扬法律的理念。法律具有调整人们行为规范的属性，法律面前人人平等。如若高校管理者仅仅只是了解法律、遵从法律，而不认可法律的话，其思想行为极易发生偏差，在遇到与自身利益产生冲突的事情时，容易钻法律空子，做出违法乱纪的行为，最终与自己初心相悖离。因而高校管理者必须树立法律至上的理念，将法律作为维护自身权益的武器。同时，要在学生群体中弘扬法律，增强学生法治理念。自《民法典》颁布之后，令一些学生困惑的"扶不扶"等问题得到了破解，为开展思想政治教育提供了一个新的逻辑场域。高校教师要抓住契机，与实践相结合，在潜移默化中弘扬法律，让学生从心底遵从法律。

四、 能力素养

职业能力是指人们从事职业的多种能力的综合，职业能力素养是将知识运用于实际工作中的技能与艺术。在高校管理育人的过程中，面对个性更加多元化的大学生，高校管理团队更应掌握多方面的职业能力，以此来提高教育效果。

（一）学习能力

高校教师和行政管理人员等作为教育的重要主体，承担着教育学生的重要责任。给学生一杯水，教师就要有一桶水。教育家马卡连柯说过："学生可原谅老师的严厉、刻板甚至吹毛求疵，但不能原谅他的不学无术。"① 高校教师尤其是思政课教师，只有走出去学习最新知识、传授先进的教学方法，才能吸引学生的课堂兴趣，最大限度地实现育人的效果。如今，面对信息爆炸的时代，一桶水显然无法满足大学生的需求，管理主体更需要成为一片海洋，对于知识要有自我更新的能力。一旦停止学习，教师就会进行机械式的教学，并且在长期的固定模式运作中产生职业倦怠，不利于教学的开展。例如，在信息技术创新浪潮席卷的当下，互联网和人工智能已经成为教育创新实践的重要支撑空间，"人工智能＋教育"的应用场景勾画出未来人工智能时代教育信息化发展的蓝图。这也对教师的基本素养提出变革性要求，信息技术素养必将成为教师的根本素养。因此，教师要树立终身学习的理念，成为学习型教师，变"一桶水"为"长流水"，打破学科界限，增长教学智慧。

（二）组织能力

组织能力是管理育人主体取得管理和教学成果的重要保证。缺乏组织能力与管理能力的教育主体，在管理育人过程中将难以实现高效育人的教学任务。组织能力主要包括教学组织能力、素质拓展组织能力、团队组织能力等几个方面。

1. 教学组织能力。高校任课教师是课堂的主要引导者与安排者，教师必须具备熟悉教材、保证课程完成度、活跃课堂气氛、灵活调节课程课时、发散学生思维、培养学生创新能力、维护课堂秩序的教学组织能力。

2. 素质拓展组织能力。高校第二课堂是实施素质教育、提升育人实效的又一实践场域。高校教师、辅导员等管理主体应有能力组织和指导各类利于凝聚班级、院校的实践活动，组织各类讲座、竞赛、展览、观影等活动，满足学生的个性化需求，发挥学生主观能动性，形成良好的教育氛围。

3. 团队组织能力。高校学工团队、教师团队、后勤团队、学生组织共同致力于推动管理育人持续性、有效性开展，因而这些组织就不能相互割裂开来，而是应当形成一个有机整体。管理主体应当具备团队管理组织能力，相互配合，共同协商，推动管理育人工作有效开展。

---

① 陈玲，付学成. 教师修养［M］. 北京：北京师范大学出版社，2015：201.

（三）沟通能力

高校教育主体沟通能力的缺乏会导致师生关系的冷淡和师生心理上的疏远。对于教师而言，良好的沟通能力有利于调动学生的学习热情和主动参与的精神，直接影响教师的主导作用和学生主体作用的发挥。以平等、民主的态度对待学生，注重沟通能力、协调能力的培养，是教师获取学生信任、支持的重要途径。而对于行政岗、后勤岗的高校教职工而言，良好的沟通能力更能促进日常工作的开展。高校教职工除了管理育人的职能外，还要履行服务职能。服务职能的履行也要基于有效沟通的基础上。只有切实履行好服务职能，才能更好地实现管理育人。

当然，高校教职工的沟通协调能力并不局限于学生这一主体，在各组织内部、在与社会的交往联系中，良好的沟通能力都是必不可少的先决条件。各组织内部只有通过有效沟通与协商，才能实现管理育人系统的优化，达到最优的育人效果。如果忽视社会教育的作用，高校管理育人的目的也很难达成。高校教职工要广泛接触社会，在社会中掌握社会环境对学生所能产生的各种影响。因而，这就要求高校教职工具备良好的与社会沟通的能力。

（四）创造能力

创造能力，主要是由创造性思维与创造性想象能力所组成的，具有新颖性和有用性两个特征，是在管理育人过程中推动育人效能发展的源泉。改革激发了人们的创新意识，触发了人们的创造性思维，创新意识是改革成功的心理基础。高校管理工作者要在"三全育人"工作中有所作为，开创管理育人工作新局面，具备创造能力是至关重要的。

具有较高的科技素养和创新能力是新时代对人才的基本要求。创新型教师不仅要具备问题意识、创新意识，在学术领域提出创新性见解，为学生树立先进典型，更应该有创造性育人的理念，能够打破常规，培养学生的批判性思维。在日常教学中，教师不是以知识为中心，而是以学生为本，注重学生的能力和素质的全面提高。其他教育主体在平时的工作中也应树立创新意识，敢闯敢试，打破思维定式，创新工作模式，及时了解内部管理服务对象新的需求，简化行政程序，更好地为学生服务。

（五）用人能力

任何一个岗位、工作都需要有人去做，任何工作任务都需要人去完成。选贤任能，发现每个岗位最适合的人才，使其各施所能，充分发挥主观能动性，是管理者知人善任的领导艺术。高校管理育人的主体，特别是领导者，更要具备识才的眼力和容才的胸怀，尊重知识、尊重人才、公平公开、量才使用。

高校辅导员是与学生联系最密切的行政教师，学生干部的选拔与辅导员存在密切的关系。培养一支高素质的学生干部队伍是社会转型期高校学生工作的客观需要，也是辅导员实现管理育人和服务育人的现实体现。班干部的优良作风和积极进取的人生态度能在班级中发挥积极的模范作用，并且协助辅导员进行各项管理工作。因此，选拔一支素质过硬的学生干部队伍，能够促进辅导员工作高效开展和学生干部能力素质有效提升。而对于优秀教师的选拔也是如此。选拔科研能力突出、教学方法优良的教师，不仅能提升学生对于课程的兴趣程度，更是对推动学校教育教学高质量发展具有重要的意义。

五、 心理素养

一个优秀的管理团队，不仅要在政治思想、业务能力方面有较高的素养，还要有良好的心理素养。"思想政治教育者的心理素质是指体现在教育者身上的经常的、稳定的心理特征。"① 良好的心理素养不仅对管理者自身的发展具有积极意义，而且对于感染教育对象、协调教育主客体之间的关系具有重要的作用，是做好育人工作的重要保证。

（一）人格健全，品德高尚

卢梭曾经说过：在敢于担当培养一个人的任务之前，自己就必须造就成一个人，自己就必须是一个值得推崇的模范。教育主体要具备健全的人格，首先就要正确地认识自我、他人与社会，对自身有一个清晰的定位，认识到自身工作的复杂性。要了解自身的长处和短处，认可自身管理育人的职责。要始终明确自己在做什么，感受到了什么，并知道这些行为和体验从何而来，对自己的职业产生足够的职业自豪感。与此同时，要积极乐观、谦虚谨慎、宽容幽默，对生活始终充满热情。管理育人主体良好的性格不仅能促进大学生心理健康水平的提高，而且能促进全民族心理素质的提高。只有具备了高尚的人格和道德品质，才能在学生心目中形成管理主体的人格魅力和影响力，这是一种潜在的

---

① 陈万柏，张耀灿. 思想政治教育学原理 ［M］. 北京：高等教育出版社，2015：157.

影响学生心理和行为的重要精神力量。

（二）良好的自我调控能力

要散布阳光到别人心里，自己心中必须要有一轮太阳。职业倦怠和情绪发泄在日常工作中难免存在，自我调控能力不强的管理主体容易工作情绪化，甚至把情绪都发泄在学生身上，长期如此，对于学生心理上的伤害是不可逆的，不仅会失去在学生心目中崇高的身份地位，而且不利于自身职业道路的健康发展。管理主体面对现实压力时，应主动应对，尽力调适，反思自己的压力来源，积极认知压力对自身产生的影响，形成面对压力的良好心态；同时掌握积极的应对策略和归因方式，努力培养自身的内控能力，将原因归结为自身可以控制的因素。管理主体应不断提高心理承受能力，始终保持良好的心境来做好育人工作。只有保持亲和的工作态度，才更容易获得学生的信任；保持积极乐观的心态，才能使学生在接受教育时保持愉悦感，如此才能全面地了解学生，发现学生思想上存在的问题。

（三）和谐的人际关系

具有豁达乐观的胸怀并建立良好的人际关系在管理育人的过程中是至关重要的，也是管理主体的魅力所在。和谐、友好、亲密的人际关系是在相互尊重的基础上建立起来的，和谐的人际交往不仅利于主体之间的友好相处，推动主体间优质管理方法与内容的共享，促进管理团队整体能力的提升，而且对于客体而言更具有直接的作用。高校学生主体都希望生活在人际关系良好的氛围中，都期望得到公平公正的对待。因而，高校管理主体要具备换位思考的能力，能主动站在学生的立场上，从学生的言语和行为中体察他们的思想、行为与感受。人际关系和谐的管理主体懂得相互欣赏与尊重，善于换位思考，不仅能取得学生的信任，提高工作能力和业务水平，而且善于运用多种形式加强和学生的沟通，为学生的个性成长营造一个良好的教育环境。因此，管理主体要将自身和谐地融入社会之中，学会与人交际。成功的教育者往往都具备突出的人际交往能力，尤其是善于和学生打交道。

第三节　管理者的语言艺术

叶圣陶先生曾说："凡是当教师的人绝无例外地要学好语言，才能做好教育工作和教学工作。"① 语言是人们在社会生活中表达思想、交流感情、相互沟通的重要工具，在高校管理育人过程中起着重要作用。高校管理主体语言运用的状况对教育主客体之间的互动及思想政治教育成效的发挥具有重要影响。发挥好语言艺术在高校管理育人中的独特作用，不仅能够拉近与学生的距离，充分发挥学生的主观能动性，提高学生的自主意识、自律意识和自强精神，而且能够提高育人工作的科学性、针对性和实效性。

一、 语言的特点

（一）教育性

高校是培养社会主义接班人的实践场域，高校管理育人主体不仅要传授知识、培养能力，还肩负着对学生进行思想政治教育的重任。高校管理者对学生进行管理，是在管理中教育，通过教育来管理。管理者的言语，作为教育传媒的主要手段，它的表达内容和形式都必然与学校教育教学目标相一致。因而，管理主体在传递言语信息的过程中必须带有鲜明的教育性。

教育性不等同于简单的说教，而应当根据受教育者的接受程度和心理状况，结合教育学、教育心理学相关的知识启发学生、引导学生、教育学生。教育性不是孤立存在的，教育性必须与学生的接受性相统一。管理者的表达效果与教育客体接受效果的有效结合在很大程度上影响了学生的领悟与接受。管理者的言语，如果不能被学生所接受或认可，甚至让学生产生抵触情绪，那么即使堆砌再多华丽的辞藻，也起不到教育的作用。因此，管理者的言语必须准确传递信息，才能实现最佳的教育效果。

（二）科学性

高校管理主体的基本职能是管理，各类主体在其组织中所处的地位决定了管理者的语言必须具备科学性、权威性。无论是高校教师的日常授课，还是行政管理人员的日常学生工作，教育内容的科学性及各种教育形式的特殊性，都要求管理主体的言语简洁规范清晰，具有一定的权威性。

管理主体在与学生打交道的过程中要使用言简意赅的语言，不拖泥带水，要直击问题的本质，避免无意义的重复，确保管理工作的高效，比如使用一些

---

① 魏丽杰，魏丽华. 教师言语艺术［M］. 济南：济南出版社，2004：1.

指令性的语言，显示出主体的权威。育人工作最重要的内容就是传播一定的思想政治观点、道德伦理观念，因而语言必须科学准确，让学生清晰地接收管理主体所要表达的事实与思想，坚定自身的政治立场。任何一个管理主体所说出的话，如果失去了科学性、准确性，不但没有任何艺术可言，而且还会失去所有与之相联系的个人与组织的信任。因而，能够科学地运用语言，是十分必要的。

（三）启发性

启发性又可说成是诱导性，高校教师、辅导员在对学生进行管理、教育时，不能单纯依靠说教或者纯粹理论灌输，而是应通过语言这种能够传递信息和促进交流的工具启发学生思考，诱导学生的思想认识，通过多方开导和耐心指导，做到由表及里、由浅入深，实事求是地分析、解决问题。

启发式的语言就是避免传统意义上的填鸭式讲解，多使用设问、反问的语言形式，但这种设问、反问内容也应结合实际，不应过度。在与学生交流的过程中，通过突出重点、加强语气，激起学生的疑问，启发他们发现问题和探讨问题，久而久之形成习惯。同时要注意语言的感情色彩。强弱起伏的声音、长短得当的停顿、生动有趣的例证都能增加语言的感染力。管理育人主体在平时的教学和工作中，应鼓励学生培养质疑问难的精神，开阔思维，大胆想象，超常发挥。对学生的好奇心与勇于提问的精神给予呵护和积极引导，增强学生思维能力。

（四）激励性

激励是人本身的干涉变量。它是根据外界的需要，接收外界传递的信号，从而形成的一种精神状态。行为科学的研究表明，一个没有受过激励的人，在能力发挥时会遇到瓶颈，仅能发挥其本身能力的 20%～30%，而当他受过激励后，其能力是激励前的 3～4 倍。因而在高校管理育人的过程中，激励语的使用至关重要，任何学生都需要被激励。学生们接收到激励信号，自身状态达到最佳，从而更容易完成指定的目标。

在管理育人的过程中，管理主体难免会遇到一些处于挫折、失意状态的学生，此时他们亟须得到老师及时、中肯的评价。一句鼓励的话语，一个期待的眼神，一个亲切的手势，都会让他们受到鼓舞，甚至会对他们的人生产生深远影响。根据马斯洛需求层次理论，学生有得到爱的需要、被尊重的需要，这种需要的实现可以转化为学生努力学习的动机。因而在管理育人的过程中，管理主体要多使用感染性、肯定性的语言，化解学生的心结。

（五）生动性

高校中管理育人的客体主要是大学生群体，这类群体在日常学习生活中抽象思维迅速发展，但思维更具主观性，常常把社会问题看得过于简单，他们正处于走向成熟而又未真正成熟的阶段，可能会对一些政治性语言、权力性语言产生抵触的心理。因而，只注意管理者主体言语的科学性而忽略生动性，会导致学生在接受新的知识、新的理念时积极性不高。形象生动的表达不仅能调动学生的无意注意，更能加深学生对知识的理解，增强育人效果的实效。

语言的生动性与形象化是分不开的，形象化的语言富有美感，具体体现在善于运用生动活泼的语言和富有感染力的表情对学生开展教育，反对照本宣科的教育方式。教育者要有幽默感，能够在教育过程中运用名人轶事、典故谚语等各种语言手段，借助比喻、对偶等修辞手法，把科学丰富的思想内容用简单易懂的语言，灵活自如地表达出来，富于感染力和表现力，满足学生对语言的美的需求，震撼学生的心灵，引起共鸣。

（六）针对性

高校管理主体面对的是同一年龄阶段的学生，这些学生身上存在很多共性，在管理育人的过程中有一定的规律可循。但是，每一个学生又都是一个独立的个体，因其不同的教育和家庭背景，每个学生的个人情况是千差万别的，教育者要避免"千人一腔"，到什么山上就唱什么歌。要想取得预期的管理效果，管理主体在与学生进行交流谈话时，就必须根据学生性格类型的差异性、语言环境的差异性、交流事由的差异性，有针对性地选择不同的语言方式。

对于一些原则性较强的问题，比如校园安全、道德问题等，管理主体的言语必须严厉、切中要害，让学生明白问题的重要性。而对于同学关系、舍友关系等问题，则可以通过循循善诱、鼓励的方式解决学生心中的困惑。面对涉世较浅、接受水平较低的学生，要使用通俗易懂、生动朴实的语言；面对阅历比较丰富、接受能力较强的学生，可以使用富有哲理的语言，所谈的问题也可以更宽泛，旁征博引，从而使对方能在其深刻的哲理和广泛的知识中悟出道理，接受劝说，解决思想认识问题。

二、 原则遵循

(一) 以情化人，以理服人

"感人心者，莫先乎情。"只有先通情，才能达理。一个成熟的高校管理者往往善于融情于理，融情于辞，言之未出，情在理先。几句简单的话，若干"蕴情"的词，就极易得到管理客体的认同，架起师生之间情感沟通的桥梁，激发思想上的共鸣。而感情终究是感性的，要想实现管理育人的目的，必须将感性认识与理性认识融为一体。以理服人不是依赖权威、以权压人，而是运用科学的方法摆事实、讲道理，运用令人信服的教育方式解决问题。只有寓情于理，在情与理之间找到平衡点，才能达到以情化人、以理服人的教育效果，让人心悦诚服、茅塞顿开。

情感是建立沟通信任的第一步，管理者在拉近与学生的关系时，首先要学会倾听，这是对学生的一种尊重。只有学会尊重学生、悦纳学生，才会让学生敞开心扉，化被动为主动，自觉融入与管理主体的交流之中。其次，要以学生为本。对于学生之间存在的差异性要以一种包容的心态去看待，明确是非界限，统一问题标准，平等地对待每一位学生。对于学生关注的学业、生活、情感、就业等问题，要本着为学生服务的宗旨，当好学生前行路上的引路人。对于学生，管理主体要多一些夸赞与肯定，学生只有在"亲其师"的基础上，才能"信其道"。

毛泽东曾经说过：对于错误的意见，不能压服，而是说服，以理服人。在管理育人的过程中，高校管理者要巧设情境，寓理于例，引入一些与教育内容相近的事例激起学生的共鸣。引入的事例必须要新，贴合当代大学生的实际。也可举一些大家耳闻目睹的事例，让学生可望可即，有一定的现实遵循。此外，引入事例必须具有教育意义，具有启发性。例如，大学生的安全教育、诚信教育等，单纯的理论灌输远不如鲜活的案例和情景再现效果明显。通过摆事实、讲道理，让学生的思想和行为朝着特定的方向转化。综合来看，情与理如车之双轮、鸟之双翼，缺一不可。

(二) 审时度势，抓住时机

管理育人过程中主客体之间的言语交际，总是在一定的时间与空间中进行的，交际双方对言语形式的采用与理解，都要受到这些客观条件的影响与限制。因此，在管理育人的过程中，必须注意场合，审时度势，抓住时机。若不顾场合地去谈话或说理，即使语言内容与形式匹配得当，也无法取得应有的教育效果，只能是事倍功半。

思想政治教育的场合有正式和非正式之分，特定的场合语言也有特定的要求。正式的场合讲话一般较为严肃、庄重，话题也更为集中，例如座谈、报告会等，管理主体能够清楚明白地表达思想内容，这便于增加管理客体对教育内容的重视程度，使得管理主体能较为直接地掌握对方心理的变化。而在一般类似聊天的谈心中，教育主客体都能以随意轻松的状态自然谈论问题，能让学生在轻松愉悦的氛围中受到启发和教育，便于问题的解决。

与此同时，管理主体也应抓住时机，择机而发。俗话说，"打铁看火候"，管理主体在进行谈话和说理的时候也应注重语言的弹性。语言的弹性是指该"冷处理"的时候不急于求成，该"热处理"的时候就要趁热打铁。如果谈早了，条件不成熟，可能达不到预期的教育目的。如果谈晚了，就会时过境迁，失去谈话的意义。正确地把握"火候"就需要管理主体正确分析和判断是否具备谈话和说理的条件。管理客体的情绪状态、事情的轻重缓急等因素皆需要管理主体考虑在内。同时管理主体也应注意讲究说话的分寸，遵循适度原则，确保恰如其分、不偏不倚、公正客观。

（三）换位思考，与时俱进

列宁说：没有人的情感，就从来没有，也不可能有人对真理的追求。因此，管理育人中的语言既要顾及管理客体能接受的程度及当时的情绪，又要服务于与教育对象的情感沟通。在管理育人的过程中，经常会遇到这样的情况：同样的一句话面对不同的管理客体就会呈现截然相反的效果。同样的一个观点出自不同的管理主体之口，对管理客体的影响也不尽相同。出现这种状况与管理客体当时的情绪及他们对主体的情感体验有关。人的需要是客观存在的，不同的管理客体之间存在差异性。管理主体必须深入研究单个的个体，在了解各个个体的基础上，再了解这一群人的共性，进而站在管理客体的角度上，满足他们的各项合理要求，加强管理育人的效能。

此外，"言语交际是一种社会活动，语言本身就是社会交际的产物。任何一个社会的人群，在运用语言传递信息，交流思想感情时，都不能不顾及当时所处的社会环境"①。社会在不断发展，语言也在不断更迭。管理主体在对客体的教育中，就不能脱离时代，必须紧扣国内时代的主旋律和国际国内形势的动态。同时，管理主体要结合新一代学生群体表现出来的时代特征，在日常的管理中运用学生们常见的富含正能量的网络用语，拉近与学生之间的距离，增强育人工作的成效，使管理育人工作更具针对性和时代性。

三、 辅助沟通技巧

在面对面的沟通中，需要发挥语言的积极作用，提高语言交往的能力，同时也必须看到，非语言沟通也在沟通过程中起着至关重要的作用。美国心理学家艾伯特·梅拉比恩在做了许多实验后得出这样的一个公式：信息的总效果 = 7% 文字 + 38% 的声音 + 55% 的表情。体态、手势、面部表情、眼神接触都能随时随地传递信息。因此，如果管理主体的微笑也是一种教育资源的话，就有必要让它成为所有学生共享的资源。在管理育人的过程中，管理主体要善于使用辅助沟通技巧，使语言沟通和非语言沟通相得益彰。

（一）目光语

目光接触是非言语沟通的主要信息通道。目光的注视有多种含义，比如鼓励、赞赏、肯定、鄙视、讥讽等。管理主体在育人的过程中运用自己的目光与学生进行沟通，会使学生心领神会，从而受到教育。目光语与口语的适当配合，有利于师生之间的情感交流，有利于管理者及时获得信息的反馈。管理主体应当使自己的眉目语成为管理育人过程中的重要调节枢纽，对于一些表现好的学生，应当用和蔼亲切的目光表示赞许，而面对犯原则性错误的学生，管理者的目光要更严肃，让学生知道自己所犯错误的严重性。与此同时，有经验的管理者在和学生交谈时，往往会用短促的目光接触检验信息是否被学生接受，也可从学生的回避视线、瞬间的目光接触等判断学生的心理状态。但切忌使用鄙视嫌弃的目光。无论何种情形，不管什么目光，管理者的眼里流露出的应是关爱的情怀。

（二）表情语

弗洛伊德说过：没有一个人守得住秘密，即使他缄默不语，他的手指尖都

---

① 刘焕辉. 言语交际学［M］. 南昌：江西教育出版社，2001：209.

会说话，他身体的每个汗孔都泄露他的秘密。表情语具有极强的表达情感的功能，面部表情是思想情感的流露。管理主体的面部表情会对客体直接产生刺激作用，管理者要随时把握管理过程中出现的不同状况，恰当地运用表情语言。如果是在课堂教学的环境中，管理者无视教学内容与要求的变化，总是板着一副面孔，势必会使学生在学习时感到压抑。为了创设亲切愉快的气氛，管理主体应以和蔼的微笑做引导；为了让学生检讨总结，管理主体应使用严肃深思的表情做传达。管理主体应当善于使用与客体沟通时的面部表情，推动管理育人工作有序进行。

同时，管理主体更要细心观察学生的面部表情。如果学生眼中充满光芒，流露出兴奋、喜悦的表情，说明学生对教育内容已经心领神会了；而如果学生皱眉蹙额，或者出现了开小差的状况，管理主体就要及时采取措施将学生的目光及时调整到教育活动中去。管理者要善于总结规律，抓住表情后面的本质，自如地运用表情语言。

（三）姿态语

用外表姿态进行沟通也是辅助沟通的一个技巧，不仅展示了管理主体的风度，而且也与管理育人密切相关。姿态语，是站、立、坐、行的各种身体姿态。管理者最常运用的姿态语言，可以分为俯身、直立、面对、背对、侧身五种方式。一个管理者要有良好的身体姿态，才能给学生留下良好的印象，学生才会乐于接受管理者的管理和教育。有的姿态给人感觉懒散、随便、漫不经心，会对管理的氛围产生不良的影响。有的姿态给人感觉过于严肃拘谨，拉开了与客体之间的距离。如果在课堂上，一种姿态使用久了，还会显得呆板。因此，无论是管理中哪一环节，管理主体都应体现出精神饱满的状态。

在与学生交流时，管理者也要注意倾听，用不时的点头，表明正在倾听、同意、赞成，用摇头表示否定、不同意、遗憾、无奈。学生得到管理者的回应后，会增强安全感、更愿意改善态度。

（四）手势语

手势语在整个非言语交际中占有非常重要的地位。布罗斯纳安曾说过：手部动作实际上是身势语的核心。手势语，是通过手、手臂的动作变化表达信息、意义。它可以增强说话的立体感、形象感，使听话者更好地理解说话的内容，适宜的手势能增强口述语言的传递效果。比如说教师用手指向黑板，这一举动可以引起学生的充分注意。用手叩击桌子可以让学生更加集中注意力或者了解事情的严肃性。但是，手势语的使用不宜过多，一旦使用过于繁杂或者不恰当，会分散学生的注意力，不利于教育活动的开展。手势语的使用必须紧扣三个原则，即目的明确、干净利落、节奏明快，让客体能清晰知道管理主体所要表达的意思，防止动作的琐碎。

管理主体和客体每天都在高校内外发生着双向、多向的交流和沟通，语言艺术是管理育人成败的重要影响因素，管理主体语言艺术化是管理育人过程科学化的关键。管理主体必须善于总结语言艺术的规律，运用语言艺术去工作，讲究语言技巧，提升自身运用语言艺术的能力，从而增强管理育人工作的科学性、针对性和实效性，提高管理育人工作的效能。

第六章　新时代高校管理育人的客体

　　没有客体也就无所谓主体，任何育人工作中，主体与客体都是相辅相成、密不可分的。管理育人工作也是如此。没有了管理主体，高校管理育人工作就缺失了主导推动力量，变成一盘散沙，没有方向指引，毫无凝聚力与向心力。而若是没有了客体，主体的工作就失去了意义，在工作中没有了管理的对象，成为无客体的主体的存在是没有任何实际意义的。就像客体离不开主体一样，主体同样需要客体的存在以证明自身的价值。了解管理育人中客体的范畴、特征及所赋予的权利，是高校管理育人取得成效的重要前提。

第一节　管理客体的对象

　　管理客体也有广义与狭义之分，狭义的管理客体就是指高校大学生，广义的管理客体包括高校教职工与大学生群体。管理育人主体与客体不是对立的关系，而是存在强烈互动和部分融合的趋势。从时间维度看，高校管理者必须先接受管理教育，管理主体在管理教育别人的同时，也要接受对方的管理教育并进行自我教育与管理。从空间维度而言，不少管理工作并不是直接面向学生群体，而是通过一定的文化载体、制度载体等管理手段实现育人目的。在层层的管理衔接中，不仅学生群体受到了教育，高校专业课老师、行政工作人员、后勤管理人员、辅导员、高校团学组织等对规律、自律和创新上的要求也可看作对管理主体的教育。此外，从哲学维度看，客体对主体不仅起着"镜像"作用，还能直接影响主体并导致主体调节和改变其行为。更进一步说，存在对思维、世界对人的制约作用也可从客体对主体的他律作用中得到最直观的显现。总之，管理育人客体的扩大，使它的影响范围更广，从而使得管理工作具有更大的育人价值。

一、 高校管理者

2016 年 12 月，习近平总书记在全国高校思想政治工作会议上强调，要坚持把立德树人作为中心环节，把思想政治工作贯穿教育教学全过程，实现全程育人、全方位育人，努力开创我国高等教育事业发展新局面。习总书记在 2018 年北京大学师生座谈会上也强调："才者，德之资也；德者，才之帅也。"办学要尊重这个规律，真正做到以文化人、以德育人，把立德树人内化到大学建设和管理的各个领域，各方面、各环节都要做到以树人为核心。

高校教职工的素质决定了高校办学能力与水平，在高校中，他们是管理育人的领导者、组织者、实施者，肩负着教书育人、管理育人、服务育人的重要职责。高校教职工对于加强和改进大学生思想政治教育工作，为国家输送合格建设者和接班人具有重要的作用。育人是每个教育工作者的天职，是对社会、对学生应尽的神圣职责义务。但是，育人的性质是特殊的，这种教育活动直逼学生内心深处，形式层出不穷，并且外界难以直接监督，是教育者的一种自觉劳动，是一种极为细致复杂的艰辛劳动。要把育人转化为教育工作者个人的内心要求和自觉行为，在很大程度上依赖于教育工作者个人的道德觉悟和思想境界。因此，高校教职工也是高校育人工作的重点对象。高校育人工作既要"领导抓"，又要"抓领导"，这主要是由教育主体的地位和思想政治素质现状决定的。

高校教职工在高校中的地位及其职能决定了必须将其作为思想政治教育的重要对象。高校教职工是传递党的路线、方针、政策的重要推动者，是学生与社会之间的重要桥梁，是高校中学生事务管理的领导者与组织者。实践表明，党和国家事业能否顺利发展、学生思想道德素质是否健全，高校教职工是一个重要因素。高校具备一大批思想素质和科学文化素质较高的教职工团队，是建设中国特色社会主义伟大事业、实现中华民族伟大复兴中国梦的关键。要建设一支高素质的教职工管理团队，就必须加强管理主体的思想政治教育，使其具有坚定的共产主义信念和较高的马克思主义理论水平，在学生群体中正确灌输党的路线、方针、政策，全心全意为学生群体服务。

高校教职工对广大教职工群体的示范作用决定了必须将其作为思想政治教育的重点对象。高校管理团队的一言一行对大学生群体具有重要的影响，其良好的思想道德素质本身就能成为最具说服力的教育形式。高校教师、行政管理者、辅导员等作为与学生群体密切接触的主体，如果他们的行为符合社会道德规范，且具有良好的社会示范效应，就会对广大大学生产生道德示范和激励作用；反之，如果他们难以胜任岗位要求，不仅会损害教职工自身的形象与威信，而且会败坏党和政府在学生中的权威。因此，做好高校教职工的思想教育工作，是做好高校其他工作的基本前提，提升管理主体的思想道德素质是增强高校管理育人实效的关键环节。

现实生活中少数的高校管理者思想道德素质方面存在严重问题，要求我们必须重视管理主体的思想政治教育。习总书记说，评价教师队伍素质的第一标准应该是师德师风。师者，人之模范也。然而，近些年来，社会生活的急剧变化对高校管理者的思想政治素质产生了复杂的影响，部分高校管理者丢失理想信念，组织作风涣散，对学生产生了极其恶劣的影响，虽然是极少数，但也不可忽视。尤其现在网络传播速度飞快，某些管理者的不良行径通过网络的传递，更加快速地影响了高校教职工在人民群众心目中的形象。因此，高校管理者作为管理的客体，要提高基层教职工尤其是党政干部的领导素质。只有大力加强领导干部的思想政治教育，提升其思想素质，才能有效解决管理问题中存在的思想性、根本性问题，从而为高校乃至社会思想政治教育创造良好的环境，培养合格的社会主义接班人。

从哲学思维看，客体对主体的行为也存在着制约与调节作用，因而高校教职工也是受教育的客体。无论是知识层面还是道德层面，新一代大学生群体总能在一定程度上给高校教职工以启发，促进他们认知能力上的提升和思想道德方面的进步。新时代背景下，"00后"大学生愈发认可以新媒体为主的信息获取方式，这就倒逼高校教师主体更新传统教育模式，改进教学方法，尤其是思政课教师更要结合学生喜闻乐见的网络内容作为课堂内容的穿插，吸引学生的兴趣，提高思想政治教育的实效。部分先进大学生的奉献精神、创新精神、拼搏精神也鞭策着高校教职工思想意识的向上。正是因为客体对主体始终具有他律性、制约性，因而才没有使高校管理主体的行为滑向随意化、主观化的泥潭。从这个意义上来说，高校管理者也是管理育人过程中的客体，在主体与客体相互影响中教学相长。

二、 高校大学生

习总书记曾在多个场合强调青年群体在社会主义现代化建设中的重要性。习总书记说："中华民族伟大复兴的中国梦终将在一代代青年的接力奋斗中变为现实。""每一代青年都有自己的际遇和机缘，都要在自己所处的时代条件下谋划人生、创造历史。"高校大学生群体作为新时代的奋斗者、建设者，就必须具备崇高的道德精神和意志品质。大学生是我国思想政治教育的主要对象，也是重点对象。这是由大学生群体在社会主义现代化建设事业中的重要地位和历史作用及其生理心理特征所决定的。

首先，高校大学生在中国特色社会主义现代化建设事业中的地位决定了这一群体是管理育人的主要对象。青年群体是中国特色社会主义的建设者和接班人，是祖国的未来、民族的希望，承担着建设富强民主文明和谐美丽的社会主义现代化国家的重任。青年群体历来走在民族前列，以先进的思想、革命的斗争精神为祖国和人民建功立业，为社会主义铺路架桥。只有在社会主义的大舞台上，在中国共产党的正确领导下，青年群体才能实现自己的伟大抱负、发挥自身的聪明才智。当然社会主义的实现也离不开青年群体，没有这些生力军的添砖加瓦，中华民族伟大复兴的中国梦也很难实现。未来掌握在青年人的手中，青年一代的道德素质和精神风貌决定了国家的未来与发展命运。因此，青年群体特殊的时代地位决定了必须将其作为思想政治教育的重点对象。高校管理者要在管理中对其实施德育教化，要对大学生群体投入更多的耐心、关心、爱心，培养他们积极进取、团结奋斗、求真务实、知行合一的精神，全面提升大学生群体的思想道德素质和科学文化素质，使其更好地承担社会主义现代化建设的重任。

其次，高校大学生群体的心理认知也决定了他们是管理育人的主要客体。大学期间是青年群体走向成熟而又未完全成熟的阶段，也是其世界观、人生观、价值观形成的关键时期。在这一阶段对其进行思想政治教育比其他任何阶段都更易于帮助他们塑造正确的世界观、人生观、价值观，因而管理主体必须根据大学生群体的心理特征适时引导、有效管理，促使其成为合格的社会主义建设者和接班人。

青年时期是人的心理发展最为波动、最为迅速的时期，对高校大学生进行管理教育，一定要注意方式方法，根据青年群体的心理特征进行有针对性的教育管理。青年学生求知欲旺盛，学习能力突出，有较强的自我意识和分析能力，传统的教育灌输显然不适用于当代青年大学生的学习需求，只会引起他们的抵触甚至反感。只有结合时代特征和大学生的个性，因地制宜、因材施教，对其加以管理引导，才能最大限度地帮助他们避免陷入偏执、独断的误区。此外，青年大学生的情绪和情感体验丰富，但情感活动比较动荡、易变，呈现出明显的不稳定特征。青年的心理将会在与不同人群的交往中面临独立与依赖、自尊与自卑、情感与理智等诸多矛盾与冲突，在高校中辅导员、心理老师等多方面的心理关怀疏导，能有效缓解青年群体的心理疑惑，很大程度上避免大学生群体出现心理疾病，进而走向极端。再者，青年大学生社会阅历较浅，实践经验不足，但自我意识的发展会使其尽可能探寻自己内心深处的自我，将注意力集中到发现自我、关心自我的存在上。而现实与实践的限制使大学生群体不能全面客观地分析自我，找准自身的前行方向和发展定位，不能正确区分"主体我"与"客体我"。要想实现自我的整合和统一，协调自我排斥和自我接纳这两个阶段，就需要高校管理者对其加以引导，帮助他们找到真正的自我，促使其健康成长。

总之，大学阶段既是青年发展的黄金时期，也是一个"危险"时期。一方面，大学生需要高校管理者对其进行特殊的关怀、教育、引导，满足学生的个性化需求。另一方面，大学生又具有自我教育、自我定向的可能性。高校管理者必须正确认识到大学生群体的心理发展特征，遵循教育发展的规律，有效开展思想政治教育，引导他们在生理、心理上的成熟，进而度过"危险期"，达到思想上的理性。

第二节　管理客体的特点

由于层次背景不同、所处环境不同等客观因素，以及管理客体自身思维方式的差异等主观原因，不同的管理客体呈现出不同的特征。掌握管理客体的基本特点，是管理主体开展工作的重要依据。管理客体的权利主要表现为客体主体性、层次多样性、环境黏合性、发展可塑性、反馈及时性等。只有把握了不同群体的心理特征，掌握了他们的心理需求，才能为管理客体提供各种类型的服务，解决师生员工的后顾之忧。

一、 客体主体性

管理育人是一项特殊的实践活动，管理育人客体本身就具有极强的主动性。但和管理主体的主动性不同，管理客体在表现形式和作用的程度上更体现出一种接受式的启发，是管理客体的自觉能动性，是管理对象客体性的特殊表现形式，因而它必定发生于管理育人主体所实施的育人活动之中或之后。管理对象的主体性是指教育对象不是作为一个完全被动的客体，而是作为一个有思想、有情感的人参与到管理育人过程中。管理客体作为思维着的人，能够能动地认识外部世界和内部自我，了解自身道德状况及自身行为与管理规章、社会要求之间的差距。同时，管理客体作为一个有能动性的人，对于管理主体所传递的教育信息并不是照单全收，而是根据自己的理解水平进行吸收与消化，有选择、有目的、有取舍地进行教育的再加工。这个选择和创造的过程是管理对象自我教育、自我提高的过程，也是管理客体能动地反作用于管理主体的过程。管理客体以主体视角体察教育者的管理活动所具备的教育意义，再投射到自身，鉴别、选择、内化管理者的教育信息。因而管理客体兼具主体性和客体性，缺乏管理对象的主体性参与，管理教育活动就无法开展；没有管理对象的主导性发挥，管理主体的主导性作用也就无从谈起。

管理育人过程中客体的主体性特征启示我们，不能以传统的灌输方式管理教育对象，而应该坚持以人为本，尊重教育对象的精神需求，积极营造氛围和创造条件激发管理客体的主体能动性，从而使得管理客体能以更加积极和理性的态度参与到高校"三全育人"工作中去，在与管理者的良性沟通中实现高校管理育人的目标。

二、 层次多样性

在高校中，管理育人的客体具有广泛的群众性和复杂的层次性，涉及高校多个管理部门和不同身份背景的教育客体。高校管理者既是教育的主体，也是接受教育的特殊对象。在高校中，无论是教学课堂、学生公寓、图书馆等任何场所，只要有人承担工作的地方就必然伴随着思想政治教育的活动。以往我们曾将管理者、管理对象简单地划分为对立的双方，认为只有管理客体才需要接受管理教育，这种观点是片面的。事实上，不存在绝对的管理主体与管理客体，时间、地点、条件的变化都会影响主客体之间的关系。管理者首先要接受教育才能管理教育对象，在接受管理教育的同时，这些主体本身也是客体。管理者因其特殊的地位和重要作用，更应该主动接受教育。高校教职工只有保持自身思想先进，才能更好地实现管理育人。

虽然管理对象广泛存在，但管理对象之间会因成长环境、教育背景、社会地位等各种因素呈现出不同的特征，不能一概而论，抹杀了不同层级间客体的差异性。按照时间、空间的属性，不同的管理客体之间表现出明显的层次性。即使是同一类别同一层次的教育对象，也可按照细化的标准进行不同层次的细分。

在开展教育活动时，教育主体要有的放矢，根据教育主体的利益需求和不同层次主体的自身需求，运用不同的方法进行管理教育，解决各种思想问题，及时化解矛盾冲突，促进高校管理教育和谐融洽。

三、 环境黏合性

以"00后"为代表的高校大学生逐渐成为高校管理育人的重点对象，作为成长在信息化快速发展时代的一代，他们的身上有着强烈的时代优势，比如更加活跃的思维、更加成熟的心态、对事物更强的敏锐性及对日常生活环境紧密的黏合性。在育人的过程中，管理客体所表现出来的自我意识在一定程度上冲淡了管理主体的绝对性，两者呈现出此消彼长的趋势。细看"00后"大学生表现出来的特征，他们大部分是独生子女，经济宽裕、追赶潮流，但从小被捧在掌心导致独立意识缺乏；他们个性张扬、关注自我，但团队合作意识欠缺；他们知识广博，心理早熟，但是抗压能力不足；他们有社会责任感、理性务实，但也可能是精致的利己主义者。这些时代背景塑造的新一代教育客体都导致高校管理育人的难度加大。

同时新媒体的普及改变了传统的教育传播模式，传播主体的"泛化"与学生的"自媒体化"、信息"碎片化"在改变大学生交往模式的同时，也改变了大学生的学习和思维方式。自踏入高校起，大学生的手机、电脑几乎就配置齐全，网络信息的飞速传达、方便快捷使得大学生对网络产生了空前的媒体依赖，高校管理者的教育管理不再是传递教育知识、传播德育典型的唯一渠道，这也给高校日常管理带来了新的挑战和难题。正是这种日益增加的管理内容和日趋复杂的管理状态让高校管理育人的主体更加难以应对。

受综合环境的影响，管理客体对传播介质产生了很强的依赖，高校管理主体应当引导其正确辨别网络所传递的价值，同时在平时的管理教育中，利用学生上网浏览的大数据报告，有针对性地对其加以管理引导，使客观环境更好地为管理教育服务。

四、 发展可塑性

所谓发展可塑性，是指管理客体的思想素质可以通过环境的影响和思想政治教育的作用加以塑造，即经过管理教育，使得管理客体内化于心，外化于行，确保其思想行为符合社会要求的变化。管理客体具有可塑性，是因为他们的思想不是先天形成的，也不是一成不变的，而是在社会实践中不断变化发展的，这种发展可塑性为对其进行管理教育提供了可能，是高校能实现管理育人的内在依据。

可塑性可从两个方面来深入理解，一是知觉上的可塑，二是思想上的可塑。在知觉的过程中，一种感觉发生作用，起到另一种感觉所起到的作用，原因在于这两种感觉本身具有同样的因果联系，这就可以说明知觉是可以无限拓展的。认知的同化功能促使管理客体在掌握具体知识的基础上学习更为抽象的知识，通过概括、归纳和总结具体知识的属性来获得新的认知。从心理学意义上讲，人的知觉是直接作用于感觉器官的客观物体的整体在人脑中的反映。而这正是被客体自身忽略的、难以觉察却需要正视的东西。管理主体与客体之间关系的建立，需要以客体的利益为中心，重视管理客体的知觉可塑性，开发其潜在的知觉意识，这将为管理教育提供可能。管理客体的认识是一个由不知到知、由较肤浅和较片面到较深刻和较全面的无限发展过程，这就是思想上的可塑性。这种思想上的可塑性将推动管理客体实现从现象到本质的飞跃。任何一个人对事物的看法都会直接或间接地影响管理客体的价值判断，继而影响其生活。思想政治教育所提倡的"四有"新人正是体现了管理客体思想的可塑性，这种可塑性使管理客体可以不断接受马克思主义最新理论成果的熏陶，从而实现高校管理育人的目标。

高校管理主体应该以发展的眼光引导管理客体，把握对其实施管理教育的最佳时机，正视教育客体的塑造性，根据他们的个性差异因材施教，从而不断激发管理客体的无限潜能，直至客体主体化乃至"反客为主"局面的出现。

五、反馈及时性

传统的高校管理育人工作需要管理主体、管理客体、管理教育内容在同一时间、同一地点开展，所有要素缺一不可，管理育人的成效反馈能在第一时间通过管理主体实施的育人活动呈现出来。管理育人发生在高校的日常，这种及时的反馈更像是生活现场直播的一部分，直观显现且没有时间误差。管理育人的主体可以在管理现场根据实施的教育活动成效、管理客体的反应做出最基本的判断。这种反馈的及时性给予管理主体现场调节的可能，主体能有效调整相关教育内容，并选择最优方案，提升管理效果。

而"互联网＋"时代的到来创新了传统管理育人的模式，给高校管理育人提供了更多的途径，网络媒体的使用也为反馈的同步提供了相应的佐证。因为，从根本意义而言，网络载体的广泛运用使得管理客体的主体性大大增强，信息传播手段和交往模式的创新都促使管理客体平等意识、创新意识的提升。通过网络平台，大学生可以根据自身的意愿自主地学习和娱乐，信息的获取与交流都更依赖自身主体性的发挥。对于管理主体而言，网络媒介的普及也增加了主体进行管理的途径，且网络的便捷性、快速性能有效提升管理的效率。网络媒介的高速发展实质上也是对于主体的一种有效监管。在网络中，管理主体更应谨言慎行，确保管理内容合规合理、有理有据。管理主体可以通过加入班级群、利用微信推送教育内容等途径对教育对象进行线上管理，并且能及时通过留言获得反馈，增强了管理的时效性。当然，网络管理也会存在不可控的情况，过度的依赖也会导致管理客体在一定程度上丧失自主性，同时也增加了高校管理者在网络监管方面的难度。但总体而言，网络化的监管方式依然利大于弊，为管理客体的自主性生长提供了更自由的空间。

第三节　管理客体的赋权

管理客体作为具有独立个性和主体意识的公民，同其他公民一样享有宪法赋予的基本权利。同时作为管理教育客体，又享受特殊身份所具有的特殊权利。他们的权利问题理应受到更深入的关注。然而，在现实生活中，学生权利被忽视、被侵害的现象时有发生。完善高校管理、保障客体权利成为高校管理不可回避的问题。

一、 保障客体权利的意义

第一，是依法治国、依法治校方略对高校管理的基本要求。高校不能再沿用以前长期实行的大包大揽的模式，不能像非法状态下自由、随意地对待管理者，而是应当建立一套充分尊重受教育者权利、使管理者与被管理者权利与义务关系相一致的管理模式。在按照法律法规、校纪校规对管理客体进行管理的同时，更要尊重和保障管理客体的权利。只有保障管理客体的基本权利，建立完善的权利救治渠道，才能保障管理客体的合法权益受到合理的保障，从而营造良好的管理育人氛围。保障管理客体的基本权利，已成为高校管理走向法治化、现代化的重要标志。

第二，是高等教育国际化的要求。在"互联网＋"全球化的新时代，世界教育资源和教育要素的流动非常活跃，涉外管理和服务任务格外繁重。教育尤其是高等教育是意识形态属性比较明显的领域，在教育对外交流与合作中，多元文化的碰撞在所难免。高校应把学生作为关心的重点，并将他们视为高校教育改革的主要的和负责的参与者。高等教育要实现国际化的目标，尊重学生主体地位、保障学生权利是题中应有之义。

第三，是以人为本的管理理念对高校管理的要求。在马克思看来，社会、历史本身并不具备丰富性，也没有创造任何价值，在历史生活中发挥作用的正是现实的、活生生的人。人是最核心和最具竞争力的资源，是所有价值的根本取向。所有物的发展皆以人性的升华为旨归。管理活动要围绕如何服务人的发展来展开。这就要求高校管理者在日常管理中要以人为本，摒弃传统的物本管理，尊重管理客体的主体地位，并通过法治保障学生的合法权利，真正实现高校的人文关怀。只有如此，才能保障管理客体主观能动性的发挥，从而真正实现人之为人的现实意义。

第四，是高校管理职责的体现。高校对管理客体的教育目的在于使学生具备良好的学习生活习惯，使教学工作有一个良好的秩序和环境，在和谐的氛围中，主客体能够愉快地学习、有效地沟通交流。一方面，高校有制定管理规章制度的权利，有权按照法律法规和校规校纪对管理客体进行教育；另一方面，管理者又有义务尊重和保护管理客体的权利，保证管理客体的身心安全，促进高校管理的有序和谐。尊重和保护客体的合法权益，已成为高校管理的时代课题。通过有效管理，能释放高校办学活力，形成高效、协调、顺畅的运行机制，从而推动高校治理体系和治理能力的现代化。

二、 管理客体的基本权利

对于管理客体的赋权，学者们从不同的角度进行了研究，但总体而言，管理客体的赋权应围绕两个方面。管理客体在接受管理教育的同时，既是一个社会人，又是一个学校人，具有国家公民和管理客体双重身份。因此，他们所享受的权利也包含两个部分：一是作为公民所享有的、《宪法》和其他法律所规定的公民的权利；二是作为管理客体所享受到的特定的权利，这些权利在《教育法》《教师法》《高等学校学生行为规范》等教育法律和规范中都有体现。下面结合上述法律并按照权利的性质，将管理客体的权利从实体性权利和程序性权利两方面进行分类，又根据权利的具体内容，对其进行相应的细分。

（一）实体性权利

1. 受教育权

受教育权是作为一个公民最基本的权利，也是高校管理客体在高校中最基本的权利，在学生的权利体系中，受教育权是处于核心地位的。无论是高校学生，还是高校教职工群体，谁都无法剥夺他们受教育的权利。受教育权是管理客体工作生活及参加其他一切社会活动的基础，受教育权的实现程度对客体的生存与发展的作用和影响越来越大。大学生的受教育权是由国家法律加以规定的，不是一种抽象的存在，而是一种社会存在，与相对主体的义务相联系，其实现依赖于相对主体义务的履行。大学生受教育权的实现还有赖于对侵犯大学生受教育权的违法者追究法律责任；只有追究违法者的法律责任，对受损的受教育权进行恢复或补救，大学生的受教育权才能真正实现。

以高校大学生这一更广泛的群体而言，他们的受教育权又可细分为学籍权、教学活动参与权、公正评价权、教育选择权、就业指导权、学术自由权等权利。大学生有权获得在高校中进行学习的人格和身份，有权选择参与到教育教学的各个过程，比如授课、讲座、实验等。同时有权要求学校在期末出示相应的成绩和品行评价，并有权通过正当途径要求对各种失真的评价予以更正。根据身心发展的特点及学术兴趣的导向，对于选修课程、发表论文和申请专利等也可以自主进行选择，管理主体应积极对其进行相应的指导。在学生面临就业问题时，管理主体也应及时做好管理和服务工作，使学生得到就业指导。在圆满完成教学计划中规定的学分要求后，大学生也享有获得相应证书的权利。因而，受教育权是广泛存在的，必须重视教育客体的受教育权，才能保证高校教育教学过程的完善，增强管理的有效性。

2. 保障权

保障权包括两个方面内容，一是人身保障权，二是物质保障权。人身物质保障权是指"大学生在大学生活期间所享有的生命、健康不受外界侵害，其档案文件等涉及人身权的隐私权不受侵害，其为了更好的生活、学习所必需的物质需求能够更好地得以满足的权利"①。人格保障权和人身安全保障权构成了人身保障权的主要内容。管理客体虽在教育过程中接受主体的教育管理，但是人格权是管理客体作为人之主体所固有的权利，是人之为人的基本条件。人格权作为管理客体最基本的权利，理应受到保护。管理客体的人格保障权主要包括姓名权、肖像权、隐私权、名誉权、健康权等。对于人格权的保护，已成为现代民法的基本任务。人身安全保障权不仅是指在管理过程中服务管理设施、教学活动的安全，还包括管理客体有权要求活动指导、安全提醒等，高校必须以规章制度的形式保证管理客体能够在校园中安全地学习与生活，参与各种合理合法的活动。

而物质保障权又可划分为财产权和收益权。财产权是公民的绝对权利，任何人不得侵犯和非法限制。管理客体拥有对自己的生活资料、学习用品所有权的归属，有权对自己依法取得的财产享有占有、使用、收益和处分的权利。收益权即管理客体依法在高校管理中获得利益的权利。例如，使用高校教学设备，使用学校提供的教学资源，按照规定获得奖助学金、生源地贷款，享受来自国家或相关企事业单位的一系列荣誉和补助，以及获得勤工助学的机会等。管理客体人身财产权利不受损是保障其成长成才的重要前提，也是高校管理育人的重要原则与导向。高校应加强对管理客体人身物质权的保障，拉近与客体

① 共青团吉林大学委员会. 大学生权利及其维护 [M]. 长春: 吉林大学出版社, 2004: 48.

之间的距离，营造和谐的管理育人氛围。

3. 政治民主权

在现代社会中，民主是一个含义很广泛的概念，和平等、自由相互并行。在高校这个环境中，每个管理客体都享有和普通公民一样的民主权利，都是高校这个小社会的主人。国外大学十分重视学生参与学校管理，学生不仅是学校管理服务的对象，更是学校健康发展的重要推动力。国外大学章程中也突出强调了学生参与学校管理的权利。比如德国的柏林大学章程就十分重视学生的民主参与，学校校董会、学术评议会、院务委员会中都有学生成员的存在。上到高层决策，下到宿舍管理，外国学生参与民主管理的范围十分广泛。结合我国实际，在高校管理中，管理客体也应该享有管理权、选举和被选举权、知情权、监督权、建议权等各项民主权利。

根据管理对象客体主体性的特征，高校管理客体有权通过正当途径参与校园管理，这是管理对象的一项重要权利。无论是校园基础设施的优化还是教育教学课堂的改进，高校都应该提供正当、平等的机会，让管理客体参与其中，共同促进管理的科学化、高效化，从而履行好自身民主管理的权利。选举权和被选举权是公民的一项基本权利，每一位管理客体都拥有这一神圣的权利。知情权是学生提高自身学业水平和维护其他正当权益的必要条件，管理客体有权了解高校所能提供服务的真实情况，对于高校的各项资源状况和管理状况等也应知悉。客观、公正地对教师授课及行政管理者的服务进行评价也是管理客体的一项权利，且学生评教是对教师最好的监督。学生的评价与建议不仅仅被看作管理、评价教师教学的一种手段，更应该是对学生权利的尊重和维护。在高校中，管理客体的正当民主权利被维护是管理者必须要重视的内容，只有增强客体的民主意识，才能有效维护管理客体的民主政治权利。

4. 生活方式选择权

高校管理客体对于自身生活方式具有选择的权利，在法律的规范内，管理客体有权决定自身的生活自由、信仰与言论自由、恋爱结婚自由等与自身生活紧密相关的内容。管理主体有权在自己的职责范围内给出自身的建议，分析客体选择的生活方式的利弊及其造成的影响后果，并给出中肯的建议。但是管理主体没有权利擅改客体选择的生活方式，同时要对管理客体的选择予以尊重。只要在法律允许的范围内，管理客体就有权决定自己所钟爱的生活方式。

高校的大环境下，管理主体在教师行业的标准下明确对于仪容仪表的要求，但在具体吃穿用度方面没有具体要求，落落大方、干净清爽即是最佳的。高校大学生群体本身是十分个性化的存在，他们的生活态度和生活方式本就追求与众不同，在这方面没有绝对正确的标准。同时大学生也有恋爱和结婚的权利，管理主体有义务对学生给出相应建议，但是不能干涉他们婚恋的权利。管理客体还应享有居所不受侵犯的权利。《宪法》规定公民的住宅不受侵犯，居住安全是公民生活中最起码的一项权利。因而在教育立法中，也应强调规定学生的居所不受侵犯，禁止校方以检查宿舍的名义非法进入学生宿舍。公民还享有言论自由与信仰自由，因此在高校中需要尊重管理客体的信仰和表达自由，但自由也不是绝对的自由，一切要在法律允许的范围内，因而管理主体要适时加以引导，但不强加干涉。此外，大学生的课后学习权和休息权是他们在课外时间中应该享受到的学习和休息的权利，但在高校管理规章制度中还没有细化这一点，或是管理主体与客体在这一方面的意识还不是很强烈，必须寻求构建完善的休息权保证机制，促使管理客体课后学习权和休息权得到切实保障。

（二）程序性权利

程序性权利是相对于实体性权利而言的，二者之间是相对应的。实体性权利是指人依法享有的具有实际意义的权利，而程序性权利就是保障实体性权利不受侵犯的权利。程序性权利服务于管理客体的实体性权利，又有自身独立存在的价值。高校管理客体的程序性权利存在于高校各类管理活动之中，表现形式多样，具体包括知情权、听证权、陈述和申辩权、申诉权、申请仲裁权、参与权、诉讼权等各项权利。

1. 知情权

知情权是指高校管理客体对于高校管理活动的了解权，对于高校规章制度及运行机制的知悉权。随着我国高等教育体制的转变，大学生已经是名副其实的特殊的教育消费者。管理客体有权了解学校的学籍管理和其他影响自身合法权益的有关资料，有权了解管理主体的身份、管理的依据、管理的权限及最终的管理结果，有权了解教育教学设施、图书资料等有形的资源及各种出国交流活动等无形的信息。对于教学计划的知悉能使管理客体对自己的学习和生活有一个合理的安排，对于评奖评优过程中学生的参选情况、评选规则的知悉能促进评选过程的顺利进行。特别是在对管理客体进行违纪处分的时候，管理客体应有通过正式的程序了解的权利，学校也应当以书面形式告知当事人受处分的事实、理由、依据，并告知当事人依法享有的权利。"阳光是最好的防腐剂"，高校应该最大限度地公开管理信息，最大限度地保障学生的知情权。

2. 听证权

管理客体的听证权是指高校管理者在做出奖惩或者事关学生权益的重大决定前，应当举行听证，赋予大学生发表意见、提供证据并进行质疑、辩驳的权利。例如在做出处分学生的决定时，高校应该召开听证会，听取同学的意见和建议。学生自身也有申请举行听证的权利。听证的公开性将有效避免学生管理决策的随意性，使得管理工作更加科学，更加公平。听证制度的引用，将推动管理客体主动参与到问题中去，通过听证学校能进一步查清问题的事实，可以更全面快捷地寻求解决问题的方案，切实保护管理相对方的合法权益。此外，管理客体听证权的赋予能助推高校民主法治化的进程，是高校顺应当前教育法治化必须采取的重要措施。

3. 陈述和申辩权

陈述和申辩权是指管理客体在学校做出与自身利益紧密相关，特别是对自身不利的行为时，有权陈述自己的意见和想法，提供相关的证据材料。学校在做出与管理客体利害相关的决定时应当说明理由，并给予管理客体申辩的机会，允许客体进行辩解和质证。陈述和申辩权是法律赋予学生的权利，管理主体履行告知义务是管理客体行使陈述和申辩权的前提，管理主体要采取正规的书面告知的形式通知管理客体，并确定管理客体行使权利的期限，以确保管理客体能够有效维护自身利益。管理主体要正确对待管理客体的陈述和申辩意见，认真复核，做好有效沟通，保证公正客观地处理。保障管理客体的陈述和申辩权，无论是对于管理客体还是学校而言都具有十分重要的意义，不仅有利于培养管理客体的维权意识，增强管理客体的法治观念，而且能够监督高校依法行使学生处分权，防止和纠正不当的学生处分的行为，同时还有利于正确处理管理客体与高校之间的关系，化解管理主客体之间的矛盾。

4. 申诉权

申诉权是指管理客体对高校给予的处分不服，有权向高校内部申诉机构申诉或者向上一级行政部门提出诉讼，请求重新审查处理的权利。《教育法》《普通高等学校学生管理规定》已明确规定受教育者享有申诉的权利。申诉权一般分为两种：一是校内申诉，即学生向校内的申诉委员会提出申诉；二是由学生向学校所在地省级教育行政部门提出的诉讼。申诉委员会相较于校内的原处理主体，无论在权威性、专业性还是利益的相关性上均有一定的优势。申诉制度的建立在于给予学生面对对其本身不利之处理决定时获得救济的机会，学校也可以借助申诉委员会的建制再次斟酌处理结果的合法性与妥当性。

学生申诉作为高校管理的建制，它足以介入学生以受教育权为核心的基本权利，影响到学生知识探索和人格发展的方方面面。同时，以高校管理为抓手的现代大学治理制度的建构与革新必须通过制度化、规范化的法律机制加以保障。

5. 申请仲裁权

仲裁是仲裁机关在当事人双方自愿的基础上达成的协议，以第三者身份介入当事双方的争议中，做出一种对争议双方均有约束力的制度。仲裁具有自治性、契约性、民间性、准司法性等特征。高校与管理客体如果发生权利争议与纠纷，管理客体有权选择仲裁机构、有权选择仲裁员、有权协议约定仲裁程序等，以简化纠纷解决程序，降低争议解决成本。现行制度下，高校教育纠纷的专业性和技术性及司法审查的局限性导致了现行救治体制的结构缺陷，仲裁机构无疑是最适合进行裁决的。在教育仲裁中，由教育部门负责人担任教育仲裁委员会主任，仲裁委员会的成员中应有高校教师和学生代表，遵循回避原则，保证仲裁结果的民主性与公正性。管理客体仲裁权的赋予充分体现了现代法制对学生以受教育为核心的合法权益的保护，同时又促进了高校自治迈上新的台阶。

6. 参与权

高校学生参与权是学生使用最广泛的一项权利，即高校学生参与学校教育教学管理、行政管理、后勤管理、学生组织管理的权利，学生参与管理要以学生自愿为前提。从利益相关的角度看，管理客体是各项活动的消费者，有权参与到高校管理工作的各个环节，高校的课程设置、教学活动、教师选聘、后勤保障等方面的工作都要围绕学生来开展。当高校管理主体做出事关客体权益的重大决定时，应及时征求管理客体的意见，并让他们参与其中。学生参与学校管理，不但可以培养学生的民主意识、责任意识，还有利于高校发展的科学化、民主化和社会化。《普通高等学校学生管理规定》中对大学生参与高校民主管理赋予法定权利，支持大学生参与学校民主管理是高校应履行的法定义务。同时，落实大学生高校管理参与权是实现以生为本教育理念的必然要求，是实现以权利监督权力的平衡与制约机制的有力保障。高校要将管理主体作为推动高校各项工作改革的动力源泉，以学生内部参与为高校权力制衡注入新的血液，进而优化和完善大学内部治理结构，推动大学生管理参与权的有效实现。

7. 诉讼权

诉讼权是指当管理客体不服从高校处分决定时，对在司法审查管辖范围内事项的决定，可以向人民法院提出诉讼，寻求司法救济。行政诉讼具有双重功效，一是能够直接审查高校中的具体行政行为，二是维护行政相对人的权利。在学校管理主客体的关系中，管理客体实际上仍旧处于弱势一方。高校管理主体在对客体的管理中稍有不慎就可能对学生的一生造成重要的影响，甚至改变学生的人生轨迹。在这种情况下，如果不赋予管理客体应有的诉讼权，就难以保障客体的权益在遭到非法或不当的侵害时得到应有的补偿。因此，诉讼权是客体理应享有的权利，通过介入司法对管理主体的行为进行适当的约束，为管理客体的权益提供救济的渠道与途径。这是维护客体合法权益的题中应有之义。

管理客体的实体性权利和程序性权利相辅相成，是维护高校管理客体合法权益的重要武器。实体性权利解决管理客体可以进行某种行为并从中获得利益的问题，程序性权利是当实体性权利受到侵犯时，寻求公正解决争议的途径问题。没有程序保障的实体性权利就形同虚设，二者缺一不可。但是长期以来，受到多种因素的影响，我国的相关法律中对于学生权利的规定不够深入细致。在高校管理中也不够重视对管理客体的程序性权利的保护，在受教育权、救济权等方面存在一定的倾斜。因此，高校必须加强对管理客体程序性权利的重视，使其与实体性权利具有同等地位，更好地保障管理客体的权利，从而进一步推进高校依法治校，构建高校和谐校园。

三、 管理客体权利保障对策

要保障管理客体的权利不受侵害，实现对管理客体的各方面保护，就需要从多个层面出发，构筑管理客体权利保障体系。下面主要从国家、高校及管理客体三个层面出发，探讨维护管理客体权利的有效对策。

（一）国家层面：强化维权环境建设

1. 发展现代法律文化，培育权利意识

权利的真正实现，依托于被管理者权利意识的觉醒。缺乏权利意识，就难以实现权利的真正行使。行政权力至上，强调作为个体的公民对行政权力的服从。作为被管理者的学生和教职工等，融入高校的管理框架，接受指令，完成任务。作为学校重要组成部分的学生，他们的主体意识、权利意识淡薄，对自身权利敏感度不高。权利意识直接产生于社会的法律文化环境。在这样的情况下，应尽快完善现代法治理念，促进现代法律文化转型，培育被管理者的权利意识，使被管理者切实树立权利本位意识。现代法律文化，以现代法治理念为核心，其主要内容包括：第一，依法维护自己的权利，在自身权利受到侵害时勇敢站出来据理力争；第二，牢固树立程序正义观念，高度关注程序合法性，转变传统观念，以合法的程序维护自己的权利；第三，培养权利制约理念，权利若不能被有效地限制，将会导致权利泛化和权利滥用的现象，应在法律许可范围内，依法行使权利。现代法律文化的形成，必然会带来高校权利意识的觉醒、被管理者权利意识的提高，进而引起全社会"权利本位"的形成，从而为高校被管理者的权利保障提供良好的文化环境。

2. 依赖现有法律法规，完善教育法律体系

立法是高等教育依法治教的首要环节，而良法是实现依法治教的前提。高等学校的依法治教不仅仅在于有法可依，更重要的是内容充实、行之有效、可操作性强，这就要求国家在宪法的基础上，不断完善高等教育法律法规体系。进一步完善高等教育法律法规体系，使所有被管理者的权利、义务有明确的界定和运作规范。一方面必须遵循法制统一原则，即必须以宪法为依据，不得与之矛盾；另一方面应该使立法内容详尽，覆盖面广，条款具体、明晰，贯彻重视和保障权利的原则，明确和充分地规定各方的权利。因此，首先应厘清现有法律法规，对不完善的地方进行有效的修补，修改不合时宜、不完整的内容，增加与现实需求相一致的权利、义务，将抽象的表述明确化、具体化，增强教育法律法规的可操作性。其次，明确被管理者可享有的权利，完善被管理者权利保障制度，完善被管理者享有权利的合法程序，以相应的实施条例与配套法

规，使其内容得到进一步充实，为有效实施创造条件。

（二）高校：依法依规治校，尊重客体权利

作为管理育人主阵地的高校，是管理客体权利得以实现的一个重要实践场域。高校管理的每一个环节，都与管理客体权利的实现息息相关。依法维护管理客体的权利，必须贯彻依法治校的方针，实现高校管理的法治化。

1. 树立依法治校、以人为本的管理理念

为了真正实现依法治校，高校的管理主体应该率先垂范，只有教育主体做到立德树人，学法用法，才能将依法治校落到实处。首先，管理客体应增强法律意识，良好的法律意识是严格依法办事的前提，可以促使高校管理主体在行使管理职责的过程中，尊重和保护管理客体的既定权利，避免对其产生侵权行为。其次，要明确依法治校的内涵。依法治校是我国高校管理的必然选择。依法治校的重点是管理主体在管理的过程中体现出法治精神，能够按照法律法规和校规校纪对自身行为有一个很好的约束，同时对于全校各项事务，都能以科学、全面的态度进行管理。高校的管理客体不仅是受教育者，也是管理过程的参与主体，管理主体应该转变思想，从管理学生到服务学生，激发管理客体的主动性。只有这样，才能有助于学生综合素质的提高，真正维护好学生的权利。

2. 健全管理规章制度

高校的管理规章是高校管理主体进行管理的重要依据，管理规章制度的制定要以法律法规为基础，遵循行政权的一般原则。但为了达到教育的目的，制定高校管理规章制度应该同时坚持教育与惩戒相结合的原则。总体而言，就是在管理中既坚持合法性，又坚持教育性。合法性是高校管理最基本的原则，是对学生进行管理的最低行为要求。高校在制定校规校纪的过程中，不能与现行法律相抵触，否则无疑是要被撤销的。同时，又要坚持教育性。对于管理客体进行管理教育是为了教育学生，维护正常的教学秩序，培养合格的社会主义接班人，而不能纯粹地为了学校的利益。从根本上而言，学校采取的惩戒措施都应以教育为主，帮助管理客体改正错误，体现以人为本的理念。因此，规章制度的制定不应该考虑处置管理客体是否对学校有利，而是是否合法，是否会侵犯管理客体的权利。

（三）管理客体：积极维护自身权利

从西方各国高等教育的变迁中，我们也不难发现，只有学生对自身权利给予充分的关心，才能运用法律维护好自身权益，甚至能促进各国司法不断修正完善。管理客体是维护自身权利的基本主体，其维权的结果直接关系到客体自身的利益。如果管理客体对自身的权利漠不关心，那么权利的维护也将成为虚无的存在。

1. 增强法治观念，明确自身权利与义务

只有明确法律对高校管理客体的相关规定，才能有效保障自身权益。因此不仅是管理主体需要学法用法，管理客体也应学习基本的法律常识及与自身权益相关的其他法律，比如教育法等，以便明确自身具备哪些权利，准确地判断自己的权益是否受到侵害，进而能够运用法律武器有效维护自身利益。同时，管理客体也应明确权利与义务之间的关系，权利与义务互为前提，不能只享受权利而不履行义务。如果管理客体不履行义务、滥用权利，造成对国家、学校、个人利益的损失，同样会受到法律的惩罚。我们不能要求高校在一夜之间完成管理思想的转变和教育手段的更新，高校管理客体在享受自身权利时，也要立足于国情和办校的实际，从而在合适的维度内形成正确的权利义务观。

2. 建立管理客体维权机构，维护客体权利

高校管理客体应当依法组建和完善维权机构，维权机构的成员包括高校大学生、法学专业教师，以及校外律师等专家。维权机构是高校管理客体行使权利的代表，在增强管理客体维权意识、维护管理客体利益方面发挥了重要作用。首先，维权机构的首要职能就是为管理客体提供法律咨询与服务，宣传正确的法律知识。管理客体在自身权益受到侵害时，可以向维权机构寻求救济。同时，维权机构还能对管理主体的行为进行有效制约，在主客体之间存在纠纷时，可在司法介入之前直接受理矛盾纠纷，成为维护客体权益的有力组织。维权机构是对高校管理客体权利最认真、最彻底的一种保护，因为这种权利保护来自管理客体自身的认同。当前，很多高校都成立了学生维权机构，以保障管理客体的正当权益。

第七章　新时代高校管理育人的内容

第一节　教学管理

一、　普通高校管理育人中教学管理的定义

　　管理育人是指高校管理部门和管理人员在履行管理职能过程中围绕立德树人所开展的各项工作，其内涵有四个层面：一是高校所制定的各项管理制度，都应当坚持育人导向，突出价值引领，遵循思想政治工作规律、教书育人规律和学生成长规律，体现育人的宗旨和目的；二是管理者要严于律己、为人师表，以良好的职业道德和敬业精神，潜移默化地影响和感染学生；三是管理者要将育人理念渗透到日常工作中，在依法严格管理、热情服务这一管理职责履行过程中，体现育人的价值；四是管理者要积极主动参与各种育人工作和活动，以培养学生良好的思想道德品质，引导学生健康成长和全面发展。在加强和优化高校管理育人过程中，确保理念优化、工作思路清晰尤为关键①。

　　关于教学管理的定义是什么，学术界直到今天也没有形成统一的认识。本章将介绍几种目前比较有代表性的观点，作为理论支撑。

　　第一种观点为卢鸿德在其《高等学校教学管理理论与实务》一书中所提出的。王新宏认为，教学管理是学校的管理者在遵循管理规律和教学规律的前提下，通过科学地组织、协调和使用教学系统内部的人力、物力、财力、时间、信息等诸多因素，以确保教学工作有序、高效运行为目的的决策和实施②。

---

① 王杨. 加强高校管理育人面临的挑战与对策［J］. 思想理论教育，2019（12）：107–111.
② 卢鸿德. 高等学校教学管理理论与实务［M］. 沈阳：辽宁大学出版社，1991：2.

第二种观点是冒荣等在《高等学校管理学》一书中所提出的。冒荣等认为，教学管理是为实现教育目标，按照一定原则、程序和方法，对教学活动进行计划、组织、领导和控制的过程；教学管理的实质就是设计和保持一种良好的教学环境，使教师和学生在教学过程中高效率地达到既定的教学目标①。

第三种观点是刘茗在《当代教学管理引论》一书中提出的。刘茗认为，教学管理是学校管理者按照教育方针、教学计划及教学大纲的要求，根据教学工作的自身规律，运用现代科学管理的理论、方法和原则，通过计划、组织、检查、总结等管理环节，对教学的各个方面、各个要素、各个环节进行合理的组合，以推动教学工作正常地、高效地运转为目的的管理②。

当前我国普通高校的教学管理任务主要是："研究教学及其管理规律，改进教学管理工作，提高教学质量水平；建立稳定的教学秩序，保证教学工作正常运行；研究并组织实施教学改革；努力调动教师和学生教与学的积极性。"③

高等学校的教学管理工作，要以唯物辩证法等科学方法论为指导，注意综合运用科学合理的行政管理方法、思想教育方法及必要的经济管理手段等，避免依靠单一的行政手段。要注重现代管理方法在教学管理中的应用，努力推动教学管理的现代化。

高等学校教学管理的支持保障系统包括图书情报系统、后勤服务系统、卫生保健系统等。高等学校各个部门都要以培养社会主义事业需要的合格人才为中心，协调配合，认真落实"教书育人、服务育人、管理育人"。

学校要保证教学经费在全校的总经费中占有合理的比例。要用好有限的教育经费，有计划、有重点、分步骤地加强教学基础设施建设，改善办学条件。要多渠道筹集教育经费，并随着收费制度的改革，逐步增加对教学工作的投入。

教育部高等教育司要求各高等学校积极推进教学管理制度改革，建立符合我国国情和各校实际的教学管理制度。要改革教育思想和教育观念，着眼于更好地调动各种类型学生的主动性、积极性，为学生发展志趣和特长提供机会，

① 冒荣，等. 高等学校管理学［M］. 南京：南京大学出版社，1997：152.
② 刘茗. 当代教学管理引论［M］. 北京：教育科学出版社，1997：1.
③ 长江师范学院教务处. 高等学校教学管理要点［EB/OL］. ［2007－10－14］. http：//jwc. yznu. cn/2016/0823/c1861a37653/page. htm.

从而有利于培养出适应社会发展需要的优秀人才。

二、 普通高校管理育人中教学管理的作用及地位

教学管理能够帮助普通高校实现其教学的科学化和规范化管理，并逐步提高普通高校教学的科学化和管理规范化水平；有效的教学管理能够切实提高普通高校的管理水平、教学质量和办学效益；教学管理能够通过教学科学化和管理规范化，通过管理水平、教学质量和办学效益的提升，保障普通高校人才培养目标的实现，为我国人才强国战略的落实及高等教育工作的繁荣发展提供重要支持和保障。

教学工作的地位首先要从高等学校的职能开始阐述。高等学校具有为社会主义现代化建设培养高级专门人才、开展科学研究、从事社会服务等多种职能。高等学校的重要职能是为我国的社会主义现代化建设培养人才，而且是高级的专门人才；高等学校的职能还有开展科学研究，依托高等学校的硬件设施、师资力量、学生参与、科研氛围等有利因素，高等学校有能力也有必要进行科学研究；从事社会服务也是高等学校的重要职能，高等学校具有良好的校园环境和学习氛围，能够为社会大众提供诸多社会服务。

需要明确，各种类型高等学校的基本职能和根本任务都是培养人才，也就是说为中国特色社会主义培养合格的建设者和接班人是当前高等学校的根本任务和基本职能。要想培养人才就必须进行教学工作，因此，教学工作是学校经常性的中心工作，也是学校各项工作的重心。以培养中国特色社会主义的合格建设者和可靠接班人为根本任务的高等学校，其教学工作就必须置于学校各项工作的中心地位，高等学校的教学管理在高等学校管理中占有特别重要的地位。各高等学校应加强认识、深入谋划、科学实施、积极改革，推动高等学校教学管理的长足进步和向好发展，推动我国人才强国战略的实施和社会主义现代化建设。

三、 普通高校管理育人中教学管理的内容

当前我国普通高校的教学管理一般包括教学计划管理、教学运行管理、教学质量管理与评价，以及学科、专业、课程、教材、实验室、实践教学基地、学风、教学队伍、教学管理制度等教学基本建设的管理。

为了实现高等学校教学的科学化和规范化管理，切实提高高等学校教学的管理水平、教学质量和办学效益，保障高等学校人才培养目标的实现，教育部高等教育司特制定了《高等学校教学管理要点》（高教司〔1998〕33号）。《高等学校教学管理要点》中对于教学工作的地位、教学管理的基本内容、教学管理的基本任务、教学管理的基本方法、教学管理的支持保障系统、教学投入与教学条件、教学管理制度改革等方面做了说明，并在教学计划管理、教学运行管理、教学质量管理与评价、教学基本建设的管理、教学管理组织系统、教学管理与教育研究六大方面进一步做了要点说明①。

此外，张冬梅的《教学管理概论》一书分别从教学方法管理、教学目标管理、教学质量管理、课堂管理、学生管理、教学设计、教学过程及原则、教学环境等八个方面阐述了教学管理的具体内容，为本书研究高校管理育人的机制构建和实践探索提供了重要参考，该书中的相关观点为本研究提供了宝贵的材料支撑和理论支撑。

（一）教学计划管理

教学计划是学校保证教学质量和人才培养规格的重要文件，是组织教学过程、安排教学任务、确定教学编制的基本依据。教学计划是在教育部宏观指导下，由各校组织专家自主制定的，它既要符合教学规律，保持一定的稳定性，又要不断根据社会、经济和科学技术的新发展，适时地进行调整和修订。教学计划一经确定，必须认真组织实施。确定专业培养目标是制订教学计划的前提条件，必须遵循国家教育方针和"教育要面向现代化，面向世界，面向未来"的指导思想，依据教育部制定的人才培养目标，结合学校实际，体现对学生德、智、体等方面的全面要求，体现不同层次、不同学校的培养特色。制订教学计划的基本原则主要有：德智体等方面全面发展的原则，理论和实际相结合的原则，注重知识、能力、素质协调发展和共同提高的原则，遵循教育规律的原则，因材施教的原则，整体优化的原则。

教学计划的内容一般包括：专业培养目标、基本要求与专业方向；修业年限；课程设置（含课程性质、类型、学时或学分分配、教学方式、开课时间、实践环节安排等）；教学进程总体安排；必要的说明（含各类课程比例、必修

---

① 长江师范学院教务处.高等学校教学管理要点[EB/OL].[2007 - 10 - 14]. http://jwc.yznu.cn/2016/0823/c1861a37653/page.htm.

选修安排、学分制或学年制等）。

制订教学计划的一般程序是：广泛调查社会、经济和科技发展对人才的要求，论证专业培养目标和业务范围；学习、理解上级相关文件精神及规定；教务处提出本校制订教学计划的实施意见及要求；由系（院）主持制订教学计划方案，经系（院）教学工作委员会讨论审议，校教学工作委员会审定，主管校长审核签字后下发执行。教学计划要保持相对稳定，并根据需要，隔若干年进行一次全面修订。

教学计划的实施安排包括：由教务处或系（院）编制分学年、分学期的教学进程计划［或称教学计划年度（学期）运行表］，落实每学期课程及其他教学环节的教学任务、教室和场所安排、考核方式等；由教师和有关职能部门编制单项教学环节组织计划，加强实验教学安排计划、实习计划、军训计划、社会实践计划等；审定的教学计划所列各门课程、环节的名称、学时、开课学期、考核方式（考试或考查）、开课单位和任课教师等均不得随意改动，在执行过程中需要调整的，应严格按照审批程序执行。

（二）教学运行管理

在教学管理中，教学运行管理是按教学计划实施对教学活动的最核心、最重要的管理，它包括以教师为主导、以学生为主体、师生相互配合的教学过程的组织管理和以校、系（院）教学管理部门为主体进行的教学行政管理。其基本点是全校协同，上下协调，严格执行教学规范和各项制度，保持教学工作稳定运行，保证教学质量。

制定课程教学大纲。大纲可参照教育部提出的课程教学基本要求，依据学校制（修）订教学大纲的原则规定，组织有关教师编写，经系（院）、校相继认定，批准施行；也可参照使用教育部组织制定或推荐的教学大纲。教学大纲要努力贯彻正确的指导思想，体现改革精神，符合培养目标要求，服从课程结构及教学安排的整体需要，防止单纯追求局部体系的完善。教学大纲的内容应包括本课程教育目标、教学内容基本要求、实践性教学环节要求、学时分配及必要的说明等部分。每门课程均应有教学大纲。每位教师在教学过程中都应当严格执行教学大纲。

课堂教学环节的组织管理。课堂讲授是教学的基本形式，系（院）与基层教学组织的任务是：选聘学术水平高、教学经验丰富、教学效果好的教师担任主讲教师，被选聘的新开课或开新课教师必须经过所开课程各个教学环节的严格训练，建立岗前培训制度；组织任课教师认真研究讨论教学大纲，组织编写或选用与大纲相适应的教材及教学参考书，编制教学日历和教案，开展教学观摩活动，建立听课和自检、自评教学质量的制度；组织任课教师研究教学方法，提倡启发式教学，注重对学生思维方法的训练；积极发展计算机辅助教学、多媒体教学等现代教育技术，扩大课堂教学信息量，提高教学效益。

实践性教学环节的组织管理。实践教学是教学过程中的一个极其重要的教学环节，各种实践性教学环节都要制订教学大纲和计划，严格考核。实验教学必要时可以单独设课或组成实验课群，也要在相关课程内统一安排。毕业论文（毕业设计）要符合教学要求并尽可能结合实际任务进行，要保证足够的时间。根据教学计划要求，应尽可能建立保证完成各类实习和社会实践任务的相对稳定的校内外实践基地。社会实践的组织形式，在满足基本要求的前提下，也可让学生有选择地自行安排。

科学研究训练的组织和管理。课外科技活动，要纳入校、系（院）、基层教学组织及相关职能部门的工作计划，要采取多种形式组织学生参加科学研究工作，把课内和课外、集中和分散安排结合起来，并为学生提供必要的物质条件和经费，组织有经验的教师对学生进行指导。

日常教学管理。要制订并严格执行教学计划年度或学期的运行表、课表、考表，保证全校教学秩序稳定。对这三项重要表格文件的执行情况要依据管理制度和检查办法进行管理和检查，执行对教学进度和课表变更的审批，及时处理执行过程中出现的问题或事故。

学籍管理。学籍管理的基本内容包括对学生的入学资格、在校学习情况及毕业资格的检查、考核与管理。学校应制定本校的学籍管理办法，并建立学籍档案。在日常学籍管理中应重点管好成绩大卡或学籍卡，做到完整、准确、规范、及时。

教师工作管理。要根据学校教学工作总量和规定的师生比要求，确定学校教学编制。要分别制定必修课和选修课、基础课与专业课、理论课与实践教学环节等不同性质、不同类别课程的工作量管理办法。要做好每学年（或每学期）教师工作量的考核工作，考核内容包括：教学任务完成情况、教学态度、教学质量及效果、教书育人、教学改革与研究和其他教学兼职（如导师、班主任）的完成情况。

教学资源管理。要搞好教室、实验室、场馆等教学设施的合理配置和规划建设，充分加以利用，保证教学需要，提高资源利用效益。注意根据需要与可能，改进教室的功能，建设必要的多功能教室。

教学档案管理。学校应建立必要的机构和档案管理制度，明确各级各类人员职责，确定各类教学档案内容、保存范围和时限。教学档案一般包括：教学文件、教务档案、教师业务档案、学生学习档案。教务处及系（院）级教学单位，应指定专人负责档案工作，每年进行档案的分类整理。

（三）教学质量管理与评价

教学管理的最终目的是保证和提高教学质量。要通过不断改善影响学校教学质量的内部因素（教师、学生、条件、管理等）和外部因素（方针、政策、体制等），通过科学的评价，分析教学质量，建立通畅的信息反馈网络，从而营造并维护良好的育人环境，达到最佳教学效果。

提高质量意识，树立正确的质量观，坚持严格的质量标准。要坚持德智体等方面全面发展的观点，知识、能力和素质综合发展的观点，智力因素与非智力因素协调发展的观点。

搞好全过程质量管理：招生过程的质量管理，主要是把好新生质量关，搞好招生宣传、招生录取、入学新生全面复审等工作；计划实施过程的质量管理，主要是教学计划的制订和分步实施；教学过程的质量管理，主要是把好教学过程各个环节的质量关；教学辅助过程的质量管理，主要是提供充足的、最新的图书资料，提高计算机辅助教学、电化教育、仪器设备、体育场馆、多功能教室的水平和教学管理人员的服务质量；实行科学化考试管理，主要是建立科学的考试工作程序和制度，严格考试过程管理，进行必要的试题及试卷分析，做好考试及授课工作总结。

进行教学质量检查。要经常了解教学情况，加强教学信息反馈过程的管理。各教学环节的经常性检查，可以通过抽查学生作业、分析平时测验及期中考试成绩和试卷、召开座谈会、检查性听课等方式进行。定期进行教学检查，一般可安排开展学前教学准备工作检查、期中教学检查、期末教学检查等。

教学工作评价是宏观调控教学工作的重要手段。学校教学工作评价一般包括：校、系（院）总体教学工作评价；专业、课程和各项教学基本建设评价；

教师教学质量和学生学习质量评价等。开展教学工作评价，要明确目标，建立科学的评价指标体系；要抓好基础，突出重点；要坚持"以评促建，重在建设"的原则。教学工作评价需要一定的组织形式来完成。校、系（院）可成立教学工作评价小组，也可赋予教学工作委员会等组织相应的职责。

坚持教学工作评价经常化与制度化。要把教学工作评价的目标与内容作为日常教学建设与管理的主要内容，实现教学工作评价与日常教学管理相结合，不搞形式主义。

教学工作评价要与学校激励机制和约束机制相结合。通过评价调动教师和干部的积极性，增强广大师生员工的凝聚力。

重视教学信息的采集、统计和管理。教学信息主要内容包括：新生入学基本情况、学生学习和考试情况、毕业生质量调查等。对主要教学信息应定期采集，并进行统计分析；要发挥教学信息系统和学生教学信息在教学工作评价中的作用。

（四）教学基本建设管理

教学基本建设包括学科建设、专业建设、课程建设、教材建设、实践教学基地建设、学风建设、教学队伍建设、管理制度建设等。它们是保证教学质量的最重要的基础性建设，应以学校发展目标和总体规划为依据，统筹安排，精心组织，扎扎实实地坚持下去。在每项基本建设中不断提出改革措施，创造稳定、良好的教学环境。

学科和专业建设。科学规划学校的学科和专业结构体系，要拓宽本科专业口径。扩大专业基础，主干学科或主要学科基础相同的专业应尽可能合并，增强学生适应性。要稳定和提高基础学科水平，形成基础学科与应用学科的互补；重视发展应用学科和专业，培养复合型人才；更新传统学科及专业，适度发展新兴学科、交叉边缘学科及专业；发挥本校优势，办出特色。要注意根据学科与社会发展，适时进行专业设置、专业方向、培养目标和教学内容的调整。专业设置要依据教育部和地方教育行政部门的有关规定上报审批。

课程建设。课程建设要进行理论研究，明确总体目标、任务、指导思想和原则；要制定规划，进行有计划、有目标、分阶段、分层次的系统建设；要以建设优秀课程为中心，深化教学内容、课程体系的改革；要重视系列课程建设，改革专业的课程结构体系。要把重点课程建设和优秀课程评选作为一项整体工作，坚持计建结合，以建为主。

教材建设。要制定切实可行的教材建设规划，加强文字教材、实物教材和视听教材建设的规划工作。采用推荐教材或自编教材及其他辅助教材、教学参考书时，要注重质量。要鼓励选用国家优秀教材，并结合教学内容改革与课程建设，依据教学大纲抓好讲义或自编教材。要做好教材质量评估和优秀教材评奖，不断提高教材质量。做好教材的预订、发行管理工作，要制定预订工作的原则和规范要求，开拓教材发行渠道，改革供应办法，方便学生、教师购书，防止教材的积压、浪费。

实践教学基地建设。要坚持校内外结合，做好全面规划。实验室建设一定要与学科专业建设、课程建设相匹配，防止分散配置、分散管理、局部使用、低水平重复的低效益建设方式，注重集中力量与条件建设好公共的基础性实验室；做好实验室的计划管理、技术管理、固定资产管理和经费管理，改进分配和设备投资办法，提高投资效益，提高设备利用率；组织实验室建设的检查验收。校内实习基地的建设，要突破仅限于感性认识、技能训练的旧模式，使之成为可模拟工业、社会等环境，进行综合教育训练的课内外实践教学基地，同时要改善实习条件，健全实习管理规章制度。建设相对稳定的校外实习基地，努力把实习与承担实习单位的实际工作任务结合起来，做到互利互惠，以取得校外实习单位的支持。

学风建设。学风建设包括教师的治学作风和学生的学习目的、学习态度、学习纪律等方面的学习作风。要通过思想建设、组织建设、制度建设和环境建设，逐步形成好的传统。要坚持重在教育、建管结合、以建为主的原则，坚持"校、系（院）共同抓，教师人人管"的做法，把学风建设与学校教育工作相结合。要通过教学改革，使学生变被动学习为主动学习，并充分利用进修课、第二课堂等形式扩展学生学习的领域。要特别重视考风建设，通过严肃的教育和严格的管理，坚决制止作弊等错误行为，纠正不良风气。

教学队伍建设。通过队伍建设和体制改革，建立一支人员精干、素质优良、结构合理、教学科研相结合的相对教学梯队，校、系、教研室均要制定教师队伍建设规划，层层负责，抓好落实。要提高教师的整体素质，在职与脱产培训结合，以在职为主；重点抓好中青年骨干教师的培养提高；注意选拔培养学术带头人和骨干教师；发挥学术造诣深、教学经验丰富的老教师的传帮带作用，培养优秀青年教师充实教学第一线。

教学管理制度建设，要制定并完善教学基本文件，包括教学计划、教学大纲、学期进程计划、教学日历、课程表、学期教学总结等。要建立必要的工作制度，包括学籍管理、成绩考核管理、实验室管理、排课与调课、教学档案保管等制度，以及教师和教学管理人员岗位责任制及奖惩制度；建立学生守则、课堂守则、课外活动规则等学生管理制度。

（五）教学管理组织系统

健全教学工作的校级领导体制。学校教学工作，要由校长全面负责，分管教学的校长主持日常工作，并通过职能部门的作用，统一调动学校各种资源为教学服务，统一管理教学工作进程及信息反馈，实现各项教学管理目标。要在党委的统一领导下，由校务会议讨论决定有关教学及管理的指导思想、政策、规划、重大改革举措等。要建立教学工作会议和各级领导定期听课、学习、调研的制度，提高决策和管理水平。学校教学工作要形成整体一致的目标系统，遵循学校建设总体目标，编制教学改革和发展的规划，确定学校各级教学管理目标。

建立校、系（院）教学工作委员会。教学工作委员会由直接从事教学工作、有丰富教学工作经验的教师和懂得教学工作、有管理专长的教学管理人员组成，研究和决定教学管理工作中的一些重大问题。

健全校、系（院）教学管理机构。高等学校的教学管理机构一般包括校、系（院）两级：（1）校级教学管理职能机构要充分发挥教务处、学生工作处等部门在教学管理系统中的职能作用，明确各职能处及各类人员的岗位职责，协调好各种工作关系。建立必要的业务指导机构，如教材建设、外语教学、计算机基础教学等委员会，加强单项教学工作的指导。教务处是学校管理教学工作的主要职能部门，教务处的工作状态反映一个学校整体教学工作的状态。学校应健全教务处的科室结构，配备较强的管理干部队伍，明确组织教学改革和建设的责任，保证教学工作稳定运行，不断提高管理水平和工作质量。（2）在系（院）级教学管理机构中，由系主任（院长）全面负责系（院）教学管理和教学研究等工作，分管教学的系副主任（副院长）主持日常工作。系（院）教学工作委员会是系（院）教学管理工作的研究、咨询机构，要定期研究并向系（院）务会议提出有关建议。系（院）务会议讨论决定本系（院）教学及管理工作的有关问题。系（院）可设教学秘书和教务员，在教学系主任（院长）领导下，处理日常教学行政工作并从事教学状态、质量信息的经常性调查了解工作。

重视教学基层组织建设。教研室（学科组）是按学科、专业或课程设置的教学研究组织。作为教学基层组织，其主要职能如下：完成教学计划所规定的课程及其他环节的教学任务；开展教学研究、科学研究和组织学术活动；组织师资的培养提高及提出补充、调整的建议，分配教师的工作任务；加强相关实验室、资料室的基本建设；等等。教研室（学科级）要重视开展教学研究和教学改革，不断提高教学质量和学术水平。

加强教学管理队伍建设。要根据不同岗位的需要，建立一支专兼职结合、素质较高、相对稳定的教学管理干部队伍。要有计划地安排教学管理干部的岗位培训和在职学习，掌握教学管理科学的基本理论和专门知识，提高管理素质和水平。要结合工作实际，有组织地开展教育科学研究与实验。要创造条件，开展国内外高等学校教学管理人员的交流，以便适应管理科学化、现代化的要求。

（六）教学管理与教育研究

搞好教学管理，必须以教学管理研究和教育研究为基础。开展教学管理及教育研究，是所有教学管理人员、教育研究人员及教师的共同任务。在学习与研究过程中，要从中国国情、从教育科学的规律与特性出发，紧密结合教育及教学管理的实际，不断改进研究方法。

教育教学管理是一门科学。开展教学管理及教育研究是一项综合性、应用性强的工作，要进行科学的组织管理，应做到：坚持教育必须为社会主义现代化建设服务，为培养社会主义事业的建设者和接班人服务；做好近期和长远的规划；制订阶段实施计划；有计划、有目的、有重点地组织立项研究；组织校内外、国内外的广泛交流，提高研究水平；发动广大教师和管理干部结合本职工作进行教育研究，研究队伍实行专职和兼职相结合。

教学管理与教育研究应紧密结合教学改革的实际。要随着经济建设及体制改革的深入推进，重视研究教学工作中的新情况和新问题。要注重素质教育，加强学生创新精神和创造能力的培养，重视学生个性的发展，实行因材施教。要面向21世纪，积极开展人才培养模式、教学内容、课程体系和教学方法的改革。要深入进行比较教育研究，努力开展各种教学实验和教学改革试点工作。

第二节　行政管理

一、　普通高校管理育人中行政管理的定义

行政管理，是运用国家权力对社会事务进行管理的一种活动，也可以泛指一切企业、事业单位的行政事务管理工作。行政管理系统是一类组织系统，它是社会系统的一个重要分系统。广义的行政管理是指一切社会组织、团体对有关事务的治理、管理和执行的社会活动，同时也指国家政治目标的执行，包括立法、行政、司法等。狭义的行政管理指国家行政机关对社会公共事务的管理，又称为公共行政，例如高校行政管理即为一种公共行政。

在国内，高校行政管理主要涵盖了两大行政管理机构，即从事非教研活动的管理机构与从事教研活动的管理机构。在各大高校中，教学与科研占主导地位，行政管理在其中主要发挥着辅助作用，然而，其又是必不可少的。一般情况下，在各大高校中，校长担任最高行政管理人员，其他的行政管理人员可对高校的各种管理工作进行落实。借助于指令性这一手段，政府实现检查与监管各大高校的目的。为了实现被分配的教育目标，各大高校必须充分利用可共同利用的所有资源，采用灵活性较高的工作方式，创建一个完善的制度。一方面，行政工作要实现预设的成效，另一方面，其管理职能也要更快更好地实施。对于各个高等院校而言，管理层的领导与具体指令的落实人（即行政工作人员）是行政管理的参与主体。而围绕着自身的行政设置，各大高校进行相关资源（如物力、教学与人力等）的配置，在自身的教学与科研方面，也要充分发挥行政设置的核心作用，实现尽可能优的效率，保障高校的教育配置与管理配置的科学化，最终促成以学生为本这一高校目标的实现①。

---

① 马婧．习近平新时代立德树人思想融入高校行政管理研究［D］．郑州：华北水利水电大学，2019．

二、 普通高校管理育人中行政管理的作用

当前，我国各普通高校的科研活动的实施和教学活动的实施都必须把高校行政管理作为先决条件。因此，从这个角度上讲，国内各普通高等学校的管理体系里面，高校行政管理在其中占有最基础的地位。通俗点讲，管理系统的最重要功能就是调节、指导和约束，因此凭借其自身特色，普通高校中的行政管理在整个高校管理系统中具有重要作用。各个高等学校如果缺少教育行政管理，将会面临许多问题、难题，学校的教学工作和科研工作也将受到一定阻碍甚至停滞不前。不仅如此，长此以往整个高校也将面临诸多问题、难题，例如，科研成果数量减少、教学质量逐渐降低等。综上所述，在普通高校行政管理的改革和发展的过程中，需要充分地发挥保障功能、协调功能和激励功能。

第一，对于各个普通高校来说，学校的行政管理的服务性功能其实就能集中体现出学校行政管理工作的保障性的水平。在通常的情况之下，各个普通高校的行政管理工作和整个高等学校的运转情况是紧密联系的，各个高等学校的行政管理基本上与该校的全部事宜都存在一定的关联。即便是普通高校中某些非常细小的事情，如果管理不到位，那么学校的全局工作都有可能面临一些阻碍或者故障，在一定程度上拖慢高校工作的进度，拉低高校工作的效率。基于上述原因，对于各个普通高校的行政管理工作来说，为了保障普通高校的改革和发展任务得以完成，普通高校的服务性功能就必须得到充分的发挥，在普通高校的工作的各个环节各个步骤中都需要落实行政管理的服务性功能，从而使得普通高校的各项关系得到妥善合理的处理。

第二，为党和国家培养输送高等人才是各所普通高校的核心目标和主要任务，为了保质保量地达到这个目标，就需要针对大学生们进行一定的管理、教学和服务，对大学生进行管理、教学、服务就不得不借助于普通高校行政管理部门组织协调来实现普通高校的核心目标。需要明确一点，普通高校的各个部门都具有其自身特殊性，存在明显的差异性，因为这个原因，如果遇到某些不协调的现象出现或者某些不协调的情况发生，各个高等学校的行政管理部门需要切切实实地履行自己部门的职责，积极主动地协调各个校内部门的关系，努力保障各行政部门的合理化的管理协调性。需要注意，各高校行政管理人员在实际开展行政工作时，必须树立并明确自身部门服务于科研和教学的管理理念

并在自己的实际工作中显现出来，行政管理人员需要将行政管理落实到自己工作的各个方面，努力通过自身工作提升普通高校的行政管理的整体水平，并进一步提高行政管理的工作效率。

第三，在激励各大普通高校进行行政管理的改革与发展的工作中，国家和高校自身都应该推出各项举措。在国家层面，国家应该尽可能地给予普通高校各种支持，帮助高等学校进行行政管理的改革。不仅如此，各个普通高校自身是其进行行政管理的强大主体，其要积极实施一系列的举措促进自身行政管理改革和发展。各个普通高校要对校内的所有学生和教职工开展相应的激励和引导工作。当前，国内各个普通高校的行政管理的最大功能就是对各个部门及其部门员工的工作状况进行检查与监督，通过检查与监督促进各部门的工作任务得以更高效地完成。在某种程度上说，各个普通高校的行政管理工作需要包含绩效考核这一内容，只有这样，国家相关政策及学校各项方针才能够在校内得到有效的贯彻落实，并在实际过程中加以完善，从而为推动各个普通高校的行政管理工作的模式化、行政管理工作的可持续性、行政管理工作的体系化奠定坚实的基础。

三、 普通高校管理育人中行政管理的内容

（一） 协调好学术与行政之间的关系

当前我国的普通高校在行政管理方面都面临着诸多的情况和问题，在这些情况和问题当中，最突出的是学术权力与行政权力之间的关系。面对这一突出问题，要想正确合理地处理学术权力与行政权力的关系，就必须要对各个普通高校的学术人员和行政人员进行相对深入的剖析，在剖析普通高校的学术人员与行政人员时，高校行政管理的领导层、执行者、教师和学生之间的关系也就自然而然地被包含在里面。要想推动普通高校行政管理工作得到充分合理的落实，行政与学术之间的关系就必须得到科学有效合理的分析和处理。

（二） 协调好功能与部门之间的关系

目前，各大普通高校的行政管理的部门设置主要是根据普通高校的行政管理所要落实的各项功能来确定的。基于这个原因，为了保障和推动普通高校行政管理高效运转，就必须充分重视和合理处理功能和部门之间的关系，这一点非常重要。普通高校在管理部门的设置过程中必须足够重视的问题是要保证普

通高校各行政管理部门的功能是独有的。各个普通高校必须保证校内各行政部门在功能上没有重叠，普通高校要对校内各行政管理部门的功能进行科学合理的划分，要加强高校内部行政管理部门的功能分配，要采取一系列措施保证并逐步提高功能与岗位的匹配性。如果普通高校的行政管理部门的功能分配不合理，出现了行政部门功能的重叠或者行政管理部门的功能与该行政管理部门的岗位匹配出错的现象，则会使得普通高校的行政管理工作出现混乱，也会在一定程度上降低行政管理工作的效率。综上所述，妥善地处理各个行政管理部门与其功能之间的关系是当前普通高校必须在行政管理方面足够重视并正确处理的问题。

（三）协调好改革管理与职员结构之间的关系

一般情况下，各个普通高校的行政管理的一项重要内容就是协调好改革管理与职员结构之间的关系。当前我国各个普通高校正在进行行政管理的改革和创新，在这个过程中一般情况下需要针对行政管理人员团队进行改革。倘若行政管理人员的团队规模相对过大，那么行政管理运行过程中就会产生许多问题，严重时甚至可能导致停滞现象的产生，严重影响普通高校的行政管理的运行。在这种情况下，普通高校的行政管理团队结构搭建得越精细、其行政管理部门的职能划分得越明确，普通高校行政管理的预期效果相对越容易实现，在这种情况下普通高校的行政管理人员的工作激情或者工作潜力、工作斗志更容易被激发出来。

普通高校行政管理人员在高校管理育人机制中，应该是一种传播和实践的角色，在这个角色之下，普通高校的行政管理人员应该是社会主义核心价值观的践行者，应该传播科学的世界观、人生观和价值观，应该掌握马克思主义的基本立场、观点和方法，应该正确处理各种各样的矛盾，在自己的实际工作中为普通高校管理育人机制的构建确立正确的思想标准。不仅如此，普通高校行政管理人员还应该结合自身工作的特点，在实际工作中增强自己的理想信念、责任意识、效率意识，还要牢固树立"四个意识"，要明确清晰地理解"立德树人"理念和"管理育人"的内涵，并在自己的实际工作中加以运用和推广。当前我国普通高校行政管理者应该要高度重视"立德树人"思想理念的确立和"管理育人"思想理念的把握，将"管理育人"融入普通高校行政管理工作之中并为之建立相应的体制机制，要采取一系列举措使得"管理育人"这一思想理念能够贯穿于普通高校行政管理工作的全过程，切实服务于广大师生的学习和工作，为普通高校师生提供良好的、育人的行政管理。此外，在这个过程中，行政管理人员的待遇管理、行政管理人员的制度管理也应得到加强。

第三节　后勤管理

一、 普通高校管理育人中后勤管理的定义

根据资料记载，"后勤"最初主要是指某些军事活动。随着社会经济结构的转变，企业和行政事业单位慢慢地引入了后勤的概念，并将其发展为保障企业、行政事业单位正常运转的重要组成部分。

"高校后勤"主要涉及住宿、医疗、餐饮、交通、物业、卫生等方面内容，"高校后勤"是为高校在教学、科研活动中的一切行政事务和物质保障事务提供后勤服务的总体，是高校发展中尤其需要关注的重点。

高校后勤集团指为高校各项工作正常有序开展提供服务的单位组织。学校教育结构发展初期，我国行政管理包含了高校后勤，但是随着社会体制的改革，教育朝着多元化与多样化的趋势发展，依靠单一的行政管理已经无法满足高校的发展，因此高校后勤与行政管理彻底分开，形成了单独的服务实体，为高校基础设施的建设发挥作用。

高校后勤业务一般包括两类，下面我们将对其进行详细阐述：（1）经营性业务，这类业务常常需要高校同意，具有一定的营利性；（2）保障性业务，即为师生提供日常生活所需的住宿、伙食等，同时也包括学校环境的维护、相关设备的修理等[1]。

二、 普通高校管理育人中后勤管理的作用

当前我国普通高等学校的教育事业的发展在很大程度上受到高校后勤的影响。如果高校后勤发展得好，就能在一定程度上帮助普通高校的教育事业取得较好的发展，如果高校后勤发展得不好，那么就会在一定程度上阻碍高等学校

---

① 李辉. PPP 模式在高校后勤管理中的应用研究 [D]. 兰州：西北师范大学，2017.

的教育事业良好的、长足的发展。普通高校的后勤的主要工作职责就是为普通高校的全体老师和学生提供生活、学习、科学研究等方面的服务保障。因此，普通高校的后勤的服务保障工作做得好就会促进高校的师生在生活、学习、科研等方面取得较好的效果，这也就成了普通高校各项工作能够顺利开展的基础性工作。

普通高校后勤服务质量的提高，在一定程度上能够促进普通高校利用自身的教育资源来健全教育制度，并在此基础上逐步完善教育体系，推动我国高等教育事业的发展。

普通高校后勤管理服务水平的提升有利于减少后勤人员的浪费，也有利于提高普通高校后勤各项工作的效率，满足广大高校师生的后勤需要。

普通高校后勤管理的良好发展，有利于节省经费，降低普通高校的风险，并能够在一定程度上保障普通高校教学科研的发展。

普通高校的后勤管理关系到高校师生的就餐卫生安全，还关系到高校校园秩序的正常运转。高校后勤管理得当的话，将能够保障师生就餐方面的食品安全问题，也能够在一定程度上保障高校校园秩序的和谐和稳定。

三、 普通高校管理育人中后勤管理的内容

普通高校管理育人中后勤管理具有十分重要的地位和作用，在高校后勤管理中也涵盖相当多的内容和条目，本书中对于高校后勤管理内容的阐述的主要材料支撑来自个别高校的后勤管理研究，笔者通过实地走访、文献及网络资料查找等方式进行调查研究。

以江苏大学后勤管理处（后勤服务集团）为例，该处的后勤工作的宗旨是"服务育人"。后勤的工作目标就是围绕学校中心工作，坚持以人为本，深化品质后勤建设，为全校师生提供热情、高效、安全、优质的服务，为学校"双一流"和高水平大学建设提供坚实的后勤保障①。该处的主要职责有以下几个方面：根据学校事业发展需要，制定学校后勤保障中、长期规划；代表学校签订各项后勤服务协议、合同，并检查督促实施；负责向学校提出年度修缮改造计

---

① 江苏大学后勤管理处（后勤服务集团）. 部门职责 [EB/OL]. https: //hqc. ujs. edu. cn/bm-jj/bmzz. htm.

划，并经学校批准后组织实施；负责学校能源规划管理及节能减排工作；负责学校授权范围内的物资、修缮工程招标等工作；承担学校餐饮、洗浴、学生公寓物业、校园绿化保洁、相关楼宇和单教宿舍及家属区物业服务、交通运输服务、印刷、会务、幼儿教育服务等；负责对外协调学校后勤与政府相关职能部门的关系；完成学校交办的其他工作。在江苏大学学校党委和行政的领导下，后勤管理处（后勤服务集团）履行后勤管理、服务、协调和规划职责。该处的组织机构中处（集团）领导班子下面设有综合办公室、能源管理科、人力资源管理科、财务与资产管理科、采供管理科、安全与质量监管科、校园管理科、餐饮服务中心、公寓服务中心、物业服务中心、运输服务中心、修缮服务中心、绿化卫生中心、经营服务中心、幼儿园十五个科室中心。

其中综合（党政）办公室的主要职责是：负责党委组织、宣传、统战、群团和纪检监察日常工作；负责重大事项的综合协调、信息沟通等工作；负责起草工作计划、工作总结、相关文件制度等文字材料，并督促、检查落实情况；负责内外公文流转；负责印章、档案等管理工作；负责会务、接待等工作；负责网站网络建设、微信公众号维护管理等工作；完成处（集团）领导交办的其他工作。

能源管理科的主要职责是：负责宣传、贯彻、落实国家和地方政府有关能源管理和节能减排的法律法规；负责与地方政府能源管理职能部门的联络、协调，负责能源和资源考核的相关数据上报工作；负责起草学校水电设施的建设规划和水电管理相关制度，并督促实施；负责全校各单位年度用电定额的核拨、结算及分析等工作，做好学校水电使用情况的统计、分析；负责学校供水、供电的监督检查，做好相关管理系统、平台的使用、更新和维保；负责学校供水、供电管网的备案、维护、更新等管理工作；负责申报政府各类引导、补助资金，推进绿色校园建设；负责海绵校园建设相关工作；负责江苏省高校后勤协会能源管理专业委员会相关工作；完成处（集团）领导交办的其他工作。

人力资源管理科的主要职责是：负责起草人力资源建设与管理的中、长期规划；负责起草人力资源管理规章制度；负责确定年度用工计划、劳动用工人员招聘、劳动合同签订及社会保障、薪酬福利、人事档案管理；负责编制完成各类劳动统计表和各类人员的日常人事与劳资事务；负责员工教育培训管理；

负责处理劳动用工矛盾及纠纷；完成处（集团）领导交办的其他工作。

财务与资产管理科的主要职责是：负责财务管理、会计核算、会计监督及有关财务日常运行工作；负责编制部门预算，并对预算执行过程进行监督和控制；根据管理需要定期或不定期开展财务分析；负责组织收入和收费管理，为处（集团）各项工作提供资金保证；负责处（集团）内国有资产管理；负责经济合同审核工作；完成处（集团）领导交办的其他工作。

采供管理科的主要职责是：负责学校授权范围内的物资、社会服务、房屋租赁、修缮工程等招标组织工作；负责对供应商的管理；负责对招标项目合同执行情况的监管；负责集团 2000 元及以上办公用品和耗材的采购或招标工作；协助学校采购与招标办公室做好有关招标工作；完成处（集团）领导交办的其他工作。

安全与质量监管科的主要职责是：负责各部门安全生产和服务质量的监督、检查与考核工作；负责质量管理体系的运行管理；负责后勤服务满意度测评工作；负责受理师生对后勤服务的投诉和处置；负责组织师生代表对各相关部门的服务质量进行监督、检查；负责合同招标、工程竣工验收等监督工作；完成处（集团）领导交办的其他工作。

校园管理科的主要职责是：牵头拟定全校饮食、物业、绿化工作发展规划；牵头组织后勤管理信息化（智能化）建设工作；负责维修改造项目中涉及修改或影响校园布局、规划、外观部分的论证和验收；负责全校电梯、中央空调的维保、监管工作；负责全校教学计划外的教学场馆的使用审批；负责楼内广告牌摆放审批及相关的巡查工作；负责校园环境督查、维护项目论证与审核；负责全校"四害"防治工作；负责物业绿卫设备设施维修、更换的论证与审核；负责新生公寓用品、军训服、训练服的采购工作；负责后勤年度维修改造计划的汇总、初审、论证；负责与基建处修缮改造项目的对接与跟进；负责后勤合同的编号、归档；完成领导交办的其他工作。

饮食服务中心的主要职责是：负责大伙食堂运营、服务和管理工作；负责风味食堂指导、监督和考核工作；负责食堂设备运行维护保障工作；负责与学生伙管会的联络协调；负责校园一卡通充值服务；负责饮食物资的验收工作；完成处（集团）领导交办的其他工作。

公寓服务中心的主要职责是：负责学生公寓的日常物业服务工作；负责学

生公寓区内所有公用设施、设备、家具的管理及维护工作；负责学生公寓区公共部位（含公寓区楼栋附近绿化带）的环境卫生及保洁工作；负责学生公寓区零星维修及自助洗衣机等社会化服务设备的报修等相关工作；负责北固校区学生公寓、教学楼、实验楼及浴室的物业服务工作；负责学生公寓生活用品的分发、床上用品洗涤服务等工作；负责新生公寓用品、军训服、训练服的采购工作；协助国资处、学工处分别做好学生公寓的调配、学生的住宿安排和教育管理工作；协助保卫处做好学生公寓区内的消防、安全、保卫等工作；完成处（集团）领导交办的其他工作。

物业服务中心的主要职责是：负责学校办公楼、教学实验楼、教工宿舍、体育馆、图书馆等相关楼宇的物业服务工作；负责学校日常信件收发邮寄服务工作（不含快递），代办报纸、杂志的征订、分发工作；负责中山校区家属区的安保工作；负责梦溪校区的物业工作；完成处（集团）领导交办的其他工作。

运输服务中心的主要职责是：负责校园交通车运营服务工作；负责校区区间车等服务工作；负责学校各部门和师生员工工作及生活服务用车工作；完成处（集团）领导交办的其他工作。

修缮服务中心的主要职责是：负责学校水、电、瓦木和五金等日常零星维修；负责学校下达的各类工程项目建设与管理；负责学校水电应急抢修及重要活动的保障工作；负责学校的供水、供电及变（配）电所（房）、水泵房的安全运行；负责水、电管网、线路的日常巡查检修、水电保养等工作；完成处（集团）领导交办的其他工作。

绿化卫生中心的主要职责是：负责校园绿化养护和道路等公共区域保洁工作；负责校园生活垃圾清运管理工作；负责有关绿化工程的设计施工；负责部分花卉生产工作；负责学校各类会议、活动、重大节日的花卉和环境布置；协助保卫处做好非物业管理区域非机动车的摆放工作；完成处（集团）领导交办的其他工作。

经营服务中心的主要职责是：负责恒昌公司（校外物业项目）经营管理工作；负责学校经营性用房的租赁管理工作；负责学校大礼堂、小礼堂、会议中心等会务服务工作；负责青教公寓、专家楼经营服务工作；负责学校教学、科研等有关材料的印刷服务工作；负责校名文化产品经营服务；负责校本部委托社会企业运营浴室运营指导、监督和考核工作；负责即热式开水器、自助打印机、自助电吹风、自助洗衣机、学生宿舍空调等社会化项目管理工作；完成处（集团）领导交办的其他工作。

江苏大学幼儿园创建于 1962 年，隶属于江苏大学，是一所江苏省优质幼儿园。幼儿园招生仅限本校教职工二代子女、全日制在籍学生子女（包括本科生、研究生、外国留学生）、博士后在站人员子女、长短期外籍教师子女。现在园幼儿 400 余名，分为大、中、小、托班，共 14 个班级。园内共有 50 名教职工，其中专任教师 30 人，大专率达 100%，本科学历 20 人，高级教师 17 人。幼儿园以"用心培育，用情养育，用爱教育"为办园宗旨，牢固树立"质量强园、特色立园、科研兴园"的办园目标，形成了平等、合作、奉献、创新的优良园风，处处体现用爱养育、用心教育、用情培育、服务家长、以人为本的教育理念，为每一个幼儿的终身发展奠定了良好的基础。幼儿园以"彰显高校人文底蕴，追求卓越办园品质"为更高的教育追求，利用便利、丰富、专业的大学资源，充分挖掘各种有利于幼儿身心发展的教育内容，以学院为"基地"，以大学生为"后备军"，开展各种形式、多方参与、意义深远的活动，拓展幼儿生活、学习、游戏、交往的全新空间，为教育注入新生力量，为幼儿开辟探索认知新课堂。

第四节　生活管理

一、　普通高校管理育人中生活管理的定义

大学生的生活世界同样面临着日常生活世界和非日常生活世界的划分矛盾，只有解决了这一问题，才能让大学生的日常生活世界浮出水面。作为大学生活的总体，我们并不能将两者截然对立进行人为地划分，它们之间的界限比较模糊。大学生日常生活管理育人实际上是以大学生的日常生活为载体，实现关乎大学生的德育发展和提高的远大目标，因而在此意义上，其具备将两者超越和交叉兼容的特性。强调日常生活的重要作用，但并不为日常生活所限制。虽然按照工作为标准划分日常生活颇有争议，但在强调日常生活的重要性上有其独特的意义。在此，借鉴赫勒的划分标准，将其应用于大学生的生活世界的

划分，选择课堂学习活动作为大学生的工作，并以此为标准将大学生的生活划分为日常生活和非日常生活，集中研究大学生在课堂学习之外的日常生活中的生活现象，并以此为对象开展管理，研究这种日常生活的育人的可能和功能。这种方法虽有其不能摆脱的缺陷，但不失为研究大学生日常生活的一个重要的切面和维度。

由此，大学生日常生活的基本范畴便得以明确了。其应当是人的日常生活在大学校园中的特定缩影，它具备日常生活的所有基本特征；同时其限定的空间范围是大学校园，时间延展是一个人的大学学习生涯，这两个时空象限的交集就是本节内容中最核心的研究对象所赖以存在的载体。它不同于宏观的社会生活，而应当是一种"社会化的学校日常生活"。我们在界定其概念内涵时，还应关注独特创新之处。第一，大学生日常生活与非日常生活的划分标准是"课堂学习"。即接受形式上的课堂教育的生活是大学生的非日常生活，而剩余的时空活动则是大学生的日常生活。两种生活形式共同组合成了大学生的生活世界。此种划分不带有对课堂教育和学习的任何轻视，只是为了研究和叙述的便利。第二，大学生的日常生活世界的建设目标应当是一种有道德的正常生活，或者可以理解为我们尽量营造一种有道德的生活的氛围、摈除不道德的生活的影响来发挥其天然的育人功能，但我们同时也承认日常生活本身的现实缺陷，并非将大学生的日常生活放置于理想的真空世界当中。第三，按照大学生的生活轨迹，其日常生活应该同具体的时空条件下的活动相结合来研究。具体包括：大学生的日常生活应当是在校园内图书馆、会场、运动场、餐厅、宿舍等空间场所留下的生活轨迹。因此，这些场所自然也就成为日常生活管理育人的特定载体。第四，由于大学生群体的特殊性和日常生活本身的复杂性，我们可以将大学生的日常生活界定为一种过渡阶段的日常生活，或称其为"准日常生活"。从外部形态来看，这是一种围绕"学习"这个核心，向外铺陈开来的生活形式，其得益于日常生活地位本身得到提高的时代潮流，必须坚持生活的开放性，保持与外界环境同步互动的生活类型。从内核的构成来看，这应是一种伴随人逐渐成长进步的上升式生活状态。

通过实施大学生日常生活管理来实现育人是一种典型的凭借打造大学生日常生活的软硬环境来影响大学生的日常生活节奏，规范大学生的日常行为习惯，进而塑造大学生健康的道德品格、良好的精神面貌，最终提升个人的综合素质的教育过程，是一种"作为礼文化的具体思维"的教育实践。育人资源开发的重心应明确放在大学生日常生活过程中的各个基本片段和模块的细化与考察之上。这是此项育人工作最基本的环境载体，管理手段也要坚守在这样的环境中施展功效，而不能有所偏颇。

大学生日常生活管理育人应跳出常规管理育人的外延边界限制，在管理范围选择上不仅包括教育实践领域的管理活动，还应当包括大学生日常生活中其他领域的管理活动；而在育人的内涵上，不单纯特指某些特定范畴的育人指标的达成，还关涉大学生德、智、体、美、劳全面发展与个性化成长；同时不仅涵盖微观意义上管理活动直接作用于育人效果的方法和机制，也探讨宏观意义上管理文化和制度间接对育人工作的综合影响，不但汲取日常生活育人的原始功能的精华，也遵照管理育人的规律行事，以此来回应大学生日常生活的多维性和高校管理育人的特殊性。

大学生日常生活管理育人的提出并不刻意夸大强调日常生活的重要性，也不制造大学生的日常生活世界和非日常生活世界的对立，只想将日常生活育人的本来面貌通过管理手段一一呈现出来，让被"肢解"的大学生的生活世界重新完整起来。这是我们探究大学生日常生活管理的基本动因，也是指导未来大学生日常生活管理育人工作实践的金科玉律①。

二、 普通高校管理育人中生活管理的作用

大学生日常生活管理就是为了实现高等教育的基本目标，尤其是依据其中思想政治教育的性质和任务，在大学校园的基本时空环境下，通过预测、决策、组织、指挥、协调、控制、反馈评价等职能手段，按照大学生日常生活的规律，有效地组织、调动和利用各种育人力量和相关要素，对涉及大学生的衣、食、住、行等方面的群体交往活动、休闲体育活动、个体消费活动、自我休整活动、自我提高活动进行管理，形成育人的合力、发挥整体优势，提高大学生日常生活的内涵，最终实现高等教育和思想政治教育的育人

---

① 敬坤，秦丽萍. 大学生日常生活管理育人的内涵分析 [J]. 湖北社会科学，2015（7）：162 – 165.

目标的过程。这样我们再来界定大学生日常生活管理育人的内涵和外延就水到渠成了。

三、 普通高校管理育人中生活管理的内容

生活管理育人需要把育人观念运用到大学生的日常生活当中，也就是校园内图书馆、会场、运动场、餐厅、宿舍等空间场所当中。因此，这些场所自然也就成为日常生活管理育人的特定载体。普通高校管理育人中生活管理的内容也就存在于校园内的图书馆、会场、运动场、餐厅、宿舍等空间场所中。

普通高校管理育人中图书馆、会场、运动场、餐厅、宿舍等场所中的管理育人，应该包括管理人员理念的加强、管理活动中育人理念的融入、管理活动中育人活动的开展、管理活动中育人效果的评估、管理育人中育人方式的改进及宣传等部分。以普通高校图书馆为例，普通高校图书馆在进行管理育人的过程中，首先要针对图书馆管理人员及工作人员进行管理育人思想观念的宣传教育。要通过管理育人讲座及管理育人启动会等形式增强普通高校图书馆管理人员及工作人员的育人意识，提高其育人的自觉性。

第五节　班级管理

一、 普通高校管理育人中班级管理的定义

高校的班集体，是高校开展教育和日常管理工作的基础，是大学生的基本组织形式，在大学生的日常生活中占据不可或缺的重要位置。班集体本身既是高校思想政治教育的组织载体，又是蕴含丰富教育资源的日常生活育人的平台，为大学生提供情感归属、组织依靠、交往情境、成长和社会化的空间。这样我们可以将高校班集体概括为："在国家教育目的和学校教育目标的规范下，具有共同的奋斗目标、健全的组织机构、积极向上的领导核心、良好的纪律和舆论，在和谐的人际关系中促进集体进步和大学生个性充分发展、自我完善，

有凝聚力的教育组织载体。"① 可见，高校的班级作为实施正式教育的基本单元，在大学生的非日常生活中扮演重要角色。同时大学生在日常生活中所进行的班级交往活动还具备较强的自主性和筛选性，为班级这种组织形态添加了其官方正式身份之外的日常生活功能的需求。苏联教育家苏霍姆林斯基也曾说过：无论怎样的教育都不如一个真正组织起来的集体给他的教育更多。作为管理育人主体，必须正视这种需求，时刻关注在日常生活中开发班集体育人载体新功能，创建团结向上的班集体类型，使这种传统的高等教育的管理组织形式融入大学生日常生活管理育人系统，焕发生机。

思想政治教育原本就是我国高校班集体的建设的主要内涵，学生日常生活事务管理又进一步增加了高校班集体建设的外延，事务性工作有效地保证了班集体建设过程的顺利和有序，是班集体建设的基础。"大学生虽在生理上已经有了基本的成长，但心理上还是非常需要进一步的完善。他们的世界观、价值观、人生观在一定程度上还存在一些偏差。因此班集体的状态、风貌、活力等的建设情况对于进一步加强大学生教育管理，促使其顺利成长成才有着极为重要的作用。"② 任何一个优秀的班集体，都离不开独具特色的班集体文化的熏陶，它可以使学生在班集体的文化活动中较好地展示个人的才华，张扬自我的兴趣爱好，培养创造精神和实践能力。

二、 普通高校管理育人中班级管理的作用

普通高校中的班集体，是普通高校开展教育和日常管理工作的基础单位，也是我国普通高校的大学生的基本组织形式，班集体在大学生的日常生活中占据不可或缺的重要位置。因此，班级管理在普通高校管理育人中也就居于相当重要的地位。普通高校的班集体本身不仅是高校思想政治教育的组织载体，也是蕴含丰富教育资源的日常生活育人的平台，能够为大学生提供情感归属、组织依靠、交往情境、成长和社会化的空间。当前，班级管理应该着重增强班级中学生自我管理的民主能力，创新班级的规章制度和管理方式，提高班级融合度、和谐度，塑造班集体的特色文化氛围，充分发挥班级管理在普通高校管理

---

① 毛莹. 新时期高校班集体建设的理论探索 [D]. 西安：西安电子科技大学，2009.
② 高云. 积极探索班级建设新思路 创新班级建设新机制 [J]. 新西部，2009 (8)：87，89.

育人中具有的重要作用。

三、 普通高校管理育人中班级管理的内容

（一）树立现代学生观，实践以生为本

学生观在广义上是指对大学生群体所持的整体看法和基本观点，是与国情、校情密切相关的。狭义而言，它是指从教育者的角度出发，在教育、管理和辅导的过程中如何认识学生和怎样对待学生的问题。"在高校学生工作这一专业领域，学生观是指高校学生工作者对大学生总的看法和根本观点。"[①] 现代学生观具体包括师生地位观、学生发展观、学生利益观、学生学习观、学生评价观。学生观一经形成，就相当于形成了对于学生的珍贵的第一印象，后续的教育管理育人工作就都以此为参照和出发点了。日常生活管理中的管理者首先应当树立的是现代的学生观，即考虑如何满足学生生存和发展的需要，并遵照执行。在进行班集体管理和建设时，应当想学生之所想，急学生之所急，注重大学生的个性心理变化，关注大学生的整体需求的动向，将班级作为培养独立的具有主观能动性的个体之所在。各级班级的管理参与者都应当明确管理并不是终极目的，而只是为学生的成长进步营造良好的氛围，它只是育人的手段。班级作为日常生活管理育人的载体，应当鼓励学生在班级建设管理中实现自我管理，张扬自身的个性，发展自己的兴趣特长，帮助学生树立远大的职业规划目标和理想。新型的学生观指导我们共同打造一个理解、尊重、鼓励的班级环境，在这样的环境氛围中，大学生必然会增加学习的兴趣，也会提升道德的自觉，更会形成抵御错误言行的屏障，在享受他人尊重的同时实现自我尊重、全面发展。

（二）多元拓展班团活动形式，强化情感沟通

作为最基本的学生组织类型，班集体本应当是大学生日常生活的第一身份归属。而目前这种归属感的淡化，主要由班集体不能为大学生提供足够的心理庇护，不能满足大学生亲情依赖的需求所致。归属感与爱的需要是人的需要层次当中的较高要求，大学生的班级归属感强烈与否取决于其在班级的日常生活中获得的情感和精神待遇的状况。畅通的语言交流和情感沟通能够增加自我的

---

① 蔡国春. 中美高校学生观和学生事务观之比较 [J]. 江苏高教，2001（4）：77.

存在感和责任感，加强大学生彼此间的了解和信任。应通过举办丰富多样、新奇独特的班集体活动来保持班级成员间畅通的情感交流和心理沟通。具体要求班团活动应当具备整体性、多样性、趣味性、大众性。整体性要求班团活动不仅要配合院校级的整体活动，更要进行独立的策划和规划，突出鲜明的主题，并融合本班成员的认知色彩，保证活动的可操作性和未来延续性，以期打造精品活动。多样性则表现为班团活动的内容丰富充沛，与时俱进；可以围绕爱国主义教育、文明礼仪规范、传统美德教育等德育内容展开，也可以围绕爱心奉献、人际交往、安全指南、校园生活体验等身边小事来展开。而在活动的形式上则更要求有多样创造性的突破，可以通过主题班会、团日活动、技能竞赛、文体娱乐、校外实践等多种类型完成。趣味性和大众性则是要求活动的设计应当贴近大学生的日常生活，去挖掘并结合流行文化的时尚元素，来最大限度地吸引班级成员的参与。也可以尝试打破班团活动的壁垒限制，开阔大学生的视野，增加对外交流互动的机会，在加强班集体建设的过程中，让大学生个体获得成长和进步。

（三）营造良好班风，创建高融合度集体

所谓班风可以从抽象和具化两方面来理解。班风应当是班集体全体成员精神面貌的表现，是全体成员思想、情操、信仰及道德水平高低的标志，它既渗透于大学生个体日常的行为举止当中，又蕴藏在集体活动时的整体表现出的气质类型之内，因此，班风应该是日常生活育人的最基层的堡垒，同时也是作用最为直接的。打造良好的班风，相当于营造出宜人的日常生活的道德氛围，它能够极大地增强学生的集体主义精神、集体荣誉感和责任感，并能激发他们的上进心。心理学家认为，人的态度和行为在集体当中存在"同化效应"，即集体成员在活动中接受了集体的潜移默化的影响之后，自觉或不自觉地产生与集体要求相一致的态度与行为的效应。良好的集体通常能产生一种积极的正同化效应。班级作为大学生在校学习生活和成长过程中所在的最稳定、最基础的群体形式，其微观风气面貌直接决定了同化效应发挥作用的原始环境的好坏，因而，班风是日常生活育人环境的重要组成部分，也是培养现代化合格人才的重要保障，其育人功能不容小视。良好的班风一旦形成，对于在这个群体中学习和生活的学生自然就起到了潜移默化的作用，有着强大的感染力。作为班集体建设的基础任务，培养一个朝气蓬勃、团结友爱、奋发向上、纪律严明的班风状态一直是日常思想政治工作和日常学生管理工作的最终目标，同建设良好的公寓文化一起作为日常生活中作用最日常、反应最敏感、效果最真实，也最接近大学生生活本质的育人手杖。

同时，高校班集体的文化内涵通常可以从以下三个层面进行拓展：第一，表层可视的物质行为文化系统。这是流露于外部，人们可以具体感知和触碰得到的，如：班集体的固定教室的布置与设计，班级成员待人接物时的行为举止及其中表现出来的礼仪气质和规范，组织的集体活动的类型和成效等。第二，中层可供操作的制度文化系统。第三，深层可供认同的精神文化系统。班集体的物质行为文化同日常生活结合最紧密，它是拓展班集体文化内涵特色的存在基础。深层精神文化是班集体文化建设的使命、目标、核心和灵魂。班集体作为微观层次的文化育人载体而存在，以打造良好班风、学风为抓手，培育良好的基层班级文化格调为纽带，来拓展优秀高校班集体建设的文化内涵和外延，从而发挥道德和情感的同化效应，以点滴日常班级管理实现化人、育人，最终形成大学生日常生活管理育人的文化微环境。它提供了日常生活中的非日常体验和意义，而班集体的制度文化则是承上启下的过渡性层面，将大学生个体与整个高校育人文化系统衔接起来。

（四）建设虚拟班级模式，增加班集体的网络魅力

虚拟班级是传统的班级形式在网络条件下的延伸和变形。它以借鉴网络教学模式为依托，充分利用多元新媒体技术的便捷性、开放性、互动性、附着性，建立和开发班级的主页、空间、博客、QQ群、微信公众号等多元的虚拟空间班级形式，它既包括线下实体班级的网络平台构建，也包括单纯线上的虚拟班级社区的组织。运用虚拟班级，可以使班级管理网络化、便捷化、亲民化，也不失为规范大学生网络行为的一种有益补充。

开展虚拟班级建设作为班级育人活动载体的延展形式，是传统的班级管理和建设工作主动适应大学生日常生活网络社交化趋势的结果，其顺势而为，让班级组织在网络社会中占有一席之地，既可以放大班团体的组织活动能力，增强班级日常管理的网络渗透力度，也为创新班级活动的内容和形式，不断提升班集体育人功能找到了新的兴奋点。

虚拟班级的投入使用作为一种创新的日常生活管理手段，同样具有公告发布、学习交流、信息分享、情感交流的班级团体的基本功能，同时它的优势更

加明显，具备信息传递便捷快速、反馈交流互动高效、作用形式与时俱进的优势，为管理对象所喜闻乐见，因而也就自然成为可以融思想政治教育、日常生活管理、服务咨询等功能于一体的育人载体。虚拟班级是能紧跟大学生日常生活节奏，适应培养创新型人才的高校学生日常管理工作的新尝试，目前还处于萌芽成长期，需要各高校在具体的管理育人实践中摸索推广。

第八章　新时代高校管理育人的方法

第一节　契约管理

一、制度契约管理

"管理必须建立在严格的规章制度和标准基础之上。"① "契约不是强制性的管束，更不是放任的自流。契约是一种建立在对约定内容心理认可、认同基础上的重叠共识。契约管理，能促进学生公共意识的养成，能培育学生的公共理性，让学生成为一个讲逻辑、讲道理的人。"② "契约"是一个复合词，是由"契"和"约"组成的。"契"的本义为"刻"，引申为符契。"约"就是一种"约定"，它规定了权利和义务。契约作为一种社会关系，广泛地存在于社会生活的各个领域。以班级管理为例，在班级管理中，契约规定了师生的权利和义务，建构了学生的校园生活。实施契约管理，首先就是要制定契约，主要是指制度性的契约，这是学生过有意义的校园生活的根基。以班级契约为例，班级契约是班集体全体成员都必须遵循的共同的一种约定，具有一种"法律"的意义。可以这样说，班级制度契约就是班级的"根本大法"，它将班级管理的任务、内容等条目逐项分解，从而实现权责分明、制度明确的管理。根据观察，在不少班级中，制度制定往往是"自上而下"的，是一种类似于"霸王条款"的东西，这样的班级制度不是班级契约，没有公信力、执行力。班级制度契约的制订应当尊重学生的诉求，契合学生的学习生活样态。一方面，班级契约的

---

① 刘琪，陈学云. 新形势下高校辅导员学生管理工作方法探析 [J]. 山西青年，2019 (8)：220.
② 朱海洋. 契约管理：构建有意义的班级生活 [J]. 教书育人，2020 (25)：72 – 73.

内容要参照学校的各项规章制度，参照中小学日常行为规范等；另一方面也是更为重要的方面是从学生的需求、意愿、吁求等出发，充分关照学生的年龄、心理、个性等的差异，充分尊重学生的权利、义务等。只有这样，班级制度契约才是现实的、具有可操作性的契约制度。班级的制度契约是班级管理、班级建设的"黏合剂"，它让班集体成员紧紧地团结在一起，让学生产生强烈的认同感、使命感和责任感。应该说，师生双方对于契约的内容是非常熟悉的、非常认同的甚至非常赞赏的。班级契约的内容不仅涉及学生的学习，更涉及学生的生活；不仅涉及学生的当下学习生活，而且指向学生可能的学习生活。在制订班级契约的过程中，要让学生参与制订，制订完毕交给学生讨论，不断修改、完善，让班级契约得到大家的一致认可与欣赏。班级契约的内容不仅要清晰、具有可操作性，更应该充满人文关爱、人性关怀，应该反映班级文化、班级精神、班级的整体风貌。有怎样的制度契约，就会有怎样的班级管理，就会产生怎样的班级文化。班级的制度契约是班级全体师生行为的准则，是行为规范的标准、尺度。班级制度契约，是一个合格的大学生应当努力做到的。在班级契约中，不仅规定了一些基本的行为要求，更提出了发展性的行为要求。当然，对于班级管理来说，班级制度契约不仅要写在文本上，贴在墙壁上，更要落实到学生实实在在的行为之中。

二、 行为契约管理

制度契约是一种外在的、文本性的东西，必须转化为学生内在的、自觉的行为。只有当契约制度体现在学生日常学习、生活中的行为小事上时，规范而民主、严肃而关爱的制度契约才算真正形成。作为普通高校管理部门，在实际的管理工作中不仅要抓好制度契约的制定，更要抓好制度契约的执行。一是要加强对制度契约的宣传，让学生了解班级制度契约的内容、意义、价值，让制度契约得到学生普遍的认同；二是要创设各种外部、内部条件，让制度契约得以科学而合理的实施。

通过执行，管理人员能将外在的制度契约转化为显性的行为契约。通过执行，学生能将外在的"内容契约"内化为自我的内在的隐性的"心理契约"。制度契约的执行力是班级制度契约的保障。如果制度契约没有执行力，制度契约就等于一纸空文，就是没有任何意义的文本存在。值得注意的是，在制度契约的执行过程中，可能会受到来自各方面的干扰，对此要有充分的估计。要能对制度契约进行审视，充分发掘班级制度契约的意义，同时洞察制度契约的劣势、弱点等。通过契约的执行，才能明晰制度契约的优势和短板。对于一些具有优势特质的制度契约，要顶住压力，排除干扰，让制度契约有效落实。绝不能因为个别的地方不完善而影响、中断制度契约的执行。即使出现了制度契约的不完善，也要引导学生按照程序来修改、完善，而不能破坏规矩。同时，制度契约的执行是一个动态的过程，它不仅受到制度契约条款的影响，也受到制度契约执行环境的制约。要与学生积极沟通，倾听学生的意见和建议，努力修订、充实、完善制度契约。制度契约应当因时、因地、因人权宜应变，从而能让制度契约不断完善。执行力是制度契约的保障，要通过制度契约的执行，帮助学生树立正确的世界观、人生观、价值观。

在制度契约的执行过程中，要铁面无私，秉持"包公精神"，做到公平、公正，对违反契约制度条例的学生都要进行相应的惩罚，要通过教育惩戒让学生对自己的行为负责，促进学生改正自我的行为，让学生的行为从他律走向自律。

三、 心理契约管理

所谓"心理契约"，是指"一种期望假设与主观约定"。"心理契约"理论是西方组织行为学和人力资源管理领域中一个新兴的理论。从根本上说，心理契约是建立在制度契约、行为契约基础上的，是契约精神的核心。形成学生的心理契约，是管理的目的。只有当学生在内心深处对某种制度、规范等形成认同甚至产生信仰时，契约才能真正发挥其力量。心理契约以学生共同的愿景为基础，是有意义的校园生活的核心。心理契约往往能让学生产生一种归属感、价值认同等，能构建一种和谐的信任的关系。

心理契约是一种主观性的感受、体验，是一种"我能做什么"的探寻；心理契约是一种心理承诺，是一种"我可以期待什么"的心理换位思考；心理契约还是一种氛围，是师生之间、生生之间的"心有灵犀一点通"，能够形成一种管理、建设的心理共鸣与共振。心理契约有助于激发学生的学习热情，有助于培育学生的集体荣誉感和责任感，有助于建构一个和谐、民主、自主的集体，有助于提升学生的核心素养。心理契约潜藏着学生对世界、人生的总的看法，潜藏着学生对世界、事物的不同理解和独特感受。从某种意义上说，心理契约犹如一只看不见的手，决定着学生的外显行为。心理契约的达成依赖于对学生的精神关怀和情感关怀，依赖于对学生的精神鼓励，以及对宽松、和谐、民主氛围的创设。心理契约的达成，有助于学生践行制度契约。在管理的过程中，要在引导学生达成彼此心理契约的基础上，引导学生积极互动。心理契约的基础不是教师的指令与学生的执行，而是师生之间、生生之间良性的、双向的互动。在管理中，要变"管"为"理"，厘清各种关系，引导学生借助于制度契约进行高质量的对话与交往，不仅与他人对话，还与过去的自我对话。不仅引导学生对话，而且要引导学生倾听。学生只有通过倾听与对话，才能克服人际交往障碍，培养人际交往技能，形成正确人际交往观念，生成人际交往品质，从而进行高质量的人际交往。班级的心理契约具有同化力、内驱力和凝聚力。在心理契约的形成过程中，要持之以恒、常抓不懈。

形成学生的心理契约，体现的是学生生命个体的相互尊重、相互配合、相互理解和相互成全。契约管理，是师生之间、生生之间的"交际舞""芭蕾舞"。契约管理带给学生的是相互理解、相互配合、相互成全、相互实现。契约管理有助于师生的心理健康、生命健康，有助于师生之间、生生之间的关系和谐，有助于把学生培育成"大写之人"。只有当学生在契约管理中达成了心理契约，高校组织才具有生命的活力。

第二节　柔性管理

一、柔性管理的概念

柔性管理是相对于刚性管理提出来的。柔性管理注重情感的投入，是在研究人们心理和行为规律的基础上，采用非强制方式在人们心中产生一种潜移默化的影响，从而使管理者的意志变为员工的自觉行动的管理模式。人力资源管理中的刚性管理是以规章制度为中心，用制度约束管理员工。而柔性管理则是以人为中心，对教职工进行人格化管理。柔性管理的管理模式最适宜在高校中实施，因为高校行政管理的对象是知识型和智力型的，核心竞争力是高校教师的业务水平和管理工作水平，管理环境具有复杂性和不确定性的特点，实施柔性管理更能体现高校管理的特色，更能激发人的潜能、主动性和创造精神①。

二、 柔性管理的功能

管理中的刚性管理普遍以制度及规章为中心，用规章制度来推动行政管理的执行和开展，从而实现管理员工的目的。柔性管理相比于刚性管理更侧重于情感投入，也就是说在实施柔性管理时情感的运用要相对多一些，也就是人们常说的更加具有"人情味"。这种"人情味"能够在实际管理工作的开展中发挥晓之以理、动之以情的积极作用。在运用柔性管理时，管理人员的态度表现为相对缓和，更容易使人接受，相对于刚性管理的强制性方式而言，表现出的非强制性方式的一面更加明显。进行柔性管理，运用情感投入和情感表达将管理者的某些意志以一种柔和的方式传达给被管理者，通过这种潜移默化的影响和熏陶，管理者的某些意志在一定程度上能够逐渐转变为被管理者的自觉的行动，从而在一定程度上发挥管理的作用，实现管理的目的。柔性管理坚持以人为中心，也就是柔性管理更关注人，把被管理者作为管理工作的中心，充分尊重其人格，对被管理者采取人格化的管理措施。柔性管理在普通高校的管理工作中具有先天的优越性，柔性管理相对更适合在普通高校中实施，普通高校的被管理者主要是具有一定知识储备或者具有较高智力的教师和学生。面对普通高校管理环境的相对复杂性和一定的不确定性，普通高校实施柔性管理更有利于高校管理体现出自身特色和个性。当前普通高校的教师的业务水平和管理工作的水平共同构成了高等学校的核心竞争力，基于此，在普通高校中实行柔性管理更有利于高校激发校内教师及学生的潜力，发挥高校内各成员的主动性，催生高校内各群体的创造精神。

第三节　制度管理

一、 制度管理的概念

《礼记·中庸》有云："凡事预则立，不预则废。"制度对于育人的功效就

---

① 谢辉. 论高校行政管理中思想政治教育工作有效性的发挥 [J]. 教育与职业，2011 (8)：33-34.

是在这"预"上做文章。回归日常生活的本质，用管理思想的精华，通过制度的设计和完善，完善大学生日常生活的行为识别系统，实现制度育人。从整体上看，"制度是指以法度、规范、习惯为核心，依一定的程序由社会性组织来颁布和实施的一整套规范体系和社会运行机制的总和"①。制度过程不仅仅是单纯制定法度、颁布规范的动作，还需要明确制定的主体的归属，制定的程序安排，制定之后政策结果的执行方式，监督和奖惩的主体选择等。所谓制度，一般有两层含义：一是指要求成员共同遵守的、按一定程序办事的规程或行动准则；二是指在一定的历史条件下形成的政治、经济、文化等各方面的体系。在古时候，制度是指政治上的规模法度②。而现代我们常用的"制度"一词，除去特指社会制度外，较多是指与某一项范畴名目、行动主题、存在系统或某一部类的实践活动相关联的约束体系或规制。

制度是人类社会生活的规范化表达，生活世界仅仅是由文化传统和制度秩序及社会化过程中出现的认同所构成③。从这种哲学意义上讲，日常生活管理育人是一种社会生活的规范化表达，它本身可以归类为一种制度。而日常生活管理育人的制度，则是社会生活规范化的生存方式的再规范化。

任何人类活动（包括管理工作在内）都需要相应的制度建设作为保障，管理工作若离开了制度的辅助，则寸步难行。大学生日常生活管理的制度建设过程也必须遵循这样的规律：首先以"立德树人"智慧作为核心理念，开展育人制度的顶层设计；再结合大学生的日常生活情状来制定具体合理的操作层管理制度。这些制度的伦理指向均为育人价值。制度育人在制度学界有着颇多的争议，普遍的认知是，制度与道德之间往往存在一定的相生相克的渊源，两者似乎在某些层面上水火不容，例如：道德靠个人内心自省，而制度靠外力灌输；道德作用相对柔和，而制度却有强制的嫌疑；等等。虽然表面上制度与道德在作用方式上存在对立，但在育人方面两者却殊途同归。因为，制度的改变自然会引起人们德性的培育和变化，德育总是在一定制度下开展的育人活动。这是现实性德育活动赖以生存的制度环境，这样制度本身就是作为珍贵的德育资源而存在的，可见制度德育本身就是合理存在的，并以其先在性发挥了作用的。

① 倪素香. 制度伦理研究 ［M］. 北京：人民出版社，2008：5.
② 辞海编辑委员会. 辞海：上 ［M］. 上海：上海辞书出版社，1999：532.
③ ［德］哈贝马斯. 后形而上学思想 ［M］. 南京：译林出版社，2001：87.

正如刘超良博士所言："制度是德育的资源；德育是制度性的育人活动，以制度规约德育的实施；制度具有道德教化价值，以制度德性养成个人德性。"① 制度可以通过自身的日常魔力向生活在制度框架下的个人的德性产生位移，从而完成育人的基本功能。开展日常生活管理育人的制度设计工作，就是要在日常生活的平台之上找到制度和道德的契合点与交集，从而让生活育人工作插上制度的翅膀。用顶层制度设计的方式来保障高校育人模式不脱离日常生活世界，才有可能在具体工作中推陈出新，永葆生机。在任何的社会中，制度都是先于育人工作的先在性条件，管理育德工作需要从先在的制度资源中吸收养分，再来建设有利于促进德育目标实现的具体制度。这样看来，管理育人工作的价值，实质上是作为衔接先在性制度存在和后继性制度建设的中介。

制度对于道德建设的效用性发挥程度，首先取决于制度本身的品质优劣和价值取向偏重，正如邓小平所说："制度好可以使坏人无法任意横行，制度不好可以使好人无法充分做好事，甚至会走向反面。"② 只有重视伦理关怀的好制度才能将道德位移进大学生的个人品行系统之中。所谓好的制度产品，不仅要求要素齐备完善，更看重其与时俱进的创新活力，那种无法适应新形势、应对新变化的制度就会走向自己德育价值效用的对立面。以顶层制度设计的理念转变为起点，并非只是简单重建基层制度和操作制度就能完成具备伦理关怀的制度建设的。大学生日常生活管理关涉大学生群体的整个大学生涯，若是管理制度不合理，不道德，不合乎伦理，那么不仅其育人的功能不能得以发挥，而且会消解高校整体育人的合力。制度设计应当遵循合理的思路，制度体系的设计需要找准制度与德育的切合点，制度贴近生活化，才能实现生活育人目标，尤其要注意显性制度与隐性制度的结合、正式制度和非正式制度的结合，通过硬性的强制和软性的内化，在他律和自律的相互配合下增强大学生的日常生活的基本能力，提升他们的思想道德品质。以制度为依托蓝本开展的育人工作在弥补传统教育及现代教育改革中表现出来的柔软性上有突出的作用；在制度化教育的过程中，以成文的规定和制度规范为基础，通过硬性的标准去开展教育，相当于给平淡的日常生活的育人背景打了一剂强心针，跨越日常生活的平庸性，定会取得明显的育人成效。

---

① 刘超良. 制度德育论 [D]. 武汉：华中师范大学，2006.
② 邓小平. 邓小平文选：第二卷 [M]. 北京：人民出版社，1994：333.

大学是培养人才的学术组织和机构，对于制度的理解，应当坚持两面性的原则。在大学生的日常管理过程中，不能只停留在运用制度约束个体活动的层面，认为高校的学生日常管理制度仅仅是高校解决在校学生行为无序或失范问题的价值体系和工具。在这一理念指引下，那制度必然外显为束缚、制约学生思想、行动和个性全面发展的冰冷的条文，学生的日常生活也会在这一制度工具的压抑之下变得保守、呆板，毫无个性意义。我们更应该认识到制度的正面作用，并对此加以积极利用。制度更应该具有指引、评价、导向、预测作用，要旗帜鲜明地体现出提倡什么、反对什么、发扬什么、限制什么；这样才能引导学生从被动地遵章守纪到养成自我约束、自我教育、自我调节的良好行为习惯，最终形成健康、饱满的人格特征。作为发挥保障作用的制度，应当合法、合情、合理。

制度的合理性是指"制度的内容要符合制度的内在规律"①、遵循科学规律。制度的质量也要提高，落实起来才更容易，必须做到制行合一；对制度本身也要做追踪评价，保持生活管理育人制度的先进性。

所谓"制度化"育人，就是将育人的尤其是思想政治教育的具体要求和内容变成管理的目标和内容。它可以从以下两方面来完成。首先，将育人的积极导向性和理念要求体现在法律规定和校园的管理者制度当中。其次，将日常生活管理育人的某些成型的具体内容体现在各相关部门和责任人的规章与具体的管理制度当中。形成良好的制度氛围，促使大学生们参照制度规范自身行为，逐渐将其内化成个人道德意识的成分，制度的育人功效便得以彰显。

制度化的过程最终保障日常生活管理育人的科学化、精细化，同样也可以实现艺术化，在坚持制度管理时，还应当注意对制度的宣传和解释，以增强制度的约束力和执行力，也应倾注更多的关怀和宽容，使大学生既能够对制度存有敬畏之心，又不至于被制度管理的冷漠化所困扰。较好的做法是让大学生们参与到制度建设当中来，通过参与制度的讨论和建设这一环节融入管理过程中，可以为他们的成长提供必要的自由发展空间。大学生日常生活的品质，将影响其未来日常生活的品质和走向。每个人的一生都隐藏在最日常生活之中。大学生活阶段的育人管理，可以有助于大学生建立科学日常生活的秩序，并适

① 辛鸣. 制度研究的哲学视野选择及其问题梳理 [J]. 哲学动态，2005 (10)：11-13.

应未来日常生活的基本模式和要求，为未来过上有序健康的日常生活做好充分的准备。

二、 高校制度管理的内容

我国高校在开展管理过程当中，制定并实施了涉及各个层面、多种类型的制度产品，而笔者将研究的重点放置于那些对于大学生的成长成才等育人工作目标的实现有所裨益的制度供给上。

第一层次：大学章程。高校的章程对于一所高校的意义就相当于宪法之于国家，当属大学制度的顶层设计范畴。它负责指导高校一系列具体规章制度的制定和解释。虽然，不针对具体问题和事件提供实施细则，但其引导和启示功能，意义深远，值得深入研究。在大学章程中，增加或强化某个理念或是某项内容，必然从理念到实践都会对这项工作产生深远的影响。如近期，教育部批准了包括北京大学在内的 9 所高校的章程，其中最具典型意义的就是《北京大学章程》，其规定"北大设监察委员会，对校长负责，独立行使监察职权。学生也将有机会参与监察委员会，行使检查学校人员遵守学校规章制度、调查处理学校人员违反校纪行为、维护学校人员相关权益的职权。此外，在北大校务委员会和学术委员会的组成人员中都会有学生代表"①。这就为学生参与大学管理提供了合法性的制度支持，反映了我国高校民主治校改革的进步，一时间激起了教育和管理各界的讨论。大学生参与高校管理，对传统管理主体行使检察和监督权，可以看成是大学生开展自我管理、自我培育的一种新尝试。从这一意义上说，若是在大学章程中，明确添加通过日常生活管理育人的因素和内容的话，这项工作也自然就成为各方关注的焦点，进而发展成为理论研究的热点。大学顶层制度就是通过这样的供给方式，来完成在日常生活中的各种维度实施管理育人的目标的，从而尊重和保护学生的权利，为学生带来实实在在的利益，促进学生全面成长成才。

第二层次：日常规章制度——高校学生管理制度。其发挥育人的价值诉求，需要克服其在目标导向设计上的弱化人本的误区，规避其在具体运行过程中的淡化教育色彩的路径选择迷失。现有的高校学生管理制度以维稳的价值取

---

① 胡乐乐. 学生参与管理是大学章程的亮点 [N]. 光明日报，2014 – 10 – 10 （002）.

向占据主流位置，而促进学生全面发展的则相对处于弱势。想要发挥高校学生管理制度的育人功能，改善当前制度育人缺失的现状，必须重新设计该制度的目标体系，将教育学生、培养学生的全面发展作为其主流的目标价值体系，以此为依据再来制定具体的规章和细则。在对制度进行管理和运行使用时，应该弱化惩戒和规制的刚性色彩，将教育性的因素添加进管理的过程，以柔性化的姿态关注和保护大学生的人性，以此降低大学生试错的制度成本，从而使他们的成长完整而丰满。如可以通过制度保障来注重生活细节，关照大学生日常生活的视觉识别系统的建设，从根本上实现环境育人。

第三层次：具体制度，学生手册、学生日常规范、班级或社团自我拟定的班级公约及社团自律条例等均属此列。完善整体育人体系，构建多位一体的育人框架；以生活为横坐标，以育人为纵坐标，形成不同时空维度。开展日常生活管理育人，就是要从根本上摆脱原有的德育抽象化、空谈化的弊端，把育德的模式真正奠基于生活之上，以生活为原点来考查和描述育人工作的方方面面，让思想政治教育、德育工作紧密围绕生活、在生活中、结合生活、通过生活来进行，从而确立一种以人为主体、以日常生活为中心、以管理为媒介、以教育为导向的新型德育模式，最终实现或达至预期的教育效果。环境本身就是具有育人功能的。正如马克思和恩格斯所指出的，"人创造环境，同样环境也创造人"[1]。一个人的内心最深处的东西具有影响作用。环境因素客观存在，它可以对人产生强烈的心理暗示作用和行动诱导作用，如：大学生公寓宿舍当中就蕴藏着宝贵的育人环境资源，一草一木、一事一物都发挥着巨大的育人效能，承担着环境育人的先天职责。"一扇窗户被打破，如果没有修复，将会导致更多的窗户被打破，甚至整栋楼被拆毁。"经典的"破窗理论"向我们生动地揭示了环境育人效应的客观性和强大性，提醒我们不能忽视大学生宿舍的硬件设施建设，应尽可能地提供整洁、美化、干净的环境，以避免破窗效应的出现。这些都要靠制度的力量加以实现。需要将整个大学生的日常生活作为改造对象，通过对其的有效管理，对其进行建设性的改造，达到理想化的日常生活状态，才能让大学生个体本身获得希望，收获完美人格。

---

① 马克思恩格斯文集：第 1 卷 [M]. 北京：人民出版社，2009：545.

第四节　平台管理

一、平台管理的功能

普通高校各个管理职能部门应该建立健全相关平台机制，通过各项举措推动高校管理育人工作的改进和提升。要以提高管理部门工作人员的职业技能及学生的综合素质为抓手，促进普通高校管理育人工作推进和水平提升，培养德智体美劳全面发展的社会主义建设者和接班人。

普通高校管理部门要建立健全自身平台，提高普通高校管理人员的职业能力。要搭建好平台，促进管理部门工作人员提高自身工作技能和业务水平，增强管理育人意识及管理育人能力，优化、完善普通高校管理育人体制机制，提升管理育人水平提升。

普通高校管理部门要建立健全自身平台，提高高校学生的综合素质，努力使其成为德智体美劳全面发展的社会主义建设者和接班人。要充分树立新媒体阵地意识，充分发挥网络的开放性与便捷性优势，有效利用新媒体的信息传播力和影响力，随时随地向高校学生推送与学生自身专业相关理论教学知识，以及最新的时事政策。要推动管理部门协调统筹，运用室外课堂的形式，前往就近适当场所开展现场教学，加深学生对于自身专业的认知，在一定程度上提高学生的学科自信。高校管理部门应该积极开展以"立德树人"为核心、新媒体为辅助宣传手段的以班级、寝室为单位的形式多样的活动，内容主要围绕学生自身专业相关的学习及拓展，形成良好的系风、班风、校风。普通高校管理部门要形成全员关注学生成长的机制，管理部门与系部和各科老师之间积极配合、分工负责，齐抓共管，形成有利于能力培养体系完善的各种管理制度，为各类活动的顺利开展打下坚实的基础。要利用"三下乡"和假期开展教育实践活动，完成各个专业学生的教育实习任务，让学生体验正式工作人员在岗位中的价值和自觉。还要利用"三下乡"和假期开展教育实践活动，让学生在社会实践中服务社会，加深学生对于社情的了解，提高学生的道德素养和把专业知识运用到实践生活中的能力，把社会实践、教学实习工作统一起来，促进学生德智体美劳全面发展。要开展一系列第二课堂活动，为每一个学生提供充分展示自己特长的机会，从口头表述、书面表达、交流、自学、应变、动手、创新、决断、协调和执行等方面培养学生的应用型技能，积极培育学生的社会主义核心价值观，通过形象的活动使学生学有所用、学有所长，在实践中全面提高自身综合素质。要开展志愿者社区服务工作：支持学生利用自己的专业（专项）特长义务为社区居民提供专业指导、义务提供专业帮扶等活动，在帮助他人、影响社会的同时，自身综合素质也不断提升。

二、 高校平台管理的具体要求

普通高校管理部门要"推进育人新平台建设，充分利用广播、宣传橱窗、板报、海报等新媒体教育载体，形成良好的学习氛围。以'三下乡'、志愿者服务、社会实践等服务体系，加强学生教育实践能力培养；加强系部、任课老师之间的协调联系，形成全员关注学生成长的机制，加强团队建设，成员之间积极配合、分工负责，齐抓共管，为各类教学活动的顺利开展打下坚实的基础"①，还可以利用微博、微信、QQ、抖音短视频平台等渠道进行平台建设和信息宣传，利用上述各种渠道进行管理育人的内容宣传、信息展示、工作汇报，能够逐步提高高校管理部门的平台管理水平，促进高校管理部门发挥管理育人作用，提升管理育人水平。此外，高校中各种校内平台，如后勤管理中的报修平台，也可以进行改造升级，要时刻注意学校中的工作对于管理育人都有着潜移默化的作用，要提高平台的流畅度和反馈效率，改进维修质量和服务态度。以报修平台为例，在接到报修申请时，要尽量进行及时回复，哪怕不能立刻出动维修队伍进行维修作业，也要在平台上进行信息提示，诸如"申请信息已接收，请排队等待维修作业"的提示，而不能出现长时间不予反馈让学生干等的情况，这会给学生留下工作散漫的印象，影响学生之后在自己的工作岗位上的工作态度、工作作风、工作表现。此外，维修人员也要保质保量，避免应付了事、工作草率的情况，以免给学生造成"糊弄工作"的负面影响。普通高校的各个管理服务平台要切实加强对平台的管理，规范平台使用，提升平台服务水平，完善平台服务的监督，建立相关问责机制，切实发挥平台积极作用。

---

① 潘越. 新时代中国特色社会主义思想贯穿于高校育人工作的方法探析——以成都体育学院学生党支部为例 [J]. 教育现代化, 2018, 5 (39)：326－329.

普通高校管理部门还要力所能及地在平台运行中注入德育元素，例如在平台页面穿插德育图片及优秀事迹，在学生使用平台的过程中即让学生体会到"管理育人"的熏陶。

相关普通高校管理部门还应切实利用好江苏省大学生成长服务平台（PU平台），发挥其在高校管理育人中的作用。"依托PU平台建立的学分认证系统，高校各级团组织或学生组织、社团组织作为活动发起者进行"发起活动—活动开展—活动完结—考核评价"这一系列动作，在第二课堂活动的整个实施过程中，都可以通过PU平台实时监督并记录过程管理。每一名学生通过PU平台，可以清晰地了解自己已经参加的第二课堂活动情况、获取奖项情况、获得各类证书情况，并打印出自己的第二课堂成绩单"①。2013年9月起，共青团江苏省委启动建设了Pocket University——江苏省大学生成长服务平台（以下简称"PU平台"）。2014年初，在团中央组织实施的全团重点工作创新试点中，团省委开始实施"依托PU平台，探索打造高校学生第二成绩单"项目，并着力把PU平台建设成为第二课堂活动及相关重要信息的发布平台、学生参与第二课堂的网络自主平台、实践第二成绩单科学化考量的认证平台，努力实现高校大学生第二课堂实践项目的体系建设、学分认证记录评价机制建设、实践教育纳入学校人才培养评价体系3个方面。学生可以通过移动客户端参与平台上第二课堂的所有活动，PU平台也会记录学生参加活动、学生组织、社团等所得到的学分。截至2020年4月，已经开展高校团支部工作活动3468项，覆盖18804个团支部。因此在利用PU平台时要建立制度，融通第一课堂与第二课堂；要注重内涵，建设第二课堂实践育人课程体系；要优化载体，建设过程控制和数据应用平台。由于第二课堂在组织模式和开展形式上具有"自发性"和"多样性"的特点，存在着"看不见摸不着"的尴尬。如何让第二课堂的成果"看得见"，并获得学校、学生和社会的普遍认同，其组织手段和管理办法是最为关键的环节。高校一直以来在人才培养中将第二课堂纳入对学生成长发展的评价体系之中，第二课堂仅仅作为一种"锦上添花"的形式而存在。从制度层面来看，第一，学校应将第二课堂相关学生课外实践活动和项目作为学校人才培养的"顶层设计"，并从人才培养的高度来对工作内容、项目供给、评价机

---

① 沙成金，闫旭，李文文，鲁晨阳. 依托PU平台打造"第二课堂成绩单"体系的探索——以江苏高职院校为例［J］. 现代职业教育，2020（48）：4-6.

制等方面进行系统设计，使之成为学校人才培养的重要组成部分和必要环节。第二，对第二课堂的管理过程给予支持与保障，使第二课堂的管理形成由教务领导、团委、学工实施，学校一二级学院两级管理的工作制度。第三，建立团教融合的顶层设计管理制度，如：成立校院两级学生综合素质拓展与成长训练中心，大力加强课程教学队伍建设，可推选一些教师组成第二课堂课程导师库。"第二课堂成绩单"制度的培养目标更注重内涵建设。推进"第二课堂成绩单"制度的实施，就要求各部门充分沟通协调并形成合力，如：各二级学院结合学生专业特色，在扩大素质拓展活动文化规模和影响的同时，实现素质拓展活动的社会化，为增强学生对社会的认识创造良好的环境，也为学生今后走上工作岗位打下坚实的理论和实践基础。教务处结合实践育人的课程体系制定人才培养方案，将第二课堂表现和毕业相挂钩；招就处通过学生参与第二课堂活动的经历，结合用人单位选人用人的标准，优化校内创新创业类课程模式；学工处通过监测第二课堂参与情况，有效激励学生在校表现；各级团组织具体组织第二课堂活动的实施，并推进相关制度建设，使第二课堂实践育人工作更加制度化、规范化、系统化、科学化。在建立"第二课堂成绩单"制度的过程中，要设计多层次的考核评价办法，如：通过客观题答卷、上传书面报告或表演口试考核、由授课老师评价并发放学时，按照组织者、表演者等不同角色赋予相应实践学时，按照获奖者、观众等不同角色赋予相应实践学时等方式进行差异化赋分。高校还可结合自身院校的特色，针对学生参与的各类活动、社会实践和任职技能等数据的沉淀分析，从行为模式、思维模式方面为学生能力结构发展提供分析、参考。

第五节　自我管理

一、自我管理的概念和功能

自我管理法是自我教育法的一个重要分支，具体是指社会个体"自觉地用法律、纪律、规章制度和道德规范约束自己，调节和控制自己的言行"的方法。这是一种建立在首先应当给学生以足够的自由，并承认思想政治教育主体间性的基础上的育人方法。学生应该享受到应有的自由，并在适当的自由之下创造自己的生活。自由应该是使生活变得有意义的首要条件；只有当人们在一定程度上享受自由时，人们才能相对理性地生活，才能进行理性的活动，才能追求理性的目标。首先，自我管理实现自我道德提升，完成自我教育，是一种自由意义的阐释和生活方式的放大，是自我成熟的标志。日常生活管理的育人工作可以将自我管理方法延伸到很多原来未曾涉足的领域和层面。"自我教育法是受教育者按照思想政治教育的目标和要求，主动提高自身思想认识和道德水平以及自觉改正自己错误思想和行为的方法，简单地说就是人们自己教育自己，自己做自己思想政治工作的方法。"① 所谓，"知之者不如好之者，好之者不如乐之者"，自我教育和管理法就是培养乐之者的捷径，能够让大学生获得教育的乐趣。兴趣永远都是最好的老师，不同的学生在相同的日常学习环境条件下，学习的效果千差万别，排除自身先天素质的因素影响，学习者对于所学知识内容的态度和感觉的作用更加重要。

日常生活是建立在实践基础之上的人之特殊生命活动。德育所回归的人是在生活实践中与他人、他物发生相互关系和作用的人，不是静止、孤立的单子。生活是人自己建构起来的，生活建构的结果，外在表现为生活方式，内在表现为人之品性。人就是他自己生活建构的结果，个人怎样表现自己的生活，他就是怎样的。由是，生活论德育不将人之至善追求诉诸孤立的人性改造，而是奠基于现实生活的改变。因而日常生活中的道德教育的根本作为就是引导生活的建构，它所指向的是更有利于人之生成和发展的好生活。育人工作者要帮助学习者学会关注、反思、改变生活，提高他们的生活建构的能力，提升其生活的品质。日常生活育人不会因为个体因子的日常生活理解的个性化差异的表象，就丧失了其固有的尤其是回归过程中的社会属性。

二、 大学生自我管理的具体要求

坚持大学生自主生活、独立实践的原则。通过生活开展的道德教育与管理育人，须首先贯彻主体性教育原则。将管理主客体放置于同等重要的平视地位，承认道德作用的主体间性生活模式。这种生活必须是在学生自觉自愿的状态下进行的，是他主动与他人进行的交往。大学生的道德与他的主体性密切相

---

① 郑永廷. 思想政治教育方法论 [M]. 北京: 高等教育出版社, 1999: 144.

关，离开了大学生的主动信仰、参与和实践，道德就无法得以展开，无从显示其应有的力量。日常生活管理的育人基本方法可以以实践教育法作为建构的根基，首先，日常生活就是一种最为广泛的自我实践活动，它为自我管理法提供了最坚定的自我参与身份，对日常生活的自主经营决定了对日常生活的管理也必须要实现自我感知、自我实践、自我负责。

坚持主客体间对话原则，实施自我管理法，让自我教育成为可能，需要推动自我管理主体的培养。不仅要唤醒大学生自我管理的意识和觉悟，还要协助其在未知的日常生活实践中尝试运用。"学校道德教育调整的重心，不在于实现工艺学上的某种技术转型，而是要唤醒道德成长主体的内在自觉。鉴于此，学校道德教育必须转向以学习和学习者为中心，教育工作者应当关注、尊重和鼓励学习者作为主体的道德生活的实践，认真顾及学习者自身的生活经验。"①关注大学生的道德生活的实践，意味着确立了其管理和自我教育的主体地位与角色；而注重大学生自身的生活经验和阅历，则彰显着对其个性化日常生活内容的情感性认同和尊重。这样就在育人目标和内容两个层面上，保障了大学生自我教育、自我管理的主体身份合法性。这里要特别注意的是，要从大学生的需要出发，而不是以哪一方的管理工作方便为着眼点，以大学生的成长成才，而不是管理者个人的事业发展为育人工作的着力点。

这种方法的使用还在于要将双方或多方的对话看成在平等的前提下进行的双向的、互动的、全面的对话形式，并将其作为包括大学生自身在内的所有参与主体的生活方式和存在方式而融入实实在在的生活。双向要求我们在日常生活管理中彼此倾听、真诚地相互反馈。因为"对话只存在于主体之间"，只要日常管理所谓的主体一方不能认识到大学生的需要和他们自己的需要一样重要，就不可能有真正的、发自内心的真诚对话。日常生活中的现实体会是真实而具体的，管理育人中的感受也同样如此，无视大学生主体的核心作用，不了解大学生群体的心理特征和真实反应，自以为是地进行不适合管理对象的道德育人工作往往是白费力气、以失败告终。那无非是一种披着平等对话外衣的伪善的主观管理罢了。因为"道德与主体的关系已经紧密到这样的程度，即不但没有主体，便没有道德，而且即便有了主体，但如果主体并不敬仰和服膺道

① 朱小蔓. 道德教育的核心在唤醒 [N]. 现代教育报, 2006 – 11 – 27.

德，也同样没有道德"①。这样看来，承认大学生在日常生活管理育人中的主体身份才只是迈出了自我管理培育的第一步，这个新晋主体想要名副其实地完成自我道德培育的任务，还需要从根本上提升自己的道德认知水平，创设区别于其他主体的育人机制，发挥自身的特有教育价值。

从日常生活的角度来审视大学生的道德和道德教育，无疑就使这项育人工作跳出了原有的封闭、狭隘的动物式的训练圈子，而走向了充满生命气息和人文精神的人际交往的、日常生活的过程，大学生们的道德和品行将在这样的生活管理进程中得到提升。这样的话，就不存在原有意义上的管理主客体之分，而应当是一种多元主体并存的主体间性关系，不是强调任何一种单极的主体性。自我管理培育法便以此作为科学依据和指导理念。大学生日常生活管理育人的传统主体们除了要改变原有的单极的、唯我独尊主体的优越感外，还应当思考如何创设最适当的环境条件让大学生们不仅深入全面，而且得心应手地参与到这种管理当中来。

对于大学生成人化身份的识别，也是推进大学生自我管理方法实施的重要动力来源。它有助于提醒我们在高校的日常生活管理中，在继承、巩固、深化、发展"主动教育学生"传统育人优势的同时，也要学会加强"被动支持和帮助学生"的各项工作。在育人管理当中知进退，尤其要学会放权，吸收被动管理的精华和要旨，要选择那些学生充分发挥独立自主作用仍不能解决自身存在问题的领域，来为学生提供各类服务，而不必对学生所有日常生活事务都大包大揽。

---

① 夏伟东. 道德本质论 ［M］. 北京：中国人民大学出版社，1991：149.

第九章　新时代高校管理育人的目标

青少年是祖国的未来，民族的希望。青少年阶段是人生发展的关键期，在这一时期，他们的心智逐渐成熟，思维进入最活跃状态，思想逐渐由最初的单纯懵懂变得复杂深奥，因此是最需要精心引导和好好栽培的。青少年教育最重要的是教给他们正确的思想，引导他们走正路。"立德树人、为党育人、为国育才"，这不仅是习近平总书记对广大教师提出的殷切期望，更是广大高校管理育人的目标。它既顺应了时代的发展需要，也顺应了国家发展对人才的需求。

第一节　国家的发展需求

一、立德树人

立德树人的语境宏阔、语意深远。如何理解"立德树人"的含义？立德：树立德业。就是坚持德育为先，通过正面教育来引导人、感化人、激励人。立：树立。德：德业。《左传·襄公二十四年》："大上有立德，其次有立功，其次有立言，虽久不废，此之谓不朽。"孔颖达疏："立德，谓创制垂法，博施济众……"三国魏时的李康所作《运命论》中有云："若夫立德必须贵乎，则幽、厉之为天子，不如仲尼之为陪臣也。"树人，是培养人才的意思，就是坚持以人为本，通过合适的教育来塑造人、改变人、发展人。《管子·权修》："一年之计，莫如树谷；十年之计，莫如树木；终身之计，莫如树人。"

立德树人，要求我们充分认识社会主义核心价值观对于学校思政和德育工作的重要意义和价值。学校作为青少年学生培养的重要阵地，学校的思政和德育工作是社会主义核心价值体系建设中不可分割的一部分。要做好这一工作，最为核心的是在学校培养"德才兼备，以德为先"的高水平的师资和管理队伍，形成以德修身、以德服众、以德领才、以德润才、德才兼备的用人导向。这为我们学校的师资建设明确了标准。学校应坚持这一思想并贯彻落实到教育教学各个环节，用"德"字来培养教师和学生，依"德"字来评价教师和学生，凭"德"字来任用教师和学生干部，以"德"字来监督教师和学生。要围绕"勤学、修德、明辨、笃实"的要求，从落细、落小、落实入手，形成课堂教学、校园文化和社会实践多位一体的育人平台，促使青少年学生学会劳动、学会勤俭，学会感恩、学会助人，学会谦让、学会宽容，学会自省、学会自律。

立德树人是根本，内涵建设促发展。作为学校教育，办好人民满意的教育，意味着我们的教育要培育青少年学生健康的人格、美好的心灵，让学生拥有终身学习和成长所需的知识和能力；意味着学生从学校大门走出时，能够担当时代赋予的使命和责任；办好人民满意的教育，需要我们以立德树人为根本任务，坚持走内涵式发展道路，不断提高人才培养质量，教师要终身学习，为师者先善其德。

立德树人，我们要切实推动社会主义核心价值观进教材、进课堂、进学生头脑。要充分肯定学校教育和课堂教学在教育引导青少年学生培育和践行社会主义核心价值观中的重要作用。要充分发挥课堂教学主渠道作用，全面深化课程新理念，不断完善有机衔接、循序渐进的课程体系和教材体系，把党的教育方针和社会主义核心价值观细化为学生核心素养体系和学习质量标准，融入学校各学科课堂教学之中。要在课堂教学中强化优秀传统文化内容，有序推进中华优秀传统文化教育。要推进教学方法改革创新，引导各学科教师在传授知识和培养能力的同时，将积极的情感和正确的价值观自然融入课程教学全过程，及时宣传推广社会主义核心价值观教育教学的好经验好做法。

立德树人，我们要积极营造培育和践行社会主义核心价值观的校园文化氛围。要深入开展"爱学习、爱劳动、爱祖国"主题教育和"节粮、节水、节电"专题教育活动，将其作为中国梦和社会主义核心价值观宣传教育；要深入开展爱国主义、民族传统、礼节礼仪等主题教育活动；着力创造体现社会主义核心价值观的优秀校园文化。加强校园文化建设和管理，形成良好的校园文化环境。要充分发挥校园文化的引导作用，建设社会主义核心价值观校园文化。

党的十八届三中全会提出教育的根本是立德树人。立德树人，培养社会主义合格建设者和可靠接班人，事关教育事业的长远发展，事关国家的前途命运和民族的未来发展。立德树人，为学校和教师工作进一步指明了方向。我们要抓住机遇，找准定位，以立德树人为宗旨，以师德修养为引领，以学生品德培育为教学重点，切实用理论和信仰去培养人、感召人、引导人。

（一）立德树人要注重师德为范的引领

师德是教师职业赋予的重要操守。筑牢德性修养，方能夯实职业根基，彰显世范效应，保障育人效果。首先，立德是立职之基。要成为一名有理想信念、有道德情操、有扎实学识、有仁爱之心的让党和人民满意的教师，必须树立崇高的职业理想和坚定的职业信念，爱岗敬业，把教书育人作为毕生追求的事业来看待。唯有如此，才能去除职业疲劳，消弭职业倦怠，产生根植于内心的职业敬畏，产生持之以恒的职业动力。其次，立德是世范之源。作为学生现实生活中践行道德规范的鲜活坐标，教师应该自觉加强师德修养，力行师德规范，保持高尚情操，保持本色不变，以身作则，为人师表，言传身教，以自己良好的思想道德风范去教育和影响学生。再次，立德是育人之本。师之无德，教之无效。教育的终极目标是育人，育人的主旨内涵是立德，立德方能正己，正己才能律人，教师立德树人，必须集传道、授业、解惑于一体，用高尚的人格、和蔼的态度、端庄的仪表、丰厚的学识去面对学生，培育学生良好的德性修养。"传道"是育人的核心。教师"传道"不可空泛而传，而是要积极培育和践行社会主义核心价值观，用学识、阅历、经验点燃学生对真善美的向往，引导和帮助学生在多元价值观的判断中，树立正确的世界观、人生观、价值观。"授业"是育人的关键。教师"授业"不可盲目而授，而是要遵循教育教学规律，尊重学生主体地位，以学生的兴趣爱好、成长需求为导向，借助先进技术手段和时代元素传播现代文化，运用贴近学生的话语启蒙先进思想，提高育人质量。"解惑"是育人的重点。教师"解惑"不可草率而解，而是要设身处地地为学生着想，与学生平等沟通交流，深入细致地做好教育引导工作，把解决思想问题和解决实际问题结合起来，把教育学生与服务学生结合起来，帮助学生处理好学习成才、择业交友、生活等方面的实际问题。

（二）立德树人重在品德意识培养

新时期学校"立德树人"工作重在培养学生的"明戴德、贵诚信、尊传统、知敬畏"的道德意识。

第一，应培养学生感恩戴德的意识。陈寿在《三国志·骆统传》中说："今皆感恩戴义，怀欲报之心。"感恩戴德是社会上每个人都应具有的基本道德品质，立德树人要先树感恩之德。必须教育学生要对父母的养育怀有感恩之心，对师长的教诲怀有感恩之意，对社会的帮助存有感恩之情，切实将知恩、感恩、报恩内化为人生品格，做到常怀感恩之心，常为报恩之事。第二，应培养学生的诚信意识。诚信是立国之道，做人之本，修德之基。由于市场经济的冲击和影响，一些学生诚信意识淡薄、失信行为时有发生。我们要把诚信教育摆在突出位置，结合学生的价值观制定有针对性的诚信教育方案和实践途径，让学生在学中悟、悟中醒、醒中行，体味诚信对个人发展的重要性。第三，应培养学生的民族意识。学生的民族意识培养事关民族的未来，我们要对学生进行以爱国主义为核心的价值取向教育，以国家兴亡为己任的责任意识教育，以自强不息为品质的进取精神教育。第四，应培养学生的生命意识。我们必须从根本上反思学校生命教育价值凸显和生命教育缺失的矛盾，用对生命的敬畏观念来定位教育目标，努力探寻生命观教育的有效途径。第五，应培养学生的法治意识。在现代社会，进行道德建设必须要有法治建设做后盾，道德教育必须考虑法治建设的因素。在很多复杂多变的事件和行为面前，仅靠道德教育是无能为力的，必须有强有力的法律做保障。所以，学校在进行道德教育和道德建设时，一定要确立道德教育和法治教育相结合的理念，这是提高道德建设实效性的一个基本要求。

（三）立德树人要完善考核机制

立德树人，在教育活动中起着重要作用。立德树人的考核能否顺利推行，与具体考核的制度建设密切相关。首先，保障立德树人考核评价的专业性。因为教育活动的特殊性，立德树人的考核要注意教育伦理和教育活动的特殊性，不能简单套用其他社会组织的规范。其次，师德的考核指标和程序要公开公平。在制定师德考核制度的时候，要吸收广大教师参与，听取他们的意见，得到他们的认同。师德考核制度在某种意义上是考核部门与教师的双向"契约"，没能得到广大教师认同的师德指标和考核制度，无论多么完美华丽，最终都可能成为摆设。再次，不能让师德考核形式化。师德考核制度的系统性、科学性和合理性，能否得到切实贯彻执行，不仅仅与师德具体制度相关，而且与学校整体的制度伦理和日常治理方式有着极大的相关性。师德若离开了具体业务，会变成悬在空中的高尚佩饰，业务离开了具体的师德，很有可能把教育活动拖入万劫难复的境地。如果不对这些制度加以改革，师德考核会流于形式，效果也会大打折扣。

二、 为党育人、 为国育才

自党的十八大以来，以习近平同志为核心的党中央高度重视教育工作，把教育摆在优先发展战略地位。习近平总书记在不同场合多次强调发展教育的重要意义，为教育强国的建设指明了方向，为推进新时代教育改革发展提供了强大思想武器。教育兴则国家兴，教育强则国家强。特别是 2018 年党中央召开新时代第一次全国教育大会，强调教育为人民服务、为中国共产党治国理政服务，为巩固和发展中国特色社会主义制度服务、为改革开放和社会主义现代化建设服务，切实做到为党育人、为国育才，为新时代教育改革发展指明了前进方向、提供了根本遵循。

2020 年 9 月 22 日下午，习近平总书记主持召开教育文化卫生体育领域专家代表座谈会并发表重要讲话，讲话中提到，"十四五"时期，我们要从党和国家事业发展全局的高度，全面贯彻党的教育方针，坚持优先发展教育事业，坚守为党育人、为国育才，努力办好人民满意的教育，在加快推进教育现代化的新征程中培养担当民族复兴大任的时代新人。总书记希望"广大教师不忘立德树人初心，牢记为党育人、为国育才使命，积极探索新时代教育教学方法，不断提升教书育人本领，为培养德智体美劳全面发展的社会主义建设者和接班人作出新的更大贡献"。

当今社会，党和国家事业发展对教育的需要、对科学知识和优秀人才的需要比以往任何时候都更为迫切。走好"大国办强教育"的发展路径，实现教育大国向教育强国的迈进，是我们高等教育工作者不变的初心。贯彻落实"为党育人、为国育才"的精神，紧扣立德树人的根本任务，扎实推进各项工作、开展主题教育，也是我们的责任与使命所在。为党育人、为国育才为新时代教育改革发展指明了方向。党的十八大以来，习近平总书记高度重视教育改革发展，作出了一系列重要讲话、指示、批示，提出了一系列新理念新思想新观点。习近平总书记关于教育的重要论述，是马克思主义基本原理与中国教育实践相结合的重大理论结晶。我们要增强"四个意识"、树牢"四个自信"、做到"两个维护"，切实把思想认识行动统一到习近平总书记关于教育的重要论述上来，用习近平新时代中国特色社会主义思想铸魂育人。

为党育人、为国育才是贯彻落实全国教育大会精神的核心所在。党中央在中国特色社会主义进入新时代、全面建成小康社会进入决胜阶段召开的全国教育大会，系统总结了推进我国教育改革发展的"九个坚持"，梳理概括了党的十八大以来习近平总书记关于教育的重要论述，形成了系统完整的新时代中国特色社会主义教育理论体系。我们要紧紧围绕学习贯彻大会精神，切实增强贯彻落实的思想自觉、政治自觉和行动自觉，谋思路、把方向、定措施、破难题，确保党的教育方针政策落地生根、取得实效。为党育人、为国育才要始终坚持党的全面领导。当今世界正处于大发展、大变革、大调整时期，面对错综复杂的国际局势和艰巨繁重的国内改革发展任务，高校党委要高举中国特色社会主义伟大旗帜，坚持以马克思列宁主义、毛泽东思想、邓小平理论、"三个代表"重要思想、科学发展观、习近平新时代中国特色社会主义思想作为行动指南，围绕提升学校整体实力、为党育人的大目标确立中心工作，担起管党治党、办学治校的主体责任，发挥政治核心作用和保障监督作用。

为党育人、为国育才须坚持党的全面领导。党政军民学，东西南北中，党是领导一切的。加强党的领导，是做好教育的根本保证。我们必须牢牢掌握党对教育工作的领导权，始终坚持党管办学方向、管改革发展、管干部、管人才，使教育领域成为坚持党的领导的坚强阵地。一要加强党对教育的政治领导。把政治建设摆在首要位置，贯彻落实《关于加强党的政治建设的意见》，坚决贯彻党的教育方针，扎根中国大地办教育，切实树立"四个意识"，增强"四个自信"，做到"两个维护"，确保教育战线自觉在政治立场、政治方向、政治原则、政治道路上同党中央保持高度一致。二要加强党对教育的思想领导。思想政治工作是学校的生命线。要贯彻落实学校思想政治理论课教师座谈会精神，按照习近平总书记提出的思政课教学"八个相统一"要求、思政课教师"六要"标准，善于运用一切场合、一切载体、一切方式来做思想政治工作，以开展"学讲话、学通报、肃流毒、反渗透"活动为抓手，切实管好教师、课堂、教材、网络和校园思想文化阵地，坚决防范和清除各种错误政治思潮、分裂主义、宗教活动等对学校的侵蚀。三要加强党对教育的组织领导。一方面，要在各级各类学校健全党的组织，充分发挥党组织的战斗堡垒作用，推动党的组织、党的领导、党的作用、党的工作、党的活动、党的优势、党的力量壮大"七个全覆盖"；另一方面，要选强配优学校领导班子，履行好把方向、管大局、作决策、抓班子、带队伍、保落实的领导职责，确保党的教育方针在学校不折不扣全面贯彻执行。

为党育人、为国育才要实现"政治认同"核心素养的培育。高校党委要把中央的部署要求落实到位，切实深入开展主题教育，在育人过程中增强党的观念，拥护党的路线、方针和政策，遵循党的教导，引导青年学子不惧风雨、接受挑战、实干兴邦，为实现中华民族的伟大复兴而奋斗。高校党委要依据时代特征，创新体制机制，强化综合实施，健全评价制度，促进学生形成正确的世界观、人生观、价值观。高校党委要结合实际，贯彻新时代党的教育方针，利用身边的红色资源，设立教育实践载体，提升主题教育实效，实现知行合一。

为党育人、为国育才要建立健全"三全育人"体系。高校教职员工要准确把握社会主义大学的职责使命，充分认识"三全育人"理念，坚持立足岗位开展思想政治教育。围绕立德树人根本任务，形成培养目标一致、岗位职责分工、思政方法各具、育人合力协和的思想政治教育格局，要突出教学、科研、管理、服务等不同岗位特点，以优异的履职成效增强思想政治教育的说服力。以精深的学问吸引学生，以高尚的情操感召学生，让学生体会到社会主义制度的先进性、优越性，提高学生校园安全感、幸福感和归属感。

为党育人、为国育才要坚持教育者先受教育，加强教师队伍建设，提升教师整体素质。百年大计，教育为本。高校要以师德师风作为评价教师队伍素质的第一标准，提高政治站位，从培养社会主义建设者和接班人的高度，着力提升师资队伍政治素养；要帮助教师树立终身学习的态度，走在时代发展前沿，不断拓展、提高自身业务能力；要引导教师革新教育方法，实现全方位育人，以深厚的情怀、创新的思维、广阔的视野，引领学生成为德才兼备、全面发展的一流人才，破浪前行，驶向光辉的彼岸。

为党育人、为国育才要以学生发展为本，激发学生学习热情。高校作为培育顶尖人才的沃土，要始终将人才培养作为办学的根本任务，以学习氛围营造为基础、以学生需求为依托、以时代为导向，不断推动师生学习探究、学术研讨，培养学生学习习惯；要扎根中国、融通中外，立足时代、面向未来，努力建设中国特色、世界水平的现代教育。在疫情防控常态化的今天，要积极探索互联网云教学的新模式，通过一系列蕴含学科特色、融合线上特点的创新举措，为不同专业的学生量身打造学习秘籍，弘扬扎实学风，引领学习风尚。

为党育人、为国育才须坚持正确办学方向。培养什么人、怎样培养人、为谁培养人，是教育的根本问题。坚持什么样的办学方向，决定着教育的性质和最终成败。要树牢"四为"意识，坚持教育为人民服务、为中国共产党治国理政服务、为巩固和发展中国特色社会主义制度服务、为改革开放和社会主义现代化建设服务，真正做到为党育人、为国育才。要培养社会发展、知识积累、文化传承、国家存续、制度运行所要求的人，培养一代又一代拥护中国共产党和我国社会主义制度、立志为中国特色社会主义奋斗终身的有用人才，绝不能培养社会主义破坏者和掘墓人。

为党育人、为国育才要突出实效，引导学生与祖国同向同行。高校要致力于培养与祖国同呼吸、共命运的杰出人才，在奋力实现中华民族伟大复兴中国梦的伟大征程中，一如既往地为重点行业领域提供人才和智力支持。高校要坚持把就业引导工作作为一项战略性和全局性的重要工作常抓不懈，通过加强领导、建立机制、开展学生成才择业观教育、努力做好就业服务等多方面的工作，积极主动地向在国家经济、科教和国防建设中起主导作用的重点单位输送毕业生，鼓励和动员毕业生到祖国和人民最需要的地方建功立业。

在加快推进教育现代化的新征程中，高校只有真正把握为党育人、为国育才的理念，将其贯彻落实，才能迎来教学质量和育人水平的双丰收，才能培养出有理想、有本领、有担当的时代新人，才能办成让学生留恋的校园、办成让党和人民都满意的教育。

第二节　社会的人才需求

人才需求是指社会在一定时期和一定范围内的人才需要能力。随着社会日益突飞猛进的发展，科技的不断进步，知识的不断更新，发展中弊端也日益显露。网上资料显示，未来制约中国发展最重要的弊端就是人才需求能力的明显不足。众所周知，高校毕业生是当今社会重要的人力资源，在人才市场上已经成为一支重要的生力军。随着高校大规模的连年扩招，在校大学生人数急剧增加，毕业生人数也越来越多。在毕业生数量日益增多的同时，我们必须认识到当今社会到底需要哪些人才，大学生又应该如何面对这个问题。人才之所以成为人才，就在于他无论是创造物质财富，还是创造精神财富，强调的都是通过自己的劳动，推动人类社会的进步。随着历史的演变、时代的更新，科学技术等不断发展，于是对人才的要求亦越来越高。

一、 二十一世纪对人才的需求的特征

1. 具有明确具体的奋斗方向，积极向上，不断进取。

2. 具有全球意识和国际竞争意识，敢于面对崭新世纪的挑战。

3. 具有广博知识储备，较扎实的基础知识，较深厚的专业知识，较广泛的邻近科学知识和科技发展前沿知识。

4. 具有较强的吸收容纳能力，能够通过学习实践不断丰富自己的知识储备和优化自己的知识结构。

5. 具有观察、思考和分析能力，能透过现象观察事物本质，并将自己的成果准确清晰有效地表现出来。

6. 具有较强的创造能力，不拘于现有模式的束缚，能通过科学分析，合理推测、大胆想象、成功实践，创造新的社会科学及自然科学成果。

当今社会处于快速变化的时代浪潮之中，"互联网＋"时代的到来，人工智能技术的飞速发展，促使着生产方式不断变革，同时也促使着人类思维不断变革。生产方式的变革在一定程度上决定了社会对于人才的需求，进而决定了教育对人才的培养方式。培养人才的主要场所在学校，而在新的时代背景下，教育理念、目标、形式和内容都发生了变化，为了实现新的培养目标，客观上需要学校做出相应的变革，而建设未来学校是一条有效路径。为使其发挥最大价值，需要在紧紧围绕未来学校建设理念的基础上，采取有效变革手段进行建设。

二、 社会需要的人才应具备的素质

（一）思想道德素质

从近几年人才市场和就业形势反馈的信息看，很多用人单位选人重才更重德，把思想道德素质放在首位，政治思想素质较高，具有事业心、责任感和吃

苦奉献精神的毕业生成了首选目标。思想道德素质包括政治素质、事业心和责任感、艰苦奋斗精神和务实作风等方面。（1）较高的政治素质。政治素质不仅表现为政治立场、观念方面的远见和洞察力，还表现为对社会发展趋势的敏锐洞察力、对国家宏观政策的预测把握能力及一定的政治理论修养。（2）事业心和责任感。许多用人单位在人才的要求上强调要有事业心、责任感，要爱岗敬业、乐于奉献。希望并要求毕业生把选择的工作当作长期追求、投入的事业，而不仅仅是当作赚钱谋生的职业，要与单位同甘苦，共患难，荣辱与共，而不仅仅把单位当作临时落脚点。唯有敬业的大学生才能积极进取，才能开发自己身上潜在的创造性，为社会做出贡献，实现自己的人生价值。（3）艰苦奋斗精神和务实作风。这是创业者应有的精神风貌，在改革开放和现代化建设中，会遇到无数的艰难险阻，也难免有这样那样的曲折和坎坷，这就需要毕业生始终保持昂扬的斗志和坚韧不拔的意志，坚定不移地朝着既定的奋斗目标前进。用人单位需要的是干才，能踏踏实实工作、有吃苦精神的人，而不是好高骛远、眼高手低的人。

（二）科学文化素质

在现代科学技术突飞猛进、生产的发展越来越多地依靠人的智力和知识的今天，劳动者科学文化素质的高低，对生产的发展、社会的进步有着决定性的影响。劳动者应具备如下科学文化素质：（1）要有广博精深的知识储备。现代社会对从业人员的文化素质、知识结构的要求愈来愈高，对知识技能共性的要求愈来愈多，不仅要求具备宽厚扎实的基础知识，还要求必须具有广博精深的专业知识和大容量的新知识储备，要求从业者的知识程度高、内容新、实用性强。（2）要建立合理的知识结构。就是要做到围绕自己选择的就业目标，对自己所掌握的知识进行合理组合、恰当调配，形成知识系统。（3）要有更新知识的能力。要具备持续学习、终身学习的能力。（4）要有创新能力。人类社会的不断进步的过程，就是一个不断创新的过程。在以高新技术产业为支柱的知识经济时代，创新意识、创新精神、创新能力更是衡量新型人才的重要标志。当前，在社会就业总需求不足的情况下，大学生一味地指望找到一个理想的就业位置已不太现实，社会迫切需要有一大批大学生利用自己的学识和能力自主创业，也为他人创造出更多的就业位置。有不少大学已开始意识到培养大学生的创业精神和创新能力的重要性，鼓励毕业生自主创业、艰苦创业、科技创业。

（三）身体、心理素质

健康的体魄、良好的身体素质已成为人才竞争的物质资本。人们普遍认为德、才、学、识、体是人才的内在因素，而体是最基本的东西，是成长、成才的物质基础。同时，在社会急剧变革的今天，多种思想文化的激荡、新旧价值观念的冲突、激烈的竞争、物质生活的悬殊、社会生活和经济生活不协调等，无不冲击着青年学生的心灵，导致部分学生认知失调、心理失衡和行为失范。这都影响了大学毕业生的学习、生活和工作，也不利于就业求职。因而大学生必须加强心性修养，提高心理素质。要能正确评价自己，胸襟开阔、豁达大度、积极乐观；要正确对待挫折，克服期望值过高的心理，培养坚韧不拔的毅力；要克服自卑感，增强自信心，培养心理调适能力，以良好的心理素质去迎接挑战。

知识是形成素质的基础，高素质人才必然有扎实的专业基础。这里所说的专业基础是全面的，全面的专业基础应是指融自然学科和人文学科于一体的广博的学科基础知识。一个人只有具备了融会贯通的综合知识结构，才能透彻地研究高深学问，这本身就是一种素质。精神是素质的内在本质。大学生的专业理想与生活理想必须遵循政治和道德的规范，没有政治和道德的专业理想与生活理想是社会和人所处的群体不能容许的。崇高的理想和信念是形成科学的世界观、人生观、价值观的基础，坚定的政治目标可以激发人无穷的奋斗精神，无私奉献是精神的最高形式。能力是综合素质的表现。在一定意义上讲，能力是衡量素质的一项重要指标。一个人的才能与从事的活动的关系表现在，如果人的才能与某种活动要求相符，从事活动时就可以得心应手、游刃有余、事半功倍。能力的提高，离不开知识的吸收，但绝不是知识的堆砌，而在于知识的运用。

大学生在培养自身综合素质过程中可以从提高以下几方面的能力入手：（1）表达能力。包括口头表达能力、文字表达能力、数字表达能力、图示表达能力等几种形式。（2）社会交往能力。学生步入社会后，良好的社会交往能力有助于其正确、有效地处理协调好职业生活中人与人的各种关系。（3）组织管理能力。要求大学生必须能从全局的角度协调处理好工作中涉及日常的行政、业务工作的各个环节，在千头万绪、具体繁杂的工作中有条不紊，同时还具备一定的领导能力。（4）做出正确决断的能力。良好的决断能力有助于实现对目标及其实现手段的最佳选择。（5）沉着解决问题的能力。包括应变能力和适应能力、操作能力及策划能力。大学生要有耐心、有毅力、有很好的应变能力，做到急而能安、缓而不辍，既忍让又不失原则，沉着冷静、灵活应变地处理问题。适应能力是其素质、能力的综合反映，要求大学生对社会、对环境的适应，是主动的、积极的适应，不是消极的等待和对困难的屈服，更不是对落后、消极现象的认同，甚至同流合污。适应要同发展结合起来，要同改造联系起来。实际操作能力是人的智力转化为物质力量的凭借，是专业工作者必须具备的一种实践能力。实际动手能力的强弱，将直接影响到作用的发挥。策划能力要求大学生在日常工作中，抓住有利时机，把握有效空间，筹办和开展形式各异的介绍宣传和业务活动，使工作富有感召力和吸引力。（6）自控能力。遇到不顺的事能否压下心头的怒气，冷静处理，是对大学生素质高低的一种考验，避免因小事而引起大错，导致工作的失误。素质发展的创新性要求，是当代人才素质发展的基本方向和核心要素。创新能力的培养，是社会发展的客观需要，也是人立足于现实的必备素质。包含多方面的内容，如强烈的好奇心、细致的观察力、深刻的洞察力、超前的预测力、大胆设想勇于探索的精神及提出问题、研究问题、解决问题的能力等。素质发展的个性化要求，是在强调全面发展的同时，也要注重人的个性张扬，就业竞争日益激烈，迫切需要当代大学生强化竞争意识，并根据社会的需要和个性特点，努力挖掘个人潜力，不断完善自己的个性和发展个人素质。

机遇总是垂青于有准备的人，一个人综合素质的高低，将决定他求职择业的层次与自由度。而综合素质的提高，不是一朝一夕就能做到的，也不是靠毕业前的突击能解决的。它要求大学生转变观念，增强竞争意识，在整个大学期间，按高要求有针对性、分阶段地不断充实自己、完善自己，逐步提高自身的综合素质，成为择业竞争中的强手。

未来学校建设的理念：培养学生高阶思维能力。为了应对社会的发展、时代的变迁，培养符合未来社会发展需要的人才，各国纷纷以不同形式提出了相关计划。2011 年，美国"21 世纪技能合作联盟"提出了"21 世纪技能"计划，其主要思想是：21 世纪的学校需要整合 3 个"R"（即核心课程）和 4 个"C"（即批判性思维与问题解决、交流合作、创造与创新）。2016 年 9 月，《中国学生发展核心素养》总体框架正式发布，其提出了六大素养，包括理性思维、批判质疑、勇于探究、勤于反思、问题解决、自我管理等，并细化为 18 个基本要点。由此可见，不管是美国还是中国，均将高阶思维认知能力列为未来人才的必备技能。因此，未来学校的建设必须以培养学生的高阶思维认知能力为目标与基本理念，以为未来社会提供创新型人才为目的。

三、 人才培养的变革

未来社会需要大批具有高阶思维的创新型人才，而我国当前的教育并不能很好地满足这样的需求，因此在建设未来学校时必须从多方面进行变革。要注重个性化、信息化，打破现有班级授课制批量生产的组织形式。未来学校的教育应是"以学生为中心"，且家长、教师、学校、社会同时参与学生学习过程的教育。具体而言，包含四大层面的变革：学生层面的变革、家长层面的变革、学校层面的变革和社会层面的变革。

（一）学生层面的变革

学生层面的变革是未来学校建设过程中最主要的变革，无论哪种变革方式最终都应该服务于学生层面的变革。学生层面的变革主要包含课程变革、课堂变革、教学变革和评价变革。

课程变革是指在未来学校的育人目标、教师专业水平等发生变革的情况下，对学习内容、标准、资源和进程等课程体系进行全新的设计、规划，并在信息技术的支持下对实施方式进行变革，并对课程的实施结果进行分析和处理，从而用于课程体系的及时调整。

课堂变革是指课堂教学在信息技术的支持下可能发生的根本性变革。具体指信息技术，尤其是移动互联技术和数据技术进入课堂，每个学生都可以随时连接互联网，连接海量学习资源、权威人士、学习伙伴、真实生活情景等，可以与他人进行多种互动，并可以以多种工具和媒体进行学习与创造，同时学生个人的各种发展数据可以被随时随地记录。

教学变革指未来课堂的教学模式既要包括现代课堂所用的讲授型教学模式、研究型教学模式、探究式教学模式、基于问题解决的教学模式，还应包括情境探究教学模式、游戏化教学模式、研讨型教学模式、体验式教学模式、虚实结合——远程协同模式等。无论是哪一种教学模式，都应该体现以人为本、学生主导、自主、主动、探究、互动等理念，并能在教师的指导下，促进学生的学习和个性化发展。

评价变革指的是在未来学校教育目标的指引及信息技术的支持下，对评价的各个要素进行变革，从而建立能够适应未来学校发展要求的评价体系。包含评价主体从教师到学生、家长、第三方的变革，评价方式从终结性评价到过程性、即时性、表现性、发展性评价的变革，评价标准从知识与技能到高阶思维能力的变革，评价结果从单一的分数到多方面多维度的变革。

（二）家长层面的变革

家长层面的变革主要是指家校联动育人模式的建立与变革，父母和孩子一起成长的力量远远大于学校本身教育的力量，因此学校教育与家庭教育应相互配合，形成育人合力，利用信息技术，打造有效的教育环境，使学生在家校双方共同努力下，受到良好的素质教育，更好地掌握知识、适应社会。

（三）学校层面的变革

学校层面的变革重点关注育人理念、领导力及团队建设、教师专业能力发展和学校管理与服务的变革。育人理念是未来学校在发展过程中的教育价值观和方法论，未来时代是个体创新、知识创新的时代，因此未来学校的育人理念应强调学生的个性化发展和高阶思维能力的训练；领导力和团队建设是未来学校建设过程中的舵手，是未来学校的价值引领、信念驱动，领导者需具备较高的理论水平和远见卓识，团队需具有较强的规划和执行能力；教师专业能力发展是未来学校在培养学生的过程中必不可少的一个环节，环境在变、要求在变，教师的能力也应进行相应的改变才能适应未来的发展；学校管理和服务维持着整个未来学校生态环境，应呼应"面向未来的人的发展"的教育目标，在原有的基础上，利用信息技术对相关的教育参与者（包括教师、学生、家长、学校其他职工及社区等）进行高质量的管理和服务。

（四）社会层面的变革

社会层面的变革主要是指学校开放。变革使得优质教育服务供给打破了校园围墙的边界，因此在未来学校建设过程中学校开放势在必行。学校开放中购买社会服务解决教学业务相关问题会成为一种趋势，学校主动向社区开放，进行社区教育也将成为一种新的教育模式，社区为学校的发展创造了良好的社会环境，提供了更多的资源。学校可以更充分地发挥作用，更好地得到社会的支持。

　　总之，未来学校的建设不再按照传统的学期或固定的课程来组织学习，而是从根本上重新设计，学校根据学生的能力来组织学习，为学生提供灵活的、个性化的课程安排，满足学生的个性化需求。建设以人为本和个性化设计的课堂环境，在教与学的过程中应以培养学生创新思维能力为中心，教师应该在促进学生成长的同时发展自己的专业能力，家长、教师和学生可以通过家校互动平台进行双向交流。学校的管理和服务应体现出以学生为本的意识，为学生建设良好的学习和生活环境。未来学校的生态环境不是一个割裂的学习空间，而是通过网络连接学生和未来生活的空间。未来学校是终身的、全面的、按需获得的，其最终目的是培养学生的高阶思维认知能力，培养未来社会所需人才。技术在不断地发展，未来学校的建设还在路上，培养具备高阶认知的创新型人才还需要更多的探索。

第三节　学生的成才需求

一、满足学生的学业需求

　　知识改变命运，学生上大学是为了获得更好的发展，对学业的需求是他们的最大需求。学校要紧紧围绕培养什么人、怎样培养人这一根本任务，努力提高教育教学质量，做好满足学生学业需求的工作。

　　首先，要帮助学生提高对学习的认识。现在学生的学习总体上说是好的，但也存在不少问题。特别是现代信息的多样化和生活方式的活跃，对大学生的影响和诱惑越来越大，有的学生因此缺乏刻苦精神，荒废学业。由于学生在校学习时间的有限性，需要在学生入学的第一时间，让学生懂得学习知识的重要性，懂得今天所学专业对将来个人的生存发展和对社会贡献的重要性，以激发学生学习的热情和动力，调动他们学习的积极性和主动性，努力形成勤于学习、奋发向上、诚实守信、敢于创新的良好学风。

　　其次，教师要上好课。教师要以高度负责的精神备课，要把最好的、最新的知识传授给学生，让学生学会和掌握分析问题、解决问题的方法。要以严谨的治学态度和良好的人格魅力来影响学生，激发学生的学习积极性和进取精神。可以通过开展评选"学生心目中最好的教师"等活动，调动教师爱岗敬业、教书育人的积极性。

再次，要科学设置专业和学科。坚持"两个出发"：一是坚持从市场需求出发来设置专业和学科；二是坚持从学生需求出发来设置课程，把学习的选择权交给学生，满足学生学业的需求。同时积极主动做好学生考级、考证、考本和考研的服务工作，努力为大学生创造各有所学、学有所得、学有所成的良好局面。此外，要加强教育管理，针对教与学中存在的突出问题，抓好课堂教学管理、专业教师管理和学习环境管理，营造良好的学习风气，力求把每个学生都培养成才。

二、 满足学生的政治需求

当代大学生普遍积极进取，渴求用先进的思想理论武装自己，希望接受鲜活生动丰富的思想政治教育，希望加入中国共产党，实现自我价值。学校的思想政治教育工作，应遵循大学生成长成才规律，认真分析学生的思想政治状况，紧扣学生最关心、最想解决的问题，创新教育方法和手段，切实抓好世界观人生观教育、爱国主义教育、公民道德教育、社会主义核心价值观教育，引导大学生坚定理想信念之"魂"，立牢民族精神之"根"，不断提高思想政治教育的针对性和吸引力，使马克思主义理论真正内化于心、外化于行。应从把我们党建设成为优秀人才高度密集的政党、扩大党的执政基础的高度，做好学生党建工作，把大批优秀学生吸引到党的队伍里来。要早启蒙、早选苗、早教育、早培养，从学生入学开始，抓住第一时间，在最为广大的范围内"播种党的知识"，帮助学生逐步提高思想认识，解决好"思想入党"问题；要积极慎重地做好大学生党员的工作。对学生党员应加强先进性教育，教育他们严格要求自己，提高党性修养，充分发挥他们在思想政治教育中的骨干带头作用和先锋模范作用；要坚持党建带团建，把大学生紧密团结在党的周围；加强对学生党建工作的领导，学校党委要建立学生党建工作领导小组，层层落实发展学生党员的责任制，要把发展学生党员工作作为目标考核的重要内容。

形势政策教育是每个学生的必修课程，是思想政治教育的重要内容。地方党政领导和有关部门，以及学校领导和有关专家要经常为大学生作形势报告，针对学生的热点问题和思想特点，从理论和现实的结合上做出有说服力的回答，满足学生对时政热点的关注需求，使学生充分了解改革开放和经济发展的新成就、新变化，引导大学生拥护党和国家的重大政策，坚定对党的信念，坚定对中国特色社会主义的信心，激发学生积极投身于改革开放和现代化建设的伟大事业。

三、 满足学生的生活需求

大学生处在思想成长阶段，他们的思想不仅容易受社会环境因素的影响，也容易受到个人遇到的具体困难和问题的影响。应坚持以学生成长成才为中心，把解决思想问题与解决实际问题结合起来，把引导学生与服务学生统一起来，既要教育人引导人，又要关心人帮助人，努力为大学生的健康成长创造有利条件。

一要做好后勤服务工作。由于高校后勤社会化改革与学生需求、服务价格、学生承受能力、服务质量与诚信等方面密切相关，若处理不当，随时可能激化矛盾或引发群体性事件。要建立健全后勤服务的长效机制，确保食堂价格始终低于市场价格，采用高校食堂粮食、副食品定点供应的方法，降低成本。其他涉及学生生活的服务和管理，都要做到科学化和人性化，力求使广大学生满意。

二要做好贫困家庭学生的帮困工作。让贫困家庭的学生考上大学能上大学，上学以后不辍学，这是社会公正和教育公平的重要体现，也是各级党委、政府和社会各界的共同责任。各有关部门、各高校要把做好贫困家庭学生资助工作作为一件大事来抓，认真落实资助贫困家庭学生的政策措施，多方面筹措资金，努力完善政府主导、学校为主、社会参与的助学格局和"奖、贷、助、补、免五位一体"的助学体系，帮助贫困生顺利完成学业。

三要切实维护学生的合法权益。要坚持依法管理，建立健全学生维权工作机制，严禁和杜绝各种损坏学生利益的行为，确保大学生的合法权益得到充分尊重和维护。学校凡制定涉及学生利益的政策制度，要充分听取学生意见和建议，凡执行有关学生事务的规定程序，要予以公示。

四、 满足学生的发展需求

当代大学生渴望通过学习和实践来增强自己的实力，在激烈的社会竞争中取胜。由于教学观念、教学体制和教学条件等方面的原因，学校较多注重课堂和书本学习，致使学生动手实践能力普遍较弱。应提高大学生社会实践活动的实效。要把大学生社会实践活动纳入学校教学计划和考核体系，规定相应学分，提供必要经费，保证社会实践活动正常开展。要重视社会实践基地建设，各级党委、政府和有关部门及企事业单位要积极为高校大学生参加社会实践活动创造条件，提供便利，努力形成社会支持大学生参与社会实践的良好氛围。通过参加社会实践活动，大学生可以得到自信、找到差距、获得启迪、增强才干、提升素质，增强社会责任感。应着重培养和发展大学生的创造力。通过专业学习与科技活动相结合、学术专攻与服务经济社会相结合的方法，引导大学生结合自己的学科特点与知识专长，根据科技发展、生产革新与实践应用等方面的需要，选题立项，在专家学者的指导下，开展学术研究的科技攻关，在学会科学研究、取得研究成果的同时，培植科学精神，砥砺科学学风，增强创新意识，提高创新能力。应重视抓好社团活动。学生社团是学生成长成才的重要载体，要积极开展社会调查、志愿服务、公益活动、勤工助学活动和科技创新活动，提高学生自我教育、自我管理、自我服务的能力，增强学生的社会责任感。

五、 满足学生的文化需求

校园文化对大学生思想观念、价值取向和行为方式有着潜移默化的深刻影响，具有重要的育人功能。

加强人文素质教育。以育人为本，坚持社会主义先进文化的发展方向，以正确世界观、人生观、价值观为导向，以建设优良的校风、教风、学风为核心，弘扬主旋律，突出高品位，努力建设体现社会主义特点、时代特征和学校特色的校园文化，为培养社会主义合格建设者和可靠接班人提供强大的精神动力，使高等学校成为发展中国特色社会主义先进文化的重要基地、示范区和辐射源。

精心组织校园文化活动。应围绕满足大学生日益增长的精神文化需求，经常开展生动活泼的学术、科技、体育、艺术和娱乐活动，把德育与智育、体育、美育有机地结合起来，寓教育于文化活动中，不断提升大学生的人格、气质、修养等内在品质，促进学生素质的全面提高。

加强校园网络文化建设和管理。应大力倡导文明办网、文明上网，唱响网上思想文化的主旋律，增强网络教育的思想性、知识性、趣味性和服务性，使之成为宣传科学真理、传播先进文化、倡导科学精神、塑造美好心灵、弘扬社会正气的有效载体，并努力营造文明健康、积极向上的网络文化氛围，营造共建共享的精神家园。

六、 满足学生的心理需求

当代大学生由于身处社会的转型期，长期受父母的溺爱，缺乏艰苦实践的锻炼和磨炼，心理素质、意志品质和自我控制能力较差，在面临越来越大的学业压力、经济压力、心理压力、情感压力和就业压力的情况下，一些学生患上焦虑症、抑郁症、恐惧症。高校应高度重视大学生心理健康，重点做好以下几个方面工作：

一是认真开展心理健康教育。遵循思想政治教育和大学生心理发展规律，帮助大学生树立与时代进步潮流相适应的思想观点，树立积极进取的人生态度，正确对待自己、他人和社会，正确对待困难、挫折和荣誉，消除心理困惑，增强克服困难、承受挫折的能力，珍爱生命，关心集体，悦纳自己，善待他人。

二是设立心理健康教育专门机构。配备专职专业人员，具体负责实施大学生心理健康教育，按师生比 1∶5000 配备专职专业人员，建设一支以专职教师为骨干，专兼结合、专业互补、相对稳定、素质较高的大学生心理健康教育和心理咨询工作队伍，建立完善学校、院系、班级三级心理教育网络。

三是做好大学生心理辅导和咨询工作。通过为大学生提供及时、有效、高质量的心理健康指导与服务，帮助他们化解心理压力，克服心理障碍和心理疾病，对存在心理疾病的学生做到早发现、早诊断、早治疗，避免大学生自杀等情况的发生。

四是建立危机事件心理援助机制。应倡导开展心理健康普查，建立心理档案，做好心理健康状况排摸工作，积极做好心理问题高危人群的预防和干预，要特别注意防止因严重心理障碍引发的自杀或伤害他人事件发生，建立咨询教师值班制、异常情况及时报告制，建立从学生骨干、辅导员、班主任到院（系）、部门、学校的快速危机反应机制，建立从心理健康教育机构到校医院、专业精神卫生机构的快速危机干预通道。

七、 满足学生的情感需求

大学生处于青春期，生理发育基本成熟，渴望情感和异性接触是一种普遍现象。当前大学生恋爱人数呈增长趋势，但是，由于大学生心理并不成熟，有的还没有形成正确的恋爱观，一些大学生的恋爱动机并不是出于爱情本身，而是为了弥补内心的空虚，同时伴有摆脱孤独或随大流的从众心理。个别学生因失恋导致苦闷、消极，遭到严重的精神创伤，甚至产生绝望和报复杀人的后果。

面对大学生的情感需求，学校既不能不闻不问不管，也不能单纯去"堵"，而是要进行教育引导。应教育和引导学生树立正确的婚恋观，正确处理好男女之间的情感问题。正确的婚恋是应对对方负责任的，面对失恋要自我调节好，千万不能丧失理智，更不要走极端。由于网络的虚拟性、隐匿性，要教育和引导学生不要轻易相信网恋，陷入网恋，更不要轻率地与网友见面，以免被"恋人"骗钱劫色，造成轻则失财失身、重则丧命的严重后果。

八、 满足学生的社交需求

应充分认识人际交往能力的重要性。大学生的社会交往能力是他们今后融入社会环境、发展职业生涯的重要条件，也是他们在大学期间创造良好人际环境，培养合作意识，保持健康情绪，促进学业完成的重要影响因素。大学生的人际交往能力不仅关系到个人前途，也关系到人才培养的质量。建设和谐社会的人才必须具有较强的合作意识和处理人际关系的能力。

应该用和谐思想来指导大学生的人际交往，引导他们用和谐的理念认识事物，用和谐的态度对待问题，用和谐的方式处理矛盾，用和谐的价值规范行为，最大限度地增加和睦因素，最大限度地减少不和睦因素，努力形成文明和谐的人际关系。

应该大力培养大学生人际交往的能力。人际交往的核心内容，一是沟通，二是合作。要培养学生以积极的心态参与日常交往活动，要敢于面对与自己意见不同的人，主动与他人交往。要把握人际交往的艺术和技巧，注意社交礼仪，真诚与人相处，以诚交友，宽容待人。要教育学生学会团队合作，学会善解人意，学会赞美，学会换位思考。

要遏制现代通信手段在大学生交往中的负面影响。QQ、微信、MSN、手机短信等及时信息传递手段现已成为大学生人际交往的重要方式和主要选择。但由于相关制度的不配套，黄、赌、毒与虚假信息等容易侵害甚至淹没、吞食大学生。对此，必须进行综合治理，从政府层面，制定和完善维系现代通信手段人际交往秩序的相关法规；从运营商层面，采用技术手段最大限度地对有关信息进行过滤；从大学生层面，要自觉约束传播不良信息的行为。

九、 满足学生的安全需求

学生对学校安全的需求日益凸显，"生命第一""平安是金"的观念日益深入人心，家长把子女在校的安全作为对学校的第一要求。另一方面，现实生活中也确实存在交通安全、食品安全等方面的不安全因素。做好安全工作，为学生的成长成才提供安全保障，这是学校一项极为重要的工作。

一要抓教育、抓防范。安全教育要进教材、进课堂、进头脑，切实抓好人身安全、消防安全、交通安全和防骗、防盗、防劫等安全教育，增强大学生"安全第一、生命珍贵"的安全意识，提高"科学处置、避险自救"的安全保护能力。要抓管理、抓规范。抓好日常的治安管理、消防管理、卫生管理和交通安全管理，建立健全各种规章制度，严格照章办事，规范学校管理部门的工作和大学生的思想行为。二要抓排查、抓综治。从源头上解决安全问题的发生，防患于未然，防患于初始。抓好校园周边环境的整治，学校要主动与有关部门配合，综治、公安、教育、工商、卫生、文化等有关部门要加大对学校的支持力度，共同维护校园安全和学校稳定。三要抓信息、抓预案。应深入到学生寝室、班级中，及时了解和掌握学生的思想动态，建立信息畅通机制。对群体斗殴、重大火警及食物中毒等群体突发事件的预案进行演练，保证紧急时刻拉得出、联得上、救得下。要抓"技防"、抓投入。针对当前一校多区，一区多校，同班不同学，同学不同班，以及人员流动性大，校园周边环境复杂等状况，只有建立人防、物防和"技防"三位一体的防范体系，学校的安全才会有可靠的保障。要不断加大对"技防"的经费投入，依靠现代科技力量，加大技术防范力度，并对校园"技防"设施进行经常性检测，以确保规范、运用正常。

十、 满足学生的就业需求

就业是民生之本。要开展积极有效的思想政治教育，高等教育大众化时代的大学生不应再自诩为社会的精英，要怀着一个有知识的普通劳动者的心态去参加就业选择和就业竞争。引导大学生自觉地把自身理想同国家与社会的需要紧密结合起来，树立"行行建功、处处立业"的观念，引导毕业生到西部、到基层、到艰苦边远地区、到祖国最需要的地方去，不断提升就业、创业与职业转换能力，实现和谐就业。尤其要鼓励毕业生自主创业和灵活就业。随着我国将逐步建立和完善以劳动者自主就业为主导、以市场调节就业为基础、以政府促进就业为动力的新机制，弹性就业、短期就业、自主就业将是一种就业常态。积极组织开展创业培训、开业指导、政策咨询、项目论证和跟踪辅导等"一条龙"服务，开辟毕业生自主创业的"绿色通道"。对从事自由职业、短期职业等灵活方式就业的毕业生，有关部门在户籍管理、人事劳动代理、社会保险缴纳和保险关系链接等方面应提供便捷服务和有效保障。

学校就业指导服务机构要与各级人才交流服务机构、公共职业介绍机构合作，共同加强与社会用人单位的沟通，搭建就业平台，拓宽就业渠道，千方百计为毕业生提供充分的需求信息，努力为毕业生寻找就业岗位。同时，加强对学生就业的指导，提高学生的择业能力，教育学生先就业、再择业、后创业，要特别关注贫困大学生的就业问题和大学生志愿者完成志愿服务后的就业问题。高校要把做好高校毕业生就业工作摆上重要位置，落实毕业生就业工作"一把手责任制"，把就业工作作为工作目标和实绩考核的重要内容。要确保就业工作必需的机构、人员、经费和场地等条件的到位，为做好毕业生就业工作提供有力保障。加强毕业生就业网络建设，提高网络招聘求职服务的便捷性，加强学生就业实习示范基地建设，提高学生的择业能力。总之，通过一切有效工作，努力实现高校毕业生的最充分就业。

第十章　新时代高校管理育人的路径

第一节　规章制度育人

在学校管理的任一方面，都需要根据法律法规，认真制定出各项具体的规章制度，确定学生应遵守的校纪校规；对各项规章制度进行细致的宣讲，使学生充分理解其重要性及内容，并树立遵纪守法观念；严格执行规章制度，利用奖惩手段，使学生的优秀行为得到正向强化从而继续保持和发扬，而不良行为则因惩罚的负强化作用而逐渐消退。只要制度的制定、宣讲与贯彻执行是适当的，定会有助于学生养成良好的行为习惯，建立良好的学习、生活秩序，形成良好的学风。制度的育人作用有时是间接的，通过它对教师、后勤服务人员和管理人员自身的规范发挥出来。总的来说，制度育人应当是管理育人最主要的途径。

一、　全员育人导师制度

要把促进每一位学生的健康成长的责任落实到具体的导师身上，使育人为本的要求体现在学生学习、生活的各个环节，学生成长中遇到的问题、烦恼能够得到及时有效的化解。学生成长导师要经常与所负责的学生进行交流沟通，启发引导；对需要特别关注的学生要坚持做到每天掌握思想动态，及时教育疏导。

二、　学生安全全员目标责任制

学校每位教师都要关注学生安全，把涉及学生人身安全的饮食、住宿、体育锻炼、安全保卫等，每个场所、每个环节、每个时段都落实责任到人，做到

"谁主管、谁负责"。

三、 家庭经济困难学生应助尽助制度

各级各类学校要建立无缝隙排查制度,对家庭经济困难学生逐一登记,建立档案,及时救助。要特别注意救助方式,保护好学生的隐私和尊严,并加强对学生的人文关怀和心理疏导。

四、 师德考核评议制度

每学期组织一次,把师德考核评价结果作为教师评先树优的前置条件,面向教师的市级以上先进个人、政府教学成果奖、高级职称评定等必须在上学期的师德考核评议中获得"优秀"等次。师德评议考核的标准必须经全体教职工大会讨论,并经85%以上的教职工同意后实施。每学期教师师德考核评议结果必须在学校进行不少于5个工作日的公示,教职工知晓率达到100%。

五、 学情会商制度

学校要以班级为单位建立"学情台账",每周辅导员与学生成长导师研究一次"学情",使每位任课教师都熟悉班内每位学生的思想、学习、家庭背景状况,有针对性地做好工作。校长每月至少主持一次专题研究学生工作的办公会议,研究学生思想教育措施,逐班排查需要特别关注的学生情况,并逐人落实校级领导包靠责任制,切实做好转化教育工作。

六、 教师与家长经常沟通制度

加强教师与家长的联系沟通,并且做到家访因生而异,形式多样,注重效果。

七、 家长学校制度

加强家长学校课程开发力度,按照学校要求,每学期要高质量地完成所要求的课时的家庭教育培训。

八、 家长、 学生评议教师制度

学校每学期组织一次学生、家长评议任课教师活动。评议结果要作为教师师德和业绩评价的重要内容。

九、 家长参与学校管理评价制度

学校要在校级、年级、班级三个层面建立具有广泛代表性的家长委员会，保证家长对学校办学、管理的监督评价权利。校级家长委员会组成人员情况要到教育局备案，并在学校内通过一定形式进行公示。学校家长委员会每月要面向学生和家长通过多种方式征集在育人中存在的问题，直接送校长。学校要把解决家长委员会提出的问题列入教代会工作报告内容。每学期校长要向学生家长报告一次学校工作，教育局相关科室要组织家长进行评议考核，把家长评议作为改进学校工作的重要措施。学校工作报告要在学校网站、教育局网站上公示。

十、 问责制度

学校要针对在校生发生的违法犯罪、学生受到伤害、体罚和变相体罚学生、违背教师职业道德行为等事件，制定具体问责办法，经教代会讨论通过后实施，并将实施情况纳入教代会审议内容。

十一、 学生违反校规校纪惩戒制度

各学校要根据有关法律法规，制定对学生违反校规校纪惩戒的具体办法，并经学生及家长代表听证后施行。对学生违反校规校纪进行何种惩戒、由谁惩戒、结果如何告知学生家长等，都要做出程序性规定，真正发挥好惩戒的教育功能。

加快建立育人为本基本制度，既是促进每一位学生健康成长，全面提升学校管理水平的本质要求，也是维护教育良好形象、办人民满意教育的客观需要。坚持将"育人为本"基本制度的理论知识运用到实际教学中去，让"育人为本"成为教育教学的常态。

第二节　校园环境育人

校园是高等学校的物质表现形式，也是学校最基本的办学条件和教学科研基地。环境是围绕、直接或间接影响个体形成和发展的外在因素。从广义上讲校园环境应包括硬环境和软环境。硬环境是指人可以见得到的、物质层面的东西，如校园道路、绿化、小品等室外环境，教学楼、实验楼、图书馆、公寓、食堂等室内环境，教学科研设备、仪器，公共服务和生活服务设施等。软环境是指精神文化层面的东西，如学校的规章制度、校史、校风、校训、教风、学风、思想道德教育、学生社团活动、业余文化体育活动等。校园里面的硬环境和软环境都对环境育人起着重要的作用。

党的十八大报告上明确指出了要"扎实推进社会主义文化强国建设"，"要深入开展社会主义核心价值体系学习教育，用社会主义核心价值体系引领社会思潮、凝聚社会共识"。所以，加强校园文化建设，充分发挥校园文化的育人功能，对于传授知识，倡导学生行为文明、活动文明，营造文明风气，用高雅的校园文化滋润学生的心灵，确保校园文化建设朝着科学、快乐、向上的目标健康发展，促进学生全面发展等都具有十分重要的意义。加强校园文化建设有利于陶冶学生的情操，起到春风化雨、润物无声的作用，有利于学生正确的世界观、人生观、价值观的形成；有利于规范学生的行为，对学生的学习、生活及思想言行具有规范作用；有利于培养学生的集体意识和协作精神；有利于培养学生的健康个性，促进学生的心理健康。

校园文化是以社会文化为背景，在校园内部形成的特定的文化环境与精神氛围，它的主体是学校的管理者和全体师生，通过师生共同参与，以多种学科、多个领域作为活动载体。它既具有文化的一般特点，又具有自己的特殊性。校园文化建设，主要体现一个学校的个性魅力，一个学校的办学水平，它包括如诗如画的校园风光，布局合理的校园建筑，鸟语花香的校园景致，整齐光洁的道路，美观的教室布置，文明健康的文化教育设施，丰富的活动，良好的校风、教风、学风。校园文化建设是营造素质教育氛围的重要途径，是铸塑校园精神的根本。因此，我们要根据学校具体情况，绿化、美化、净化校园，建设优良校风、学风，开展丰富多彩的校园文化活动，充分发挥校园文化全面育人的作用。

一、 建设良好的校园及周边环境

建设良好的校园环境，也就是一个学校的显性文化，是实现教育育人目的的载体，是必要的物质条件，是校园文化建设的重要组成部分和必要支撑，包含一个学校的整体布局、校园绿化、校园美化等，就是能让校园的各个区域都会"说话"，给人一种幽雅、宁静的感觉，体现一个学校的文化底蕴。

校园环境对学生教育起着潜移默化的熏陶和启迪的作用，一个布局合理、生机盎然、整洁优美、宁静有序、蓬勃向上、健康和谐的校园环境，对学生的健康成长和发展，必然产生巨大的积极影响。在校园环境建设过程中既要整齐美观，又要大方实用；既要着眼于近期使用，又要考虑到长远的发展。同时，充分发挥学生的主体作用，学生是校园文化环境建设的对象和主体，学生的参与程度，决定了文化环境建设的成功与否。学校要加强对学生日常行为的监督和指导，使学生积极参加校园环境建设，实现学生自我管理、自我约束。可以使学校的绿化与学生的劳动教育结合起来，学生在参与绿化管理的劳动过程中，既学到了劳动的知识、技能，又养成了热爱劳动的习惯，还培养了自治、自理和热爱美、欣赏美、创造美的能力。加强校园硬环境建设，创建花园式学校，用优美的校园环境熏陶每一位学生。校园的规划要合理、协调，讲求科学布局，创设文化氛围。充分发挥校园每一处空间的作用。设置相应的宣传栏、图书角、学习园地、表扬栏、竞赛栏、卫生评比栏等，充分利用黑板报、壁报、雕塑、图书馆、荣誉室、团队活动室等，精心设置育人环境，渲染育人气氛，将会达到"无声胜有声"的育人效果，给师生以美的享受和熏陶，营造和谐、优美的校园，提高师生在校生活的质量，让文化氛围时时刻刻在潜移默化中发挥作用。

二、 营造奋发向上的校风， 发挥校园文化的教育功能

校风建设，是校园文化建设最显著的特点，体现了一所学校的特有精神风貌，主要表现在校训、校歌、校徽和校旗上。做好教风建设，教师要以身作则，树立起"团结协作、勤廉高效"的工作作风，为促进良好校风的建设奠定基础，开展师德教育活动，加强素质教育理论与实践的学习，确立正确的质量

观和人才观，明确现代人才的衡量标准，树立"一切为了学生、为了一切学生、为了学生的一切"的教育理念，教师要以自己良好的师德表率给学生树立榜样。校风建设是校园文化建设的核心，好的校风能激发学校成员的内在动力，使不符合环境气氛要求的心理和行为时刻感受到一种无形的压力，对不良的心理倾向和行为具有强大的抵御作用，形成集体成员心理特性和最协调的心理相容状态。

三、 加强学风建设， 建立以人为本、 优化发展个性、 培养特长的活动环境

帮助学生形成良好的学习态度和方法、学习习惯、生活习惯、卫生习惯、行为习惯；建立良好的师生关系、生生关系，这有助于广大师生之间开展密切合作，形成团结高效的集体，更好地发挥整体效应。通过各种载体和形式将社会所倡导的价值观念、道德规范和行为准则传递给学生，以启迪、熏陶、感化和塑造等方式潜移默化地引导和规范学生的思想行为，帮助他们树立坚定的理想和信念，树立科学的世界观和正确的人生观、价值观，养成良好的道德品质和文明行为，在学生中形成良好风气。

四、 开展丰富多彩、 形式多样的活动

这是推进创新教育的突破口，是培养师生能力的载体，包含学校的各种活动，如文体活动、教学活动、健康教育活动、主题班会、综合实践活动等，可达到活动育人、环境育人的目的。应寓思想品德教育于生动活泼、形象具体的校园文化活动中，这是行之有效的教育手段。可以充分利用法定节日、传统节日、纪念日对学生进行爱国主义教育，弘扬爱国主义精神，激发学生的爱国热情；可以结合形势，开展各种教育活动；还可以开展热爱学校、热爱家乡系列教育活动，让学生了解学校和家乡的历史、政治、经济、文化等方面的基本情况，激发热爱学校、家乡的情感。大量的校园文化活动寓意深刻、富有情趣，丰富了学生的感性认识，使教育活动具体、生动、形象，易于学生由道德感知向道德情感转化，使学生的精神面貌和品德素质不断得到提高。

总之，为了学生的健康成长，为了全面推进素质教育，应建设优美和谐的校园文化，充分发挥校园文化的育人功能，促进学生的全面发展。

第三节　实践活动育人

联合国教科文组织倡导 21 世纪教育的四大支柱为"学会认知，学会做事，学会共同生活，学会生存"，明确提出了对学生的德育素质要求。学校是培养人才的重要场所，以德育人，使青少年学生健康成长是学校工作的重要任务，因此，如何把德育这一比较抽象的理论内化为个体的一种情绪体验呢？应寓德育于综合实践活动中，使学生在亲身体验之中获得感知，充分发挥综合实践活动的育人功能是加强学校德育的一条有效途径。综合实践活动强调学生主体通过实践在活动中动口、动手、动脑，多种感官并用，获得对事物的亲身体验，掌握发现问题、解决问题的方法，培养学生的综合能力。因此要通过活动积极引导学生勇于独立思考，敢于标新立异，掌握从不同角度观察、思考并解决问题的方法和能力。这与"学会认知，学会做事，学会共同生活，学会生存"的德育素质要求不谋而合，因而在综合实践活动中实现德育的育人功能是一条有效途径。

要在实践活动中育人，我们要紧紧围绕培育和践行社会主义核心价值观这一主题，紧紧围绕深化高等教育综合改革这一任务，紧紧围绕培养创新人才这一目标，把推动实践育人制度化常态化作为重点工作，扎实推动高校实践育人工作取得新成效、开创新局面。

一要抓实践教学。人才培养是高等教育的本质要求和根本使命，也是高等教育的中心工作。实践育人工作要服从和服务于学生的成长成才，紧紧抓住实践这个创新人才成长的最关键环节，强化实践教学这个环节，深化实践教学方法改革，推动实践教学工作取得新突破。要分类制定实践教学标准，增加实践教学比重；要加强实践教学管理，提高实验、实习、实践和毕业设计（论文）质量；要支持高校学生参加企业技改、工艺创新等实践活动；要加强思想政治理论课所有课程的实践环节。特别是要在工程、法律、医学、农林等实践性强的专业人才培养上，强化实习、见习、创新性实验等实践教学环节，增强学生创新精神和实践能力。

二要抓基地平台。组织大学生深入开展社会实践活动，必须依托产学研结合的校内实验室、校外实习实训基地和实践教学平台。要大力加强校地、校企、校所、校校合作等，建立教学与科研紧密结合、学校与社会密切合作的实践教学基地，建设与学校办学规模相适应、数量足够、形式多样的实践教学平台，形成全面开花的态势。关键是要建立一批青少年社会主义核心价值观实践基地，推动学校阵地与社会基地、校内课程与校外实践、校内教师与校外导师之间的衔接互动。

三要抓育人队伍。做好世界上最大规模的学生群体的实践育人工作，单单依靠教育部门的力量是难以完成的。实践育人是全社会共同的责任，需要各地区各部门的大力支持和各高校的积极努力，更需要加强实践育人队伍建设，发挥学生的主动性，来解决目前育人力量自成体系、分散重复、效率不高的突出问题。要加大培训力度，不断提高教师实践育人的责任意识；要支持引导学生组织自主开展社会实践活动，发挥学生自我教育、自我管理、自我服务的主体作用；要积极组织思想政治理论课教师、辅导员队伍和团干部参加社会实践、挂职锻炼、学习考察等活动，不断提升他们实践育人的能力和水平。通过着力加强实践育人队伍建设，主动加强源头参与，在有序安排、有机衔接、注重效果上下功夫，形成各负其责、各尽其责、密切配合的实践育人工作新局面。

四要抓条件保障。"不解决桥和船的问题，过河就是一句空话。"完善实践育人工作机制，必须加快推进实践育人制度化，以制度来保障实践育人工作的整体推进落实，这是实践育人工作的重中之重。要积极推动国家建立党政机关、城市社区、农村乡镇、企事业单位、社会服务机构等接收高校学生社会实践的立法制度，大学生自主创业税收减免制度、志愿服务工作条例等制度。要积极推动地方政府尽快出台志愿服务地方性法规、支持和促进大学生创业的税收减免政策等。要积极推动行业企业把支持大学生社会实践的具体措施写入行业企业发展规划、行业标准规范之中。高校要把加强实践育人工作的思想和理念集中体现到建立健全大学章程、教育事业发展规划、教育教学方案、教师干部晋升考核、学生评奖评优办法的全过程。

五要抓研究导向。目前，实践育人工作面临的主要问题就是集聚社会资源共同参与实践育人的活力不够，特别是与有关部门、科研院所、行业企业、基层社区协同培养人才的机制还不完善。要坚持问题导向，紧跟时代发展的步伐，密切关注实践育人工作中的规律性、前沿性问题，以问题导向研究推进实践育人体制机制的不断完善。要在教育部人文社会科学研究中增加实践育人专项，深入研究实践育人的体制机制，为做好实践育人工作提供理论支撑。要组织编写一批优秀实验教材、编印一批实践育人优秀案例、宣传一批实践育人先进典型，进一步凝练、研究建立实现实践育人规范化管理、常态化服务、品牌化培育、项目化配置、信息化支撑、社会化运作的实践育人新模式新机制。

第四节　行为指导育人

行为指导育人，即用行动来进行指导、育人，这就需要高校教师充分发挥自身的行为示范作用，以积极的行为方式来给学生正面的引导。

对于大学生来说，高校教师积极的行为方式是火，点燃学生思想道德的灯；是灯，照亮学生思想前行的路；是路，引领学生走向光明。育人是一种行动，而不是一项计划。学生好的品行是从榜样中学到的。榜样是人人皆懂的语言，因此，教师的示范作用是很重要的。要记住，教师首先是示范品格，而非教育品格。同时，品格要长期坚持，有时一件事可以改变对一个人品格的评价。

对教师而言，品格比成就更重要，品格决定着每个教师的言行、态度、目标等一切行为，追求成就，忘记品格，人生就会失衡，这对教育的发展和人才的培养极为不利。无人能超越自己的品格做事，为了祖国和民族的未来，为了事业的成功，必须认识品格的重要性。品格素质固然是个人的事，但它的影响却是深远的，每个教师在工作中的表现和他所做的种种决定，无不影响到教育的质量，即学生的素质。只有显示了好品格的教师，才能有效地鼓励别人，培养出好品格的学生。

高校教师由于肩负着培养新时期社会主义接班人的重要使命，因此必须要有严格的职业准入制度和严格的职业道德规范。保护和扶助学生，这是教师职业必须坚守的精神底线，也是教师职业区别于其他任何一种职业的特征，在发生突发性事件时教师的行为应当体现出这个职业的神圣。在 2008 年汶川特大地震中涌现出许多不顾个人安危，坚守岗位，忠于职守的感人事迹，展现出许多优秀人民教师舍生忘死，用自己的血肉之躯保护学生生命的感人现象。

没有爱就没有教育，教师要关爱学生，这是每个教师应有的信念。教师的这种爱不同于父母的爱，这种爱是对民族的爱、对祖国的爱的具体体现。作为一名合格的教师，不仅承担着对国家、社会的责任，要爱岗敬业、关爱学生、教书育人、为人师表，还需要不断地充实自己，引导学生不断发展。教师职业的特点决定了教师不仅要有扎实的专业知识，更要充满深深的爱的情感。只有在先进的教育理念下塑造出的充满爱的情感的教师才能滋养出胸怀大志、知书达理、情感丰富、富有创造力的学生。

一、 思想政治素质高， 热爱教育事业

热爱高等教育事业是高校教师的根本职业准则，是调节高校教师与教育职业之间关系的最基本的道德要求，是高校师德最基本的原则。在高校教师与外界的各种道德关系中，教师个人与教师职业的关系始终是起主导和支配作用的。热爱高等教育事业是处理好职业实践中所遇到的各种矛盾和关系的最重要的思想、情感基础，在高校师德体系中处于核心地位。

胡锦涛曾强调："广大教师要忠诚于人民教育事业，树立崇高的职业理想和坚定的职业信念，把全部精力和满腔真情献给教育事业，做爱岗敬业的模范。"对高校教师而言，"爱岗"就是要热爱高等教育事业。热爱高等教育事业是高校教师完成其教育任务的客观要求，是社会主义集体主义原则在高校师德中的具体体现，也是全心全意为人民服务这一职业道德基本原则在高校师德中的具体体现。高校教师应当深刻认识高校教师职业的崇高地位，建立和培养对高等教育事业的深厚感情，忠诚于高等教育事业，热爱本职岗位。

二、 教书育人

教书育人是高校教师的根本职责，是调节高校教师与教育目的相互关系的最基本的道德要求，是高校师德的又一基本原则。它集中地体现了教师职业的基本特点和教育活动的特殊要求，直接反映了社会主义高等教育的目的。韩愈在《师说》中指出："师者，所以传道、授业、解惑也。"我国老一辈教育家徐特立也指出教师是有两种人格的，一种是经师，一种是人师。也就是说，教书与育人作为一个有机整体，是不可分割的。在高等学校里，教书是育人的手段，而育人是教书的目的，学校的根本任务是育人。因此，高校教师要全面贯彻党的教育方针，正确处理教书与育人的关系，坚持教书与育人两者的统一；要"坚持育人为本，德育为先，把立德树人作为教育的根本任务"。要树立正

确的育人观，自觉地把育人渗透到教育实践活动的全过程中去，充分发挥高校教师教书育人的职能。

三、 热爱学生

热爱学生是高校教师最宝贵的职业情感，是调节高校教师与教育对象相互关系的最基本的道德要求，是高校师德的灵魂。热爱学生是建立和谐师生关系的基础，是搞好高等教育工作的重要因素。高校教师在教育职业活动中，要处理大量的人际关系，其中最重要的是要处理好师生关系。在高等学校里，教师是教育者，大学生是教育对象。教育过程是教育者与大学生之间双向互动、教学相长的过程。在这一过程中，高校教师处于主导地位，是建立和谐师生关系的主导者。能否建立起和谐的师生关系，主要取决于教师对待学生的态度。因此，高校教师要力求防范和杜绝对待学生的偏见、冷漠、猜疑、体罚、挖苦、放任等不道德的行为；要主动关爱、理解学生；要平等、公正地对待每一个学生；要尊重、信任学生；要严格要求学生；要树立以生为本、为学生服务的新型师生观。

四、 严谨治学

严谨治学是高校教师最重要的职业态度和职业精神，是调节高校教师与教育技能相互关系的基本道德要求，也是对高校教师在学术研究方面的特殊道德要求。高校教师是科学研究的重要力量。作为高等教育工作者，高校教师必须具备较高的学术水平，这是高校教师区别于其他教师的显著标志。因此，严谨治学是高校师德不同于其他职业道德的基本要求。其中，诚信是高校教师在学术科研上的道德底线，是最基本的学术道德要求。为了发展教育事业和科学事业，每位高校教师都应该树立科学精神，恪守学术道德，坚持诚实守信、实事求是的原则，对科学知识持严肃认真的态度，杜绝弄虚作假。此外，高校教师要成为合格的教育者和有创造力的研究者，还必须树立终身学习的理念，培养开拓创新的精神，增强自身的创新能力，只有这样才能不断提高教学质量和科研水平，赢得学生和社会的尊敬。

五、 团结合作

团结合作是高校教师又一项非常重要的行为方式，是调节高校教师与教育集体相互关系的基本道德要求。高校教师在教育过程中，除了要处理自己与大学生的关系外，还要处理自己与教育集体之间的关系，如教师与教师、教师与领导、教师与学生家长的关系。处理这些关系最基本的道德要求，就是高校教师要具有群体意识，发扬团队精神，加强团结合作。教书育人是一项复杂的系统任务，需要教师的团结合作才能完成。当前，社会对人才提出了全面要求，要培养全面发展的大学生，仅靠个别教师的努力是不够的，必须靠高校的全体教师共同努力，形成一个全员育人、全方位育人、全过程育人的有机整体。因此，高校教师要紧密配合，团结互助，自觉地协助同事开展工作。在教学上，要相互学习，取长补短；在科研上，要群策群力，联合攻关。要互相尊重、平等待人；要诚恳、宽容，善于听取同事的意见和建议，维护其他教师的威信。

六、 为人师表

为人师表是高校教师的根本职业作风，是调节高校教师与教育影响相互关系的基本道德要求。师者，人之模范也。高校教师的职业特殊性，使得高校教师的言行举止、品格德性在社会中应处于较高水准、具有典范性，能对大学生乃至整个社会产生良好影响。孔子说："其身正，不令而行；其身不正，虽令不从。"这就是说，教师的人格作为一个教育因素始终在教育活动中起着潜移默化的作用。高校教师的思想、言行、仪表、作风、道德状况等深刻地影响着大学生。因此，高校教师无论何时何地都应该在言语习惯、行为方式、举止风度等方面以身立教，成为大学生的表率、社会的楷模。

七、 廉洁从教

廉洁从教是市场经济条件下对高校师德的新要求，是调节高校教师与教育纪律相互关系的基本道德要求。高校教师的职业神圣不可侵犯，高等教育容不得腐败现象。高校教师从事的是培养未来社会的中坚力量或社会精英的崇高事业，这要求高校教师坚持更高、更严的道德标准。在各种诱惑面前，高校教师更需要保持高尚的师德情操、克己奉公，绝不能"以教谋私"。胡锦涛在全国优秀教师代表座谈会上的讲话中强调广大教师要淡泊名利，志存高远。这就是说，广大高校教师要拒绝诱惑，力戒浮躁，淡泊以明志，宁静以致远，只有静下心教书，潜下心来育人，做到廉洁从教，才能受到学生的尊重和爱戴，才能无愧于社会赋予的人民教师称号。

第五节　心理辅导育人

随着我国社会经济的快速发展，我国高校在校生数量显著增加，标志着我国教育水平得到很大程度的提升。但是，大学生作为特殊社会群体，大学生心理调节能力存在一定欠缺，大学生心理健康问题越来越受到人们的关注和重视。因此，高校辅导员加强对大学生的心理引导工作，及时排除大学生的心理障碍，对于大学生的正常生活和学习是非常关键的。

一、大学生心理特征

首先，大学生的价值观呈多元化发展。网络时代的到来，给人们提供了更为及时和快速的信息获取渠道。而大学生对于新鲜事物的接受能力更强，对网络的使用频率更高。虽然这一现象的出现对于大学生的发展起到了一定的推动作用，但是也在很大程度上给大学生的价值观念造成了冲击。目前，部分大学生存在拜金主义、极端个人主义等错误观念，同时受到国外不良思想的侵蚀和冲击，造成大学生心理健康问题日渐突出，这对于大学生的未来发展是极为不利的。

其次，大学生中也存在隐性心理疾病。进入大学校门后，绝大多数学生都将远离自己的家庭，进入全新的陌生环境。而此时，由于生活、个人性格等原因，部分大学生出现孤僻、叛逆、离群索居等状态，这不但给大学生的正常交往造成影响，也给大学生的恋爱、学习带来了严重障碍。

二、大学生心理常见问题

（一）人际交往障碍

在全新的大学环境中，人际交往是每个大学生都需要面对的。一些大学生由于自卑等心理问题，往往表现得很不合群，人际交往存在较多困难，久而久之，就会造成自身心理压抑。

（二）恋爱观问题

大学生恋爱已然成为高校非常普遍的现象，绝大多数大学生都会在大学阶段谈恋爱，寻找和收获自己的爱情。但是，恋爱需要客观、冷静地对待。一些大学生心理承受能力不强，容易因为分手等问题做出过激行为，对他人和自身造成一定伤害。目前，有关大学生恶性伤害事件时有发生，而许多都是由恋爱矛盾和分手所致。

（三）毕业择业问题

大学生除了面对学习和生活，还要面临学业结束之后的择业问题。目前，有相当一部分大学生恐惧择业，并选择考研来进行逃避，而更多大学生则是承受着巨大的心理压力，被动地进行择业。毕竟，大学生活是相对安逸和闲适的，大学生结束大学阶段后初入社会，往往会手足无措，不知所向。面对竞争激烈的就业环境及漫长的择业过程，大学生极易产生无助、失落等情绪，而这也会诱发一系列的问题。

三、 高校辅导员如何正确开展大学生心理辅导工作

（一）加强大学生心理咨询工作

心理咨询对于大学生心理问题的调适具有非常积极的作用，利用专业的心理健康知识，能够更快速地排除大学生不良的心理状态，使大学生尽快走出心理阴影，进入正常的学习和生活状态。为此，高校辅导员应该关注和重视心理咨询工作，将心理咨询放在重要位置。高校辅导员可以和班主任进行合作，及时发现大学生的心理问题，并进行快速的治疗，争取早日帮助学生解除心理上的困难。高校辅导员也应该定期进行心理咨询活动的宣传和心理健康知识的普及工作，使大学生能够重视心理健康，并积极配合心理咨询工作的开展。

（二）定期进行大学生心理健康检查

定期进行大学生心理健康检查。定期的心理健康检查，能够准确地锁定目标群体，更好地开展教育和心理干预工作。心理健康检查，是针对大学生进行基本心理问题发现和排除的工作，心理健康检查在整个心理健康工作中占据举足轻重的地位。高校辅导员、班主任和相关专业老师应该形成联合检查小组，

制定详细的检查标准，以季度或者学期为单位开展大学生心理健康检查活动。对于存在一定心理问题的大学生，要及时进行了解和沟通，从而全面掌握大学生心理状况，达到早发现、早排除的目的。

（三）开设大学生心理辅导课程

除了开展心理健康检查和心理咨询，开设大学生心理辅导课程也是非常必要的。高校辅导员应该针对各学科大学生制定较为详细的心理辅导课程，帮助大学生了解心理健康知识和相关心理常识，帮助大学生掌握基本的心理问题排除方法，提升大学生的个人调节能力。当然，心理辅导课程更重要的是帮助大学生学会自我调节和自我认知，使大学生能够在日常学习和生活中树立正确的人生观和价值观。高校辅导员还需要培养大学生优良的性格和品质，以及对挫折的承受能力。也只有这样，大学生才能够增强自身的人际交往能力与沟通能力，从而能够适应大学生活，这样才能为以后个人的健康发展奠定坚实的基础。

大学生心理问题已然成为重要的社会问题，高校辅导员加强对学生心理问题的调适对于社会发展具有非常重要的意义。除了上述方法之外，高校、社会和家庭应该进行协调和配合，积极帮助大学生制订心理成长计划，及时发现大学生心理问题，并予以干预和处理，从而减轻大学生的心理负担，提升大学生的心理承受能力，为大学生的成长提供更为有力的支持。

第六节　形象示范育人

大多数人普遍认为学校的竞争力主要靠考试分数、升学率两大因素，而实际上进入 21 世纪，学校在相互的竞争中忽视了另外一个重要因素——学校形象的竞争。学校的形象是学校最重要的无形财富，是学校在激烈的"教育市场"竞争中取胜的法宝。学校的形象在教学育人的过程中发挥着不可替代的作用。

学校形象是指学生、家长及社会公众对学校总的印象和整体评价，由学校显特征和潜特征两方面构成。显特征主要是指学校名称、规模、考试分数、升学率、广告、包装等；潜特征主要是指学校文化方面的积极价值观和教育理念、人文环境、创新和开拓精神、服务质量等。

一、 良好的学校形象的重要作用和价值

1. 良好的学校形象可以赢得社会各界的支持和信赖，获得适宜的外部信誉。为此，学校要重视维护学生和家长的利益，努力为社会公众提供所需要的优质教学和优质服务，为学校教学和社会进步做出积极的贡献。

2. 良好的学校形象可以满足教职工的心理需要，激发教职工教学积极性、主动性和创造性，使教职工保持积极进取和团结合作的精神，学校能吸引和保留人才，形成"人和、乐业"的内部环境。

二、 良好的学校形象的塑造策略

学校形象塑造，是指运用现代教育理念和管理理念，决策、规划学校的发展，进行刻意的设计和创造，使之形成鲜明的特色，并借助宣传媒体向外界充分展示的过程。其实质是用学校整体形象增强学校的综合实力和竞争力。

塑造良好的学校形象首先建立在提供优异教学质量和优质服务的基础上。但在现代信息爆炸的社会中，一个能够提供优异教学质量和优质服务的学校如果只是满足于"酒香不怕巷子深"，这显然是不够的，还应善于树立并维护良好的学校形象。当然，我们不能把塑造学校形象狭义地理解为学校形象的"外包装"，而是通过塑造形象寻找学校改革与发展的新的生长点，追求更高的发展境界，追求真善美的学校发展目标。学校形象有内在观念形象、组织形象、"产品"形象、课程教学形象、文化形象、"品牌"形象、科研形象、社会公共关系形象、特色形象等要素，这就有一个学校形象的整合问题，应通过有机结合、优化组合，构建整体学校新形象。学校形象的塑造策略有：

（一）以可持续发展思想为指导，把形象塑造纳入可持续发展的学校教育体系

1. 整体性策略和长期性策略

整体性策略就是把学校各部门的公共关系加以组织，把各学科的教学工作加以整合，使之系统化、整体化、科学化，以达到和谐、自觉、连续；长期性策略就是把塑造良好的学校形象当作一项长期的可持续发展任务，始终不懈地坚持下去。随着社会的发展和时代的进步，公众对学校的评价标准也将发生变

化。学校必须不断改进公关工作，不断更新学校形象，充实新的内容，创造出现代化的、更受公众认可的学校形象。因此，创品牌学校是一个长期而艰苦的系统工程，学校必须全力以赴。

2. 共同的价值观的形成

一所学校要形成凝聚力，很重要一点是要有共同的价值观。任何学校都要有自己的文化理念，而且从校长到教职工都要有一个共同的理念。进入这样一个层次，教职工不仅仅是为了获得工资待遇，更重要的是为了理想的实现。学校文化理念就是通过制度规范、行为规范、环境建设体现学校的理念、精神，从而使大家由于价值的认同而产生凝聚力。学校应当在加强硬件、软件建设的同时，重视学校文化这一无形资产的潜在建设。

3. 办学理念与时代同步

共同的价值观演绎成师生共同认可的行为准则，这是一种无形的能动的精神财富。这种特色对内是育人取向并形成凝聚力、向心力，对外就是核心竞争力和品牌。任何一劳永逸的想法都难保时代活力。如果无视社会发展，还固守原来的理念，就会停滞甚至倒退。因此，"学校理念必须与时代同步"。在办学理念各个方面——校训、校风、校规、校歌，教育理想、建校原则、办学宗旨、育人取向、培养目标、精神偶像、育人途径、学风建设、教师形象、校园文化、工作重心、庄重承诺等，每一方面都在精雕细刻，力求使办学理念达到实践上的完美。

（二）营造科学精神和人文精神相结合的校园精神，提升学校办学品位和整体素质

校园精神是一个学校发展的灵魂，是凝聚人心，展示学校形象，提高学校文明程度的重要体现。校园精神对师生的人生观产生着潜移默化的深远影响，而这种影响往往是其他教育所无法比拟的。精神文化是校园文化的核心，学校的文化品位主要通过校园文化的建设来提升。健康、向上、丰富、有序的校园文化对学生的个性品格的影响具有渗透性、持久性。

注重强化以德治校，充分发挥广大师生员工参与民主管理和民主监督的作用。要高度重视学校安全和稳定工作，加强校园综合治理工作，为广大师生员工创造一个安全、稳定、优美、文明的工作、学习和生活的环境，逐步形成团结、祥和、奋进的校园人文氛围。重塑教师"四大力量"，即人格力量、智慧

力量、爱心力量和民主力量。凝聚教师对学校的向心力，使教师自觉提升师德水平。

校园物态文化对人具有潜移默化的影响力。体育场馆、活动中心、演出场所、人文景点、名人塑像、校园雕塑等都是物质文化的表现形式。学校应切实加大投入，统筹规划校区人文景点的建设，尤其在促进校园进一步绿化、美化和亮化方面，逐步体现现代化校园的人文气息。

（三）实施"品牌"战略，放大"品牌"效应，造就一批名教师

教育的竞争是品牌的竞争，是学校形象的竞争，是办学效率的竞争，也是学校育人取向和特色的竞争，诸多竞争制胜之本的综合构成学校的教育核心竞争力。一个知名的教育品牌是一个持续不断的努力过程，更是一个综合各种因素的整体推进过程。品牌不会孤立地存在，而是以许多资源为依托的，具体到教育行业，文化品牌和一些别具风格的教师个人品牌对树立学校品牌尤为重要。

1. 学校应集中优势力量，重点策划并建设精品工程

如可以与一些具有影响力的报社合办征文比赛，在不同的时期举办不同类别题材的征文比赛，比如面对新冠疫情暴发，学校可以与社会各界一起做好"共抗新冠肺炎疫情"的宣传等。这些精品项目不仅在社会上产生了广泛的影响力，而且带动了整个宣传工作的进行。学校要争取每年抓好几个精品工程建设，做好"学校品牌"宣传，力求取得较大反响，不断扩大学校的社会影响。

2. 建设多样化的师资队伍

学校在发展的过程中高度重视自己学校的师资品牌、专业品牌、社会品牌、质量品牌、信誉品牌等，品牌是一个学校持续发展的强大动力。其中学校品牌的核心竞争力之一——师资，是未来学校品牌的基础和学校可持续发展的源泉。为此，学校应争取政府尤其是上级教育主管部门的支持，改变传统的办学模式，实现办学的科学化和专门化，为引进人才创造畅通的渠道和有利的条件。同时学校应结合自身实际借鉴其他名校的成功经验，切实加强人力资源投入，在大力引进年富力强、具有科研潜力的中青年教师的基础上，培养一大批自己的学科带头人和科研骨干，从而创建自己的师资品牌。

（四）树立质量内涵的观念，走师生共同发展道路，以质量树形象

加快学校质量内涵建设，走师生共同发展道路，更好地发挥服务社会的作

用。学校开展多种多样校园文化系列活动，努力营造积极向上的校园文化氛围，使师生之间能真正实现双向互动，共同提高。加快形成具有特色的理念文化、行为文化、环境文化、视觉形象系统，体现到学校改革发展的方方面面，并内化到广大教职员工精神和行为中，为实现学校教学质量目标创造一个良好的内部环境。

教育质量内涵提升的模式也需要有一个好的策划。实际上核心竞争力的提升关键就是质量内涵的提升。一个地区或学校在一时一地可以做出一件出色的事情，但如果其质量内涵不能提升，这个地区或学校就不可能获得稳定的发展。质量内涵的提升关键是要通过管理策划来实现。教师水平提高的过程就是教育质量提升的过程。有人说，课程改革的关键在于学生，实际上课程改革的关键在于教师。如果一所学校很好地解决了教师的发展问题，学生的发展问题就自然解决了，学生的发展是通过教师的发展来实现的。学校要有计划地研究如何提高每一位教师专业素质的问题。学校是教师和学生共同发展的地方。教师的发展不仅是教师一般水平的提高，还要包括教师理论水平的提高、教师道德水平的提高，以及教师对于学校向心力的提高。

（五）发挥学校发展优势，积极开展教育科研，构建校本文化的发展模式和管理模式

教育策划必须重视一个地区和一所学校提升核心竞争力的设计。有一个正确的思维方式、正确的教育理念、正确的选择定位及一个很好地提升核心竞争力的方案是教育策划的前提条件。

学校可创造多种活动和交流模式，如校际教学比武活动、经验交流活动、教改沙龙、教学开放日等；争取多承办市级以上的教研活动、学科竞赛、科研课题等。利用各种媒体对活动进行大量报道，扩大影响。在承担准备和组织工作中，锻炼教师的能力，同时学校对各方资源的整合能力得到了充分展示，学校形象得到了显著提升。

第七节　管理方式育人

从某种意义上说，管理可分为两种：一种是硬管理，它是一只看得见的手，有形的手，是管理的硬件；另一种是软管理，它是一只看不见的手，无形

的手，是管理的软件。硬管理体现在管理的方针政策、规章制度、技术方法等方面；软管理体现在管理的思想观念、文化氛围、价值取向等方面。硬管理要以软管理为指导，软管理要以硬管理为依托，这是相互依存、不可分割的两个方面。学校硬管理表现在：强调依法治教，依法治校；强调科学的常规是管理好学校的基础；强调学校管理的科学性；等等。学校软管理表现在：强调学校管理现代化首先是思想观念的现代化；强调对人的重视，强调管理的"感情投资"，强调"管理要管人，管人要管心"；等等。这些"软硬兼施"的管理，是一所学校前进的动力。

综观当前学校管理的实际，我们就会发现，现在学校比较注重管理的科学化，强调制定完善、严密的规章制度，强调定量评价。但我们也不难发现，教师的积极性并未随规章制度的完善而提高。不少的学校管理者只重视学校管理中的理性因素，只相信严密的组织结构、周密的计划方案、严格的规章制度和明确的责任分工，将理性作为学校的全部本质属性，进而人为地漠视非理性及非理性教育，因而学校管理的效能也大打折扣。在学校管理实践中，除了理性、科学之外，还有大量的非理性因素在发挥作用。随着社会的发展，教师、学生变得越来越有"主见"，越来越有"个性"，"自我实现"的倾向正在迅速扩展，因而也越来越难管理。理性的管理只能解决"不可这样做"的问题，而不能解决"如何做得更好"的问题。学校教育和管理囿于科学的目的而忽略了非理性及其教育、管理，在管理的过程、内容、方法等方面暴露了许多局限性。这种管理的现状显然难以培养出具有创新精神和实践能力的人才。其实，就管理的目的而论，管理是为了实现预定的目标而组织和合理使用多种资源的过程，是为在团体中工作的人们创建一个有效的环境，以利发挥最高工作效率，达到团体目标。推进高校管理育人工作的有效途径有以下几种：

一、 加强校园文化建设， 积极建立育人为本的管理文化

高校管理文化主要是通过管理人员及相应的管理制度来体现的，管理人员的行为举止、形象及综合素质会对大学生产生直接影响，而管理制度作为传递管理文化的载体会对大学生的言行举止进行一定的引导及约束。高校管理文化的建设是非常重要的，管理文化作为校园文化的重要组成部分对学生起着潜移默化的影响作用。

首先，高校应建立以育人为本的管理文化，不断完善管理育人的机制，通过完善管理育人的激励机制及规章制度来充分整合育人资源，推动管理育人工作的实质性进展。高校应充分认识制定管理育人规章制度的重要性，因为制度建设所起到的作用是最为基础的，无论是针对学生的学籍管理制度、奖惩管理制度、行为管理制度还是针对教职工的管理育人制度都是非常重要的。

其次，高校应积极营造以人为本的管理氛围，管理育人工作需要教职工与学生的积极参与，只有充分发挥出制度、环境及人的管理育人作用，才能促进管理育人工作取得创造性进展。一方面，高校要树立人文关怀的教育理念，优化校园精神文化。高校要树立以人为本的教育理念，将育人管理工作作为学校各项工作的出发点和落脚点。课程设置上要开设更多的人文类选修课程，以陶冶学生情操，健全学生人格，提升学生人文素质。在教学过程中，要尊重学生，关怀学生，营造宽松、民主、平等、和谐的课堂教学氛围。在人才培养上，要重视人才培养，走出传统重知识传授、轻能力培养的误区，因材施教，全方位、不拘一格培养人才，以适应时代发展需求。另一方面，要突显校园文化的品位和内涵，构建良好的校园育人环境。在校园文化建设中，高校要将人文精神和自然环境巧妙结合起来，在教学楼设置文化墙，建立艺术长廊，彰显校园的文化内涵，在楼梯的拐角处设计开放性的图书角，或开办杰出校友展厅，营造"高品位、多风格、深内涵"的校园环境，通过艺术熏陶和杰出校友的真人真事，感染学生，启迪学生。

二、 加强管理人员队伍建设， 提升管理人员的育人素质

提升高校管理人员的育人素质是非常重要的。在管理育人的实际工作中，管理人员与所有的教职工一样，都应遵循"爱岗敬业、奉献育人，务实求真、协同奋进"的师德规范。只有不断提升管理人员的育人素质，才能保障管理育人工作的质量。首先，高校管理人员应不断加强自身的职业道德建设。道德是育人之本，也是教师的灵魂，高等学校最根本的任务就是培养有道德、有才干的综合性人才，高校管理人员的个人作风、生活习惯及管理观念都会对学生产生直接影响，只有不断提升自我职业道德素养，高校管理人员才能够树立良好的形象，才能够很好地完成教学管理工作，才能够不断提升管理育人水平。其次，高校应强化对管理人员的培训，严格控制管理人员入职条件。目前，很多

高校的管理人员素质良莠不齐，水平各有高低，一些管理者本身能力有限，又对新形势下大学生的情况不熟悉，尤其是那些年纪较大的管理人员由于思想在短时期内很难转变，他们大多又长期从事行政工作，在处理问题时往往会根据经验办事，很难适应当下高校管理育人的要求，因此强化对管理人员的培训是非常重要的，只有通过多渠道、多途径及多方法的培训，才能从根本上提高管理人员的水平，提高其育人能力。除此之外，高校还应严格控制管理人员的入职条件，在选用人才时，应对其进行充分考察，尽量聘用那些综合素质较高的人员来进行管理育人工作；同时还应引导管理人员提升全员育人的意识，强化各个管理层次之间的沟通交流，不断提高高校管理育人工作的质量。

三、 搭建多样化的管理育人平台， 拓宽管理育人渠道

高校应积极搭建多样化的管理育人平台。这对促进高校管理育人工作取得实质性进展具有重要的推动作用。由于高校管理育人工作具有间接性及渗透性的特点，搭建多样化的管理育人平台有利于平衡各方面的管理育人资源，有利于促进全员参与管理育人工作，也有利于建立完善的管理育人机制。首先，高校要整合网络媒体资源，建立网络育人网站。高校要全面加强校园网建设，秉承导向正确、内容丰富、形式多样、健康向上的指导思想，在网站上设置多元化的服务与交流模块，为学生提供便捷、及时、准确的教育和服务，从而主动占领网络思想教育阵地，让网络成为管理育人的重要途径。其次，高校可以利用微信公众号平台、微博平台、校园 BBS 论坛及网络邮箱等途径对学生进行思想政治教育，全面掌握学生思想动态，满足学生多元化的成长诉求。同时，高校也可以通过开展内容丰富、形式多样的讲座、座谈会及联谊活动等，对学生进行管理教育。深化学生自我管理，帮助学生成长为优秀人才。高校应鼓励管理人员多与学生进行思想交流，多与学生一起组织社团及集体活动。通过这些方式可以拉近管理人员与学生之间的距离，有利于管理育人工作的顺利开展。

第八节　组织保障育人

党的十九大报告中提出："建设教育强国是中华民族伟大复兴的基础工

程。"我国的高等学校是党领导下的高校，我国高校的历史使命就是为中国特色社会主义事业培养合格的建设者和可靠的接班人。高校党组织是高校思想政治工作的核心主体，组织育人将组织建设与教育引领结合起来，对于发挥高校党组织育人功能、促进"大思政"协同效应、有效提升思想政治教育的实效，具有十分重要的理论意义和实践价值。

一、 高校组织保障育人的现实意义

（一）是贯彻落实中央和国家有关要求的迫切需要

中共中央、国务院《关于加强和改进新形势下高校思想政治工作的意见》（中发〔2016〕31号）中首次提出了"组织育人"这个全新的理念，组织育人成为"三全育人"教育体系的七个部分之一。《高校思想政治工作质量提升工程实施纲要》（教党〔2017〕62号）中提出的基本任务第十项就是要构建组织育人质量提升体系。

（二）是高校自身走内涵发展之路的迫切需要

（1）是强化党的全面领导的需要。当前，高校已步入现代大学制度建设深水区，需进一步理顺领导体制机制，进一步明确党委职责和决策机制，进一步健全党委领导下的校长负责制，进一步推动高校各级党组织自觉担负起管党治党、办学治校、立德树人的主体责任，进一步破解落实党的领导纵不到底、横不到边、不全覆盖的深层次矛盾，进一步夯实基层党建基础。

（2）是强化高质量发展的需要。坚持高质量发展，是新时代我国高等教育的主旋律。高校实质性推进"双一流"建设，实现治理体系和治理能力现代化，其根本前提就是实现高质量发展，这不仅是高校建设的基本轨迹，也是高校发展的基本规律。而高校实现高质量发展的根本组织保障就是坚持和加强党的全面领导，全力发挥各级党组织的育人保障功能。

二、 高校组织保障育人的基本原则

（一）政治性原则

坚持以习近平新时代中国特色社会主义思想为指导，坚决维护党中央权威和集中统一领导，在政治方向、立场、原则和道路上自觉地同党中央保持高度一致，始终把政治建设放在首位，坚持以政治建设作为统领，进一步强化新时代高校各级党组织的政治性，切实加强政治功能建设，不断增强"四个意识"，坚定"四个自信"。

（二）发展性原则

事物的发展是遵循其特定规律的，高校组织育人体系是不断发展和成长的体系，要用发展的眼光来看待组织育人的功能和功效，适时进行优化调整和补充完善，以适应高校改革发展和组织运行的内在逻辑。

（三）科学性原则

围绕育人的理念和目标，坚持实事求是和客观分析，强化精准化思维，强调以目标和问题为导向，切实解决组织育人中出现的不平衡、不充分、不协调问题，将组织育人与学校育人的中心工作同步考虑、共同推进。

（四）整合性原则

在高校组织育人协同体系中，学校党委始终处于领导核心地位，学校各二级院部的党组织要充分发挥政治核心作用，其中党支部要进一步发挥好战斗堡垒作用，要建立好学校党委统一领导、学校各级党组织分工明确、运作机制清晰、全员共同参与的责任体系，全面有效地实现组织育人功能的协同效应和整合功效。

三、 高校组织保障育人的途径

（一）加强政治建设

（1）修改高校章程，将坚持党的全面领导的要求写入章程。《中共中央关于加强党的政治建设的意见》中关于"完善党的领导体制"要求将坚持党的全面领导的要求载入高等学校的章程，健全党对高校组织实施领导的制度规定，确保其始终在党的领导下积极主动、独立负责、协调一致地开展工作。

（2）修改高校落实党委领导下的校长负责制实施细则。按照章程实施督导组反馈意见、依据各省实施的《高等学校实行党委领导下的校长负责制实施办法》对高校现行的党委领导下的校长负责制实施细则予以修改，并与高校的章程修改同频同步。

（3）健全高校领导干部深入基层联系学生工作体制机制。根据《中共教育部党组关于加强和改进高校领导干部深入基层联系学生工作的通知》（教党函〔2019〕34号），落实领导干部深入基层联系学生工作有关具体要求。

（二）夯实基层党建基础

（1）构建校党委、党总支、党支部、党员"四位一体"组织体系，形成落实党的领导纵到底、横到边、全覆盖的工作格局。

（2）完善院（系）党政联席会议和党组织会议决策内容与程序，并与学校章程及校院（系）两级管理体制实施细则相呼应。

（3）明确党总支、党支部工作职责范围，明确党总支（党支部）书记、副书记、委员的具体职责。

（4）确立"支部建设年"。根据《中国共产党支部工作条例（试行）》，按照各省教育系统党支部分类建设指导意见，确定学校"支部建设年"，细化学校支部"五化"建设规程，确保评估验收取得实效。

（5）强化教师党支部书记与专职组织员培训力度，全面提升教师党支部书记与专兼职组织员政治素养、理论水平与业务能力。

（三）抓好重点工作

（1）组织实施"立德树人"根本任务"大学习、大讨论、大落实"计划，将其作为学校开展"两学一做"学习教育常态化和制度化的一个重要内容，作为"不忘初心、牢记使命"主题教育的一个自选项目。

（2）组织实施教师党支部书记"双带头人"与专兼职组织员培训计划。注重从优秀辅导员、优秀大学生党员中选拔学生党支部书记。注重专兼职组织员的日常考核与年度考核，充分发挥其从事党员发展、党员教育管理等基层党建工作的能动性。

（3）组织实施党支部"五化"建设计划。力争在各省教育系统基层支部"五化"建设现场经验交流会上做典型发言。

（4）组织实施"网上党校"建设计划（或"网上党建园地"）。适时开辟干部培训、党员培训、入党积极分子培训、学习资料、培训动态等活动板块。

（5）组织实施学校领导干部联系教师入党积极分子计划。确保在高层次人才和优秀青年教师中发展党员工作落地落实。

（6）组织实施学校党建"双创"（示范创建和质量创优）计划。依据《中共教育部党组关于高校党组织"对标争先"建设计划的实施意见》（教党〔2018〕25号）及《教育部办公厅关于开展新时代高校党建示范创建和质量创优工作的通知》（教思政厅函〔2018〕23号）要求，培育创建"全校党建工作标杆院（系）"与"全校党建工作样板支部"，并适时向各省委教育工委推送。

（7）组织实施学生党员微讲堂计划。充分利用学校优秀党员（在校或毕业的学生优秀党员，特别是省年度高校百佳大学生党员）的现身说法感染教育在校学生。

（8）组织实施优秀青年教师党员讲坛计划。充分挖掘学校优秀青年教师党员（特别是获得博士学位或省部级以上教科研青年项目或省级以上青年骨干教师党员）的典型案例，以讲坛形式洗涤学生心灵，提振学生成人成才成业精气神。

第十一章　新时代高校管理育人的过程

第一节　管理育人面临的环境挑战

在全国高校思想政治工作会议上，习近平总书记指出："坚持把立德树人作为中心环节，把思想政治工作贯穿教育教学全过程，实现全程育人、全方位育人。"

中共教育部党组印发的《高校思想政治工作质量提升工程实施纲要》（以下简称《纲要》）明确提出，要切实构建"管理育人质量提升体系"，强调要把规范管理的严格要求和春风化雨、润物无声的教育方式结合起来，强化科学管理对道德涵育的保障功能，大力营造治理有方、管理到位、风清气正的育人环境。

营造育人工作氛围，优化育人文化环境，是管理育人不可或缺的重要内容。人在很大程度上受环境的影响，因此加强高校管理育人的工作，需要进一步优化育人环境，使环境为人的成长服务，这不仅是推进"三全育人"工作的必然要求，而且是高校管理者所面临的重要课题。但随着高校管理育人实践的不断深入，育人环境存在的诸多问题也一一浮现。

一、高校管理干部队伍建设层面

高校是培养人才的重要基地。高校行政管理人员作为行政管理工作执行的主要负责人，要落实管理育人的要求，就必须不断加大投入，通过有效的管理和服务工作，不断改善学生成长成才的学习生活环境，从而促进育人目标的实现。在这一过程中，仍面临着以下几点挑战：

（一）管理干部育人思想观念仍需提高

高校部分行政管理干部对政治学习较为懈怠，理想信念不够坚定，缺乏对政治学习及思想武装的主动性，对于组织集中学习常流于形式，因此存在党性观念不强、瞻前顾后等问题，进而导致在行政工作上不求上进、缺乏改革动力。同时，一些行政管理干部为师生服务的理念不强，没有贯彻落实习近平总书记指出的"围绕学生、关照学生、服务学生"，在实际行动中并没有深入学生内部了解具体情况，也没有采取积极的措施帮助学生解决他们最关心的理论问题和实际问题，没有做到全力为大学生的成长成才和全面发展服务。

（二）管理干部育人工作机制仍需完善

高校为推进"三全育人"工作的顺利开展，紧紧围绕立德树人这一中心任务，结合学校发展的规划，构建了相关的文件体系，但在这一过程中没有明确提出相应的育人目标及相关要求，管理干部在工作中仍无处下手，使育人工作无法顺利进行。学校没有结合自身实际制定管理育人工作的考核评估体系，没有建立相应的激励机制，高校各单位部门对自身在育人工作中的职责定位不清，从而使得管理干部在管理育人过程中无法自觉履行管理职责，无法根据育人需要开展相应的育人工作，造成管理育人工作进展缓慢的局面。

二、 高校管理育人文化建设层面

高校校园文化是社会主义文化的重要部分，加强高校校园文化建设能有效促进高校育人水平不断提高，提升大学生思想政治教育的效果，对于落实立德树人根本任务、陶冶大学生的情操、促进大学生健康成长、培养担当民族复兴大任的时代新人具有重要意义。我们应深入了解高校校园文化建设状况，进一步发挥校园文化的育人功能。

（一）高校校园精神文化建设的规范化水平有待提高

部分高校校园文化建设缺乏科学规划，尚未出台校园文化建设规范性文件，对校园文化建设成果的档案资料还没有进行系统性、对标性的整理。部分高校多校区办学，出现了很多不同于以往的情况和特点，各方面的建设都在梳理过程中，校园文化建设管理制度还在实践中摸索，制度的不健全、不规范、不完善，造成校园文化建设一定程度上受到忽视。再者，高校的领导层对高校管理缺乏系统性的认识，不能从根本上处理形式主义问题，只能开展一些表面活动。目前，我国大多数高校在校园文化建设方面存在相同的弊病，即对校园文化精神理解不清晰，没有行之有效的校园文化建设机制和严格执行的工作体系，这些问题就会使得全校各部门不能团结协作的现象时有发生，因此，校园文化建设效果不佳。

（二）高校校园物质文化建设重视程度有待提高

高校物质文化是高校校园文化的物质基础与外在展现，也是高校按照办学目的与教学需要建设的以校园建筑和校园景观为主来表现各校风格的。在教育快速发展的新时代，高校物质文化建设偏重校园建设的"量"和"速"，难以兼顾校园物质文化建设的质量。但当前高校物质文化并不能完美展示其地域文化、校园文化精神及校园特色，偏重现代化的视觉感受，反而忽视了校园本身所承载的数百年的历史底蕴，不利于学生感受浓郁的古韵今风。

（三）高校校园网络文化建设的功能性有待提高

据调研，高校网络文化育人的平台不够完善，部分高校依然以线下教育和校园网、主题网站等传统网络平台为主要教育手段，网络媒体、平台建设还有可以挖掘的空间。大部分高校都没有专门从事网络育人工作的教师队伍，网络育人工作一般都是由思想政治理论课教师兼任的。他们在育人方面的专业素养是比较高的，但大多缺乏网络技术方面的素养，因此，高校非常缺乏能够真正研发网络育人资源，灵活运用微课、慕课教学形式的人才。目前，大多数高校网络育人工作者缺乏运用网络技术开展网络育人的基本经验，不能把握好网络育人发展的趋势和研究的前沿问题。很多高校出现网络育人不能互动的现象。此外，还有部分网络育人工作者片面地认为，网络育人就是使用网络发布信息，制作网络教学视频、课件等。教师很少关注贴吧等，导致网络育人缺乏互动。

三、 高校管理育人学风建设层面

学风是学校生存及发展的支柱，是大学的灵魂，学风建设是推动构建和谐社会、全面推进素质教育、培养高素质人才的关键，也是校风建设的关键内容。2017 年 2 月，中共中央、国务院印发了《关于加强和改进新形势下高校思想政治工作的意见》，其中指出加强和改进高校思想政治工作的基本原则之一就是要坚持全员全过程全方位育人。"三全育人"的提出坚定了我国迈向教育强国的步伐，为高校培养德智体美劳全面发展的大学生指明了新方向、提出了新要求。

高校学风是指高校师生员工的学习风气、治学风气和学术风气，体现了学校师生员工在治学精神、治学态度和治学方法等方面的风格，也是学校全体师生知、情、意、行在教学科研和学习过程中的综合表现。学风建设是高校提高人才培养质量的重要途径，是一项系统性很强的工作，应由全校师生共同参与，贯穿于教育教学的全过程，体现在高校工作的全方位。按照高校发展要求，基于"三全育人"理念彰显学风建设路径，不仅符合新时代高等教育发展的特点，也是高校学风建设的内在要求，因此值得深入探讨。

（一）高校学风建设的观念与意识存在偏差

当前，高校普遍存在学风建设意识和观念偏差，主要是忽略了加强教师教风建设、学院及学校管理对学风建设的重要意义。一方面，总是抱怨学生课堂出勤情况不够理想，迟到及旷课现象屡禁不止、参与教学互动不够、作业及学术研究敷衍等，并通过管理制度严查考勤、通报批评、违纪处分等进行处理，却很少去反思和检讨教师教得怎么样，部分教师对学生要求不够严格，对教学方式的钻研不够，对学生的指导不够到位都会影响学生的学习状态。另一方面，大部分学风问题不仅与学生和教师有关，与院系和学校的管理也有关系。比如，部分课堂规模过大，不利于师生互动；学校对教师的要求不够严，考核不够到位，评价不够科学等，也会影响学生优良学风的形成。只有改变学风建设意识，分别从学生、教师及学校的角度进行深层次的问题分析，做到多措并举，才能真正解决问题。

学生作为学习的主体，对校园学风建设产生了不可忽视的影响。专业选择上的盲目、对专业认知的不足、心理适应能力的松懈，导致有的学生学习积极性不高、学习目的性不明确，缺乏远大的理想和抱负，因而缺乏学习动力；有的学生缺乏科学精神和艰苦奋斗精神，没有持之以恒的毅力和学习劲头；有的学生自律性差，组织纪律观念淡薄；还有的学生受社会上浮夸之风的影响，心思浮躁，急功近利，不能静心求学、刻苦钻研，学习目标缺位或错位；少数学生受拜金主义和社会不公平现象的影响，价值判断和行为取向有时会出现偏差。

（二）高校学风建设各项工作合力协同不足

目前高校学风建设管理体系往往因责任主体不明确、职责任务不清晰，难以形成协同效应。一方面，学风建设队伍中直接面对学生的辅导员、班主任及专业教师间难以保持良好的联系、互动及配合，学风建设工作处于零散、浮于表面的状态。有效的学风建设需要整合学风建设队伍，统一学生学风建设思路和模式，实现优势互补。另一方面，学风建设主管部门学工部和与其相关的纵向管理部门的思想统一不够，上下联动不够，学风建设趋于表面化、形式化；和横向管理部门之间缺乏学风建设总体规划，几个部门就有几套体系和标准，开展工作互相推诿的情况时有发生。新时代高校学风建设，需要全校上下各部门形成学风建设共识，建立跨部门合作机制，实现协同共赢。

（三）高校学风建设中教师教学、师风问题

我国高等教育需要逐步走向以提高质量为核心的内涵式发展道路的新常态，而如今的一些高校扩招以后提高了学生数量却难以保证培养质量，在学生管理和教育引导方面存在许多需要改进的地方。部分高校学生学风的系统教育和管理相对薄弱，同时一些教师教学能力不足，教学课件长期不改进，课堂教学没有吸引力，导致学生厌学甚至出现逃课的现象①。教育部部长陈宝生在2019 年全国教育工作会议上指出："要加快发展新工科、新医科、新农科、新文科，培养适应和引领未来发展的卓越人才。"高校是人才培养的基地，若延续老套的教材和课程体系则难以满足当今社会发展的需要。因此，在新工业革命浪潮中，高校需要勇于改革、与时俱进，为建设社会主义现代化强国输送更多的栋梁之材。

教学是教师的主要任务，是高校培养人才的关键，而教师治学是学风建设的重要内容。首先，人才培养、科学研究都是高校的重要发展内容，很多教师不仅承担繁重的教学任务，而且还承担了一定数量的科研任务，这就使得他们很难平衡科研与教学的关系，投入教学的精力减少，最终导致教学质量难以得到保证。其次，教师的教学方法直接影响着课堂教学质量。调查显示，55.5%的学生难以接受"老师从头讲到尾"这类灌输式教学，学习内容片面化，缺乏课堂互动、教学方法单一等问题致使学生学习知识较为被动，一些教师采用的教学方法偏教条主义，严重影响了学生的学习兴趣，学生学习效果因此受到影响。最后，一些教师的师德师风还需要不断提升。作为高校开展教学工作的主体，教师承担着重要的职责，需要开展教学活动并进行科研活动，一些教师就

---

① 杨涛. 加强高校学生学风建设的实现路径 [J]. 中国高等教育，2015（Z1）：65 - 67.

因为任务过重而存在教学质量无法保障的问题，达不到理想的教学成果。而且部分教师采用的教学方式不正确，教学态度有待纠正，没有灵活运用多样化的教学方法，课堂创新程度不够，所以不能提起学生的学习兴趣。通过调研也发现，很多学生反映教师课堂教学过于死板，重视学生的学习成绩，没有同学生进行有效的互动，并没有将学生作为课堂中的主体，教学效果不理想。所以还需要强化教师师德师风建设，做好学风管理工作。

第二节　管理育人存在的问题及其成因

一、　管理育人的价值有待挖掘

高校管理部门及管理人员因为没有直接承担人才培养工作，加之长期以来管理者自身对育人理念的认识模糊，单纯认为育人仅仅是教师或从事思想政治教育工作者的事，因而对管理育人关注不够、研究不透、投入不大，因此效果不佳。尽管这种情形近几年已经有了明显的改观，但对高校管理规律与育人规律之间有机结合的独特价值依然存在轻视、漠视、无视的现象，从而导致了管理上的短期行为、经验主义和功利主义等问题的存在，背离了高校管理工作的目标和宗旨。高校育人工作是一项复杂的系统工程，必须努力构建全员、全过程、全方位育人格局；管理育人是高校人才培养工作的重要组成部分，因此我们必须站在提高高等教育质量和人才培养质量的高度充分认识管理育人的独特价值。同时，从微观层面来看，高校管理部门和管理人员在各自岗位上实施管理和开展服务，无时无刻不在影响、感染学生，对学生的成长成才产生直接和间接的影响，发挥着榜样示范、润物无声的重要作用。与此同时，由于教学科研人才的引进消耗了高校大量资源，直接影响了管理人才的引进，进一步影响了管理育人能力的提升。对管理育人的忽视，甚至使部分管理者降低了对自身的要求，不但不能起到育人的目的，甚至可能成为反面教材。

二、　管理育人的制度有待完善

管理育人的核心在制度，管理育人最本质的要求就是以管理制度育人，制度本身可以体现育人的要求，同时也是育人的保障。然而，我国高校传统的管理思路主要定位于为了管而管，以确保学生不出现问题为基本前提，在这一管理思路的指引下，管理制度缺少了人性的温度、德育的深度和育人的高度。管理制度与育人要求相背离，如高校颁布了学生违纪处理的规定，但对犯错误学生采取简单处理了事的做法，而忽视了坚持教育为主的原则。这些都提醒我们管理育人的制度设计必须从具有深刻的育人内涵、明确的育人目标等多种维度全面思考、精心设计，方能确保学生形成遵守规章制度的自觉性，确保高校正确的办学方向及办学效益和办学目标的实现。

三、 管理育人的方式有待创新

管理育人既要符合规律性，也要讲究科学的方法和技巧，从这个意义上说，管理育人是一门科学，也是一种艺术。而管理育人要真正产生良好的效果也必须依赖具体的载体，必须讲究方式方法，因而需要我们去实践、去创新。全球化的国际环境、复杂化的国内环境、信息化的生活环境日益深刻地影响着高等教育的发展和学生的思想行为，进而对管理育人方式和载体创新提出了新的要求；同时，学生群体的新特征，如思想多元化、个性多变化、需求多样化、背景多层化等也对管理育人方式和载体创新提出了新的要求。而现行的管理育人方式和载体尚不能完全适应上述新变化，管理育人实践既缺乏科学性，也缺乏艺术性。

四、 管理育人的保障力度有待加大

在依法治教的时代背景下，学代会、教代会等高校师生参与学校教育决策的路径应得到优先保障，畅通高校师生的沟通渠道，尊重师生的表达意愿，激发师生的内生动力，提升满意度。当前随着教育发展改革的深入推进，高校管理工作面临新的挑战，工作内容越来越广泛和专业化，对管理人员的综合素质和专业能力提出了更高的要求。当前高校管理人员普遍"重"使用，"轻"培养。高校管理队伍的培养不足，缺乏工作动力，加之工作理念和技能不匹配，管理育人工作难以取得实效。高校应把管理人员的使用和培训纳入教师发展的计划。只有进一步提升高校管理人员的水平、能力、素质，才能实现管理育人的目标。同时，高校管理育人工作经费也应优先得到保障。

五、 管理育人的队伍有待专业培养

在管理育人工作中，管理队伍素质的高低直接影响育人职责的履行，也关系到管理水平和育人成效。从管理育人的科学性看，高校管理队伍与专业化的要求之间尚有不小的差距。一方面，专业背景各异、管理水平参差不齐的管理人员主要依靠经验来从事各种管理工作，同时常常因陷入大量烦琐的事务性工作中而忽视了自身专业知识的学习和管理技能的提高；另一方面，高校对管理队伍尚缺乏专业系统的培养，有的甚至只"使用"不"培养"或者重"使用"轻"培养"，加之管理人员本身的思想认识也存在一定的误区，从而影响了管理队伍专业化程度的提升，如有的人认为管理工作是人人都能做的事情，提高育人水平就是工作作风好一点、服务态度好一点等。

第三节　管理育人过程的实践维度

一、 加强管理育人环境建设， 提升育人氛围

（一） 打造设施齐全并能彰显高校办学特色的校园环境

高校是育人的摇篮，人才的培育培养是一个持续的过程，是一个系统的工程，除了需要具备先进的教学、生活、娱乐设施外，还必须具备完善的实习实训设施，以满足新时代技能型人才的培养需求。要以营造良好的育人环境为目的，进一步提高对校园环境建设重要性和必要性的认识。校园环境美的塑造应从校园发展总体规划着手。校园规划是进行校园建设的目标和蓝图。应在校园规划中体现环境美，并依照规划的实施逐步趋近。校园环境综合整治规划，应当与总体规划相协调，结合环境学和美学共同审视。

在整个社会精神文明建设中，学校应成为最好的小环境之一，并对大环境的优化做出积极贡献。因为高等学校是培育人才的重要基地，是输送高级专业技术人才的重要源头，对社会具有重要的影响和辐射作用，大学生的行为对社会有着十分重视的影响和示范作用。如果高校校园建设得好，大学生在学校期间受到良好教育和影响，具有良好素质和修养的大学生将来无论走到哪里，都会把学校的优良传统带到社会，成为改变周围环境的主力军和带头人。当代社

会提倡可持续发展是一种普遍的伦理倾向，在社会对未来建设者职业素质的要求中，环境伦理精神含量日益受到密切关注。

（二）打造以网络信息技术为载体的校园网络教育环境

高校网络文化具有知识性与自主性，教育性与创新性等特点，对学生的教育有着重要的影响。网络文化教育在高校中属于一种全新形态教育形式，它主要以网络信息技术为载体，对高校学生进行知识文化教育与思想政治教育。以社会主义核心价值观为导向的高校网络文化教育，可以将传统理论知识与现代信息技术相融合，实现高校教育中育人为本与立德树人的目标。利用现代信息技术进行高校网络文化教育，一方面要积极创新高校网络文化教育内容，促进网络文化教育健康发展。为了更好地实现育人目标，在高校网络教育平台中应对社会主义核心价值观的相关内容进行细化，抓住并利用校园热门事件、校园热点话题等契机，提倡并践行爱国、诚信等社会主义核心价值观，将它们通过学生熟悉的渠道传播开来，潜移默化地去影响学生、教育学生。另一方面要鼓励多元多层级主体参与高校网络文化建设，增强网络文化建设活力。结合学生的多元文化的需求，校园应从校级维度上建立综合类的教学与文化宣传平台。同时各个高校的职能部门应积极运用网络技术，开发运用国家相关优秀课程的网络资源，进行文化宣传与主题教育活动，并努力打造一支由优秀学生代表、先进教师组成的队伍，传播社会正能量，发挥示范与带动作用。

（三）打造育人为本以促学生发展的高校管理文化环境

管理是一种规范化的程序和过程，讲求效果和成效，而育人恰恰是润物无声、耳濡目染的，是精神上乃至情感上的交流。两者是相互提升和相互促进的，这也是管理育人的精髓所在。"立德树人"要求职业教育工作者在教育教学中必须坚持德育为先，把社会主义核心价值体系教育融入教育教学全过程，引导和教育学生自觉践行社会主义核心价值观。"立德树人"要求必须坚持培育学生健全的人格，要培养学生积极的心理品质和健康向上的品格。"立德树人"还要求尊重学生的个性，满足不同学生的学习需要，促进每一名学生主动地发展，使不同智力水平、不同个性的学生潜能都得到充分挖掘，人人都能成为品质良好，有一技之长的优秀人才。

高校建设中文化的建设是不可忽视的部分，因此，高校首先要推行管理育人，建立以育人为本的管理文化，并在具体实践中不断完善内部的管理机制与规章制度，利用自身优势来充分整合高校的育人资源，推动管理育人工作取得实质性进展。其次，高校应树立以人为本、全面发展的教育文化理念。一方面，高校要将育人工作作为学校工作的出发点与落脚点，开展形式多样的人文类教育课程，提升学生的人文知识素养。另一方面，高校要进行校园文化建设，形成良好的文化氛围，如构造文化长廊，开展师生读书交流活动等，将校园自然环境与人文素养结合起来，感染与启迪学生。

二、 加强管理育人制度建设， 落实育人责任

（一） 健全服务工作制度，确保服务育人优质化

学生是高校的主体之一，要本着服务学生的宗旨改变传统的管理模式，强调以人为本的育人理念，将人本思想贯彻到高校的各项工作之中。

1. 高校专业教师育人层面

教师在教学中处于主导地位，是学校履行育人社会职责的直接执行者，是教书育人的主力军，也是管理育人工作的重要参与者。教学工作是大学不可或缺的工作内容和履行职责的必需环节，是大学作为社会组织履行培养人才职责的必经途径和重要环节。教师作为教学工作的执行人，是学校管理育人工作的第一实施者，在教学工作的具体实施过程中，教师直接负责课堂教学的组织和管理，是学校管理育人职责的第一执行者。对教师个人来说，提高教书育人、管理育人的工作效果就是要不断加强师德修养，提高自己的思想境界，这种自发行为需要融入队伍中，成为有组织的自觉行为。

高校专业教师在专业引导体系中所处的主导地位是由专业教师工作的性质和特点决定的。专业教师所传授的专业知识对学生有较大的吸引力，学生通常非常崇拜学有专长的专业教师，不仅相信专业教师所讲授的专业知识和技能，而且也相信专业教师所讲授的为人处世之道。由专业教师主导的全过程专业引导体系的顺利运行，需要充分调动广大高校专业教师的积极性和主动性，扭转专业教师思想认识上的偏差。而要扭转教师思想认识上的偏差，关键在于高校教书育人相关配套制度的建设与落实。一方面高校要完善现有的考核、分配和奖励办法，从制度建设上鼓励专业教师开展育人工作，譬如高校要从制度上鼓励专业教师担任本科生导师，鼓励专业教师把教学科研工作和学生思想政治教育工作紧密结合，从一定程度上解决高校普遍存在的学生工作和教学工作"两

张皮"的问题。另一方面高校要切实抓好教书育人相关制度的贯彻落实与有效执行，使其能够真正地发挥作用，而不是写在文本上流于形式。

2. 高校辅导员育人层面

高校要高度重视育人作用，落实好立德树人这一根本任务，统筹、规划、整合好资源，协同推进育人工作更好发展。辅导员要发挥好组织协调能力，推动教师队伍落实教书育人的工作目标，促进高校建设专业化、职业化的党政干部队伍。辅导员要理顺主次渠道关系，进一步整合育人资源。辅导员可以在指导活动开展过程中，深入挖掘课内外育人资源，运用线上线下各类育人载体，提高文化育人的实效，努力构建多元一体的学生素质拓展、能力提升体系。

由于高校学生的思维模式尚处于较为不成熟、不理智的状态，容易受到不良思潮的侵蚀，因此，辅导员要开展好所带班级的学风建设工作，首先要做好学生的思想政治教育，给学生正确的引导，强化学生的自我教育意识，让学生树立正确的学习观。辅导员要善于把握学生的思想动态，及时发现学风建设过程中存在的思想问题，进而有针对性地做好思想引领和个别教育。从思想源头上发现学风问题，及时与学生谈心，针对学生中关注的热点、遇到的难点、存在的困惑，及时帮助解答，帮助学生找到出现学风问题的根本原因并采取有效的措施。

由于辅导员都来自不同专业，对所带学生专业的领域可能并不是很擅长，因此辅导员应该在日常管理中多了解一些学生的专业领域，并与任课教师加强沟通，了解学生出勤情况和听课状态。与任课教师携手发现学生学风问题，并针对不同的学生采取相应的措施，做到因材施教。组建辅导员或名师工作室，目前各高校陆续依托学生工作处或教学名师建设了一批辅导员工作室和名师工作室，而人员构成上吸纳具有丰富教学和管理经验的辅导员或专业课教师。这些名师具有丰富的教学理论和育人心得，加入辅导员工作室可以实现优势互补，共同指导学生开展科研活动、创新创业、就业等，达到协同育人效果。其次，辅导员要引导学生骨干，包括学生干部、学生党员、学生积极分子等群体明确学习目标，对他们进行严格的要求，让他们切实发挥榜样的作用，带动形成良好的学习氛围。辅导员要为广大学生提供更多的专业学习机会，寻找更多的专业实践学习平台，帮助学生获得专业认同感，提升学生专业技能，营造良好的专业学习氛围。辅导员发挥主动性，努力开展生动活泼、丰富多彩的第二课堂活动，开展多样的实践教育活动，营造积极健康的新时代特色校园文化氛围，促进第一课堂与第二课堂的交融互动，让学生有更强的教育增值感。辅导员还要积极运用新媒体技术，通过直播软件、微视频、微信群、公众号等渠道，营造一个线上思政的良好氛围，促使线上和线下两种形式的协调互动，扩大思想政治理论的覆盖面，唱响社会主义主旋律，提高线下学生的参与感和获得感，促进"线上＋线下"教育手段相辅相成，让思想政治教育全方位多元化有效地浸润到每位同学成长成才的过程中去。

3. 后勤管理人员育人层面

高校后勤部门的管理工作，在管理育人中的体现不仅仅表现在工作人员身上，从学校的各个方面都可以反映出学校后勤部门是否在坚持服务育人的管理理念。一个好的后勤管理服务体系体现在方方面面，要站在教育学生的层面上来看待问题。制定合理的规章制度和行为守则，来约束和规范学生的言行。可以组织学生在各班展开自查自纠的活动，把被动的约束变为主动的改变，培养学生养成良好的行为习惯，帮助学生树立正确的世界观、人生观、价值观。

一是高度重视后勤服务育人。进入 21 世纪以来，社会进步和科技发展推动了各个领域大力运用互联网信息技术，各大高校后勤管理建设也在行列之中。为了加快服务于人的高校后勤管理建设优化与创新的步伐，各大高校首先要从领导者的站位进行转变，把服务育人的理念贯彻到高校后勤管理建设当中，将传统老旧的思想废除，要以学生的需求和适应时代发展的变化为中心，建立智能化后勤管理服务体系，并且把贯彻服务于人的理念当作重点任务来完成，将后勤管理系统整合统一。不仅从管理制度上入手，还要从管理人员上入手，增强后勤管理人员的责任心和主动性，阶段性地对后勤管理人员展开宣传教育工作，从思想上转变其工作态度，提高管理人员的办事效率。在实施管理的过程中，能够有效地发现问题，并积极地解决问题，在今后的服务育人理念中，能够很好地推动高校智慧后勤管理建设。

二是加大后勤管理育人建设的资金投入。高校后勤管理建设以服务育人为主要原则，前提是需要高校具备较好的软硬件设施，这需要学校对其进行大量的资金投入。对于学校而言，资金方面的支出需要领导进行严格审核，在后勤建设中加大资金的投入力度，有利于促进学校对学生的有效管理，各大院校除国家拨款以外，也可以从自身的角度出发，寻找资金的来源。例如，学校可以组织一些活动来吸引各大企业进行赞助，或者学校以申请专项资金的方式来扩大资金来源渠道，这些都是可以为学校提供资金的主要途径。只有在雄厚资金的大力支持下，学校服务育人的智能后勤管理才能有序展开。

（二）健全人才培养制度，推进制度方法人性化

学生的教育管理是学校工作的核心，是学校一切工作的出发点和落脚点。围绕这一中心工作，学校要建立党政统一领导，教务、学生、组织、宣传等职能部门和团委、工会等群团组织各司其职，院系两级管理，系部具体落实，党政群齐抓共管的管理机制。针对高校管理的实际情况，要以学生为关注焦点，突出学生的核心地位，建起学校联系学生的多层架构，形成上下融通、左右衔接、无缝覆盖的管理体系。

管理育人理念在管理学生的过程中要强调学生的主体性，在与学生的密切交互中加强人文关怀，加强民主和科学。注重学生反馈的情况，畅通反馈渠道是科学民主管理学生的基础，既有助于客观准确地厘清事实，更有助于实现过程育人，让学生从管理者的身教示范中学会平等和尊重。制度设计中需将监督纠偏机制纳入考虑范围，成立包括学生代表在内的监督委员会，在尊重法治和规则的前提下，保障学生合法权利，并且在管理学生过程中应明确通知并培训学生请求监督委员会进行权利救助的途径。在处理和规范学生过程中要注意方式方法的柔性化，以关心、爱护为基础，一切均需从"立德树人"的角度出发，管理学生的根本目的是培育学生，促进学生的全面发展。

（三）健全内部管理制度，有效提升育人可行化

管理人员的理念、行为、形象等都会对学生产生影响。而学校自身的管理制度作为管理文化的载体，则会对学生的行为产生约束作用。管理者任何一次管理决定的实施，不论是执行期间还是执行结束后，都会对学生产生潜移默化的影响，让学生适度地参与，可以增强学生的主人公意识，提升学生的责任感。通过认真分析管理中的问题，提出管理决策候选方案，并利用集体讨论、专家评审、学生代表会议、调查问卷等多种途径，分析决策的可行性，力求管理行为能够对每一名学生都产生积极的影响。通过管理者与学生的讨论，培养学生谦虚、谨慎、理解、包容的优秀品质。管理方案的执行结果是管理制度可行性和有效性的直接反映，也是管理育人效果的长期表现。通过对教育效果的反馈，可以总结管理过程对学生教育的有效性，为下一步工作提供经验基础。

三、 加强管理育人法治建设， 强化育人保障

高校依法治校是指运用法治思维和方式对内部事务进行管理。党的十九大将全面依法治国作为社会主义基本方略之一，依法治校是依法治国在高校的重要体现，是新时代高校提升治理能力和治理体系的重要手段，为高校落实立德树人根本任务提供法治保障。

（一） 建立健全法律机制，响应依法治校要求

科学且完备的法律法规是实现高等学校学生管理法治化的基础保障，通过建立完善的学生管理制度和管理机制，真正提高学生管理的法治化水平。目前，我国有关高等教育的法律法规还不完备，基于此，应首先改变这一现状，在国家层面健全相关法律法规，从而提升相关法律法规的可操作性。具体而言，就是要明确高等学校与学生的法律关系，优化高等学校内部管理构架，完善高等学校学生管理程序，从而构建既符合相关法律法规又展现高校特色的学生管理法律法规体系。

高校学生管理的相关法律体系应该具有立体式的特点。在高校学生管理的过程当中应该积极地调动一切可以利用的资源，这些资源可以是高校的甚至是全社会的资源，比如说相关的政策、人才、技术、信息等，特别是资金资源。在对学生进行管理的过程当中应该有效注意的是需要尽量地实现管理程序的正义，注重正义、效率及秩序的有关原则，价值法律体系的统一，根据以上内容建立起一个效果较好的学生管理机制。这一机制还应该注意针对的对象应该是从国家到高校这三层所涵盖的学生，学生管理基础法后面是基本法，到最后是实施法，这是我国学生管理所涉及的三个不同的法律层次，涉及学生管理的法律规范应具有可操作性，对于学生管理工作当中涉及的不同问题应该有具体的法律规范进行明确的规定。基本法、基础法及实施法这三个法律层次之间存在的关系应该被明确规定。除此以外，还必须从国家、地方和高校这三个层次上建设立体式的法律体系和法律规范，同时还需要坚持法治原则的统一，一定要确保下位法的制定过程当中参考上位法，最重要的是下位法必须要在管理工作当中注意遵循上位法当中的内容，不能够出现下位法和上位法制定的法规相冲突的现象。因此就需要建立一个国家、社会及高校都遵循的立体式的法律体系，从而将学生作为学生管理工作当中的核心，同时将学生作为立体式法律体

系的核心，有效地对学生的权利进行维护，正确合理地配置学生和高校之间的权利与义务关系，有效发挥法律维护公平正义的作用，用严格的法律去代替侥幸的道德语言，有效地提高高校学生法治管理的效果。

（二）完善法律监督体系，营造良好法治氛围

高校拥有较大的学生管理自主权，在学生管理过程中应当善用自主权，大力践行法治化管理方式，创造公平公正的大学生管理工作氛围。高校学生管理工作应当形成良好的法治氛围，充分尊重学生的权利，同时促进学生积极履行自我管理义务。首先，高校领导机关应当加强对大学生管理工作的监督，强调大学生管理人员依法开展大学生管理工作，有效制止和防止出现大学生管理行为不当的问题。近年来，部分高校在学生管理中滥用职权，忽视了学生的权利和义务，没有做到依法可循，需要进行整治和处理。其次，高校应当建立大学生申诉机制，建立一个完善的保护大学生的法治监管机制，这样才能从根本上实现以学生为本。高校应当加大力度对学生管理制度规范进行审核，保证学生管理依照制度规定的程序严格进行，运用程序化的方式解决学生工作中的具体问题。再次，应当在学生管理工作中给予学生表达意见的机会，设立学生法律援助机制，这样才能推动大学生管理法治化的有序进行。高校还应鼓励大学生参与学校管理制度的制定和修订工作，积极征求大学生的意见建议，由此促进大学生对法治化管理产生深刻的认同，这对于构建大学生自主管理机制有重要促进作用。

（三）大力宣传普及法治精神，提升学生法治意识

为了达到促进大学生法治管理工作深入开展的目标，提升当代大学生的法治意识，帮助当代大学生树立法治权威，还要在大学广泛宣传和普及法治精神，提高大学生的法治意识，促进大学生主动约束自己的行为。法治教育应当具有多元化的特征，不仅要在课堂上进行正规的法规知识理论的系统教育，而且要通过一系列有效的线上线下推广渠道促进大学生了解高校的管理制度规范。此外，对高校管理制度的细则还应进一步做出详细的解释说明。高校还可以邀请一些法律专家举办讲座，帮助学生了解和理性地看待学校的规章制度。教师可以选择一些相关专题，借助法治宣传日、消费者权益保护日等主题宣讲，这样有助于在一系列丰富的案例中提高学生的法治意识，促进学生正确理解法规维护公平正义的作用。高校还可以通过大学生社区党支部设立法治宣传

热线,从而有针对性地解决大学生在法治认知方面的困惑,奠定大学生依法管理的基础。高校应当将法治教育融入学生课堂教育中,跟专业相结合,并聘请国内外著名的法治专家讲解系列法治知识,弘扬主旋律,结合案例,借助法治宣传、网络展示、案例警示等方法进行法治宣传教育引领,促进大学生形成懂法、用法、守法的意识,这样才能提高大学生依法管理的科学性。

（四）构建监督管理机制,推进法治工作落实

一个全面、完善的监督管理和辅助性机制,对高等学校学生管理工作法律法规的执行情况给予必要的监督和监察,有利于大学生管理工作立法立规的完善,从而提升高校学生管理制度化和规范化水平。通过引导学生对管理者的监督,不断提升学生工作管理者执法的实效性和执法的科学性。只有通过制度约束管理者与被管理者的行为,才能为学生管理法治化保驾护航。教育主管部门要加大对高校的监督检查频率和力度,高校学生管理相关部门要做到互相监督、校务公开,建立执法监督反馈机制,定期对管理者滥用权力的行为进行相应的制裁,真正将学生管理置于阳光之下,自觉接受有关部门的监管。在监督管理过程中,要充分调动社会各方面力量,广泛征求意见,形成国家、社会、高校、个人共同努力,相互监督的运行机制,拓宽现代媒介监督渠道,对学生管理者权力的运行进行全方位的监督,使管理者在执法过程中不敢滥用职权,依法执法,形成高校依法治校的法治氛围。同时要重视构建相关辅助性机制,规范学生管理工作评价指标,为学生管理者制定适合的评价体系方法,防止学生管理者因个人原因而引发管理危机。在高校学生管理过程中,管理者既要做到法治化,更要注意道德化,将法治和德治相结合。

第四节　管理育人过程的重要关系

一、　依法治校与高校管理的关系

（一）依法治校是提高高校管理育人水平的必然要求

依法治校是高校贯彻落实国家依法治国方略的重要举措。高校依法治校就是按照国家法律法规对学校的各项事务进行管理。学生管理工作是高校管理工作全局的基础和重要组成部分,因此高校实现依法治校的目标势必要求学生管

理工作走上法治化道路，只有这样才能为高校实现依法治校奠定坚实的基础，并推动高校依法治校向纵深方向发展。

当代社会是法治社会，各种制度和行为只有纳入法律调整范畴才能有长足的发展。党的十八届四中全会明确提出全面推进依法治国的总目标，即建设中国特色社会主义法治体系，建设社会主义法治国家。高校作为优秀人才培养基地，在全面贯彻依法治国的伟大方略中更应该走在时代的前列。学生管理工作与学生密切相关，学生管理工作能否实现法治化在很大程度上影响着学生对法律权威的尊重与服从，甚至会影响整个国民的法治观念和法律信仰。对学生实施依法管理，依法维护学生的合法权益，让学生感受到法律的权威和法律带给他的安全感，学生自然会萌生对法律的热爱和尊重，树立坚定的法律信念。因此，高校学生管理必须走法治化的道路，这是依法治校的必然要求，也是全面实施依法治国的必然要求。

（二）依法治校是"育人为本"高校管理的时代要求

以习近平同志为核心的党中央，一再强调要坚持人民立场，在一切工作中都要以人民的根本利益为出发点和落脚点。全面实施依法治国，自然也要坚持"育人为本"的法治理念，努力制定符合实际的、群众满意的法律法规。落实到高校学生管理领域，则要秉承"育人为本"的治校理念。长期以来，高校的学生工作者习惯于以管理者自居，工作以有利于维护秩序为出发点，忽视了学生作为独立主体的利益和需求。随着公民意识的觉醒，学生权利意识日益增强，现在的大学生更注重平等、自由和个性化发展。学生工作者必须及时转变工作思路，树立以人为本、管理与服务并行的工作理念，尊重学生在学校中的主体地位和独立人格，以促进学生的成长为工作核心，尽可能地为学生个性化发展提供广阔的空间。"育人为本"理念的实施离不开法治的保障，科学、完善的法律制度能够公正地划分学校管理者与学生之间的权利与义务，防止学生工作者滥用管理权。当学生权益遭受侵害时，能够依法通过正当程序维权，防止矛盾激化，酿成恶性事件。总之，只有以健全的法制保障做基础，"育人为本"的理念才能得到有效的贯彻与实施。

（三）依法治校是保障高校管理工作规范化的客观需求

我国高校传统的学生管理特征主要是"以人为本"，强调统一集中管理和学生绝对服从，学生处于客体地位。随着我国社会主义民主法治的推进和教育观念的改变，学生权利意识显著增强主体地位显著提高，近些年出现的学生状告母校的案例已经证明，高校传统的管理模式已经不适应时代的要求和学生的诉求，亟待更新。法律是公平和正义的象征，运用法治思维管理学生有利于高校充分运用法律手段调整、规范和解决教育改革与发展中出现的新情况和新问题，化解矛盾，维护稳定，使高校学生教育管理工作走上科学化、规范化、法治化道路，增强高校思想政治教育的实效性。

随着公民意识的觉醒，学生的法律意识、主体意识都在不断增强，对于学校的管理行为不再是被动服从，他们要求更多的知情权、参与权、监督权。在这种形势下，高校学生管理工作必须坚持以学生为本，制定完备的规章制度，明确教育基本法律关系与教育主体的权利和义务，完善教育救济法律制度，使各种学生管理行为都能做到有法可依、有章可循。特别是涉及学生重大利益的事情，务必做到有法可依，依法管理，不能滥用管理权，侵害学生利益。否则不仅会给学校带来众多的法律纠纷，破坏学校正常的管理秩序，同时也会影响学校学生工作的公信力和权威。只有在学生工作中树立法治意识，做到有法可依，有法必依，严格正当程序，才能使学生工作更有说服力。

二、 顶层设计与高校管理的关系

（一）通过强化顶层设计统筹谋划管理育人工作

随着国家经济的高速发展和教育教学内容的进一步改革，素质教育的全面推广对高等教育学校的办学目标与内容提出了新的要求。在新的教育背景之下，高校不仅要重视对学生专业知识的教育教学，更要加强其思想政治教育工作的有效落实，这样才能够为培养全面发展人才打好基础。近年来顶层设计在教育行业中不断发挥其作用以指引高校进一步发展，由此在高校教育教学的过程当中必须重视顶层设计对促进高校思想政治教育工作的重要意义，结合顶层设计在高校思想政治教育工作当中的发展特征和特定内容来制定具有针对性的解决对策。顶层设计的主要内容是通过顶层目标来决定低层内容，从而形成一个系统化的发展内容，由此促进相关工作的系统化有效进行。对于高校的思想政治教育工作来讲，工作内容较为复杂且范围广泛，因此更需要一个系统化的管理来对相关内容进行有效整合，以研究出一套最适合高校思想政治教育工作的工作内容。

在新时代全国高等学校本科教育工作会议上教育部部长陈宝生强调：推进"四个回归"必须做好三项基本性工作，即坚持办学正确的政治方向、建设高素质的教师队伍、形成高水平人才培养体系。管理是人才培养体系的重要支撑部分，影响整个体系的有效发挥。从系统管理角度出发，只有构建科学规范的管理体系，打造素质精良的管理队伍，才能以高水平的管理促进办学要素优化配置、办学机制协调配合①。

（二）通过强化顶层设计系统深入管理育人工作

近年来学者大多从"去行政化"角度，对高校管理育人的内涵、边界、实现路径及关系协调等展开讨论，其核心是试图立足顶层设计，通过理念更新与管理改革，综合破解体制机制与系统功能的协调性问题，使大学运行及发展符合教育规律，为学生成长创造良好的教育生态。高校治理是指高校利益相关者，包括高校自身、政府、社会、教师、学生等通过法律、制度规定、协商合作等各种方式和一定机制共同参与学校管理，使决策权和控制权得到合理配置，使利益冲突得以平衡的过程。要推进我国由教育大国向教育强国迈进，高校当务之急是完善机制。高校治理体系现代化的目标是协调各个主体、整合诸多系统、激活众多要素，解决管理中的痛点、盲点以及打通各关节点，促使"单打独斗"转为"协调联动"，"各自为政"转为"齐抓共管"，由依靠单一"行政指令"抓改革转向多手段并用，通过健全机制来激发各自创新创造能力，从而形成综合改革整体深化新格局，使管理的制度更优化、方法更先进、体系更完善、服务更高效，从传统管理迈向现代治理，保障育人目标的实现。从顶层设计角度出发，厘清系统内部关系、明晰各自职权、完善管理制度及其机制，以高水平的管理保障高质量育人目标的实现。

（三）通过强化顶层设计加快"双一流"建设步伐

习近平总书记指出：人才是衡量一个国家综合国力的重要指标。没有一支庞大的高素质人才队伍，全面建成小康社会的奋斗目标和中华民族伟大复兴的中国梦就难以顺利实现。当前我国比历史上任何时期都更接近实现中华民族伟大复兴的宏伟目标，我们也比历史上任何时期都更加渴求人才。这些英明论述对各级机构编制工作中人才资源使用与管理提出了理论依据，具有重要的指导

---

① 邓军，等. 高校思想政治工作质量提升理论与实践：管理育人卷［M］. 桂林：广西师范大学出版社，2019：171.

意义①。在庆祝中国共产党成立 95 周年大会上，习近平总书记又强调说："功以才成，业由才广。"党和人民事业不断发展，就是要把各方面人才更好地使用起来，聚天下人才而用之。要以识才的慧眼、爱才的诚意、用才的胆识、容才的雅量、聚才的良方，广开进贤之路，把党内和党外、国内和国外等各方面优秀人才吸引过来、凝聚起来，提出了"四个人人"的大人才观，努力形成人人渴望成才、人人努力成才、人人皆可成才、人人尽展其才的良好局面。制订更加积极的国际人才引进计划，吸引更多的海外创新人才来到中国。

"双一流"建设是一个复杂的整体系统和多维度的综合概念，是一个融合高等教育体制、机制、技术、队伍等方面的有机整体，对作为重要保障的管理改革需要进行整体制度设计，以增强改革的系统性和关联性。"双一流"建设的目标是建设一流大学和一流学科，支撑这项工程的教育改革理当锚定目标，提供制度保障，这就要求管理改革既立足破解当前体制机制壁垒，又要着眼于解决未来发展道路上可能出现的各种制约内生动力发挥和内涵式发展的问题。高校必须通过系统性改革充分激发各类人才的主动创造性和高校内生动力，最终实现以高质量发展为核心的目的。"双一流"建设必须以管理改革为抓手、以制度构建为内容，统筹推进改革，确保高等教育系统处于追求卓越轨道，不断实现自我超越。

三、 企业理念与高校管理的关系

（一）引入企业管理理念是高校管理育人的必然要求

进入新时代以来，我国高等教育有了突飞猛进的发展，尤其是在硬件设施的建设方面，因此，通过引入先进的企业管理理念来提高学校管理水平和竞争力，已经成为新时代管理育人的必然要求。

受时代发展的影响，高校在管理中存在许多的不足，传统形式的高等教育已经不再适应当前社会的发展要求，所以高校需要寻找新的教学管理方法。企业管理理念的引入，不仅可以帮助高校解决存在的管理问题，而且可以消除传统管理模式存在的弊端。引进适当的企业管理理念，将其与高校管理实际问题

---

① 张伟，杨希，张敬，赵卫利. 新时代机构编制遵循"顶层设计"实施精准管理促进河北省高校双一流建设 [J]. 产业与科技论坛，2019（9）：231 – 232.

结合起来，发挥企业管理理念在高校管理工作中的积极作用。高校借鉴和引入先进的企业管理理念，并把这些理念运用到具体的管理部门和组织中，先进的管理理念可以在高校的管理育人中起到积极作用，为高校管理育人工作注入新的活力，来解决高校在发展过程中出现的新矛盾、新问题，不断提高高校的管理水平，激发高校管理育人的积极性。

（二）优秀的企业管理理念对管理育人具有借鉴意义

在企业的发展战略中，人力资源管理工作占据着非常重要的地位。现代企业在推动人力资源管理工作时强调：需依据企业文化内容来提高相应的工作能力，人才引进需结合人才培养，流动需结合稳定，人力资本管理结合普通员工管理等。校园文化反映在个人身上，即表现为个人的思想素质。在高等院校，管理者不仅需要具有较好的品德和才能，还需具有强烈的历史责任感和使命感。高校在开展人力资源管理工作时，不仅需要提高员工的工作能力，还需增强员工对学校的使命感和认同感，不断提高他们的思想素质和道德水平。在市场经济条件下，人员处于流动的状态，这是一种正常的现象。合理的人才流动，可以锻炼学术团队，从而不断完善学术队伍的层次，提高科研水平。

将现代企业管理理念有效地运用到高校管理过程中，为高校的管理工作创新了管理方式，有助于完善高校的管理模式、改善教学水平，从而推动高校的健康稳定发展。当前，我国的社会经济得到了迅猛发展。高等院校也加大了对教育体制的改革和完善力度，未来会有越来越多的高校将现代企业管理理念运用到高校管理事务中来，从而保障高校的持续健康发展。

第十二章　新时代高校管理育人的体制创新

在我国，随着社会发展和高校改革的深化，高等教育逐渐从"精英教育"转向"大众教育"。高等教育大众化在随着量的增长积累到一定程度时也必然引起质的变化，并相应带来教育观念的改变和管理方式的创新。首先，长期以来，学生管理工作被等同于行政管理工作，以教学代替教育的观念导致大部分高校重教学工作轻学生工作，以至于学生管理理念创新意识不足、定位不准、重视不够，学生管理队伍建设滞后、人员紧缺、素质不高，使其很难发挥育人功能。其次，以往的传统教育模式主要是依靠行政指令性手段操作，管理行为直接、生硬，虽有一定教育效果，但忽视了学生参与管理的积极性，降低了学生自我管理的主动性，使学生难以实现由衷的思想转变和形成良好的自我约束机制，已经无法满足当今社会培养多样化、个性化人才的需要。所以这就要求我们必须紧跟社会发展脚步，紧扣市场脉搏，转变人才培养模式，不断增强学校办学实力和育人竞争力，优化创新学生管理模式。

第一节　管理理念创新

一、"三全育人"管理理念创新

高校的学生管理工作是高校一切工作的前提，而学生的思想政治教育又是高校学生管理工作的重要环节。思想是行动的先驱，没有思想的发展，就没有人生事业的大发展。因此，思想政治教育对于高校学生是重中之重。而"三全育人"的理念为高校的学生管理工作注入了活力。社会主义的发展进入新时代，教育也要与时俱进地发展，改变以往死板沉闷的教育教学方法。"三全育人"的理念正是为高校教育注入了新方法，通过全员、全过程、全方位的理念促进学生的身心发展，从而促进我国教育事业与时俱进、全面发展。全员育人为教师队伍的建设提供了新方法的指导。全过程育人贯穿学生发展的成长过程，有利于促进学生的全面发展。全方位育人从时间和空间的维度规定了育人的范围，为高校管理的发展提供了新方法和新理念的指导。

"三全育人"需要通过多年实践不断地总结凝练而成，在当下新经济发展时代背景下，高校需要通过各种思想文化教育，立足于"三全育人"机制，对学生进行更好的管理，深化教育综合改革，加快现代教育体系建设，促进教育高质量发展。"三全育人"理念强调在学生成长的各环节，开展持续不断的全方位管理，要求高校将学生思想教育与日常管理紧密结合。"三全育人"理念下，高校应重视育人管理，将教学、管理育人置于同样重要的位置，尊重学生个性化发展。高校各部门、各环节应紧密配合，才能做好教学与管理工作，进而更好地实践"三全育人"理念。随着社会、科技的不断发展，信息技术在不断改变人们的日常生活，高校作为人才培养的重要基地，应清晰地意识到"三全育人"理念对当下高校教育管理的引导作用，遵循时代规律，适应时代发展，紧跟时代步伐。

二、"以人为本"管理理念创新

学生是高校管理和教育的主要目标，所有教育教学和管理都是围绕学生来开展的，树立"以人为本"的管理理念将会是提升高校教学和管理效率与质量的重要方法和途径。以人为本是科学发展观的核心。教育作为培养适应社会需要的优秀人才，以推动社会发展和时代进步的崇高事业，更加应该全面践行以人为本的管理理念。要树立以人为本的理念，真正意义上做到以学生为主体，首先要改变教育模式，将学生作为教学主体，给予他们充分的学习时间，将思想政治教育融入日常教育工作，培养学生自主学习的能力。

在管理方面，通过践行以人为本的理念使高校的管理工作得到更好的开展，引导高校大学生们能够在陌生环境下体会到人文关怀，以积极向上的乐观心态及饱满激昂的斗志去迎接学习和生活。在管理和德育的各个方面，时时刻刻以学生为中心，可以着眼于学生的发展和成长设置教育目标，积极研究学生的心理特点和健康情况，关注学生的内心需求和学习需求，尊重每个学生的特点、个性，这样可以推进当前的思政教育和学生管理工作。在管理中引入柔性管理措施，可以给予学生最大的关怀，构建和谐的师生关系，利用学生座谈会制度或者学生议会制度，进一步提升管理效果。管理者需要积极和学生进行交流，帮助学生解决在择业、生活和学习方面的困难，贯彻"以人为本"的理念。在管理中，多从学生的角度着想，进行整合服务和管理，进而让学生可以自我提升、自律和自省。管理的前提是尊重学生，对于学生的错误合理指出，对于学生的旷课或者迟到问题，教师避免单纯惩罚，需要了解学生产生问题的原因，奖励他们的积极行为。

三、 大数据管理育人理念创新

大数据技术的发展，提升了学校教育管理的效率，也引发了一定的问题。一些学生接触了没有经过筛选的数据，对其身心发展产生了负面影响。高校要坚持以人为本的原则，明确人才培养的目标，尊重大学生的成长规律，积极转变教育的思路，更新管理的观念，加大教育投入的力度，合理运用互联网思维，搭建科学的教育管理机制，加强教育管理的监督体制，建构人性化、多元化的大学生教育管理新模式。高校应运用先进的现代教育管理理念，利用协同育人的信息管理技术，加强各管理部门之间的交流合作，改进工作方式，提高办事效率，使整个教育管理坚持以大学生为中心，将教育管理转化为高效服务，切实满足大学生人性化、优质化教育管理的需要。

在学校的顶岗实训过程中，还需要结合学生的思想问题，有针对性地实施管理策略，避免学生沉迷网络。在大数据背景下，应结合大数据信息了解学生的个性特征，进而提升学校管理的服务性。学生教育管理工作并不是一味地约束或者制约，还需要提升管理的服务性，避免学生产生负面情绪。利用大数据工具，可以整合学生的个人信息情况（包括学习成绩和获奖情况等），通过丰富信息的获取渠道，利用网络软件进行数据分析，发挥大数据的作用。

结合大数据技术，能够转变当前的学生教育管理工作视角，创新管理模式。例如，可以利用校园网络平台了解学生喜欢的话题，分析学生的思想动向。也可以结合微信、QQ 或者新媒体工具关注学生在顶岗实习期间的工作情况和学习情况，针对学生实施有效的监督和管理。为了提升学校管理的服务性，可以结合大数据了解学生的实际需求，改革相关的管理方式和方法。例如，搜集学生论坛中的信息，进而了解学生的生活情况和消费情况，为学生提供更加优越的生活和学习条件。同时，还需要培养教师的大数据素养，让教师善于利用数据库，进而利用相关的数据辅助自己的教育管理行为。

第二节　管理方法创新

在高校教学管理过程中使用现代化的管理手段，可以有效地提高高校教学管理中的科学性。如果在高校管理中，管理者只是依靠个人的经验，仅凭主观臆断进行高校教学管理工作，缺乏对现代化管理方式的运用，就很难以开放的姿态来保证高校教学管理质量。

一、 新时代高校第二课堂育人创新

随着全员育人、全过程育人、全方位育人理念不断深化，第二课堂作为"三全育人"视域下高校"十大"育人体系实践探索的主阵地，已经从传统的课外活动向提升综合素质的新时代高等教育要求转变。第二课堂育人的一系列创新与实践探索找准了高校人才培养的薄弱环节，改革第二课堂培养方式、课程设置、评价体系、成果展示与应用等内容，通过构建"4＋1"育人体系，即课程项目体系、教学保障体系、考核评价体系、数据管理体系，并最终生成学生第二课堂成绩单，服务高校新时代人才培养中心工作。

（一）构建"4＋1"育人体系，创新第二课堂育人模式

第二课堂要充分借鉴第一课堂教学育人机理和工作体系，结合办学特色和学科专业特点，对第二课堂教育活动内容、项目供给、评价机制和运行模式进行系统设计，不断优化第二课堂学分制、课程化工作理念，构建第二课堂成绩单制度下的"4＋1"育人体系，促进第一课堂和第二课堂深度融合，实现第二课堂教育教学的科学化、系统化、制度化、规范化，满足大学生成长的多元需求，全面提升育人成效。坚持"管理育人"理念，特别是加强"团、教、研"多部门联合，整体设计第二课堂教育内容、项目供给、评价机制和运行模式，探索实践第二课堂成绩单制度，构建第二课堂"4＋1"育人体系，贯穿第二课堂教育教学的全过程。坚持围绕满足学生主体成长的多元化需求，围绕学科专业特色，发动教师全方位教学，为学生提供"定制—自选"式选课菜单。借助第二课堂网络管理系统，实现教师教学过程"可参与、可测量"，教育教学质

量"可监控、可反馈",学生参与第二课堂活动"可记录、可评价、可呈现"。真实客观地记录和反映学生参与第二课堂活动情况,创新第二课堂育人模式,促进第二课堂教育教学的科学化、系统化、制度化、规范化。

(二)打造多层次教育平台,创新第二课堂育人途径

一是整合学校第二课堂育人资源,依托学校国家级实验平台和各类科学人文素养平台,搭建集教育、教学、实践、实训四大功能于一体的"第二课堂教育体验中心"。根据分层次、分类别育人要求,制定第二课堂教育方案、第二课堂课程大纲,构建由思想政治、实践实习、创新创业、志愿公益、文艺体育、社会工作、技能培训等七大类别组成的必修课程、选修课程、实践课程第二课堂教育体系。全方位地开展第二课堂育人实践,实现理论教学向实践锻炼有效延伸,将第二课堂育人贯穿大学教育全过程。二是广泛扩大育人资源,加强与政府、企业的联合人才培养基地建设,深度搭建校政企合作育人平台。开展企业、政府、校友会等组织机构合作共建,依托高校人才培养优势搭建校外实践平台,延伸第二课堂教育平台。结合社会应用需求,以提升创新创业能力为目标,促进政府和企业参与高校人才培养过程。探索建立"校政企协同+海内外实践"的协同育人新机制,形成全方位育人平台。

二、"互联网+"管理育人模式创新

在当今网络时代,"互联网+"是以传统行业为前提,科学运用网络思维、互联网通信技术和网络信息平台,全力推进传统行业与互联网深度融合发展,积极扩大行业发展的规模,创新传统行业发展模式,实现经济效益和社会效益极大提升。"互联网+"不是生硬地将网络和传统行业简单加和,"互联网+"模式能够有效实现资源共享,优化行业发展的组织体系,推进传统行业改造升级,充分调整经济结构的模式,促进行业新生业态的成长,实现行业的高质量发展。

受"互联网+"的影响,高校转变传统的教育管理理念,明确以人为本的管理理念,改进教学管理的方法,丰富教育管理的内容,使教育内容更加客观实用、具有前瞻性,不断变革高校教育管理的人才培育模式。互联网加快了信息传播的速度,打破了时间和空间的限制,拓宽了信息交流的渠道,实现了信息资源的共享。高校通过建立校园网络管理平台,使大学生可以运用先进的网

络技术，更加方便快捷地上网搜索资料、接受教育、探寻新知识，互联网丰富了大学生的校园生活。高校运用互联网加强大学生的教育和管理，如以微信签到、钉钉打卡等形式加强大学生的日常管理，采用慕课、微课堂等方式开展网络教学，增强高校教学的生动性和灵活性。

（一）依托互联网技术，创新互联网高校育人管理方法

高校要坚持与时俱进的原则，准确把握新时代发展的脉搏，改变灌输式教育观念，打破"一言堂"管理理念，制定科学的教育管理目标，丰富教育管理的内容，创新教育管理的方法，优化教育管理的机制，切实增强教育管理的系统性和可操作性。高校应运用大数据技术优势，加强各管理部门之间的有机协作，推动各管理部门之间的互动交流，促进高校教育管理各环节之间相互协调发展，全面提高大学生教育管理工作的实效性，积极建构科学化、灵活性强的教育管理新模式。高校应坚持教育管理贴近学生、贴近新时代和贴近生活的原则，充分借助互联网技术强化资源的共享，运用网络平台将优质的课程、有价值的信息分享给大学生，不断开阔大学生的视野，拓宽大学生的知识面。同时，高校还要利用微博、QQ、微信等社交平台加强师生之间的互动交流，使教师能够第一时间了解掌握大学生的思想动态和学习生活状况，以便于提升高校教育管理工作的针对性和实效性。

要实现高校教育管理模式可持续发展，不仅要对教育管理理念进行更新，还要对教育管理的方法进行改革，在"互联网＋"时代发展背景下，利用科技手段进行数据化处理，推动教育事业的进一步发展。"互联网＋"时代背景下，创新教育管理方法的手段有以下几种：第一，从不同地方引入新型的教育管理方法。传统的教育管理方法中，管理者与被管理者之间缺乏有效沟通，只是单纯的一方指导，另一方服从，这样无法满足现代社会中高校发展的需要。现代化的教育管理方法应该打破这样常规的方式，使管理者与被管理者有机结合起来，制定出一套更加适合现代化发展的管理方法，借此来实现教育管理目标，增强教育管理的可操作性。第二，结合"互联网＋"实施管理。社会进入"互联网＋"的时代，为教育管理方法创造了更多可能性。管理者要运用时代发展的优势，加强对教育的各个阶段管理，推动高校各部门的高效运作。第三，创建教育管理信息分享平台。资源是经济发展必不可少的要素，在教育管理中的作用也是十分明显的。时代的飞速发展，为社会提供了更多资源分享的手段，

高校可以利用互联网技术开设专门的教育管理方法分享平台，在该平台各高校的管理者或学生都可以分享学校管理的心得，或发表自己对高校教育管理的想法。各个高校可以相互学习、借鉴，通过总结获得更加优质的高校教育管理方法。

（二）尊重互联网价值，创新互联网与课堂结合的方式

随着互联网技术的飞速发展，高校应尊重互联网的实用价值，不断加强创新思维意识，增强网络思维认知，加大网络基础设施投入的力度，深入挖掘高校教育管理的实质，不断优化教育管理的内容，积极拓宽教育管理的路径。高校应将资金、人力等资源向教育管理方面适当倾斜，不断完善校园的基础设施建设，特别是要注重互联网光纤电缆的铺设、网络运行设备的换代、大学生信息管理系统软件的升级、高校网站和校园网的维护，保障校园网络设施的正常运行，为大学生教育和管理工作提供坚实的基础。高校应加强大学生教育管理信息化建设，为大学生提供优质的教育教学资源，增强课堂教学的趣味性、吸引力，使大学生在潜移默化中理解和接受新知识，满足大学生的知识诉求，提升教学科研的服务质量。

高校应深入挖掘互联网教育的实质，积极整合教育的内容，优化管理的手段，尤其是将互联网技术融入课堂教学，使枯燥乏味的课堂教育更加生动形象，改变灌输式的课堂教育模式，增强师生之间的交流和互动，激发师生之间的情感共鸣，不断满足大学生的学习需求。教师通过创建形式灵活、生动形象、活泼新颖的远程网络教学平台，将课堂教学和网络技术加以有机融合，不断改进教育的形式，提高教学管理的渗透性，着力打造专业化、人性化的网络教学环境。高校应加强师资队伍建设，优化教育管理的整体师资力量，通过组织行政管理人员专题培训、互联网技术专项培训和高校教育管理专题研讨会等强化教师的管理服务意识，增强教师教学和管理的本领，提高教师的实践操作能力和教学管理素养，切实提升高校教育管理工作的质量和效果。

三、 校企合作实践教育管理模式创新

（一）构建多层次的实习平台，创新高校大学生实习实践方式

在开展创新创业工作的过程中，应当有效推进学校与企业之间的协同作用，同时依照对应的功能需要，进行合理化的结构设置，确保育人机制的有效

性得到全方位的提升，保障机制的有效运行。在这个过程中可以成立相应的专家委员会，包含高校、政府及企业的专业人士，针对相关改革内容展开具体的设计，让创新与创业教育获得一定的积极指导。同时组建将高校作为主要场所、政府和社会共同参与的创业学院等，负责创新创业教育过程中的一系列日常工作。另外，还应当积极地进行资源方面的具体整合，进行创新与创业平台的建设，同时建立教师实训平台等，从而让教师、学生及其他各方之间实现有效的合作。在如今的互联网发展背景之下，更应当进行全面化的创新创业平台的打造，建立相应的在线课程及平台，探索更加高效率的教育模式，让学生能够从中便捷地获取相应的知识，打造对应学习体系。相对于传统教学工作而言，创新及创业教育有比较强的实践性及开放性，其不仅仅局限于知识方面的传授，重点是要在实践过程中提升学生的能力。所以作为学校而言，应当更进一步加强各个方面的建设，并且依照学生具体的层次，提供具有针对性的相关指导建议和实践机会，在学生不同的参与阶段应当设置不同的难度和挑战程度。对全体学生来说，应当统一进行实践活动的安排，其中指导教师往往以高校老师作为主要参与方，而企业一些专家则起到一定的辅助作用，使学生的创新创业意识得到有效提高。对一些有意愿参与创新创业的学生来说，可以安排他们进行实习活动，使其在专家指导下，能力得到有效提升。而针对较少数的存在创业行动的学生们来说，则应当安排其参与创业孵化基地等，使其创业成功率得到有效提升。

高校可以在对学校内实际情况进行分析的基础上制定合理的实习实验教学方案，并进行资源优化整合，分层次地建设实习实验教室及基地，从而将实习实验教学示范中心建设作为主要的建设重点，最终强化学生的实践能力和创新能力。各大高校可以借助教育部门开展的基础课程实验评估机会，将以往分散到各个单位及教研室内的设备和人员集中起来，并在这一基础上加大人员财力的投入，增加实习实验教学室内的设备配置。此外，高校还需要革新以往陈旧的实习实验教学内容，减少部分传统的验证性实践过程，积极开展综合性、设计性的创新实习实验，使学生通过实验教学发挥自身的想象能力，从而提高学生的实习实践能力。

（二）加强校企合作实践建设，创新高校大学生实习实践模式

大学生教育局限于校内课堂，必然会导致学生的自我评价、自我定位脱离

实际，而社会实践活动给他们提供了正视自己、正视现实的机会，使他们更加科学地认识自己、评价自己，而这样形成的自我评价更能指导他们面向社会准确地进行自我定位。因此高校学生管理必须把大学生社会实践活动纳入整体教育计划。高校想要培育学生的创新能力，需要一定的物质基础作为主要的支撑，而实习实践基地作为学生开展实习实践活动的主要场所，更是培育高素质应用型人才的重要基地。因此，高校需要根据每年的实际教学经费，详细规划教学仪器购买的设计方案，通过加大资金的投入，积极引进更多的设备及人才，提高实验室设备使用率，帮助学生提高自身的创新能力及实践能力，最终培育出更多综合型的高素质人才。

长期以来，校外实践教学基地作为学校和社会联系的有效桥梁，也是学校培育学生运用知识和能力解决问题的重要基地，更是学生提高自身动手能力及创新意识的关键部分。校企合作中的实习实践教学教师要打破以往的教学模式，可以要求学生利用寒暑假的时间到学校外的基地参加实践活动，从而扩展学生的实习实践时间。高校还需要提高经费使用效率，保证学生实习实践环节可以高效完成。另外，高校还需要整合更多的实习实践相关教学资源，积极探索更多的实习实践基地，优化自身的管理模式，多形式、多途径地建立校外实习实践基地，加大学生和基地之间的交流沟通，从而提高学校及基地的管理能力。

第三节　管理制度创新

制度建设是引导，最关键的还是要看能否使制度真正落地生根并长期实行下去，以制度建设明确责任主体、激励育人热情。"三全育人"制度不是一成不变的，为了制度建设的长效运行，我们需要有不断更新完善的态度，对于实际操作中遇到的困难和不足要予以高度重视，及时加以改进，否则将会陷入制度与现实"两张皮"的尴尬境地。高校构建"三全育人"的体制机制不应只是纸上谈兵或是"走过场"，高校应把促进和保证"三全育人"的责任具体落实到位，使"三全育人"体现在师生学习、工作、生活的方方面面。在"三全育人"制度实行的众多机构和环节中，怎样保证任何一环都不脱轨、如何明确主体责任等问题都是高校必须高度重视的。这就要求高校首先要拿出协力推进

"三全育人"制度建设的具体方案，对于自身的实际状况有充分把握和信心，以规范化的管理模式促进制度的实施，依托专门的推进规划小组对整个制度的构建和落实进行监督，落实到具体的书面文件上并严格按照文件执行，不能流于形式。当务之急，各地各高校要按照中央的统一部署，立足全员、全过程、全方位育人的总体思路，构筑课程育人、文化育人、网络思政、心理育人、管理育人、服务育人等为一体的育人格局，推动思想政治教育工作取得实效。为统筹推进一体化育人格局建设，还需探索创新领导体制和工作机制，着力形成强大育人合力。具体措施包括：推进教育教学一体化，在教学过程中尊重学生的主体地位、体现教学规律、强化育人功能，努力实现课堂内外有效衔接；促进主渠道主阵地一体化，实现"三全育人"的教育课堂与日常生活匹配衔接。在主体理论课程规划上，牢牢根植于中华优秀传统文化，大力发展校本文化，利用各种文化活动营造育人软环境；搭建以马克思主义、中国特色社会主义等理论为核心，覆盖哲学社会科学等相关学科的"三全育人"学科群，不断巩固和强化思想政治教育的优势领航地位，打造一个育人的"同心圆"。通过推动思政课程教学改革，构建涵盖中华优秀传统文化课程、创新创业教育课程等的课程体系，通过发掘各学科、各专业的育人元素，增强课程育人的亲和力、吸引力。同时，"三全育人"的总体规划必须聚焦以学生为主体的价值导向，因势、因群、因业、因材把立德树人渗透到学生成长成才的全过程。

一、 将管理育人理念内化于制度中

（一）制度制定明确育人理念的价值取向

高校制度是多种多样的，如考试制度、奖惩制度、学籍管理制度等，制度为管理服务，调节、控制学生的学习、生活、社会活动，更多的目的是维持学校正常的教学秩序，加强教学科研管理。从育人的角度出发，高校学生管理制度不应该是管理者用来管制、处罚学生的手段，高校应该以发挥制度育人功能为核心，实现育人价值。制度的制定过程就是管理者与学生之间不断沟通的过程，核心就是在制度中加强道德指引，以"富强、民主、文明、和谐，自由、平等、公正、法治，爱国、敬业、诚信、友善"社会主义核心价值观为理论指导，加强制度育人功能。

（二）制度制定基于促进学生的全面发展

制度的制定首先要保护学生的合法权益。保障学生的合法权益是制定制度的出发点和落脚点。在制度设计上，要把保证学生的利益诉求和发展前景作为首要出发点。要围绕如何合理使用学校所提供的教学资源，如何最大限度地保证学生参加学校计划、组织的相关活动来制定制度。要保障学生的下述权利：参加社会服务、勤工俭学，在校内组织、参加学生团体及文娱体育等活动；申请奖学金、助学金及助学贷款；在思想品德、学业成绩等方面获得公正评价，完成学校规定学业后获得相应的学历证书、学位证书；如果对学校给予的相关处理有异议，保证学生可以有合理、合法的渠道予以申诉；如果学校相关人员侵害了学生的合法权益，学生能够提出申诉或者诉讼。这也是从另一个方面规定学校管理者的行为，对学生进行引导，引导学生明确制度不仅仅是约束学生行为的规章制度，也是保障学生合法权益的武器。在管理者进行管理时，要充分考虑人的因素，关注学生的根本需要，通过道德、理解、情感、帮助等把学生放在学校管理的中心位置上。高校是大学生走向成熟步入社会的重要场所，所处的生存环境、社会地位等都会对其身心产生影响。在没真正步入社会之前，心理情况是复杂多变的。高校学生管理制度的制定要重视教育目标、管理任务、实施的方式和手段，树立健康教育的观念，同时，保障学生的身心健康，使学生认识到自己的健康发展是一切活动的先决条件，在另一方面也增强了学生的自我保护意识，使学生养成健康的生活方式，培养积极向上的生活态度。

高校是人才培养的基地，高校管理工作是为了更好地服务学生。好的高校学生管理制度就是要促进学生的全面自由发展。制度制定要保障学生学习的自由，在课程设置方面，除了必修课程之外，学生要有自主选择辅修课程的权利；制度制定要保障学生使用学校教育资源的自由，管理者不要对教学资源及教学设备的使用进行诸多限制，教学中学生充分利用资源，可以激发学习的乐趣，促进学生素质的提高。保障学生参与社会实践的自由，管理者切忌为了方便管理而限制学生参与社会实践的自由。参加社会实践是培养学生能力的重要途径，是培养学生成为全面发展型人才的重要途径。保障学生的全面发展空间就是，高校应当尽一切可能给予学生良好的社会实践环境，在充分保证学生安全和权利的同时，最大限度地促进学生全面发展。

二、 合理审视高校制度制定主体公正化

(一) 制度制定利于提升管理者道德品质

作为高校管理者必须具备高尚的道德情感。这种道德情感就是指管理者在进行管理时形成的职业道德行为以及产生的内心评价和主观态度，它构成了管理者内心价值观的基础，是管理者遵守职业道德、培养学生优秀道德品质的内在动力。

第一，管理者要有尊重感。尊重学生是高校学生管理工作的起点。但是在管理过程中不仅要做到尊重学生，而且要做到关注不同学生的需要，满足学生不同层次的需求。对于经济困难群体来说，大部分贫困生的学习成绩很好，积极上进，但是也有少部分的贫困生比较自卑，在高校这个大环境中自尊心和自信心受到很大冲击。高校管理者就要引导这些大学生自立自强，深入了解他们的贫困程度，除了在金钱上给予一定的补助，还要为他们提供更多的勤工助学岗位，引导他们自立自强，更要在精神上鼓励他们，给他们信心和勇气去战胜困难。对于特殊家庭的学生来说，高校管理者要充当他们的良师益友，真心关注他们的学习和生活。这类特殊群体大多数的状况是父母离异或被遗弃，从小的生活环境缺少关爱，造成他们的性格冷僻、自卑，时常会出现偏激的想法，如果高校管理者不给予他们一定的关注和帮助，这类群体容易成为校园不稳定因素。高校管理者要在新生入学时进行普查，对这类特殊家庭学生建立特殊档案，并给予特殊关注，要引起任课教师和辅导员的密切关注，做到防微杜渐。在日常管理中，注重引导他们的兴趣爱好，倾听他们的心声，缩短与他们的心理距离，弥补他们内心中情感的缺乏。尊重特殊群体的利益，可以不断缩短学生之间的"差距"，通过对需要帮助群体的帮助，尊重他们的人格，对于他们形成健康的心理、良好的道德具有重要意义。

第二，管理者要有公正的态度。高校学生管理工作整个过程必须要公正公平，管理者在管理过程中也必须秉承公平公正的态度，公平合理地对待每一位同学。公正感是一种动机，能激发履行学生义务，提高学生的道德素质，促进学生良好行为的养成。

第三，管理者要有责任感。高校学生管理工作细致琐碎，规章制度不能面面俱到，这就需要管理者具有责任心，需要强烈的责任感，在其位，谋其政，

把工作做到前头，把学生冷暖放在心里。这就要求管理者端正工作态度，转变工作作风，脚踏实地，在工作中明确自身的位置，保持积极的工作态度，扎实做好工作，确保管理工作的顺利进行、培养目标的顺利实现。

（二）制度制定符合新时代管理育人要求

高校管理者制定规章制度的首要原则就是合法，在制定和执行的过程中都不能违背国家的法律规章，一旦不具备合法性就会失去执行力。高校学生管理制度必须时刻体现人本思想，尊重每个学生的权利，维护好学生的根本利益。同时，高校学生管理工作中也会涌现新的问题，管理者应该迎难而上，积极应对挑战，审时度势，不断完善学生管理制度。

三、 重视高校大学生对于管理制度的反馈

高校管理者要转变管理理念，充分发挥学生的主体作用，让大学生参与学校管理。目前，很多高校的规章制度也越来越多地体现学生主体性。在国外，学生面临众多的学业、生活等问题，均由学生自己去服务部门咨询，寻求解决办法，这种做法极大地锻炼了学生自我管理的能力。我们可以借鉴西方国家高校管理的具体措施，建立具有中国特色的高校学生管理模式。在学校的日常管理中，学生组织成员也可以搜集学生对学校管理与发展的多方面意见和建议，并与学校的管理者进行沟通交流，让学生参与学校管理得到认可。

（一）制度制定利于提高大学生参与能力

近年来，高校对管理者的专业化要求越来越高。高校作为人才培养的基地，学生的能力和发展也反过来制约高校的发展。高校应当全面培养学生的各种能力，尤其是管理能力。高校必须首先激发学生的参与热情，使学生变被动遵守为主动参与，强化学生参与制度制定的热情。对于学生来说，也要摒弃师尊生卑的传统观念，内心中真正接受自己是制度制定的参与者，明确自己的主体地位，发挥聪明才智，在制度制定的过程中表明立场，从而促使制度更有针对性。参与意识和参与者素质的高低直接影响参与效果。因而管理者应该向学生传递制度制定的知识，加强对学生的培训，提高他们的组织能力、执行能力等。对于学生来说，一定要明确参与制度制定的动机，要明确参与制度制定是为了更好地维护自己的权利和正当利益。

（二）制度制定利于拓宽师生的互通渠道

高校学生管理工作依赖于信息的畅通，而信息的畅通与有效的管理密不可分。非正式沟通是人与人之间沟通的重要方式，在高校学生管理工作中非正式沟通的管理功能，有时比正式沟通更好。心理学家曾做过调查，书面沟通在所有沟通效果中效果最差，最好的沟通方式是将口头、书面两种形式混合运用。可见全面的沟通才是最有效的。高校管理者就应该注重师生沟通的全面性，不断更新管理理念。在科技日新月异的今天，沟通可以利用多种手段。可以建立高校制度反馈 QQ 群、微信朋友圈交流平台、制度反馈网站等，利用网络拓宽沟通渠道。在信息反馈中一定注重双向的交流，要在平等的基础上取得共识，而非是主动的说与被动的听，这样会影响沟通的积极性，对沟通效果产生不利影响。双向的沟通可以反复进行多次，在不断的意见交流中达到制度制定的最好效果，这种做法会让高校学生管理制度具有较高的接受度，也促使学生遵守规章制度，严格要求自己。

第四节　管理评价创新

一、 开展以 "三全育人" 为基础的综合评价

建立科学规范的评价体系，是高校健全和创新"三全育人"不可或缺的环节之一。高校应按照"重点突破、标准引领、数量从严、质量从优"的原则，从工作基础、能力意向、条件保障等角度，通过专家论证和实地考察等方式进行完整的评价。另一方面来讲，"三全育人"的提出，是对学校的要求，更是对学生的要求，对学生进行的评价也是高校"三全育人"评价体系建设的重中之重。目前，我国高校对学生实行的评价体系以国家颁发的《高等学校学生行为准则》等文件作为测评指标，与立德树人的时代要求相比，已略显过时，其中不乏一些已不再适应当前高校发展和学生需求的条款条文。为了确立新时期现代化创新人才的衡量标准，高校应当全面建立基于"三全育人"理念的大学生综合评价体系，把道德修养和能力素质放在评价人才的首位。以往我们总是将学生的期中、期末考试成绩或学术成果作为评价标准，忽略了学生的实践成果和思想状况。实际上不能仅靠学习成绩作为

依据，而是要将学生参与学习、实践的过程作为评价的重要指标。"三全育人"对学生的评价应当把综合素质作为考核的硬性指标，其中既包括对专业知识能力的考察，还应该将是否拥有良好的思想政治素养、是否积极参与社会实践活动和校园文化活动等软性指标列入考察评价的标准，从而正向引导学生主动参与"三全育人"的活动。

在当前实行的高校教师评价制度下，对专任课程教师的评价往往过于强调教学和科研的成果，而"三全育人"的评价体现过少、权重过轻。以教师的职称晋升为例，进行评价的主要指标是课堂教学质量、论文著作发表和科研专利等，有关"三全育人"的评价指标却近乎为零。对于班主任、辅导员群体来说，对其工作的衡量指标也多有缺失，存在着所带班级学生直至毕业离校都鲜少与班主任、辅导员有过沟通交流的现象。对于目前的"三全育人"教师评价，还存在强制专任课程的教师疲于完成教学工作和科研任务，从而忽视对学生的思想态度、价值尺度、道德修养的教育，将"三全育人"工作问责于专职辅导员、思政课程教师等，这必将致使教学与育人出现"两张皮"的局面。再加上对于管理干部队伍和后勤工作人员而言，他们的绩效评价和"三全育人"看似毫无关系，但作为贴近学生日常生活的一个群体，管理服务人员实际上更应该承担起管理育人的责任。因此，重新构建对高校"三全育人"的评价体系，明确育人责任，适当丰富育人指标，是激活管理育人创新的主要措施之一。

二、 结合教育研究理念对育人成效进行评价

教育研究是阐释教育现象、揭示教育规律，以更好地促进教育目标实现的学术活动。高校"三全育人"在本质上是一个教育目标明确的教育活动，意在实现社会主义高校的办学宗旨——培养德智体美劳全面发展的社会主义建设者和接班人。因此，对"三全育人"的过程和结果进行教育研究是扎实推进此项系统工程的题中应有之义，对教育成效进行科学评估也就水到渠成。

教育评价是教育管理的重要组成部分，是深化教育改革的重要措施，是全面提高教育质量的重要手段。高校要提升"三全育人"的成效，就要在"思政课—专业课/通识课—辅导员"这三大育人系统中植入教育研究理念，

对育人成效进行定量与定性相结合的教育评价，探索高校立德树人、教师教书育人、辅导员管理育人的普遍规律。从宏观层面看，教育研究方法可以分为定量和定性两大类。定量研究方法最常用的工具是前测和后测问卷，即在"三大育人"系统的育人实践开始前对大学生进行前测，实践结束之际进行后测，测评指标根据"三大育人"体系的育人目标确定。定性研究方法中常用的是观察法和访谈法。观察法可以运用于育人的全过程，访谈法可以运用于一个育人周期结束之际。具体而言，对育人成效进行定量与定性相结合的教育评价，需要注重以下几点：一是将思政课育人实践作为"三全育人"的主导和引领，以思政课育人实践引领和指导课程思政育人实践与辅导员管理育人实践的政治方向。二是促进"思政课—专业课/通识课—辅导员"三大育人系统相互支撑、相互促进、各司其职、各尽其力、同向同行，最终形成育人合力。三是打造思政课教师、专业课/通识课教师和辅导员进行学术对话的平台，探索能够激发大学生学习积极性的教育教学手段和学生管理手段，以更好地实现育人目标。在实际操作层面，对育人成效进行定量与定性相结合的教育评价应以学期为研究周期，周而复始持续本科四年。在每个研究周期结束时完成该学期的研究报告，每个学年结束时完成该学年的研究报告，四年结束完成总研究报告并遴选部分学生进行跟踪研究。要稳步推进上述工作，必须在校党委统一部署和领导下，做好顶层设计，由"三全育人"办公室具体制定实施细则，形成"思政课—专业课/通识课—辅导员"三大育人系统定期沟通机制和协同育人机制，并在育人实践中充分发挥马克思主义理论学科的指导作用和思政课教师的基础性作用。

三、 建设第二课堂大数据考核评价机制

高校要不断适应"互联网＋"时代发展形势，建立第二课堂信息管理系统，对第二课堂的模块建设、信息发布、教学过程管理和效果评价进行有效管控，对各教学单位、部门、学生组织发起的第二课堂活动实施管理、监督、考核和评价。顺应信息时代发展趋势，成立第二课堂大数据研究中心，依托第二课堂云平台数据，对学生成长需求、行为趋向、第二课堂课程质量等进行全方位评估研判，为第二课堂教育教学实施提供大数据支撑，反哺第二课堂"4＋1"育人体系构建。通过建立"客观记录＋学分认定＋综合评价"的第二课堂

考核评价机制，拓展评价的应用，从三个方面创新实践育人成果：一是产出"第二课堂成绩单"。以科学的量化标准为依据，学校对学生在第二课堂的表现进行评价与认证，对学生参与第二课堂并在其中所得到的综合能力素质提升进行全面反映，为社会单位选人用人提供科学参考。二是建立科学的第二课堂考核评价指标。评价形式包括学分式评价、记录式评价、综合评价等呈现形式，也可以对学生的综合能力进行描述性的评价并形成评价报告。三是深化"第二课堂成绩单"多渠道效用转化。建立第二课堂学分与第一课堂学分转化机制和学生综合素质测评与第二课堂学分关联机制，有效提升学生参与第二课堂的积极性，同时，不断提升社会认同，提升第二课堂育人成效。

四、 加强对高校 "管理育人" 主体的评价

高校深化落实"管理育人"综合改革，在完善领导协调和指导支持机制的基础上，还必须在评价考核、监督问责等环节形成机制。评价考核是指挥棒，有什么样的评价考核指挥棒，就有什么样的办学导向。评价考核直接影响高校干部的管理行为、教师的教学行为和学生的学习行为，因此，建立健全评价考核机制是构建现代大学治理体系的重要内容，也是人才培养的重要环节，更是深化管理育人综合改革的重要抓手。

第一，加强对高校管理育人组织者的评价。首先，要针对高校管理育人组织者制定的整体规划进行评价，以判断组织者制定的整体规划是否科学合理，以及判断组织者是否具备统领全局的能力；其次，要针对高校管理育人组织者组建的育人队伍进行评价，以判断组织者组建的队伍结构是否合理，培训、监督和考核是否到位；最后，要针对高校管理育人组织者进行绩效评价，以判断高校管理育人工作在组织者的领导下是否取得成效，以及成效是否显著。

第二，加强对高校管理育人实施者的评价。高校管理育人实施者是育人工作的直接参与者，在育人过程中发挥着主导作用，直接影响着管理育人的成效。在评价过程中，可以将高校管理育人实施者的年龄、文化程度、专业水平、岗位级别、家庭环境等因素纳入评价体系，分析出影响实施者育人成效的积极因素和消极因素。在分析出影响育人成效因素的基础上，结合实施者的育人效果，就能够比较客观地得出评价结果。

第三，加强对高校管理育人受教育者的评价。高校管理育人受教育者作为

育人对象，是育人工作评价的中心环节，也是评价高校管理育人工作成效的最
关键环节。加强对高校管理育人受教育者的评价，一要充分了解受教育者的年
龄、专业、年级、性格、兴趣等因素，二要充分了解受教育者在育人过程中对
于育人活动的主观感性认识，三要充分了解受教育者在知识、技能、行为等方
面是否有收获。通过对受教育者各方面的了解，结合受教育者的育人成效，能
够客观地对受教育者做出评价。

第十三章　新时代高校管理育人的实践探索

第一节　江苏大学"三全育人"示范校建设

一、江苏大学深入推进"三全育人"综合改革

江苏大学认真学习贯彻全国教育大会精神，落实立德树人根本任务，围绕"培养什么人、怎样培养人、为谁培养人"的根本问题，深入实施思想政治工作质量提升工程，大力推进"三全育人"综合改革，努力培养社会主义事业合格建设者和可靠接班人。

（一）构建"一个体系"，营造"三全育人"良好氛围

动员整合全校资源，构建"三全育人"协同推进工作体系，召开"三全育人"综合改革推进会，先后印发《"三全育人"工作实施意见（试行)》《"三全育人"综合改革建设方案》《关于进一步加强和改进思想政治工作的实施办法》《加强思想政治理论课建设的实施意见》等文件，部署实施"三全育人"综合改革试点工作。成立党委教师工作部、党委研究生工作部、思想政治教育研究院和"三全育人"创新发展中心等机构，统筹教师、研究生和本科生思想教育与管理服务工作，加强对学校思想政治教育工作的创新研究，为"三全育人"工作提供理论指导与决策咨询。积极搭建育人示范引领平台，先后遴选出"三全育人"综合改革示范（创建）学院 4 个、示范（培育）专业 19 个、示范（培育）研究生导师团队 20 个、管理服务示范岗 14 个，充分发挥先进典型示范作用，全面调动各单位、各群体、各岗位育人积极性，切实推动全校教职员工把工作重心和目标落在立德树人上来。

（二）实施"三大工程"，夯实"三全育人"工作基础

实施育人保障工程，建立健全学校党政领导、部门牵头、群团协同、培养单位落实的"大学工"机制，将"三全育人"综合改革工作列入学校年度目标任务综合考核，激励全校师生员工共同推进"三全育人"改革。实施成长导航工程，研究具有学校特色的学生核心素养体系，制定《大学生思想政治教育学习纲要》，指导学生在大学不同阶段的思想政治学习；开设 6 门"学业规划"课程，切实指导大学生科学制定、有效实施和适时修正学业规划，实现对学生成长发展的全过程教育引导。实施素质提升工程，建设"素质教育中心"，开发建设素质类课程群，拓展完善素质类培训项目，提升学生综合素质。探索开发海外社会实践项目群，每年投入 500 万元、支持 100余个项目，已资助 4000 余名学生赴海外学习交流。成立"创新创业学院"，设立"大学生创业基金"，建立就业创业工作站、创业孵化基地，培养学生创新创业能力。

（三）紧扣"六大任务"，构建"三全育人"创新格局

协同推进思政课程和课程思政，落实校领导联系思想政治理论课制度、校领导和教学督导听课制度，持续深化思政课程教学改革，培育 1～2 门国家级精品思政课程，完善专业课程育人评价机制，凸显课程教学实效。协同推进科研育人与实践育人，积极构建"六爱心"志愿服务体系，倾力打造研究生支教团优秀项目、苏北振兴优秀试点等实践育人品牌，做优"一院一赛"，做实"一系一项目"，将学生的科研活动与创新创业活动、社会实践相结合。协同推进文化育人与网络育人，加强传统媒体与新媒体宣传舆论阵地建设，开展"聚焦一线"宣传行动，依托智慧校园体系，不断推出校园网络文化产品，推广网络名片名作。协同推进心理育人与资助育人，打造"1＋X"心理服务模式，促进学生身心健康发展；坚持助困与励志相结合，构建资助育人体系。推进服务育人，实行学生事务"最多跑一次"改革，开展"温馨服务站""谈心屋"等活动，打造品质后勤，打造"家"文化。协同推进管理育人与组织育人，优化育人制度，强化组织保障，将思想政治教育融于各个岗位和各个群体的工作之中，营造良好育人氛围。

二、 江苏大学关于 "三全育人" 的工作实施

（一） 总体目标

以习近平新时代中国特色社会主义思想为指导，以理想信念教育为核心，以社会主义核心价值观为引领，以全面提高人才培养能力为关键，切实提高思想政治工作亲和力与针对性，强化基础、突出重点、建立规范、落实责任，一体化构建内容完善、标准健全、运行科学、保障有力、成效显著的具有江苏大学特点的思想政治工作体系，形成全员、全过程、全方位育人（以下简称"三全育人"）格局。坚守师德师风是教师队伍素质的第一标准，把立德树人的成效作为检验学校一切工作的根本标准，着力培养德智体美劳全面发展的社会主义建设者和接班人。

（二） 基本要求

1. 以新思政观引领全方位育人

全校各级组织、全体教职工要高度重视全方位育人，立足新时代，深入学习贯彻习近平新时代中国特色社会主义思想和党的十九大精神，深入贯彻落实习近平总书记关于加强和改进高校思想政治工作的重要论述，提高政治站位，坚持党对学校思想政治工作和意识形态工作的领导，建立和完善党委统一领导、党政群齐抓共管、专兼职队伍相结合、全校各部门紧密配合、学生自我教育的全方位育人领导体制和工作机制。从中国特色社会主义教育是知识体系教育同思想政治教育的结合与综合这一基本认识出发，坚持辩证统一，科学认识并把握思想政治工作的定位，坚持育人导向，突出价值引领，整合各方育人资源，把促进学生成长作为学校一切工作的出发点，调动一切积极因素，利用一切条件和途径，采取多种方法和措施，对大学生进行全方位的思想政治教育，在充分发挥思想政治教育主渠道、主阵地作用的同时，着重探索新形势下大学生思想政治教育新方法、新途径的育人作用，切实将思想政治工作全方位融入学校办学治校之中。

2. 校院联动构建全员育人体系

全校各级组织、全体教职工要树立全员育人观念，所有部门和所有教职员工都有育人职责，学校党政机关人员要做到管理育人，任课教师要做到教书育

人，后勤人员要做到服务育人。学校和学院协同联动，构建一体化全员育人工作体系，围绕"立德树人"根本任务，遵循思想政治工作规律，全面统筹办学治校各领域、教育教学各环节、人才培养各方面的育人资源和育人力量，实现全员育人工作的协同协作、同向同行、互联互动。在全员育人体系中，学校主要以课程育人、科研育人、实践育人、文化育人、网络育人、心理育人、管理育人、服务育人、资助育人、组织育人等"十大"育人体系为基础，构建宏观的一体化全员育人体系，着力打造思政名师团队和高素质辅导员队伍，落实党政领导联系学院、处级干部联系班级和支部制度，培养作用突出的学生骨干队伍，推进工作队伍一体化；学院主要根据学校宏观育人体系，推动全员育人工作的深入落实，进一步研究育人元素和育人逻辑，构建微观的一体化育人体系，着力凝练特色育人品牌，建设协同育人项目，探索教育教学新方法，对实体课堂、实践课堂、云上课堂实行并重并举，推进课上课下协同育人，提高学生的综合素质。

3. 健全机制打通全过程育人通道

全校各级组织、全体教职工要落实好全过程育人，坚持育人问题导向，遵循过程育人规律，把破解学校思想政治工作不平衡不充分问题作为目标指向，认真研究大学生从入学到毕业整个过程成长成才的基本规律，健全学校全过程育人机制。贯穿学校、家庭、社会、学生"四位一体"育人通道，精心规划从低年级到高年级不同阶段的思想政治教育的工作重点和方法措施，分年级、分时段有针对性进行大学生思想政治教育，推动思想政治工作融入人才培养各环节，促进学生全面、健康成长。落实落细思想政治工作主体责任，实施育人职责清单制，将监督和考核融入整体制度设计和育人过程的各个环节。着力打通学校育人过程中存在的盲区、断点，加强各个环节中的思想政治教育，真正把各项工作的重点和目标落在育人效果上，切实做足育人大文章，唱响育人最强音，不断提高学校育人工作水平。

（三）主要任务

1. 强化思想政治工作领导体制

学校成立由校党委书记、校长担任组长的思想政治工作领导小组，加强对学校思想政治工作的领导，落实主体责任，建立学校党委统一领导、部门分工负责、全员协同参与的责任体系；将思想政治工作纳入各级党政组织的职责范畴，把"三全育人"工作摆在全局工作突出位置，形成"党委统一领导、党政工团齐抓共管、职能部门组织协调、全校各方积极参与"的"大思政"工作体制，构建"宣传—人事—教务—科技—学科—学工—团委—后勤"协同的"大思政"运行机制；将思想政治工作贯穿、融入、结合到学校办学治校、教育教学各个环节，建立规范，落实责任，一体化构建内容完善、标准健全、运行科学、保障有力、成效显著的学校思想政治工作体系，形成一体化育人体制机制和"三全育人"格局；发挥各二级党组织尤其是基层党支部的战斗堡垒作用，从政治上保证"三全育人"最后一公里落到实处，学院层面健全集体领导、党政分工合作、协调运行的工作机制，部门层面建立协作常态机制，纪委强化监督执纪问责，组织部统筹负责全校党建工作，宣传部统筹负责思想政治工作和意识形态工作，统战部统筹负责全校统战工作，教工部、学工部、研工部、保卫部、人事处、教务处、科技处、社科处、研究生院、国际处等部门履职尽责，工会、共青团、妇联等群团组织发挥作用；紧扣"立德树人"这一根本任务，从宏观制度、中观执行、微观评价三层次着力推进"思政＋"向"思政×"深入，推动全校环境的思政叠加和协同，向思政融入和贯通发展，基本构建起具有区域示范影响力和江苏大学特点的新时代"三全育人"生态系统。

2. 完善思想政治工作统筹协调落实机制

聚焦重点任务、重点群体、薄弱环节，强化优势、补齐短板，加强分类指导、注重因材施教，着力破解学校思想政治工作领域存在的不平衡不充分问题；思想政治工作领导小组定期研究部署"三全育人"工作，把思想政治工作贯穿、融入、结合到学校教学、科研、社会服务、文化传承创新、国际交流等工作中，形成具有地方高校鲜明特色的育人品牌和标志；落实思想政治工作主体责任，实施育人职责清单制，进一步明确学校各部门各单位的育人职责，挖掘学校各群体各岗位的育人元素；坚持以师生为中心，抓好"学生、教师"两大群体，强化"学生成人成才报效国家、教师成名成家多做贡献"两个导向，把握师生思想特点和发展需求，优化内容供给、改进工作方法、创新工作载体，全面统筹办学治校各领域、教育教学各环节、人才培养各方面的育人资源和育人力量，指导各职能部门每年研究提出课程、科研、实践、文化、网络、心理、管理、服务、资助、组织等"十大"育人中各育人体系的推进举措等，构建"三全育人"一体化工作体系；将育人的目标、任务、责任分解到各学院、各部门和每一个教职员工，做到既有量化目标，又有过程要求，还有督促检查办法，以相对固化的模式将制度执行变软为硬，实现思政工作贯穿学校发展规划和人才培养体系，推行"一把手"责任制、责任分解制、"家校联动"机制、多元协同机制等；进一步完善高校、家庭、社会、学生构成的"四位一体"育人机制，让各方面联动运行，既互为动力，又互为制约；完善全校各部门齐抓共管的机制，谋求实现目标同向、载体同建、资源同享、节奏同步。

3. 创新思想政治工作实施体系

紧紧围绕立德树人根本任务，以培养担当民族复兴大任的时代新人为目标，以建立思想政治工作与教学科研管理服务相结合的实施体系为根本，切实打通"三全育人"的最后一公里，形成具有区域示范影响力的可推广的一体化育人制度和模式；将思想政治工作以更高的政治站位融入江苏大学"双一流"和研究型大学建设；制定江苏大学"三全育人"综合改革建设方案，制定各个群体和各个岗位育人职责清单，修订完善思想政治工作相关规章制度；遵循整体性原则通盘对"三全育人"生态系统进行优化和创新，从制度层面、执行层面、评价层面对学校育人各要素进行顶层设计；针对提升工作实效、加强教师思想政治工作、优化校园评价和考核机制导向功能、培育优良校风学风等重点、难点问题，设立重点攻关项目或改革试点，提出在若干重点领域改革取得突破性进展的工作目标；围绕学校思想政治工作的盲区和断点，深入分析研究，创新举措，整体推进，加强考核评价，将各个群体、各个岗位的育人职责要求和考核内容融入制度设计和具体操作环节；对全校教职员工实行专业工作和思政教育的"一岗双责"，在育人意识的薄弱环节推行诸如"思政××"子项目建设；通过构建思想政治理论教育创新工作平台、"课程思政"改革项目、网络新媒体育人载体建设、校园文化建设、文明校园建设等工作平台，切实将"十大"育人落实到学校工作的各个环节，落实到每一名教职员工；通过"三全育人"生态系统优化与创新实践，有效深化思政工作融入教育教学主渠道、人才培养主阵地，融入宏观的制度、中观的执行、微观的评价，有效突破思政工作针对性和吸引力不强的难点问题，有效突破任何层次与方位的思政工作都能适应新形势、跟上新变化的问题；将多个课堂融合起来，将线上线下融合起来，将专业课与思政课融合起来，多渠道推进思政教育教学。细化服务节点，扎实建设资助心理关爱网络、党建社团引领网络、管理服务同步网络等工作网络，营造良好的网络育人服务环境。

4. 加大思想政治工作保障力度

稳步推进落实《江苏大学关于进一步加强和改进思想政治工作的实施办法》《江苏大学思想政治工作质量提升工程实施方案》等，修订完善《辅导员岗位聘任办法》《学业导师管理办法》等，严格执行"双重身份、双线晋升"，按比例配齐建强思政课教师、辅导员和学业导师队伍，建设一支政治强、业务精、作风正的专兼职队伍；按照政策与经费并重的多元化支持原则，从协同育人机制体制改革的实际需求出发，建立以立德树人为根本任务、以协同育人创新贡献为导向、激励与约束并重的工作体系，确保政策保障落实到位；深入研究新时代"三全育人"工作的新情况新特点，及时研究解决思想政治工作改革发展重大问题，加强依法治校与"三全育人"综合体制改革重大政策的衔接，认真履行好落实立德树人根本任务的政治责任和领导责任。学校在政策上全力支持"三全育人"与专业人才培养工作实现深度融合，深化"三全育人"工作综合体制改革，抓好年度"三全育人"重点改革任务的落实，重点推动新时代"三全育人"工作的传统媒体与新兴媒体融合发展，构建并优化"三全育人"空间治理结构，强化服务功能，以协同方式整合优势资源，形成"三全育人"生态系统，释放育人育才的活力；进一步完善经费投入机制，加强对"三全育人"生态系统经费的支持力度，设立党建和思想政治工作专项经费，加大"十大"育人体系各项目的经费投入，设立党建与思想政治教育专项研究课题，支持思想政治工作队伍结合工作开展研究，加强思想政治工作和"三全育人"薄弱环节研究与专项问题攻关。

5. 改进思想政治工作评价管理规范

以"十大"育人体系为基础，系统梳理归纳各个群体、各个岗位的育人元素，并将其作为职责要求和考核内容融入整体制度设计和具体操作环节，推动学校思想政治工作制度化，推动全体教职员工把工作的重心和目标落在立德树人和育人实效上，并体现在教职工个人年终考核中；健全评价体系，坚持定性分析和定量分析相结合、工作评价和效果评价相结合，研究提出内容全面、指标合理、方法科学的评价体系，规范保障"三全育人"生态系统的优化与创新；建立有效的考核监督机制，增强育人生态系统各实施主体的责任意识、服务意识和实效意识；将学生思想政治教育纳入各学院党政班子目标责任，纳入党政班子考核内容，纳入办学指标和教学评估体系；全校上下都以育人为根本、以育人为动力、以是否有利于育人工作开展和是否取得育人成效为衡量标准，确保育人制度及其执行工作落细落小落实；开展创建"三全育人"示范院系活动，评选先进集体和先进个人。

三、 江苏大学 "三全育人" 的具体实践

（一）做细做实疫情防控

每日督促学生健康打卡，按要求收集、审核、报送各项疫情报表；加强疫情期间线上学风建设，协调教师、学业导师和辅导员对相关学生给予针对性帮扶；为学生提供快递邮寄、线上解答等一系列暖心服务；疫情期间制定完善《新冠肺炎疫情防控期间学生管理方案》《学生返校及新生报到工作方案》等十余个文件，实施"一测二核三查四通过"返校报到方案，共计审批、组织返校学生达 35000 余人次。

（二）不断加强大学生行为习惯养成

进一步完善学生教育管理规章制度，将思想政治工作融入岗位管理，规范学生日常行为，组织本科生认真学习学校规章制度，统一组织大一新生持之以恒开展早操、晚自习活动，开展基础文明督查，促使学生养成早睡早起按时吃早餐的良好生活习惯，提高身体素质，锻炼意志品质，引导学生自我教育、自我管理、自我服务、自我监督，达到全程育人目的，促进学生健康成长成才。

（三）夯实大学生学风建设

加强学业导师制，发挥其在学风建设中的重要地位。加强优良班风建设，完善先进班集体建设指标体系，加大学风建设的考核力度。加强学风督查，推行实时通报制度。鼓励学生开展晨读活动，严格晚自习管理，促进学生养成良好的学习生活习惯。每年开展"学风建设月"主题教育活动，加强宣传教育。加强诚信教育，严肃考风考纪。加强考试管理，对考试作弊等行为严格依照违纪处分规定进行规范处理，重视对违纪学生的后续教育和转化工作，引导其认识错误，改过自新。教育学生学习重心前移，养成主动学习习惯。加强对学生进行考研教育指导，帮助学生解决心理困惑和报考、备考、复试等环节的实际问题。近五年来，江苏大学升学出国率从 18.8% 上升到 28.3%。

（四）深入实施"石榴籽"成长育人机制

做好民族学生的教育管理服务工作。形成"四进两联一交友"工作模式，即：进宿舍，进班级，进食堂，进网络，联系家长，联系学院，与学生交朋友，开展点对点谈心谈话。做到心中有爱、心中有责、心中有数、手里有招，努力培养民族团结进步事业的建设者和社会主义的可靠接班人。

（五）加强安全教育

开展全员、全过程、全方位法纪安全教育，健全"学工—保卫—公安"安全工作联动机制，注重重点时间节点、重点区域和重点人群的安全教育管理，加强线上宣传力度，通过微信公众号多次推送安全教育内容，提高学生安全意识和防护能力。

第二节 苏州大学学生社区管理

一、 物业管理模式下的苏州大学学生社区管理

2004 年，苏州大学深入开展后勤社会化改革，积极探索适合中国高校及具有"苏大特色"的后勤管理模式，完成了体制转型。其中，在学生社区管理方面也转型成了物业管理为主线、学校相关部门共同参与的半社会化的管理模式。经过十几年的探索和实践，苏州大学在学生社区管理方面取得较好的服务效益，推动了学校的改革和发展。

学校现有天赐庄校区、独墅湖校区、阳澄湖校区三大校区。校内共有 95 幢学生宿舍楼，住宿学生约 4.1 万人，包括本科生、研究生、留学生、成教生等。社区划分以校区为单位，各校区内相对集中的住宿楼自成学生社区。近年来学校不断致力于改善学生的住宿条件，注重学生社区育人功能的发挥，高度关注学生宿舍的硬件建设、物业服务及文化建设等，并实施了一系列的改善举措。

（一）机构设置和运行机制

学校成立学生宿舍管理办公室，挂靠后勤管理处，负责全校学生社区内宿舍的调配工作，对物业公司的指导、监管和考核工作，与学生工作部门的沟通协调工作，以及与学校保卫部门和物业公司一起做好学生社区的安全保卫工作

等。办公室设主任 1 人（副处级及以上）、副主任 1 人（正科级）、其他工作人员 3 人。全校学生社区管理服务工作实行服务外包的物业管理模式，即学校将全校学生社区按校区进行标段划分，每两年面向社会公开招标物业公司对学生社区进行物业管理。

运行过程中，社区的管理服务工作主要分为五大模块，即安全稳定、环境清洁、维修维护、便民服务和文化建设。其中学生宿舍文化节、门厅文化、阵地文化、社区舞场、学生自治组织建设是社区文化建设的几大抓手。物业公司在其中主要承担社区宿舍楼内的环境清洁、水电供应、维修和安全秩序维护等事务性工作，以及协助学校做好文化建设和提供个性化的便民服务工作等。学校后勤处作为物业监管部门，主要是对物业公司进行指导、监管，及时反馈师生的意见和建议，对物业企业进行评价和考核，与学生工作部门、学院共建社区文化，指导学生自治组织有效开展工作，等等。

（二）功能发挥和取得成效

近年来，学校不断致力于改善学生的住宿条件，注重学生社区育人功能的发挥，对学生宿舍硬件建设、物业服务及文化建设等高度关注，实施了一系列的改善措施，提高了学生社区的管理和服务水平。

1. 改善基础建设，配套设施进社区

自 2011 年以来，苏州大学实施了一系列优化学生社区的配套设施改造工程，有计划有系统地改善了学生社区的居住条件，在提升了学生对社区的认同感和归属感的同时也提升了学生社区的文化品质。2011 年暑假，学校为全校所有宿舍楼安装了空调，大大提高了学生在社区生活的幸福感；2012 年开始，学校开始加强社区内阵地建设，逐步对宿舍楼进行潜力挖掘，在有条件的宿舍楼内设立书房、自修室、活动室、舞蹈房、洗衣晒衣房、厨房、学生自治组织办公室、会客区、阅读角等，在有条件的宿舍门厅内配置了自助咖啡机、云打印等服务设施，最大限度地满足学生社区内学生的学习、生活和娱乐需求。学生社区的进一步改造受到了师生的广泛肯定和欢迎，也为学校进一步深化社区育人工作奠定了坚实的基础。

2. 开展多彩社区活动，文化建设进社区

社区文化活动对于陶冶学生情操、提高学生的品位有着重要的作用。近年来，苏州大学高度重视社区文化在学生教育中的积极作用，提倡文明健康、积极向上的社区文化理念，营造浓厚的文化氛围，广泛开展多样化的社区文化活动。目前，苏州大学的社区文化建设主要由学生宿舍管理办公室主导，由学生自治组织和承担学校学生宿舍物业服务企业分工承办，以每年定期举办的学生宿舍文化节为主要抓手，以学生需求为目标，紧密围绕工作重心开展文化节活动。活动主题涵盖环境清洁、安全保障、和谐关系、生活服务、真情呵护等多个方面，学生和各物业公司根据各自专长，策划和承担具体活动内容。如举办消防安全演练、安全技能培训和知识竞赛等活动，增强学生的安全意识和防范技能，打造安全社区；定期举办学生"议事会"活动，老师和学生面对面交流社区内的大小事务，既可以全面回应学生的诉求，又是学生民主参与社区事务管理的全新尝试；开展"五星宿舍""和谐宿舍"等评比活动、"我最喜爱的宿管人"评选活动、宿舍才艺大比拼等活动，寓教于乐，让学生在轻松娱乐的氛围下张扬个性，培育和谐的人际关系，在潜移默化中发挥情感同化的作用，推动学生社区精神文明建设；五项基础文明宣传视频及微信公众号建设，拓宽了社区文化的宣传渠道，极大地发挥了思想政治教育的辐射作用；物业向学生提供个性化的便民服务，如冬日暖心粥、免费缝补站等，让学生感受到家的温暖，增强了学生对社区的认同感和归属感。

3. 鼓励学生参与管理，学生自治进社区

现代学生社区管理，不再仅是学校职能部门的工作。伴随大学生自主能力的逐步提高，社区管理不再闭门造车。苏州大学充分意识到学生参与社区管理对提高社区管理水平及学生自身能力均利大于弊，社区在学生成长成才过程中起着重要作用，于 2012 年 9 月，在独墅湖校区二期试点成立学生社区自治组织——学生宿舍自我管理与发展委员会（简称"宿管会"）。经过近一年的探索与实践，其队伍进一步完善，于 2013 年 6 月底正式成立全校性宿管会，学生宿舍管理办公室对其进行指导和服务。

该组织的基本定位是：助手、桥梁、自主管理，即是学生宿舍管理办公室开展工作的助手，是学生与学校之间联系沟通的桥梁，是学生自主管理与成长成才的平台。组织成员围绕宿舍服务、安全、卫生、文化、信息等方面开展工作，在服务广大同学的实践中也让自身得到多方面的锻炼。目前，每个校区都成立了宿管会，独立负责本校区内学生社区管理工作。宿管会是一支学生社区自治队伍，主要设三大部门：其一是内务部，主要负责楼内卫生治理、安全卫生检查、功能房管理及其组织内部事务性工作；其二是外务部，主要负责对外交流与沟通，成为连接学校与学生的纽带，组织相关社区文化活动等；其三是宣传中心，主要负责文明社区生活宣传倡导、学生生活权益宣传、各项活动宣传等工作。这种组织架构，简单不冗杂，层级清晰，职责明了，既便于实现学生自治，最大限度地发挥学生"三自"教育功能，又可以形成学生管理和教育的抓手。

（三）存在的问题

1. 宿舍管理功能定位单一，老校区硬件较差

长期以来，苏州大学学生宿舍管理模式主体是半社会化管理模式，对学生社区的功能定位比较单一，仅仅把它作为学生生活的场所，忽略了学生社区在"育人"方面的重要作用。学生社区的生活设施也不够完备，仅提供必要的起居设施，学生在社区中的活动也显得比较单一和贫乏。社区几乎没有学习、娱乐使用的场所及设施，包括自习室、阅览室、健身房、学生活动中心等，也没有设立供学生组织使用的办公室或活动场所。

2. 宿舍管理职能部门权责不清、制度不健全

苏州大学学生宿舍管理模式主体是半社会化管理模式，学生宿舍中的值班、卫生保洁、水电供应及物品维修等工作由物业管理公司负责；而后勤部门主要负责对校外的物业公司进行选取、监督和管理；各个院系主要负责学生社区中学生的日常管理、思想政治教育工作；学生事务中心主要负责社区内的一切事务，包括学生、物业的考核、宿管的监管。由于宿管中心、后勤部门、学生社区事务中心各部门之间互不隶属而且多部门共同管理，因此在日常的管理和服务过程中会出现协调不到位的现象、互相推诿的现象，特别是有些职责存在互相重叠的情况，遇到问题更容易互相推脱，从而不利于问题的解决和效率的提高。

3. 宿舍管理效能低下，与学生思想政治工作脱节

目前苏州大学学生宿舍的日常管理和服务人员由后勤部门聘用，而学校的后勤部门为了节约成本，常常会聘用一些离退休人员或临时工来管理学生宿舍，这些管理人员整体素质参差不齐，缺乏必要的专业知识和职业培训，难以胜任学生的思想政治教育工作。

4．宿舍基础设施建设"重硬偏软"

苏州大学学生宿舍区的建筑物、宿舍、食堂等与学生学习、生活密切相关的物态环境文化建设，不能最大限度地满足学生的物质需求。宿舍区自然景观和人文景观等自然环境文化多样性不强，自然环境文化缺少大学文化气息和文化底蕴，缺少人与自然的和谐性，缺乏反映学校历史文化、体现人文精神的雕塑和艺术展品，缺少体现学生创新精神的作品，不能为大学生构建一个意义深远的文化世界，不利于进一步提升学生的综合素质，不利于促进学生生活品位、审美能力的提升和个性的发展。

5．宿舍文化建设过度"行政化"

目前，苏州大学的宿舍文化建设主要由学生自律委员会负责。社区文化建设带有浓厚的行政色彩，主要是由学校领导层自上而下地对各项事务进行安排。而社区主体——学生则往往处于被动的地位，他们对社区文化发展决策和实施的参与性较低。而且，社区文化活动缺乏独到的创作，缺乏必要的针对性，一味承袭过去的模式，造成大多数学生对社区文化活动失去兴趣。从质量上看，社区文化活动的质量不高、品位不高，不能满足广大学生的需要。从社区活动的组织过程来看，由于准备不充分，经费、设备和场地严重不足等原因，活动开展得不够理想，有时甚至影响活动的正常举行。

二、 苏州大学敬文书院学生社区管理模式的结构与运行

为积极探索高素质创新型人才培养模式，践行全环境育人，苏州大学借鉴剑桥、哈佛等国外知名大学"住宿学院制"和香港中文大学"书院制"等管理模式，结合自身实际，在2011年成立了全校首个书院制学生社区敬文书院，它是苏州大学实行学生社区育人管理模式的探索和实践，是一个年轻的生命体，正焕发着勃勃生机。敬文书院以"育人为本、德育为先、个性培养、全面发展"为理念，弘扬"为国储材，自助助人"的敬文精神，倡导"明德至善，博学笃行"的院风，以培养具有深厚人文底蕴、创新科学精神、扎实专业知识、宽广国际视野的高素质创新人才为目标，汇聚不同学科专业背景的学生和导师，共建一个师生亲密互动的学习、生活共同体。专业背景各异的学生汇聚在一起，面对不同文化间的竞争和交流，形成了一个温馨融洽的社区，一方成

长提升的沃土，一片相互砥砺的广阔天空。

2011 年成立之初，敬文书院迎来首届 111 名敬文学子，他们分别来自校本部、东校区和北校区 11 个不同的学院，通过学生申请、竞争遴选的方式进入书院。到了 2014 年，书院已达到四届学生共计 400 人左右的规模。书院实行竞争准入机制，优胜劣汰、择优补缺。每一个敬文学子都拥有双重身份，既在专业学院担当角色，接受学院的专业课程教育，又隶属于书院，在书院里接受课程外的通识教育。另外，学生的党团组织建设和学生活动的开展等都由书院负责。

（一）机构设置及运行机制

学校实行"试点书院 + 双院并存"的体制。目前，书院领导班子由院长班子（名誉院长、院长、副院长各 1 人）、党委书记 1 人（副院长兼任）和学生事务中心主任、副主任、团委书记、副书记、常任导师（由辅导员出任）各 1 人组成。书院工作主要分为党建工作和学生工作两大方面。书院建立之初设立党支部，后在 2015 年撤销党支部，成立党委，具有可独立开展党团工作的资质，为书院培养学生干部提供了强有力的保障；学生日常事务性工作由学生事务中心和团委负责，学生事务中心负责学生的思想政治教育、资助管理和教学管理工作，团委负责学生的思想引领、科技创新和社会实践方面的工作；书院成立学生组织——学生会（学生服务中心），学生会和书院职能部门一起共同管理社区内的各项事务，负责社区内学生的自我管理、教育、服务和发展。书院推行全员导师制，设有常任导师、学业导师、助理导师和社区导师。辅导员出任常任导师，选派具有较强责任心和能力的研究生担任助理导师，而社区导师则由后勤物业人员担任。除学业导师外，其他导师的办公地点均设于书院内，与学生无间距接触，开展思想教育和管理工作，为学生的成长成才提供全面个性化的指导和服务，帮助学生养成良好的生活习惯和健康向上的生活方式，促进学生优先发展、个性发展、全面发展。学业导师由学校选聘具有高级职称或具有博士学位的优秀教师等担任，负责学生的学业辅导、创新教育和生涯规划教育。

（二）优势分析及功能发挥

1. 社区化管理

完善的社区条件使学生安居乐学。书院院舍坐落于古韵悠然的本部校园东北一隅。粉墙黛瓦的三座小楼——南苑楼、北苑楼和内苑楼三幢宿舍楼及绿树葱郁、苏式园林风格尽显的外环境共同组成了一个小型社区。社区内除为学生提供宿舍外，还有供师生进行交流研讨、活动、生活的各类场所，如导师办公室、图书阅览室、自修室、谈心室；咖啡吧、健身房、琴房供大家健身和娱乐；洗衣房和厨房等方便了学生的生活。学生在社区内可以享受到各类丰富的生活、学习和交流活动，可以说书院无时无刻不在给予着学生家的温暖。频繁的社区互动和丰富多样的社区文化形成社区认同。首先，敬文书院的住宿安排打破了传统按学院、年级、专业的编排方式，同一个宿舍由不同学院不同专业的学生共同组成，为学生之间的交流和沟通搭建了桥梁。其次，全员参与的导师制使得学生与老师之间面对面交流的机会增多。另外，书院经常开展各类社区文化活动，使得不同背景的学生共同参与其中，通过全新的接触和亲密的合作，在这个过程中相互关照、互助共进，建立起深厚的友谊，从而培养起学生对书院的认同和归属感[①]。

2. 导师制——全员育人模式

导师制是一种学生与导师面对面地交流，注重陶冶价值观和思维方式而不注重罗列事实的教育方式，是西方住宿学院的鲜明特点之一。敬文书院借鉴西方住宿学院的导师制，建立多支队伍的导师团队，拥有不同的知识结构层次（不同学科和专业背景的专业教师、辅导员、物业生活老师、研究生）和不同年龄梯队（长辈、同辈），通过不同的方式与学生沟通，使学生在学业理解、创新创造、生活自理、课外活动、心理辅导等方面都能得到辅导或是在潜移默化中受到影响，真正实现了全员育人的目的。

3. 充分发挥以学生社区为载体的思想政治教育功能

常任辅导员、助理辅导员和社区辅导员常驻学生社区，以社区为教育载体与学生同生活，将学生的行为养成、学风建设、帮困助学、文化建设、心理健康辅导和生涯发展指导等工作做进学生社区，能够及时深入了解学生的生活状况和思想动态，有利于提高全面育人和思想政治教育工作的实效，充分发挥学生社区的育人优势。

---

① 沈院生. 高校学生宿舍社区化管理问题与对策［D］. 苏州：苏州大学，2015.

4. 社区自治权在一定程度上得到释放

学生自治是学生在一定的权限范围内，自行管理与自身相关的学习和生活事务，以形成道德自律能力的活动。学生自治组织以学生社区为载体，以党团工作为抓手，在社区范围内开展能够充分发挥学生的自我教育、管理和服务功能的活动，是提高学生的凝聚力、积极性和适应社会能力的重要途径。敬文书院目前拥有一个学生自治组织，即学生会，又名学生服务中心，其秘书长由常任导师兼任，下设八个部门。各部门在指导老师的指导和关心下，通过与学校相关职能部门和学生组织进行业务对接，围绕宣传、学生关爱、书院核心计划、文化活动、心理健康、创新竞赛等方面开展工作，其自主参与管理的权利一定程度上得到了发挥。但受高校管理体制、机制的束缚，学生民主参与和监督环节还存在薄弱点，书院在学生参与自治方面还需结合自身实际情况，大胆、理性、科学地进行创新和改革。

三、 苏州大学实施学生社区管理的经验与启示

目前，苏州大学学生社区管理主要采取两种模式，一是物业管理模式下的学生社区管理，二是书院制学生社区管理模式，以敬文书院最为典型。实践充分证明，在大众化教育背景下，高校学生社区应被学校所重视，其特有的教育功能应该被发现、挖掘和充分发挥。将传统的学生住宿管理转型为学生社区管理，既是教育模式的创新，也是社区管理模式的创新。它所指向的以生为本，促进学生全面发展以及师生互动、社区自治与全员和全环境育人等核心思想理念，是我国所有高校在学生的教育管理工作中都应坚持的。苏州大学在学生社区管理改革的进程中，充分结合自身的实际情况，借鉴国际经验，在学生社区管理方面进行了一些探索和创新，取得了阶段性改革成果，积累了不少宝贵经验，为提高我国高校学生社区管理水平提供了借鉴意义。突出的有：

（一）把握学生社区管理精髓

大学教育不应单纯是课堂教育，也应该贯穿于学生日常生活中。作为学生学习、生活和交往的重要场所的学生社区，其管理的精髓是将学生教育延伸至社区，发挥社区的教育功能。无论是物业管理模式下的学生社区管理，还是书院制学生社区管理，苏州大学都能够把握住学生社区管理的精髓，切实将社区的教育功能落到实处。尤其是敬文书院的全员育人模式，借鉴西方大学住宿学

院制模式经验的，结合自身实际，建立了与学生社区密不可分的导师制和导生团，使学生在学业理解、专业调整、创新创造、生活管理、课外活动和心理辅导等各方面都能在社区内接受到"面对面"的指导与帮助。物业管理模式下学生社区管理，特别注重管理育人、服务育人和环境育人的功效发挥，使学生在日常生活中潜移默化地接受到来自管理、服务和"家环境"的感染与熏陶，在做好日常保障的同时，发挥隐性教育的力量。高校进行学生社区管理，应充分认识到学生社区的教育属性和育人的巨大潜力，整合各方资源，进行全员、全方位和全过程育人，同时将思想政治教育引入学生社区，使学生社区成为一个集教育资源和保障资源于一体的育人阵地，促使学生社区管理有效运行。

（二）坚持硬环境改造与软环境营造相结合

为学生提供优良的环境是进行学生社区管理的重要内容。学生社区环境既包括物质保障方面的硬环境，也包括陶冶情操、彼此关怀、有助于个人成长发展的软环境。苏州大学在学生社区硬环境的改造方面，一直致力于改善学生的住宿环境，不断完善设施设备，在条件允许的情况下，逐年对老旧宿舍进行改造升级，配备相应的功能用房和生活设备，伴随及时高效的维修服务，以满足学生日益增长的物质需求，为学生提供满意舒适的物理环境，从而增加了学生对社区的归属感。敬文书院更是在外环境上下功夫，社区内设计了庭院、假山等苏式园林风格的建筑，充分关注学生的社区感受和生活体验，陶冶情操，增加了学生对社区的自豪感和归属感。社区软环境实为社区内成员间发展彼此关系、有助学习、具有共同感的，从而有利于个人成长和发展的人际环境。在学生社区管理中，营造良好的人际环境对于个人成长与发展至关重要，通过丰富的同伴互动和文体等活动，拉近社区成员间的距离，从而营造彼此关心、互敬互爱、互助共进的良好社区氛围。软、硬环境的共同作用，不仅加深了学生对社区的认同感和归属感，使学生更加关心社区生活，主动参与社区管理，更能让学生在社区中得到全面发展，实现社区的终极教育目标。

（三）注重社区文化建设

文化建设是社区管理的灵魂。学生社区文化是高校校园文化的有机组成部分，它不仅可以丰富校园文化的内涵，而且能加快校园文化精神的传播。苏州大学学生社区以多彩的文化活动为载体，以多种主题引领社区文化发展方向，通过教育性、体验式等文化活动让学生参与社区文化建设，将第一课堂和第二课堂相结合，体验、互动、感受，在潜移默化中接受正能量的熏陶，实现了学生的情商、德商和智商的同步发展。书院制社区更是以"三大核心计划"将隐性教育与显性教育相结合，以全面提升学生的综合素质为目标，鼓励学生知识互补、拓展思路、相互启迪。因此，高校应高度重视学生社区文化建设，切实做到解放思想，与时俱进，勇于创新，充分挖掘，打造学生社区品牌文化活动，在坚持政治旗帜不偏向、教育目的不动摇、艺术性和知识性兼具的基础上，积极引导学生自觉自愿地参与到社区文化活动中，锻炼能力，增长知识，实现思想境界的提升和健全人格的养成。

（四）重视学生主体性精神养成

学生参与社区自治是培养学生主体性精神的重要手段。苏州大学充分认识到学生自治在学生行为和素质养成中的重要作用，通过建立学生自治组织（学生宿舍自我管理与发展委员会、学生服务中心）引导学生参与到社区的管理、决策、服务和评价中。通过规范学生的义务和给予学生一定的权限，一方面强化学生自律意识，约束学生的行为，另一方面促进学生自我的积极参与，保障学生的主体地位，切实贯彻"学生发展"的理念①。

第三节　徐州技师学院"班级工厂"

一、职业院校引入企业化管理的必要性和主要作用

职业院校的主要任务是培养企业的一线操作工人，为了达到这个培养目标，职业院校必须要与企业进行密切对接，其专业设置、培养目标、培养模式和培养方法都要紧跟企业需求，按照企业的运行模式来管理和培养学生。而引入企业化管理模式，为学生模拟真实的企业环境，是培养学生职业素质和专业技能水平、使学生成为具有一定实践经验的技能型劳动者的有效手段，在提高学生的职业素养水平，让学生尽快了解企业管理文化、尽早适应企业需求等方面都有着重要作用。

---

① 张梦思. 高校学生社区管理中的问题与对策研究 [D]. 苏州：苏州大学，2018.

（一）职业院校引入企业化管理体现了职业教育的本身特性

职业教育是以传授知识与技能，突出技术能力训练为重点，注重学生职业素养的培养与技能水平的提高，培养的学生既要遵守学校的规章制度，也要遵守企业的规章制度和管理要求，更要能够适应企业发展的需求，这就决定了职业教育有其自身的特殊性，其培养的重点主要包含三方面的内容：一是学生职业素养的养成，二是学生基本技能的训练，三是学生未来发展所必需的知识和技能的积累。在培养的方法和手段上，学校要尽量和企业对接，模拟企业的培养环境，引入企业的管理模式，使学生在学习期间就能够适应企业的环境和管理要求。由此可见，职业院校引入企业化管理是由其培养目标所决定的，是将学生培养为合格的企业员工的重要手段之一。

（二）职业院校引入企业化管理是毕业生"零距离"就业的需要

从某种意义上说，职业教育就是一种就业教育，职业院校的生存和发展关键是提高学生的就业率，真正实现学生的"零距离"就业。要实现"零距离"就业的目标，除了学生学习的知识、专业技能等要与企业"零距离"对接之外，更重要的是学生的职业素养、行为规范和对企业文化的认知等也必须与企业的需求实现"零距离"对接。要达到这样的培养目标，职业院校必须要引入企业化管理的模式来管理和教育学生，其基本的做法就是，模拟企业生产环境，采取企业管理员工的办法，使之与学校的一般管理方法相融合，在学习、生产、实训、生活等各个方面都充分体现职业特色，突出学生的"双重"身份，通过环境的影响，达到培养学生职业素养的目的。另外，引入企业化管理的模式，还有一项重要任务就是宣传企业文化，让学生认同和接受先进的企业文化及价值理念，让学生在校时就能受到先进企业文化的熏陶，把学生培养成具有守纪、勤奋、诚信、合作、创新等优良品质的受企业欢迎的人才，从而为学生的"零距离"就业创造良好条件。

二、"班级工厂"管理育人的提出

职业院校引入企业化管理模式研究是一个复杂的课题，既要有理论方面的探讨，更要有实践方面的探索。其关键是要找准突破口，在管理模式上进行大胆创新实践。近年来，徐州技师学院在校企文化融合、打造特色校园文化、实现校企管理一体化方面，以"班级工厂"建设为突破口，进行了较好的探索和实践，尝试企业化的班级管理模式，让学生在校期间就能在上学如上班、上课如上岗的环境中熟悉、认同和接受企业精神、价值观念、运行规范，提高职业素养，初步完成从"校园人"到"职业人"的转变。所谓"班级工厂"，是指将企业文化（管理理念、制度、方式）元素渗透到以专业为基础的班级教育教学管理之中，形成具有企业化特色的班级文化，以培养学生的职业素养。为建立班级工厂，徐州技师学院制订了"班级工厂"建设方案，对"班级工厂"的基本形式、遵循原则、考核和评比办法提出了指导性意见，并在全校6个系（部）试点建立"班级工厂"。

三、"班级工厂" 管理育人的实践

（一）引进企业文化，树立共同价值理念

"班级工厂"是以班级为单位，模拟企业工厂或车间，班级既是传统的班级又是工厂或车间，学生既是普通的学生又是员工。学习场景模拟企业化，劳动纪律制度化，班级管理科学化，考核标准经济化，人本管理自觉化。"班级工厂"建设，主要通过在教学组织与班级管理中引入企业管理制度，融入企业文化，在环境、场所、组织形式、管理模式等方面模拟企业场景，使学生身在校园如处工厂。通过"班级工厂"这个有效载体，促进校园文化与企业文化的良性互动和相互融合，更好地实现与企业的无缝对接。各个班级根据自己专业的特点，确定"班级工厂"的核心价值，如2012级数控加工（1）班的"精益求精，追求卓越"，2013级焊接（2）班的"业精于勤，百炼成金"，2012级汽修（1）班的"修一技，通天下"等。学生们将这些口号制成标语张贴在班级显著位置，这些精彩凝练、贴近专业的口号，起到了凝神聚气的作用，真正成了学生共同追求的目标，成为他们行为的指南。

（二）模拟企业组织，明确岗位职责分工

1."班级工厂"基本框架

一是以企业名称命名班级，班级改称工厂或车间，企业冠名班则用企业的名称命名班级，如徐工班、罗特艾德班等。

二是以企业的组织人事模式建立班级组织机构、竞聘班干。按照企业车间进行岗位设置，班主任担任董事长，班长担任车间主任，副班长担任车间主任助理。除此之外，设立各个职能部门，比如：人力资源部，负责进行模拟绩效

考核；财务部，进行模拟工资结算；宣传部，负责车间环境布置；生产部，负责知识的学习和实习生产；研发部，负责班级业务活动开发和组织；安全部，负责班级纪律、安全等。实行竞聘上岗和试用期制度。

三是以项目招标方式组织班级工厂活动。把班级每个活动分成项目，由班主任（即董事长）提出要求，发布项目招标书，在班级公开实行招标，学生自由组合策划制作投标书，推选学生成立招标小组，选出最佳的组织活动方案。

四是根据企业的管理制度制定班级的规章和公约。制定既符合企业要求又符合学校要求的管理制度，主要包括：班级公约、员工守则、员工绩效考核办法，教室、实训场地、宿舍的"6S"管理规范等，培养并督促学生养成一个职业人应该具备的基本素质。

2. 引进激励机制，建立并实行虚拟工资制度

充分调动"班级工厂""学生员工"的工作积极性，学校将激励机制引入"班级工厂"的管理中，按照"班级工厂"考核办法，对班级的学习、纪律、活动等进行量化考核，并将考核结果运用到虚拟工资的发放中。把分数制考核变成工资制考核，培养学生重视过程，对自己行为负责的态度。采用虚拟工资制，在具体过程中让学生亲身体验到每个行为、动作都在影响自己，并运用货币的数量直观体现出来，让学生直接感受到自己所做的一切都将会影响自己的生存。具体做法如下：

班级首先设立一个虚拟银行，个人工资全部存入虚拟银行，个人工资的计算由基本工资、奖励工资、扣除工资三部分组成。每个学生每月的基本工资是2000元，外加职务津贴、全勤奖、贡献奖和处罚等项目。如果学生违反纪律被扣分多了，就让他通过打工（义务劳动）赚钱，或给他提前预支下月的工资。每天进行考核，每月汇总个人工资的数量并在全班张榜公布。

个人工资计算考核办法为：第一，根据《员工绩效考核办法》，由本班学生干部和班主任成立考核组负责考核执行。第二，根据每人每个月的考核结果，计算具体的虚拟工资数目，其中：基本工资2000元，班、团干部，其他负责人，小组长负责人分别按照1.3、1.2、1.1系数计算，其他同学按照1.0系数计算基本工资，再计算奖励工资和减去扣除工资部分。第三，按月公布每个人的所得工资，年终按照每个人在虚拟银行的存款多少来决定评优评先等。除此之外，还设学期奖，对考试成绩优秀、获得荣誉称号的学生分别予以奖

励。董事会成员及部门经理的月基本工资标准、奖惩数额相应提高，并有升降级的规定。虚拟工资的做法真实模拟了企业情境下对员工德、能、勤、绩的考量，新鲜有趣，激发了学生创先争优、力争上游的意识，产生了良好的激励效果。

3. 引进企业制度，发挥规范导向作用

企业制度文化是约束企业和员工行为的规范性文化。遵守制度应当成为学生必须养成的首要职业素质。各试点班级具备了企业化管理的相关制度保障，接下来实施的关键就是要做好班级常规管理，尤其在开始阶段要抓严抓实，董事会采取每周行政议事制，由各部经理、班组长评议每周工作，汇总常规检查情况，确定下周工作要点。一段时间下来，学生自觉执行制度的意识大为增强，学生自我管理的能力显著提高，职业素养得到了明显提升。

4. 注重教室和实训场地布置，营造企业车间氛围

教室门口制定统一格式的有机玻璃班牌，标明班级、班主任、班级口号等。教室内有"6S"管理挂图、企业文化标语、班级管理标语、励志口号、学习园地、班级公约和员工绩效考核公示栏。教室后墙一角，统一设计班级卫生角，清洁物品按"6S"要求统一定位、摆放整齐并有标识。

实习实训场地要按照企业的真实生产环境设计和布置，严格按照"6S"管理要求，分区划线，定点摆放，标识明显，材料和加工工件摆放整齐，完全按照企业的"6S"管理要求来进行生产实习。

5. 引进团队理念，培养合作共赢精神

团结协作的团队精神是当今企业制胜的法宝，可以说，一个企业的团队意识越强，它的生命力就越旺盛。因此"班级工厂"在鼓励个人竞争的同时，也重视团队精神的培养。在班级内以小组的形式开展学习、劳动竞赛，同时，把积极参加学校的各项活动作为振奋班级士气、凝聚团队精神的突破口，在技能节、运动会、文艺演出等活动中，鼓励每一位学生为班级荣誉而奋斗。此外，有的班级还组织带有企业拓展训练色彩的趣味比赛，如"信任之旅""无敌风火轮""6人7足""过河拆桥"等必须团队合作、齐心协力才能完成的项目，这些活动有效地培养了学生团队沟通、协作和合作共赢的精神。

（三）全面引入企业管理机制

将企业的管理模式融入学生的日常学习生活中，将"6S"管理及ISO质量管理体系全面贯彻到"班级工厂"建设之中。实训室地面用安全警戒标志划分工作区域，要求学生统一佩戴胸卡，实训课着统一工作服。严格按照ISO质量管理体系要求制作质量记录清单，东西摆放整齐规范，定点定位，参照企业标准制定与之相适应的各项规章制度，根据分工不同严格落实检查和考核，文化墙建设中的比、学、赶、帮、超各项考核资料的记录按照ISO质量管理体系要求填写，使学生身临其境，接受企业管理文化的熏陶。

（四）重点突出对学生职业素养的培养与训练

职业素养是指职业内在的规范和要求，是在职业过程中表现出来的综合品质，包含职业道德、职业技能、职业行为、职业作风和职业意识等方面。

职业素养在企业的发展中有着重要的作用，处于核心地位。从个人角度讲，缺乏良好的职业素养，很难做好本职工作，成为一名好员工。从企业的角度讲，具备较高职业素养的员工，能更好地与企业共生存谋发展，为企业创造财富。企业在录用学生的时候，首先考虑的是他们的职业素养，用工单位几乎一致认为，经验、知识、技能可以在工作实践中逐步积累和培养，但是职业素养必须要按照教育规律，经过学校系统严格教育培养，逐步形成。近年来，徐州技师学院通过开展"班级工厂"建设，较好解决了学生职业素养的养成和培养问题，通过"班级工厂"的管理模式，将学生的素质养成贯穿到日常学习、生活、活动的每个环节中，使其增强对职业素养的理解和认同，逐步形成职业素养自我养成、自我完善的良性发展态势，取得了较好的效果。

四、"班级工厂" 管理育人的效果

职业院校为了实现学生的"零距离"就业，除了在校期间必须要求学生掌握一定的实际操作技能，满足企业对员工的技能要求以外，关键是培养学生的职业素质。通过几年来的学生管理实践，徐州技师学院以"班级工厂"建设为载体，引入企业化管理手段，全面实行"6S"管理和ISO质量管理体系，通过每学期一个主题活动的方式，全面加强校企文化融合，逐步形成了具有自身特色的校园文化，为培养学生的职业素质创造了良好的条件和氛围。在实践中学校体会到，校企文化融合可以使学生直接接受企业文化的熏陶，培养职业素质，完成由学生到员工角色的平稳转变。

（一）在"班级工厂"建设中全面引入"6S"管理

"6S"即整理、整顿、清扫、清洁、素养、安全，是现代企业行之有效的现场管理理念和方法，其作用是：提高效率，保证质量，使工作环境整洁有序，预防为主，保证安全。"6S"的本质是一种执行力的企业文化，强调纪律性的文化，不怕困难，想到做到，做到做好。在实践中，学校不仅把"6S"管理方法引入实训课教学，还通过"班级工厂"建设，将其应用到整个学生管理之中。例如：在宿舍管理中推行"6S"管理方法以后，学生把宿舍当成车间，按照企业生产管理的要求，物品的摆放位置统一定点定位、标识清晰，时刻保持宿舍的整洁、卫生，学生既养成了良好的日常行为规范，也培养了职业素养，宿舍面貌焕然一新。同样，在教室及实训室的管理中，"6S"管理方法也收到了很好的效果。

（二）在学校管理中全面引入企业 ISO 质量管理体系

ISO 质量管理体系是企业在生产过程中运行的一种管理体系，其主要目的是保证企业生产的产品质量符合规定的要求。徐州技师学院从 2003 年开始推行 ISO 质量管理体系，2013 年重新通过了 ISO9001：2008 标准的体系认证，通过体系的运行，确保学校每一层管理和工作环节的准确性与高效性，杜绝了不规范行为，确保了学生的培养质量，赢得了学生、家长和用人企业的信任与支持，学生也感受和认同了现代企业先进的管理理念和方法。

（三）借助企业化管理手段，围绕培养学生职业素质开展活动

引入企业化管理模式只是职业院校的一种管理手段，其根本目的是加强校企深度融合，更有效地培养学生的职业素质和操作技能。在运用企业化管理方式的同时，更要注意通过各种方法来提高管理的效果，尤其是在学生活动的设计上，要大胆创新，特别要注意加强校企文化的融合，增加企业元素，注重职业素质的培养。几年来，徐州技师学院每学期设计一个主题活动，例如："责任文化"主题教育活动、"读经典名著，弘扬传统文化"主题教育活动、"和谐校园，日行一善"主题活动、"三讲"（在校讲诚信、荣耻；在家讲感恩、孝敬；在企业讲忠诚、合作）主题教育活动、"学习弟子规，争做企业好员工"主题活动等，每个主题活动均设计了系列活动，如：开展职业生涯规划比赛、现代企业团队精神拓展比赛、优秀企业文化手抄报比赛、弟子规诵读比赛等。

通过丰富多彩的活动，引导学生自觉接受企业化管理的模式，培养学生的职业素质，收到了很好的效果①。

"班级工厂"试行以来，绝大多数学生能认同"班级工厂"管理模式，感觉这种方式新鲜、实用，身份角色感强，目标意识和责任意识普遍增强，团队协作能力也逐步提高。特别是虚拟工资考核制度极大地调动了学生积极性，让他们在竞争中体验到了电脑游戏中所不曾体验的虚拟人生。几年来，在学生管理过程中，徐州技师学院通过对引入企业化管理模式的探索和实践，以"班级工厂"建设为主线，深入探讨了在职业院校中建立班级企业化管理模式的可行性，较好地实现了教育管理与企业管理的有机融合，取得了较为显著的效果。这种模式的实践运行，不仅有利于班级管理质量的提高，更能有效推进校企文化的深度融合，提高学生职业素质培养的效率，同时也有利于学生的长远发展，为职业院校引入企业化管理模式的研究提供了实践依据，进行了有益的尝试。毕业生入职后适应期明显缩短，职业稳定性较以往有很大提高，企业的满意度也有明显提升②。

五、"班级工厂"管理育人的若干思考

(一)"班级工厂"管理育人符合职业院校学生管理的特点

班级是职业教育育人和学生形成职业素养的重要场所，在班级中引入企业管理制度，创建"班级工厂"是营造企业管理氛围的有效手段，真正落实了"上学即上班，上课即上岗，学习即工作，作品即产品"的职教理念，符合职业教育人才培养目标。一方面，用"企业目标考核—分工协作"的管理模式，将每位学生纳入管理体系之中；另一方面，更加突出了学生自我管理、自我服务的理念，使学生的自律意识、责任意识、目标意识、协作意识等职业素养不断增强，因而将会成为职业院校有生命力的班级管理模式。当然，如果能通过校企合作，聘请企业人员担任辅导员，参与班级管理，会收到更好的效果。

---

① 唐自强. 职业院校引入企业化管理模式探讨——"班级工厂"建设的实践与探索 [A]. 中国职工教育和职业培训协会秘书处，2016：10.

② 胡恒庆，李旭."班级工厂"管理育人的实践探索 [J]. 中国职业技术教育，2015 (19)：77－79.

（二）"班级工厂"管理育人不能对企业经营理念照单全收

企业管理是以利润最大化为目标的，管理对象是心理发展成熟的成年人，因此，对企业的管理手段不能不加选择地移植过来，一些功利性的目标和手段应当避免。同时，不能用绩效考核代替所有管理手段，应将刚性的制度化管理和柔性的情感沟通、心理疏导手段相结合，注意保护和发展学生的个性。同时，要通过丰富奖励形式，发掘学生内驱力，结合生产性实训发放真实薪资等手段巩固企业化管理的效果。校企文化融合是一项系统工程，"班级工厂"建设与"班级工厂"管理育人是继企业"文化进课堂"（实训场所"5S"管理）、"企业文化进教材"（项目化编写）等子工程后，"企业文化进班级"的一个新举措，要营造符合学生成长发展需要的新型职业院校校园文化，还需要不断探索创新，大胆实践，努力走出一条职业院校文化建设的新路。

参考文献

［1］唐超群，陈清洲. 论普通高校成人教育管理的原则［J］. 成人教育，1992（7）：9－11.

［2］吴伯锜. 普通高校成人教育管理的原则与措施［J］. 零陵学院学报，2004（7）：213－215.

［3］张淑琴. 浅谈高校教育管理中的道德原则［J］. 浙江工贸职业技术学院学报，2009，9（4）：70－74.

［4］沈院生. 高校学生宿舍社区化管理问题与对策［D］. 苏州：苏州大学，2015.

［5］张梦思. 高校学生社区管理中的问题与对策研究［D］. 苏州：苏州大学，2018.

［6］胡恒庆，李旭. "班级工厂"管理育人的实践探索［J］. 中国职业技术教育，2015（19）：77－79.

［7］唐自强. 职业院校引入企业化管理模式探讨——"班级工厂"建设的实践与探索［A］. 中国职工教育和职业培训协会秘书处，2016：10.

［8］王杨. 加强高校管理育人面临的挑战与对策［J］. 思想理论教育，2019（12）：107－111.

［9］卢鸿德. 高等学校教学管理理论与实务［M］. 沈阳：辽宁大学出版社，1991.

［10］冒荣，等. 高等学校管理学［M］. 南京：南京大学出版社，1997.

［11］刘茗. 当代教学管理引论［M］. 北京：教育科学出版社，1997.

［12］长江师范学院教务处. 高等学校教学管理要点［EB/OL］.［2007－10－14］. http：//jwc. yznu. cn/2016/0823/c1861a37653/page. htm.

［13］黄飞. 大学课堂的日常教学管理改革与创新——评《教学管理概论》

[J]. 科技管理研究，2020，40（19）：255.

[14] 马婧. 习近平新时代立德树人思想融入高校行政管理研究 [D]. 郑州：华北水利水电大学，2019.

[15] 李辉. PPP 模式在高校后勤管理中的应用研究 [D]. 兰州：西北师范大学，2017.

[16] 江苏大学后勤管理处（后勤服务集团）. 部门职责 [EB/OL]. https：// hqc. ujs. edu. cn/bmjj/bmzz. htm.

[17] 敬坤，秦丽萍. 大学生日常生活管理育人的内涵分析 [J]. 湖北社会科学，2015（7）：162 – 165.

[18] 毛莹. 新时期高校班集体建设的理论探索 [D]. 西安：西安电子科技大学，2009.

[19] 高云. 积极探索班级建设新思路 创新班级建设新机制 [J]. 新西部，2009（8）：87，89.

[20] 敬坤. 大学生日常生活管理育人研究 [D]. 武汉：武汉大学，2015.

[21] 蔡国春. 中美高校学生观和学生事务观之比较 [J]. 江苏高教，2001（4）：77.

[22] 刘琪，陈学云. 新形势下高校辅导员学生管理工作方法探析 [J]. 山西青年，2019（8）：220.

[23] 朱海洋. 契约管理：构建有意义的班级生活 [J]. 教书育人，2020（25）：72 – 73.

[24] 谢辉. 论高校行政管理中思想政治教育工作有效性的发挥 [J]. 教育与职业，2011（8）：33 – 34.

[25] 倪素香. 制度伦理研究 [M]. 北京：人民出版社，2008.

[26] 辞海编辑委员会. 辞海：上 [M]. 上海：上海辞书出版社，1999.

[27] [德] 哈贝马斯. 后形而上学思想 [M]. 南京：译林出版社，2001.

[28] 刘超良. 制度德育论 [D]. 武汉：华中师范大学，2006.

[29] 邓小平. 邓小平文选：第二卷 [M]. 北京：人民出版社，1994.

[30] 辛鸣. 制度研究的哲学视野选择及其问题梳理 [J]. 哲学动态，2005（10）：11 – 13.

[31] 胡乐乐. 学生参与管理是大学章程的亮点 [N]. 光明日报，2014 – 10 –

10 (002).

[32] 马克思恩格斯文集：第一卷 [M]. 北京：人民出版社，2009.

[33] 潘越. 新时代中国特色社会主义思想贯穿于高校育人工作的方法探析——以成都体育学院学生党支部为例 [J]. 教育现代化，2018，5 (39)：326 – 329.

[34] 沙成金，闫旭，李文文，鲁晨阳. 依托 PU 平台打造"第二课堂成绩单"体系的探索——以江苏高职院校为例 [J]. 现代职业教育，2020 (48)：4 – 6.

[35] 郑永廷. 思想政治教育方法论 [M]. 北京：高等教育出版社，1999.

[36] 朱小蔓. 道德教育的核心在唤醒 [N]. 现代教育报，2006 – 11 – 27.

[37] 夏伟东. 道德本质论 [M]. 北京：中国人民大学出版社，1991.